JN484925

新 사회교육론

오혁진 저

학지사

머리말

이 책은 이른바 평생학습의 시대에 '사회교육'의 개념과 원리를 재고찰하기 위한 목적으로 집필되었다.

필자가 이 책을 통해 추구하고 싶었던 것은 오늘날 평생교육의 정체성 회복이다. 그것은 현대의 평생교육체제에서 일종의 풍요 속의 빈곤, 번화함 속의 왜곡을 느꼈기 때문이다. 평생교육에 관심이 집중되기 이전에는 평생교육의 활성화 자체가 평생교육연구의 목적이었다고 볼 수 있다. 그러나 출발이 늦은 만큼이나 발전 속도가 빠른 오늘날의 평생교육의 모습에서 이제는 발전의 '속도'나 '양'을 논할 때가 아니라 발전의 올바른 '방향'이나 '질'을 재점검해야 할 때임을 느끼게 되었다. 이제 평생학습사회가 당위가 아닌 현실이 되고 있는 상황에서 단지 평생교육의 '활성화'에만 기여하고 만족하는 학문이 아니라 그것의 올바른 가치와 원리를 정립하는 학문이 필요한 시점인 것이다.

필자가 '평생교육'의 정체성 회복을 위한 대안으로 제시하고 싶은 것은 '사회교육'의 회복이다. 그것은 곧 과거 사회교육이 지향했던 원형적 가치를 회복하는 것을 의미한다. 그런데 사회교육이 지향해야 할 가치를 말하기에 앞서 '사회교육'이라는 용어의 학문적 의의에 대해 말할 수밖에 없었다. 오늘날 '평생교육'은 가치관 차원의 정체성 혼란뿐만 아니라 용어 자체의 학문적 부적합성도 함께 갖고 있기 때문이다. 오늘날 한국의 평생교육학 분야에서 개념과 관련된 가장 심각한 문제는 '평생교육'이라는 용어 자체가 아니라 명백히 '사회교육'이라는 용어를 사용해야 할 분야까지 '평생교육'이라는 용어를 써서 개념적 혼동을 자초하고 있다는 것이다. 이는 평생교육 개념의 모호성, 평생교육 개념과 사회교육 개념의 중첩성, '사회교육'이라는 용어 사용에 대한 막연한 기피 현상 등의 문제와 관련되어 있다. 그에 따라 현재 '평생교육학' 분야는 '평생교육' 의 이름으로 '한 지붕 세 가족' 을 이루고 있는 형국이다. 즉, 전통적으로 사회교육 실천에 관심이 있는 분야, 그리고 학교교육과 사회교육을 통합한 교육체제의 구축이나 통일된 교육원리를 추구하고자 하는 분야, '학습' 이라는 고유한 관점을 중심으로 인간의 전 생애와 사회의 모든 영역을 설명하고자 하는 새로운 교육학 분야가 저마다 '평생교육학' 을 표방하고 있는 것이다. 이 세 가지 분야는 서로 밀접한 관련을 갖고 있음에 틀림없다. 그러나 문제는 이 세 가지 영역이 평생교육의 우산 밑에 분명한 정체성을 가지고 서로 공존하는 것이 아니라 서로 자신이 '평생교육' 의 본류라고 인식함에 따라 혼란이 발생하는 것이다. 이 문제부터 정리하여 각자의 영역을 각자의 이름으로 분명하게 정립하는 것이 새로운 사회교육론 논의의 시작이라고 할 수 있다.

사실 '평생교육' 이라는 용어의 애매모호함이 그동안 현실적으로 도움이 되어 온 측면도 있다. '사회교육의 활성화' 보다는 '평생교육의 활성화' 라는 표현이 어의적으로 더 강력하고 통합적인 의미를 줄 수도 있다. '사회교육의 활성화' 가 결국은 '평생교육의 활성화' 로 귀결되는 측면도 없지 않기에 '평생교육' 이라는 용어를 사용해서 보다 폭넓고 강력한 동기를 반영하는 것이 별 문제가 되지 않는다고 생각할 수도 있다. 이러한 생각이 「평생교육법」의 제정과 더불어 법적 · 행정적인 힘을 얻게 됨에 따라 '평생교육' 은 '사회교육' 을 대체하여 더욱 '보편화' 되는 것처럼 보인다. 혹자는 이와 같이 '평생교육' 이 일반화되는 현상을 수용해야 한다고 주장할 수도 있다. 현실이 그러하니 학문적인 차원에서도 수용해야 한다는 입장이다. 그러나 명확한 '개념' 의 규정을 생명으로 여기는 학문의 세계에서 시중에서 모호하게 사용되는 용어들을 개념분석의 여과 없이 받아들인다는 것은 있을 수 없는 일이다. 오히려 시중에서 사용되는 용어를 정확하게 정리하여 명료화하는 것이 학자들이 해야 할 학문적 노력의 시작이다. 더군다나 우리나라에서는 이러한 '평생교육' 개념의 혼란을 학자들이 자초한 측면도 없지 않다. 현행 「평생교육법」에는 '사회교육'이라는 용어가 일괄적으로 사라졌지만 「교육기본법」에는 '학교교육' '사회교육' '평생교육' 등의 용어가 개념적으로 '조화롭게' 기술되어 있는 것도 오늘날의 현실이다. '평생교육'은 '학교교육'과 '사회교육'의 통합으로 이루어지기 때문이다. '사회교육'을 거론하지 않고 '평생교육'을 논의할 수 없는 상황이 흔하게 발생한다. 원론적으로 '사회교육'의 발전 없이 '평생교육'이 활성화될 수 있는 비법은 없는 것이다. 오늘날 이른바 '평생교육학' 분야의 학문적인 발전의 시작은 '사회교육'과 '평생교육'의 개념을 구분하여 그 관계를 명확히 하는 것이라고 할 수 있다. 사회교육학의 연구문제와 평생교육학의 연구문제는 다를 수밖에 없기 때문이다.

그러나 사회교육에 대한 논의는 단지 용어를 회복하는 것에 머무르지 않는다. '사회교육'이라는 용어의 회복과 더불어 사회교육의 전통적 가치도 발전적으로 계승되어야 하는 것이다. 우리나라는 물론 전 세계적으로 초기 사회교육의 역사는 모든 국민들, 특히 사회적 약자에게 학습의 기회를 제공하고 공동체사회를 이루기 위한 하나의 사회운동의 차원에서 시작되었다. 이른바 모든 국민들에게 학습 향유의 기회, 행복을 추구할 학습권의 제공을 구현하기 위한 평생교육체제의 구축이 사회교육 운동가들의 이상이었다. 그러나 오늘날 현실로 나타나고 있는 평생교육체제는 이러한 이상과 조금씩 다른 양상을 드러내고 있다. 엄청나게 빠른 속도로 평생학습사회가 이루어지고 있지만 이는 다분히 지식기반사회, 노령화 사회, 국가 간의 무한경쟁, 인적자원개발의 필요성 등에 따른 결과다. 이런 와중에 학습의 기회는 여전히 불평등하게 재생산되고 있으며 학습은 향유보다는 강요와 통제의 성격을 강화하고 있다.

이런 맥락에서 이 책의 궁극적인 목적은 '사회교육'이라는 용어의 복권에서 시작하여 사회교육의 이상을 다시 살펴봄으로써 그동안 '평생교육'의 이름으로 진행되어 왔던 사안들에 대한 공과 과를 반성하고 더 발전된 모습으로 나아가기 위한 것이다. 이를 위한 첫 시도로 우선 '평생교육론'과는 구별되는

'사회교육론' 을 다시 모색해 보고자 하였다. 이와 관련하여 제1부에서는 사회교육을 다시 생각해 보아야 하는 학문적 · 현실적 배경에 대해 살펴보았다. 제2부에서는 전 세계와 우리나라에서 사회교육이 성립되고 발전되어 온 과정을 살펴봄으로써 오늘날 되살려야 할 사회교육의 원형과 이상이 무엇인가를 살펴보고자 하였다. 제3부에서는 사회교육의 실천에서 문제가 되는 교육적 가치와 사회적 가치의 통합, 사회변화와 사회교육의 관계, 사회교육의 제도화를 위한 교육정의의 원리를 살펴보았다. 마지막으로 제4부에서는 사회교육의 구체적인 실천원리와 사회교육자의 요건, 그리고 사회교육의 방법과 기법에 대해 살펴보았다.

짧게는 이 문제에 본격적인 관심을 갖기 시작했던 지난 10여 년, 길게는 사회교육의 개념과 원리에 대해 고민했던 대학원 시절부터의 연구와 성찰이 이 책에 실려 있다. 그럼에도 학문적 완성은커녕 이제 겨우 사회교육론에서 중요하게 다루어야 할 논제를 몇 개 제시해 본 것 같은 느낌이 든다. 앞으로도 가야 할 길이 멀다는 것을 알고 있지만 계속 해야 할 일이 있음을 다행으로 여기며 계속 정진할 것을 다짐한다. 아울러 이러한 문제에 관심이 있는 많은 분들과 함께 연구하는 기회를 갖게 되기 바란다.

이 자리를 통해 나를 사회교육의 길로 처음 인도해 주셨던 김신일 스승님께 감사의 말씀을 드리고 싶다. 필자는 대학생 시절 스승님이 쓰신 『교육사회학』을 통해 사회교육을 처음 접하게 되었으며 대학원에 진학한 이후 현재에 이르기까지 스승님으로부터 이루 말할 수 없는 많은 지도와 사랑을 받았다. 또한 이 자리를 빌려 한국 사회교육의 태두라고 할 수 있는 고 황종건 교수님께 감사를 드린다. 황종건 교수님은 사회교육의 가치와 더불어 사회교육의 이름도 지키기 위해 노력하셨던 스승이시다. 이 책은 황종건 교수님의 학문적 노력을 잇고자 하는 자그마한 노력이었다고 감히 말하고 싶다. 또한 서울대학교 교육학과에서 가르침을 주셨던 이돈희, 장상호, 이홍우, 김기석 스승님께도 감사를 드린다. 그분들은 필자에게 학자의 길은 당장보다는 세월을 두고 평가받는 것이라는 사실을 깨닫게 해 주셨다. 필자가 '평생교육' 분야에 몸담게 된 후 그분들의 교육학 저서가 필자의 연구 분야와 직접적 연관이 없다고 생각하기도 했다. 그러나 최근 공부를 하면 할수록 그분들의 책을 다시 읽고 숙고하게 됨을 발견한다. 부디 나의 이 졸저도 많은 세월이 지난 후에 오히려 빛을 발했으면 좋겠다는 소망을 품어 본다. 또한 사회교육의 실천원리를 몸소 보여 주셨던 고 황주석 선생님의 영전에도 삼가 감사의 말씀을 드리고 싶다. 이 책에서 제시된 사회교육의 실천원리나 방법은 곧 황주석 선생님의 실천활동을 이론적으로 정리한 것이라고 해도 과언이 아니다. 그리고 함께 사회교육론을 연구하며 토론했던 동의대학교 평생교육학과의 석·박사 대학원생 및 학부 학생들, 그리고 무엇보다 같은 길을 걷고 있는 동료 교수님들에게도 감사드린다. 특히 사회교육 역사와 사상, 사회교육 비평, 지역공동체 사회교육을 위해 함께 노력하고 있는 대학원 지도학생들에게도 감사를 드린다. 항상 바른 길을 살라고 조언하시며 매일 기도해 주시는 부모님께도 머리 숙여 감사를 드린다. 그리고 가장 가까운 곳에서 성원하며 교정까지 도와준 아내와 아빠를 위해 힘을 불어넣어 준 서영, 서은이에게도 고마운 마음을 전하고 싶다. 그리고 출판을 흔쾌히 승낙해 주신 학지사 김진환 사장님을 비롯한 관계자 분들께도 감사의 말씀을 드린다.

2012년 7월
오혁진

차례

제1부

신(新) 사회교육론의 성립 배경

제1장

'평생교육' 개념의 혼란과 '사회교육' 개념의 학문적 의의

최근 평생교육 분야의 성장과 더불어 평생교육에 대한 학문적인 관심도 높아지고 있다. 그리고 다양한 학문적 배경, 활동 경험, 실천의 장, 교육이념 등을 가진 사람들이 '평생교육학'이라는 한 우산 밑에 모이게 되었다. 하지만 이렇게 평생교육학의 외연이 확대되는 과정 속에서 정작 평생교육학의 정체성이 무엇인가에 대한 우려가 제기되고 있는 것도 사실이다. 그것은 곧 과연 평생교육학의 고유한 관점과 명확한 탐구 영역, 유의미한 연구방법이 무엇인가 등에 대한 반성이다. 이러한 학문적 정체성에 대한 우려는 평생교육의 현실적인 수요 증가와 실천영역의 확대라는 풍요함에 비해 학문적인 성찰이 상대적으로 빈곤했기 때문에 나타난 결과라고 볼 수 있다.

그런데 평생교육학의 정체성 문제의 원인으로는 평생교육학의 기초 개념인 '평생교육' 자체의 애매모호함도 빼놓을 수 없다. 아니 오히려 평생교육학의 정체성 문제는 '평생교육'이라는 용어의 학문적 비적합성에서부터 시작되었다고도 볼 수 있다. 구한말 이후 최근까지 우리나라에서는 학교의 정규교육을 제외한 모든 조직적인 교육활동을 지칭하기 위해 '사회교육'이라는 용어를 사용해 왔다. 그런데 1999년 「사회교육법」이 「평생교육법」으로 전환되는 시기를 전후하여 학계와 현장에서 '사회교육'이 상당 부분 '평생교육'으로 대체되는 현상이 나타났다. 그 와중에 학습 중심 패러다임의 등장으로 '평생학습'이라는 용어도 확산되고 있는 실정이다. 그 결과 우리나라에서는 '평생교육학'의 학문적 정체성과 관련하여 '평생교육' '사회교육' '평생학습' 등의 개념들이 복잡하게 얽혀 있는 실정이다. 이와 관련하여 '평생교육학'은 기존의 '사회교육학'을 대체할 수 있는 것인지, 아니면 '평생교육학'과 '사회교육학'은 완전히 다른 성격의 학문을 의미하는 것인지, 그리고 '평생학습'과 '평생교육' '사회교육'의 관계는 무엇인가라는 의문들이 제기될 수 있다. 따라서 관련 분야의 학문적 정체성을 확립하고 각 분야 간의 적절한 학문체계를 정립하기 위해서는 이러한 개념들과 학문 성립의 관계에 대해 종합적으로 고찰해 볼 필요가 있다. 이는 '평생교육학'의 애매모호성을 분석하여 '사회교육학'의 성립 가능성과 더불어 진정한 의미의 '평생교육학'의 성격을 탐색하는 것을 의미한다. 이런 맥락에서 이 장에서는 학문적 기초에 해당되는 개념의 분석을 통해 '평생교육학'과 '사회교육학'의 학문적 정체성을 탐색해 보고자 한다.

1. 학문의 정체성과 개념의 관계

1) 학문의 정체성 확립을 위한 기초 개념의 조건

과거부터 교육학계에서는 '평생교육학'의 학문적 성격에 관한 많은 논의가 이루어져 왔다. 일반적으로 이러한 논의는 평생교육학(또는 사회교육학)이 그 자체의 고유한 학문적 정체성을 정립하고 있는지를 반성하는 것과 관련된다. 일반적으로 학문이 성립되기 위해서는 고유한 개념, 방법론, 학문적 공동체가 있어야 하는데 평생교육학의 경우 고유한 개념이나 방법론을 발전시키지 못해 학문적 정체성이 약하다는 것이 일반적인 지적이다(정지웅, 1997; 박성정, 1999; 한숭희, 2009).

평생교육학의 학문적 정체성을 정립하기 위해 먼저 해야 할 것 중의 하나는 평생교육학을 순수학문과 응용학문의 차원으로 나누어 파악하는 것이다. 이는 곧 평생교육학(사회교육학)이 순수학문과 응용학문 중 어느 쪽에 더 가까우며 순수학문 또는 응용학문으로서의 조건을 충분히 갖추고 있는가를 검토해야 한다는 것이다. 학문의 역사상 오래전부터 순수학문적인 성격을 가진 여러 분과학문들이 존재해 왔지만 점차 이러한 순수학문의 성과를 실제에 적용하는 데 관심을 가지는 응용학문의 발전도 지속적으로 이루어지고 있다. 일반적으로 순수학문과 응용학문은 학문의 성립 조건과 관련하여 일정한 차이를 가지고 있다. 가장 핵심적인 차이는 하나의 순수학문이 성립되기 위해서는 무엇보다 그 학문만의 고유한 관점이 존재해야 하는 반면, 응용학문의 경우는 그 학문만이 다루는 명확한 실천 영역이나 실천 대상이 존재해야 한다는 것이다.

그동안 학계에서는 교육학이 응용학문인가 아니면 별도의 독자적인 순수학문이 될 수 있는가에 대해 논의가 이루어져 왔다. 전통적인 교육학이 일반적으로 '교직학'의 성격을 갖는 응용학문으로 인식되어 온 반면, 새로운 교육학은 다른 학문의 개념으로 환원할 수 없는 고유한 교육현상을 탐구하는 순수학문으로 정립되어야 한다는 주장도 있다(장상호, 1997). 이와 유사한 논의가 최근 평생교육학 분야에도 나타나고 있다. 'adult education'이나 '사회교육'이 전통적으로 현장 지향적, 실천 지향적인 성격이 강했던 점을 감안한다면 과거의 '사회교육학'이나 이를 학문적으로 계승했다고 볼 수 있는 '평생교육학'을 응용학문으로 인식하는 것이 일반적이라고 할 수 있다. 그러나 접근하는 방식에 따라서는 '평생교육학'이나 '사회교육학'을 순수학문의 차원에서 다룰 수도 있다. 최근 평생교육학 분야에서는 '학습의 관점'에서 교육학을 새롭게 조망하려고 하는 움직임도 이루어지고 있다. 이러한 접근방식에 따르면 '평생교육'은 특정한 영역이 아니라 교육을 평생학습의 맥락에서 이해하는 '관점'이다(한숭희, 2009). 이와 같이 평생교육 분야에서는 전통적으로 평생교육학을 응용학문으로 파악하는 입장과 더불어 새롭게 순수학문으로 발전시키고자 하는 입장도 함께 존재하고 있다.

그런데, 순수학문이든 응용학문이든 학문적 정체성을 확립하기 위해서는 관련 분야의 참여자들 사이에서 사용하는 개념의 명확성이 중요하다. 순수학문은 인식 대상의 고유한 속성을 드러내 주는 가능한 한 소수의 변인을 중심으로 자체의 자율적인 지식을 형성하려고 한다. 이러한 변인은 그 학문만의 고유한 관점을 반영한다. 반면 응용과학은 이론세계와 그것이 응용될 실제 간의 교량 역할을 해야 하기에 실제의 특수한 맥락과 현상적 상황에 접근하기 위해 더 복잡한 많은 요인들을 고려해야 한다. 따라서 응용학문은 다방면의 변인이나 개념을 포함하는 학제적인 형식을 띠게 된다(장상호, 1997: 624-625). 그럼에도 불구하고 응용학문이 성립되기 위해서는 그 학문이 다루는 대상세계의 전문성, 즉 탐구대상의 한계가 명확해야 한다. 그러므로 순수학문이든 응용학문이든 하나의 독자적인 학문으로 성립되려면 그 학문에서 공유되는 명확한 '기초 개념'이 있어야 한다. 순수학문의 경우 기초 개념은 그 학문만이 고유하게 다루는 명확한 '관점'을 포함하고 있어야 하며, 응용학문의 경우 그 기초 개념은 그 학문에서 합의된 명확한 실제적 '영역'을 반영하고 있어야 한다.

이런 의미에서 '평생교육학'이 순수학문이든 응용학문이든 하나의 학문으로서 정체성을 확립하기 위해서는 기초 개념으로서의 '평생교육'이 학문적인 차원에서 명확한 위상을 가지고 있어야 한다. 즉, 평생교육학이 순수학문인 경우 '평생교육' 개념은 하나의 고유한 관점을 내포해야 하며, 응용학문인 경우 '평생교육' 개념은 명료한 실천 영역을 함의하고 있어야 한다는 것이다. 이는 '사회교육학'의 경우도 마찬가지다. 만약 사회교육학이 평생교육학과 별개로 독자적인 학문으로 성립될 수 있다면 '사회교육' 개념도 하나의 관점이든 아니면 특정한 영역이든 명확한 위상을 가지고 있어야 할 것이다. 따라서 평생교육학이나 사회교육학의 정체성 검증은 학문적 기초 개념으로서의 '평생교육'과 '사회교육'이 순수학문 차원에서 고유하고 명확한 관점을 내포하고 있는지, 아니면 응용학문으로서 명확한 실천 영역을 제시하고 있는지를 검토하는 것에서 시작된다.

2) 개념 정의방식의 유형과 성격

'평생교육'이나 '사회교육' 개념이 어떤 성격을 띠고 있는지를 검토하기 위해서는 먼저 개념과 정의의 관계에 대해 살펴보아야 한다. 학문의 세계에서 개념은 정의(definition)에 의해 표현된다. 개념을 최종적인 언어로 진술해 놓은 것이 곧 정의인 것이다. 따라서 개념을 분석하기 위해서는 실제적으로 그 개념에 대한 다양한 정의를 분류하고 해석하는 것이 필요하다. 그런데 개념을 정의하는 방식은 그 개념을 사용하는 사람의 특정한 의도와 맥락에 따라 다르기 때문에 이에 대한 주의가 요구된다.

일반적으로 개념의 정의방식에는 기술적 정의(記述的 定義), 조작적 정의(操

作的 定義), 강령적 정의(綱領的 定義)가 있다(Scheffler, 1960: 11-35; 이돈희, 1983: 73-74; 이홍우, 1991: 11-25).

먼저, 기술적 정의란 다른 말로 국어사전식 정의로서 모든 사람들이 특정한 맥락에 관계없이 일상생활에서 동일하게 받아들일 수 있는 정의를 말한다. 개념의 기술적 정의는 일반인에게 누구나 받아들일 수 있는 상식적인 의미를 알려줌으로써 일상생활에서 최소한의 의사소통을 원활하게 하는 데 기여한다. 그러나 사용자의 주관과 사용되는 맥락에 따라 그 구체적인 의미가 다소 다르게 인식될 소지가 있어 엄밀한 학문적인 정의로서는 적절치 못하다고 할 수 있다.

둘째, 조작적 정의는 다른 말로 약정적 정의(約定的 定義)라고 할 수 있다. 조작적 정의는 특수한 상황에서 그 개념이 갖는 애매모호함으로 인해 발생할 수 있는 부작용을 극복하기 위해 관계자들이 특정한 의미로 약속하여 사용하는 정의를 말한다. 조작적 정의는 일상생활에서 상식적으로 받아들여지는 것과 다르게 과학적으로 엄밀하게 규정하려고 한다는 점에서 과학적 정의라고 할 수 있다. 자연과학은 물론 인간과 사회에 관한 개념도 그것이 과학적 연구에 등장하기 위해서는 조작적으로 정의되지 않으면 안 된다. 예를 들어 지능이 과학적 연구에 유용한 개념이 되기 위해서는 '머리 좋은 정도'라는 기술적 정의가 아니라 '지능검사의 결과를 규준표에 비추어 판단한 것'이라는 조작적 정의를 사용하는 것이 더 유용하다고 할 수 있다(이홍우, 1991: 42).

셋째, 강령적 정의는 다른 말로 규범적 정의(規範的 定義)라고 할 수 있으며 개념 속에 관계자들이 추구해야 할 가치를 포함하고 있는 정의를 말한다. 따라서 교육의 강령적 정의는 그 안에 교육의 목적을 시사하고 있으며 교육목표를 결정하고 내용을 선택하며 방법을 기용하는 기본적인 규칙을 내포한다. 그러므로 교육에 대한 강령적 정의는 교육관의 집약된 표현이라고 할 수 있다(이돈희, 1983: 93). 많은 경우에 교육의 강령적 정의는 현재의 교육현실에 대한 비판적인 문제의식과 대안 제시의 성격을 가진다(이홍우, 1991: 27). 특히 교육철학이나 교육사의 경우 각 시대의 위기를 극복하기 위해 교육사상가들이 제시한 교육의 강령적 정의들을 많이 다루게 된다. 그러한 강령적 정의들이 일반인들에게 폭넓게 받아들여질 때 그 시대를 지배하는 교육적 가치체계가 된다. 그런데 이러한 가치체계들이 엄밀한 검증을 거치지 않고 무비판적으로 수용될 경우에는 일종의 '슬로건'과 같은 성격을 갖게 된다(Komisar, 1961: 200).

〈표 1-1〉 개념 정의방식의 유형

정의방식의 유형	성격
기술적 정의	국어사전식 정의 모든 사람들이 이론(異論)의 여지없이 받아들일 수 있는 정의
조작적 정의	약정적 정의 체계적 연구와 실천을 위해 임의로 약속한 정의
강령적 정의	규범적 정의 기존의 가치에 대한 문제제기를 통해 대안으로 제시하는 정의

이러한 세 가지 개념 정의방식은 모두 현실에서 나름대로의 의의를 가지고 있다. 관련 분야에 아직 생소한 초심자들에게 기초적인 내용을 알기 쉽게 설명하기 위해서는 기술적 정의가 활용된다. 그리고 관련 분야에서 보다 학문적으로 체계화된 연구와 실천을 위해서는 조작적 정의가 요구된다. 그런 면에서 학문 자체가 성립되기 위한 기본적인 개념 정의방식은 학자들이 서로 공유하는 조작적 정의라고 할 수 있다. 한편, 강령적 정의는 관련된 연구와 실천의 장에서 한 단계 더 성숙해지기 위한 새로운 문제제기의 결과로 나타난다. 이러한 강령적 정의는 기존의 학문 내에서 새로운 대안적 관점과 가치를 제공함으로써 새로운 학파를 형성하는 데 기여할 수 있다.

현재 일반 교육학의 경우 이와 같은 교육에 관한 세 가지 부류의 정의방식들이 혼재되어 있다. 이는 평생교육학의 경우에도 마찬가지다. 아직도 '평생교육' 자체를 생소하게 생각하는 일반인들의 이해를 얻기 위해서는 알기 쉬운 기술적 정의가 활용되어야 한다. 그러나 평생교육의 학문적인 탐구를 위해서는 전문가들이 공유할 만한 합리적이고 분명한 조작적 정의가 필요하다. 한편, 평생교육의 현실을 반성하고 새로운 방향성을 모색할 때에는 새로운 가치를 표방하는 강령적 정의들도 소중하게 다루어져야 한다.

2. 개념정의 분석을 통한 평생교육학의 정체성 탐색

1) 평생교육 개념의 정의 유형별 학문적 적합성 검토

앞에서 살펴보았듯이 평생교육학의 정체성에 관한 혼미는 결국 그 기초 개념인 '평생교육' 개념의 혼미와 밀접한 관계를 갖고 있다. 현재 우리나라에는 평생교육이 매우 다양한 개념으로 활용되고 있는 실정이다. 여기서는 평생교육의 다양한 개념들을 개념 정의방식에 따라 분류하고 이러한 개념들이 학문적인 기초가 될 수 있는지를 살펴보고자 한다. 이와 관련하여 평생교육 분야에서 쉽게 접할 수 있는 평생교육의 개념들을 정의방식의 유형에 따라 제시하면 〈표 1-2〉와 같다.

〈표 1-2〉 평생교육 개념의 정의 유형

정의의 유형	평생교육의 개념 사례
기술적 정의	나면서부터 죽을 때까지 모든 삶의 영역에서 이루어지는 교육 교육의 수평적 · 수직적 통합
조작적 정의	학교의 정규교육과정을 제외한 교육(「평생교육법」)
강령적 정의	안드라고지로서의 교육 학습자 중심 교육 국가 인적자원개발을 위한 교육

현재 우리나라에서 평생교육의 정의는 앞의 세 가지 유형이 섞여 사용되고 있다. 이와 관련하여 이하에서 '현재의 평생교육학은 평생교육의 어떤 정의 방식에 기초해 있는가?' '각 정의방식에 기초하여 평생교육학이 적절하게 성립될 수 있는가?'를 종합적으로 살펴보고자 한다.

(1) 평생교육의 기술적 정의와 평생교육학과의 관계

'교육의 수직적 · 수평적 통합' 이라는 평생교육의 개념이 지금은 일반인들도 이해할 수 있는 기술적 정의로서 받아들여지고 있지만 처음 소개되었을 때만 해도 매우 파격적인 개념이었음에 틀림없다. 즉, 교육을 '학교교육' 중심으로 생각하는 일반적인 풍토 속에서 평생교육의 개념은 교육에 대한 고정관념에 도전하는 새로운 정의로서 신선한 충격을 주었다고 볼 수 있다. 학교 중심의 교육관이 팽배한 상황에서 일반인들은 물론 대부분의 교육학자들도 이 정의를 받아들이는 데 익숙하지 않거나 이를 무시하였기에 역설적으로 이러한 정의가 더욱 존재 가치가 있었다고 볼 수 있다. 그러나 평생학습사회의 급격한 도래로 인해 교육을 평생교육의 관점에서 파악하는 것은 이제 누구나 받아들일 만한 일반적인 상식이 되고 있다. 즉, 기존의 '교육=학교교육' 이라는 관점에서 '교육=평생교육' 이라는 관점으로 인식이 전환되고 있는 것이다. 이는 곧 '교육의 수직적 · 수평적 통합' 이라는 평생교육의 개념이 기술적 정의로 받아들여지고 있음을 의미한다.

그동안 평생교육학 분야가 기존의 다른 교육학 분야와 구별되어 나름대로 그 존재성이 부각될 수 있었던 것은 대부분의 사람들이 아직 교육을 학교교육 중심으로만 인식하는 것과 명확하게 대립되었기 때문이라고 볼 수 있다. 그러나 평생교육이 하나의 상식으로 굳어져 감에 따라 이제 '평생교육학' 은 모든 이를 위한 열린 공간이 되었다. 이에 따라 기존에 학교 중심의 교육학을 연구하던 많은 학자들이 평생교육의 기술적 정의에 입각하여 연구 영역을 확장하는 경우가 늘고 있다. 그런데 문제는 모든 교육학자들이 '평생교육학자' 가 되는 순간 현재 실제로 존재하고 있는 '평생교육학' 만의 독자성과 차별성이 사라진다는 점이다. 모든 교육학자들이 각자 본래의 영역에서 평생교육의 관점에 따라 연구하고 있다면 굳이 별도의 평생교육학이 존재할 필요가 없기 때문이다.

이런 점을 종합해 볼 때 기술적 정의에 입각한 평생교육학은 기존의 교육학과 구별되는 고유한 관점과 영역을 확보하기 어렵다. 평생교육이 '평생에 걸친 교육' 이라는 점에서 하나의 새로운 '관점' 을 제공해 주었다고 볼 수 있으나 이러한 관점은 '평생교육학' 만의 관점이 아니라 기존의 '교육학' 모두의 관점이 될 수 있다. 따라서 '교육학' 이 곧 '평생교육학' 이라고 할 수 있기에 '평생교육학' 이라는 별도의 학문을 만들 수가 없다. 따라서 평생교육의 기술적 정의는 현실적인 의미에서 고유한 학문적인 토대로서 적절하지 못하다.

(2) 평생교육의 강령적 접근과 평생교육학과의 관계

평생교육 분야의 많은 학자들은 평생교육을 교육과 동의어로 인식하는 수준을 넘어 '평생교육' 은 교육이 지향해야 할 풍부한 이념과 철학들을 내포하고 있다고 보기도 한다. 또한 평생교육의 선구자들이 페다고지(pedagogy)적 성격이 강한 학교교육에 비해 안드라고지(andragogy)로서의 평생교육을 강조한 것은 주지의 사실이다. 즉, 평생교육은 학습자 주도성이 강조되는 학습자 중심의 교육이라는 것이다. 한편, 일부 평생교육학자들은 교육의 외재적 기능을 강조하여 사회발전, 경제발전, 정치발전 등에 봉사하는 보다 진전된 도구적 교육체제로서의 평생교육을 구상하기도 한다. 이러한 주장이 반영된 평생교육의 개념은 평생교육이 지향해야 할 가치를 내포하고 있다는 점에서 일종의 강령적 정의에 해당한다.

기술적 정의로서의 평생교육이 기존의 학교 중심 교육에 비해 교육의 영역이나 대상이 확대되었다는 점을 반영하고 있다면 강령적 정의로서의 평생교육은 주로 기존의 학교교육에 대한 대안적 교육이념을 반영해 왔다. 그러나 평생교육학의 초창기부터 중시되어 온 평생교육의 원리들은 일종의 슬로건의 성격을 갖는 경우가 많다. 슬로건은 특정한 가치를 지향하는 하나의 원리로서 제시되지만 현장에서 그런 원리가 반드시 일반적으로 받아들여지는 것은 아니다. 예를 들면 "평생교육은 소외계층을 위한 교육, 약한 자를 위한 교육, 학습자 중심의 교육이다"라고 하는 것은 과거 '사회교육'이라는 용어를 사용하던 시절부터 평생교육의 핵심 이념으로서 오랫동안 강조되어 왔지만 그 구체적인 의미에 대해서는 사람마다 생각이 다를 수 있다. 슬로건에 대하여 몇 개의 설득력 있는 근거나 사례를 제시할 수 있지만 그 사례에는 예외가 존재하며 전체적으로 체계적인 모호성을 갖고 있다. 그런 점에서 슬로건은 예외가 있을 수 없는 객관적인 과학적 일반화와 차이가 있다(Komisar, 1961: 199–200). 이와 같이 평생교육의 특정한 가치는 초창기에는 소수의 사람들을 중심으로 공유하기 쉽지만 평생교육이 보다 보편화되는 단계에서는 모두에게 받아들여지기 어려워질 수밖에 없다. 즉, 평생교육이 지향해야 할 이념과 철학이라는 것이 무엇인가에 대해 합의하는 것이 사실상 점차 매우 어려워지고 있는 실정이다. 실제로 평생교육의 현장에는 인문주의, 진보주의, 행동주의, 인본주의, 급진주의 등의 다양한 교육사상들이 교육의 목적, 방법, 내용 등에 대해 서로 상이한 처방을 내놓고 있는 실정이다(Elias & Merriam, 1994). 이러한 상이한 처방들은 곧 평생교육에 대한 강령적 정의와 맥을 같이하고 있다.

이와 같이 평생교육 분야에는 강령적 정의의 형태로 제시된 평생교육의 개념들이 다양하게 존재하고 있다. 이러한 강령적 정의들은 평생교육이 나아가야 할 각각의 방향들을 제공한다. 그러나 이러한 방향들은 학문적인 관점에서 특정한 학파를 형성할 수는 있지만 그 자체가 평생교육학을 성립하는 학문적 기초가 될 수는 없다.

(3) 평생교육의 조작적 정의와 평생교육학과의 관계

현재 우리나라에서 평생교육에 대한 가장 대표적인 조작적 정의의 사례는 「평생교육법」에 규정된 평생교육의 정의라고 할 수 있다. 현행 「평생교육법」

에 따르면, 평생교육이란 학교의 정규교육을 제외한 학력보완교육, 성인기초, 문자해득교육, 직업능력향상교육, 인문교양교육, 문화예술교육, 시민참여교육 등을 포함하는 모든 형태의 조직적인 교육활동을 말한다(2007년 개정「평생교육법」제2조). 이러한 정의는 이전에 비해 여러 유형의 세부 분야를 구체적으로 적시하였으나 전통적으로 평생교육을 '학교교육 이외의 교육', 보다 구체적으로는 '학교의 정규교육과정을 제외한 교육'과 관련지어 조작적으로 정의했던 방식에서 벗어났다고 볼 수 없다.

이렇게 평생교육에 대한 조작적 정의가 필요하게 된 이유는 현실적으로 학교교육과 평생교육이 아직 별개의 것으로 인식됨을 반증하는 것이다. 그러나 평생교육의 기술적 정의가 점차 상식화됨에 따라 평생교육은 필연적으로 '넓은 의미의 평생교육'(기술적 정의)과 '좁은 의미의 평생교육'(조작적 정의)이라는 이중 구조를 가질 수밖에 없다. 여기서 좁은 의미의 평생교육은 평생교육 이전의 공식적인 용어였던 '사회교육'의 대체용어라고 볼 수 있다. 따라서 평생교육과 관련하여 다음과 같은 복잡하고 혼란스런 공식이 도출될 수밖에 없다.

평생교육	=	학교교육	+	평생교육
(넓은 의미, 기술적 정의)				(좁은 의미, 조작적 정의, 사실상 '사회교육')

이와 같이 '평생교육'이 조작적으로 사용되는 한, 좁은 의미의 평생교육(조작적 정의), 넓은 의미의 평생교육(기술적 정의) 사이의 혼돈은 피할 수 없다. 이에 따라 평생교육학의 영역도 학교교육을 포함하는 포괄적인 경우와 학교교육을 제외한 일상생활 속에서의 교육을 다루는 경우가 혼재될 수밖에 없다. 이것은 학문이 갖추어야 할 엄밀성과 독자성에 비추어 볼 때 매우 적절하지 못한 현상이다.

앞에서 살펴본 바와 같이 평생교육학이 평생교육의 기술적 정의에 기초하면 모든 교육학자가 평생교육학자가 되는 것은 시간문제다. 따라서 교육학과 별도로 별도의 평생교육학 영역이 존재할 여지가 없어지게 된다. 또한 평생교육의 강령적 정의는 평생교육이 나아가야 할 이념을 제시하거나 특정한 평생교육의 학파를 형성할 수는 있으나 객관적이고 과학적인 평생교육학의 기초가 될 수는 없다. 한편 평생교육학이 '평생교육'의 조작적 정의에 기초하면 좁은 의미의 평생교육학과 넓은 의미의 평생교육학이라고 하는 불필요한 혼란을 가져오게 된다. 결국 현재의 평생교육에 대한 어떠한 개념 정의방식도 평생교육학의 독자성과 정체성을 확립하기는 매우 어렵다고 볼 수 있다.

2) '평생교육학'과 '평생학습학'의 학문적 성격

앞에서 '평생교육'의 개념으로는 영역의 측면에서 고유하면서 기존의 교육학과 중복되지 않으며, 이념적인 면에서 객관적인 학문을 정립하기 어렵다는 점을 살펴보았다.

그런데 평생교육학을 하나의 열린 공간으로 인식할 때 하나의 특수한 학문으로 성립할 수 있는 여지가 존재한다. 그것은 곧 평생교육의 기술적 정의에 기초하여 평생교육학을 학교교육과 사회교육의 통합을 전문적으로 다루는 특수한 학문으로 자리매김하는 것이다. 평생교육이 학교교육과 사회교육을 통합하는 개념이라고 볼 때, 평생교육학도 기존의 학교교육과 사회교육의 존재를 그대로 인정하고 이 둘을 어떻게 통합할 것인가를 전문적으로 다루는 또 하나의 응용학문이라고 할 수 있다. 즉, 학교교육과 사회교육을 포함하여 전 생애와 전 사회의 교육활동을 통합하고 재구성하는 교육 네트워크를 효과적으로 형성해 가는 것이 곧 '평생교육학'의 과제라고 할 수 있다. 정규교육과 비정규교육, 형식교육과 비형식교육 및 무형식교육, 유아교육에서부터 노인교육까지, 정규학교와 사회교육기관을 하나의 시스템으로 통합하여 효과적으로 운영하는 방안을 연구하는 것은 학문적으로 볼 때도 매우 중요한 과제이기 때문이다. 이러한 새로운 과제를 반드시 기존의 사회교육학 분야의 연구자가 담당할 필요는 없다. 학교교육학 분야에 관심을 가졌던 학자들도 관심의 영역이 사회교육에까지 확대됨에 따라 얼마든지 이를 통합하기 위한 학문적인 노력을 기울일 수 있는 것이다. 예를 들면, 학교교육 중심의 교육철학, 교육과정 및 평가, 교육사회학, 교육행정학, 교육공학, 교육심리학 연구 영역에서 벗어나 학교 밖 교육이나 성인 대상 교육으로 확장한 후 이 양자를 통합하는 접근 방식을 취할 수 있다. 그런 면에서 이러한 평생교육학은 다양한 모학문적 관점을 가지고 다양한 영역에서 활동하는 이들이 평생교육의 기술적 정의에 입각하여 함께 모여 활동하는 종합적이고 개방적인 학문 영역이라고 할 수 있다.

한편, 이와 관련하여 최근 평생교육론을 '학습'의 관점에서 구성하려는 시도, 즉 김신일(김신일, 박부권 외, 2005)의 '학습주의 교육학', 한준상(2000, 2001)의 '학습학', 한숭희(2001b, 2006, 2009)의 '학습생태계론', 또는 '평생교육론' 등에 대해 주의 깊게 검토할 필요가 있다. 한숭희(2009: 13)에 의하면 평생교육연구는 '평생교육을 연구'하는 학문이 아니라 교육을 '평생학습의 관점에서' 연구하는 것이다. 이러한 접근방식은 '평생교육'을 학교교육과 사회교육을 포함한 것으로 파악한다는 점에서 일차적으로 기술적 정의에 기초해 있다고 볼 수 있다. 그런데 이러한 접근방식은 평생교육을 '학습'이라는 특수한 관점에서 바라보고자 한다는 점에서 순수학문으로서의 교육학을 정립하려는 접근에 가깝다고 볼 수 있다. 즉, '평생학습'의 관점에서 교육학을 재구성하기 위한 새로운 시도인 것이다.

이와 같이 교육현상을 평생학습의 관점에서 바라보는 것은 순수학문 정립의 차원에서 하나의 의미 있는 시도가 될 수 있다. 그리고 이러한 관점은 학교교육과 사회교육을 통합하는 데 유익한 관점을 제공할 수도 있다. 그렇지만 교육현상을 평생학습의 관점으로 이해하는 것이 곧 '평생교육학'인가에 대해서는 이견이 있을 수 있다. 학습의 관점에서 교육학을 연구하는 접근은 평생교육학의 발전과정과 밀접한 관련이 있긴 하지만 필연적인 관계는 아니다.

즉, 이러한 관점은 현재의 평생교육 분야는 물론 기존의 학교교육 분야에서 연구해 온 교육학자들 중의 일부도 받아들일 수 있는 관점이기 때문이다. 반대로 이 관점은 이전의 학교교육 분야의 학자들은 물론 현재의 평생교육 분야의 학자들이 받아들이지 않을 수도 있는 관점이다. 앞에서 살펴보았듯이 각 교육학자들은 각각의 모학문적 관점에서도 평생교육을 다룰 수 있다. 그런 면에서 평생학습의 관점은 평생교육을 바라보는 여러 가지 관점 중의 하나다. 만약, 이러한 시도를 통해 평생학습의 관점에서 다른 관점과 차별화된 고유한 현상을 포착하여 체계화할 수 있다면 그것은 '평생교육학' 이라기보다는 오히려 '평생학습학' '학습학' '학습생태학' 이라고 부르는 것이 혼동을 피할 수 있는 방법이라고 할 수 있다.

3. 개념정의 분석을 통한 사회교육학의 정체성 탐색

1) 사회교육 개념의 정의 유형별 학문적 적합성 검토

앞에서 '평생교육' 개념이 학문적 정체성을 유지하는 데 난점을 가지고 있음을 살펴보았다. 이제 시도해 볼 수 있는 것은 '평생교육' 이전에 사용되었던 '사회교육' 의 개념을 같은 방식으로 다시 고찰해 보는 것이다. '사회교육' 은 '평생교육' 이 이를 대체하기 전까지 우리나라에서 이 분야의 대표적인 개념이자 다른 나라의 사례들과 일맥상통하는 전통을 가지고 있었다. 따라서 '사회교육' 의 개념을 회복하는 것은 어떤 측면에서는 역사적 전통을 다시 잇는 작업이기도 하다. 그러나 사회교육의 개념을 다시 일반화하는 것에 대해서도 짚어 보아야 할 점이 많이 있다. '사회교육' 의 경우도 매우 다양한 방식으로 정의되고 있기 때문이다. 오늘날 '사회교육' 을 다시 활용하기 위해서는 이러한 복잡한 양상을 파악하고 학문적인 차원에서 어떤 정의가 적절한 조건을 갖추고 있는지를 검토해야 한다. 이와 관련하여 현재까지 '사회교육' 개념을 정의하는 방식과 사례들을 정리하면 다음 〈표 1-3〉과 같다.

〈표 1-3〉 사회교육 개념의 정의 유형

정의의 유형	사회교육의 개념 사례
기술적 정의	일상적인 사회적 삶 속의 교육 사회인으로 살기 위해 필요한 교육
강령적 정의	소외계층을 위한 학교교육 보상교육 사회변혁을 위한 비판적 성인교육
조작적 정의	학교의 정규교육을 제외한 조직적인 교육활동

다음에는 이러한 사례들을 정의방식의 유형별로 살펴보고 이를 사회교육학 성립 가능성과 관련지어 분석하고자 한다.

(1) 사회교육의 기술적 정의와 사회교육학과의 관계

사회교육에 대한 법적 · 제도적 지원이 없던 시절에 사회교육은 일반적으로 '사회에서 이루어지는 교육' '일반 민중에게 사회인으로서 필요한 교육을 제공하는 조직적인 활동' 등의 포괄적인 의미를 가졌다고 볼 수 있다. 사실 국내외를 막론하고 사회교육에 대한 문헌에는 대부분 사회교육의 특징으로 삶 또는 생활과의 직접적인 관계성을 들고 있다. 이러한 입장에 의하면 교육사적인 면에서 근대에 성립된 사회교육의 특징은 생활 중심, 삶의 필요 충족을 강조하는 것이라고 볼 수 있다. 즉, 사회교육은 생활의 교육, 또는 노동의 교육이 모태가 되어 생겨났다는 것이다(정우현, 1988: 134).

이러한 관점에서 생활 중심, 삶의 필요 충족을 본질로 하는 사회교육은 학교가 대중화되기 전에 이미 존재하고 있었다고 볼 수 있다. 이에 대해 김승한(1988: 102)은 다음과 같이 말하고 있다.

> 사회교육의 견지에서 말한다면, 학교라고 하는 교육기관이 생기기 훨씬 이전부터 모든 인류사회에서 공통적으로 발견될 수 있는 가장 원초적인 교육활동이 주로 그 시대, 그 사회가 필요로 하는 생산활동 및 기능의 습득과 직결된 사회적 학습이었다는 사실은 오늘의 시점에서 노동과 노동교육의 문제를 논함에 있어서 매우 중요한 의미를 갖는 것으로 평가되어야 할 것이다.

즉, 사회교육은 학교라는 교육기관이 인류역사에 등장하기 시작한 것보다 훨씬 이전부터 존재해 온 삶의 기본적인 양식으로서의 교육이라고 할 수 있다는 것이다.

한편 학교교육이 대중화된 이후에도 교육계 일각에서는 삶과 노동 및 교육을 연관시키려는 노력, 다시 말해 학교를 삶의 장소, 생활의 장, 축도사회로 만들려는 노력이 있어 왔다. 즉, 독일의 생활협동체학교와 듀이의 실험학교로 대표되는 생활교육의 전통이 '학교 안' 에도 있었던 것이다(長尾十三二 외 1985: 83; Dewey, 1949). 이러한 관점에 의하면 사회교육은 '학교 이전' 에도 있었고 '학교 안' 에도 있다고 볼 수 있다. 이것은 곧 '학교' 라는 개념상의 울타리가 '사회교육' 의 개념을 규정하는 데 있어 필요충분조건이 아니라는 것을 의미한다. 이와 같은 맥락에서 볼 때 '사회교육' 의 개념은 '학교교육' 의 개념과는 무관하게 '삶의 교육' 이라는 본질에 의해 개념화된다. 이는 사회교육의 고유한 특성을 중심으로 개념 정의를 한다는 점에서 전통적으로 사회교육을 학교교육과의 관계 속에서 정의하는 방식보다 훨씬 적극적이라고 볼 수 있다(박성정, 1999: 206).

이와 같이 사회교육의 기술적 정의는 교육과 사회의 관계를 부각시켜 준다. 이러한 독특한 관점에 기초하여 궁극적으로 순수학문으로서의 사회교육학을 성립할 수 있는 가능성도 배제할 수 없다. 즉, 사회교육학은 사회에서 이루어지는 교육의 현상을 다루는 학문이라는 것이다. 그러나 모든 교육이 사실상 '사회' 속에서 이루어지고 있고 교육과 사회의 관계를 상정하고 있다고 할 때 모든 교육활동이 곧 '사회교육적'이라고 할 수 있다. 따라서 교육학이 모두 '사회교육학'이 되는 것이다. 또한 현재 교육과 사회의 관계를 중시하는 '생활교육' '노동교육' '민중교육' '시민교육' 등의 개념도 존재하고 있음을 볼 때 '사회교육'만의 독자적인 개념을 확인하고 이러한 개념들과의 관계를 적절하게 정립하는 것도 해결해야 할 과제다. 이와 같이 교육적 가치와 사회적 가치를 종합적으로 지향하는 사회교육의 기술적 정의는 그 애매모호성 때문에 학문적인 기초 개념으로 적절하지 못하다. 따라서 독자적이고 차별화된 사회교육학을 정립하기 위해서는 보다 엄밀한 개념 규정이 필요하다.

(2) 사회교육의 강령적 정의와 사회교육학과의 관계

사회교육에 대한 정의방식 중에는 사회교육의 역사 속에 나타난 독특한 이념적 특성에 기초하여 정의하는 경우도 있다. 이는 소외계층을 위한 교육, 사회평등을 지향하는 교육, 사회변화를 지향하는 교육 등으로 이어진다. 한숭희(1998)는 비판적 · 변화 지향적인 것과 보수적 · 안정적 · 체제 지향적인 것을 수평적으로 나누어 볼 때 학교 밖 교육이면서 비판적 · 변화 지향적인 것만을 비판적 성인교육, 즉 사회교육으로 보고 있다. 그는 하나의 대상이 아닌 이념, 즉 비판적 관점으로서의 사회교육을 말하고 있다.

> 필자는 사회교육은 단순히 성인교육 일반의 다른 표현을 넘어서서 비판적 성인학습 생태계를 맥락적으로 가정하고 있는 '비판적 성인교육론의 한국적 토착 개념'으로 이해되어야 한다고 본다(한숭희, 1998).

그에 의하면 한국적 상황에서의 사회교육은 교육대상에 대한 논리적 포함관계, 즉 본질적으로 지향해 온 규범적 편재성에 의해 규정하는 시각의 전환이 필요하다. 즉, 사회교육은 '사회에서 일어나는 교육'이라기보다는 '사회를 변혁하는 교육'이라고 규정함으로써 실천과 연구를 전개해야 한다는 것이다

(한숭희, 2001a: 29). 이와 같은 사회교육의 개념들은 사회교육이 지향해야 할 가치를 내포하고 있다는 점에서 강령적 정의에 기초해 있다고 볼 수 있다.

이러한 정의방식이 우리나라 사회교육의 한 특성을 설명하는 데는 도움이 되지만 그것 자체가 사회교육의 특성을 결정짓는 요소라고 보기는 어렵다. 과거에 그랬다고 해서 미래에도 그럴 것이라는 확실성이 없기 때문이다. 강령적 정의를 통해 사회교육을 규정하는 것은 그 강령을 받아들이지 않거나 그 강령을 달리 해석하는 사람들에게 애매성과 정체성의 혼란을 가져올 수 있다. 일제강점기 총독부하에서 실시되었던 사회교육의 경우처럼 사회교육이 현대사회에서도 보수적이고 체제 지향적인 가치관을 지향할 가능성도 현실적으로 배제할 수 없다(한준상, 2000: 55-70). 따라서 소외계층을 우선시하거나 사회변혁의 가치관을 포함하는 강령적 정의는 그 자체로 소중한 가치이기는 하지만 학문적 기초 개념이라기보다는 사회교육학 내에서 특정한 학파를 형성하는 이념적 기초로 인식하는 것이 바람직하다고 볼 수 있다.

(3) 사회교육의 조작적 정의와 사회교육학과의 관계

우리나라에서 사회교육의 의미는 도입단계부터 조작적 정의를 따르는 경향이 강했다. 이러한 전통을 따라 황종건은 사회교육을 '의무교육을 마치고 난 후에 학교를 계속 다니지 않는 청소년과 일반 성인을 위한 교육활동을 총칭하는 것'으로 정의하였다(황종건 외, 1966). 이러한 정의는 과거 「사회교육법」에도 그대로 반영되었다. 법적 · 제도적인 면에서 체계가 확립되어 있는 학교교육을 기준으로 삼아 사회교육의 개념을 정의했다는 점에서 이를 조작적 정의로 파악할 수 있다.

이와 같은 사회교육에 대한 조작적 정의는 그 역사가 오래되었지만 현대사회에서 그 중요성이 더욱 커지고 있다. 근대 이후 최근 근대공교육제도가 확립됨에 따라 청소년을 대상으로 하는 학교 밖 교육의 비중은 이전에 비해 상당히 축소되었다. 그러나 지식기반사회의 형성, 수명의 연장 등에 의해 평생학습의 필요성이 급증함에 따라 성인을 대상으로 하는 학교 밖 교육의 영역은 오히려 더 팽창하고 있는 실정이다. 사회교육은 이제 단순히 부족한 학교교육 기회를 보충하거나 1차 학교교육 결손 집단의 결핍된 교육욕구를 보상·대리 충족시켜 주는 2차적 기제로서뿐만 아니라 학교교육의 상호보완적 또는 대안적 기능까지 함께 수행하기 시작하는 변화를 보이게 되었다(최운실 외, 1993: 8). 이에 따라 사회교육은 더 이상 소외계층만의 관심거리가 될 수 없으며 오히려 사회적으로 성공한 사람에게 더 많은 혜택이 돌아갈 가능성도 존재한다. 정규 학교교육도 거의 완벽하게 확립되고 사회교육도 동시에 팽창됨에 따라 학교교육과 사회교육의 경계는 점차 맞붙게 되었다. 이제 학교교육과 사회교육은 과거와 같이 교육의 이념이나 내용, 대상 등의 확연한 차이로 자연스럽게 구분할 수 있는 것이 아니므로 학문적·제도적인 차원에서 인위적으로 엄밀하게 규정해야 할 필요성이 커지고 있다. 즉, 사회교육은 정규 학교교육이 아니라는 점에서 예전과 다름없이 분명한 차이점을 갖지만 부분적으로 학교교육과 사회교육의 내용과 대상이 중복될 가능성이 커짐에 따라 양자 간의 구분이 더 정밀하게 규정될 필요가 있는 것이다. 물론 학교교육과 사회교육 간의 명백한 구분이 가능한가라는 의문이 제기될 수 있다. 현재 전통적인 학교교육과 사회교육 사이에 중간적인 성격을 가진 교육 영역이 늘어 가고 있기 때문이다. 그러나 면밀한 검토와 협의를 통해 각 영역을 제도적으로 나누기 위한 구체적이고 객관적인 기준을 마련하는 것이 불가능한 일은 아니라고 볼 수 있다. 이러한 약속된 기준 위에서 사회교육이라는 특수한 영역을 대상으로 하는 사회교육학이 성립될 수 있는 것이다. 또한 제도화로 인해 전통적인 사회교육 영역이 학교교육의 영역으로 전환되는 현상도 일어나겠지만 끊임없는 사회변화로 인해 새로운 비형식적·비공식적 사회교육도 지속적으로 창출될 것이다. 따라서 학교교육과 대응하는 사회교육의 중요성과 그 비중은 지속적으로 유지된다고 볼 수 있다.

이상에서 살펴본 바와 같이 현재 우리나라에서는 다양한 사회교육의 개념이 복합적으로 사용되고 있다. 각각의 정의는 나름대로의 의미를 가지고 있다. 교육과 사회의 관계를 반영하는 사회교육의 기술적 정의는 교육이 특정한 공간 속에서만이 아니라 일상생활 속에서 이루어진다는 교육적 상식을 부각시킨다. 그러나 교육과 사회의 관계가 모호하고 교육과 사회의 관계를 나타내는 다른 개념이 많이 존재하기 때문에 이러한 기술적 정의를 바탕으로 차별화된 사회교육학을 정립하는 것은 현재로서 쉽지 않은 실정이다. 그리고 소외계층을 위한 교육, 사회변화를 위한 비판적 성인교육이라는 사회교육의 강령적 정의는 사회교육의 중요한 사회적 책임이 무엇이었는가를 상기시켜 주는 소중한 유산이라고 할 수 있다. 그러나 현실적으로 이와 대립되는 양상의 사회교육이 존재할 수 있음을 고려할 때 이러한 유형의 사회교육 개념으로는 학문의 객관성을 유지할 수가 없다. 즉, 이러한 정의 유형의 사회교육 개념은 특정한 가치를 지향하는 학파 형성의 기초가 될 수는 있지만 모든 사람이 객관적으로 수용하는 학문적인 정의로서는 부적합하다. 반면, 학교교육이 보편화된 이후 학교교육과 대등한 차원에서 사회교육의 비중이 커지고 있는 상황에서 사회교육을 학교교육과 구별하는 조작적 정의의 중요성이 더욱 커지고 있다. 이러한 조작적 정의는 사회교육의 영역을 분명하게 규정한다. 따라서 현대사회에서 사회교육학은 사회교육의 조작적 정의에 기초하여 연구 영역을 설정함으로써 응용학문으로서의 그 정체성을 보다 확실히 정립할 수 있다고 볼 수 있다. 이 말은 사회교육학이 더 이상 삶을 위한 교육이나 소외계층을 위한 교육과 관계없다는 것을 의미하는 것은 아니다. 조작적 정의로서의 사회교육에 기초하여 성립된 사회교육학은 여전히 삶을 위한 교육이나 소외계층을 위한 교육을 주요한 목적이나 주제로 삼을 수 있다. 오히려 그런 가치들은 사회교육학을 위한 소중한 자원이기도 하다. 다만 이러한 가치들이 '사회교육학' 자체를 성립하는 기초가 될 수 없다는 것을 의미한다. 학문의 기초로서의 사회교육의 개념과 학문의 목적으로서의 사회교육의 개념은 구분되어야 하는 것이다.

2) 사회교육학의 성격과 세부 영역

앞에서 학문적인 차원에서 사회교육의 조작적 정의에 기초하여 사회교육학의 성립 가능성을 탐색해 보았다. 사회교육학의 탐구 영역은 학교교육과의 관계 속에서 조작적으로 정해진다. 또한 사회교육학 자체도 여러 가지 차원에서 분과학문으로 세분화될 수 있다. 사회교육학이 분과학문으로 세분화되기 위해서는 모두가 합의할 수 있는 기준들이 적용되어야 한다. 따라서 사회교육학의 연구범위는 일상적인 범주에 의해 조정될 수밖에 없다. 일상사회에서 사회교육은 크게 현장(field), 대상에 따라 구분된다. 여기에 기존 교육학의 교육철학, 교육심리학, 교육사회학 등과 같은 분과학문적 관점이 추가될 수 있다. 또한 기존의 분과학문뿐만 아니라 '평생학습학'을 비롯한 새로운 교육학적 관점에 의해서도 사회교육학을 연구할 수 있다. 그것은 평생학습학을 사회교육에 응용한 경우라고 할 수 있다. 그런 면에서 사회교육에 대한 교육철학적 접근, 교육심리학적 접근, 평생학습학적 접근 등이 가능하다. 이러한 다양한 학제적 접근은 사회교육을 보다 종합적으로 이해하는 데 도움이 될 수 있다.

〈표 1-4〉 사회교육학 구성의 주요 차원과 하위학문 영역

차원	하위학문 영역
현장	지역사회교육학, 직장(기업)교육학
대상	청소년교육학, 성인교육학, 노인교육학 …
관점	교육철학적 · 교육심리학적 · 교육사회학적 · 교육행정학적 · 교육방법 및 공학적 · 교육경영학적 / 새로운 교육학적 · 평생학습학적(학습생태학적)

여기서 사회교육학을 대상과 현장 영역별로 하위학문으로 분화할 수 있지만 관점별로 분화하는 것에 대해서는 신중한 접근이 필요하다. 예를 들어 사회교육학의 하위영역으로서 청소년교육학, 성인교육학, 노인교육학, 또는 기

업교육학, 지역사회교육학 등은 그 자체로 독립적인 하위학문으로 성립할 수 있지만 '사회교육철학' '사회교육심리학' '사회교육사회학' 등의 하위학문이 성립할 수 있는지는 기존 교육학과의 관련성 속에서 종합적으로 파악할 필요가 있다. 이러한 하위분야들은 이미 존재해 왔던 교육철학, 교육심리학, 교육사회학 등의 분과학문들이 기술적 정의로서의 평생교육 개념을 수용함으로써 사회교육 영역으로 그 관점을 적용 · 확대한 것으로 보아야 한다. 그러한 관점들이 사회교육을 연구하는 데도 유용하고 풍성한 관점을 제공할 것임에 틀림없다. 그렇지만 이러한 관점으로 사회교육만을 다루는 특수한 하위학문을 성립하는 것은 지나치게 분과학문 지향적인 입장을 취하는 것이라고 볼 수 있다.

4. 사회교육학의 학문적 성격과 의의

앞에서 살펴보았듯이 현재 평생교육학 분야에서는 '평생교육'의 이름으로 세 가지 다른 방향의 학문을 정립하기 위한 모색이 이루어지고 있다고 볼 수 있다.

첫째는 평생교육의 이름 안에서 실제로 학교교육을 포함하여 새로운 교육학을 정립하려는 노력이다. 이는 평생교육의 기술적 정의에 기반을 두고 있으며 '학습' 또는 '평생학습'의 개념을 중심으로 학습의 현상을 포착하고 이론화하는 순수학문을 정립하는 데 관심을 두고 있다. 이러한 관점에 의하면 학문 정립에 있어 중요한 것은 학교 안이냐 바깥이냐 하는 특정한 실천 영역이 아니라 평생교육만의 고유한 관점이다. 이는 주로 학습의 관점을 말한다. 따라서 이 분야는 '평생교육'보다는 '평생학습'에 기초해 있다고 볼 수 있다. 그런 의미에서 이 분야는 '평생학습학'의 성격을 띠고 있다고 말할 수 있다.

둘째는 '평생교육'의 기술적 정의에 충실하여 '학교교육'과 '사회교육'을 체계적으로 통합하려는 학문활동이다. 이러한 입장에서는 그동안 사회교육의 현장에서 비형식적·무형식적으로 이루어졌던 교육 및 학습활동을 기존의 형식적·공식적으로 이루어져 왔던 학교교육과 연결시키고자 한다. 학점은행제나 평생학습계좌제와 같이 학교교육과 사회교육을 연결하는 평생에 걸친 학습인증체제 구축, '인생 100세, 평생교육시대'와 같이 학령 전, 학령, 학령 이후 세대를 포괄하는 학습지원 시스템 구축 등이 그 예라고 할 수 있다. 이 분야는 '평생교육'이라는 용어를 활용할 수 있는 응용학문 분야라고 할 수 있다.

셋째는 전통적인 사회교육의 영역을 다루는 것이다. 이것은 평생교육학을 하나의 고유한 순수학문으로 정립하느냐에 대한 관심과 상관없이 사회교육학 자체를 '사회교육'이라는 특정한 영역을 대상으로 하는 실천학문 또는 응용학문으로 정립코자 하는 접근방식이다. 이런 의미에서 이런 입장은 전통적인 '사회교육학'이라고 부를 수 있다.

이와 같이 '평생교육'의 이름으로 세 가지 다른 방향의 학문이 이루어지고 있는 까닭은 '평생교육'이라는 용어가 갖는 개념적 애매모호성 때문이다. 전통적인 사회교육학 분야에 관심을 기울여왔던 사람이든, '학습 중심'의 새로운 교육학을 시도하는 사람이든 모두 최근 이러한 '평생교육'이라는 용어를 '선호'하였다. 이와 같이 '평생교육'이 '사회교육'을 대체함으로써 얻은 이득은 해당 교육 분야에 대한 이미지 제고와 영역 확장, 지식기반사회의 도래와 수명의 연장 등과 같은 사회적 변화와의 개념적 어울림 등이었다. 그런 의미에서 '평생교육'은 우리가 효과적으로 활용할 수 있었던 하나의 유용한 슬로건이었다. '평생교육'이 갖는 이러한 슬로건적 성격으로 인해 사회교육학을 추구하든 평생학습학을 추구하든 모두 '평생교육'의 깃발 아래 함께 모일 수 있었던 것이다. 그러나 슬로건은 모든 이들에게 동일한 이념을 심어 주고 동일한 반응을 일으킬 때 의미가 있다. 그동안 '평생교육'은 학교교육만을 교육의 전부라고 생각하는 좁은 교육관을 거부하고 학교교육을 받지 못한 소외계층을 위한 교육, 학습자 중심의 교육을 대변한다는 점에서 어느 정도 통일된 정체성과 위상을 유지할 수 있었다. 그러나 이제 포괄적인 평생교육 개념이 기존의 학교교육 중심 연구자들에게도 하나의 상식처럼 굳어져 가고 평생교육이 실제로 지향하는 가치도 매우 다양해지는 상황에서 '평생교육' 은 그 정체성의 위기를 맞고 있다. 평생교육의 개념은 이제 사회교육 분야 관계자들만 받아들이는 개념도 아니고, 평생교육의 이념도 이전처럼 한두 가지가 주도하고 있지 않는 실정이다. 이제는 평생교육 개념을 배타적으로 사용하는 고유한 영역도 없고 평생교육이 추구하는 유일하고 고유한 이념도 없다. '학습자 존중' 은 '평생교육' 만의 전유물이 아니며 실제로는 학습자를 존중하지 않는 평생교육도 존재한다. '평생교육' 은 이제 특정한 고유 영역도, 특정한 지향점도 없는 모호한 개념이 되고 있는 것이다. 따라서 그 개념에 기초한 평생교육학의 정체성도 마찬가지라고 할 수 있다.

이제는 '평생교육학' 이 '평생교육' 이라는 슬로건을 토대로 학문적 정체성을 유지할 수 있는가에 대해 비판적인 검토가 필요하다. 슬로건이 고유성을 잃고 모든 이들에게 각자 나름대로 해석될 때 그 존재는 오히려 혼란을 가져올 뿐이다. 이념은 이념대로 소중하게 전승하되 학문의 발전을 위해서는 이제보다 객관적이고 명확한 개념의 정립이 필요하다. 이는 '평생교육' 과 '사회교육' 의 올바른 관계 정립에서 비롯된다. 그런 의미에서 '인간의 전 생애에 걸친 모든 형태의 교육' 이라는 평생교육의 기술적 정의는 그대로 '평생교육' 으로 묶어 놓고, 학교교육을 제외한 교육이라는 평생교육의 조작적 정의는 '사회교육' 으로 재정의함에 따라 평생교육학과 사회교육학의 위상을 정립하는 것이 바람직하다. '사회교육' 이 없이는 '평생교육' 도 존재할 수 없기 때문이다.

먼저, '평생교육학' 은 평생교육의 기술적 정의에 기초하여 학교교육과 사회교육의 통합과 연계를 전문적으로 다루는 특수한 응용학문으로서의 지위를 확립할 필요가 있다. 한편, 이와 별개로 '평생학습' 의 관점에서 새로운 교육학을 성립하려는 노력은 '평생교육학' 이라기보다는 '평생학습학' 으로 파악하는 것이 합리적이다. '평생학습학' 은 사회교육은 물론 학교교육의 이해와 발전을 위해서도 유의미한 순수학문적 시도라고 볼 수 있다.

한편, 기존의 사회교육 분야는 당연히 '사회교육' 이라는 용어의 활성화를 통해 학문적으로 정립되어야 한다. '사회교육' 이 '평생교육' 으로 대체됨으로써 나타난 부작용은 매우 크다. '사회교육' 에 비해 '평생교육' 개념이 더욱 포괄적이고 모호함으로 인해 발생하는 혼란, 좁은 의미의 평생교육과 넓은 의미의 평생교육 사이의 혼란, 그리고 무엇보다도 우리나라에서 사회교육이 갖는 토착적 · 역사적 전통과의 단절을 가져온 것 등이 그러한 부작용의 예다. 그러나 '사회교육' 은 '평생교육' 이라는 용어가 갖는 애매함 속에서 여전히 그 명맥을 유지하고 있다. 백여 년 동안 '사회교육' 이라는 용어를 사용해 왔기에 역사적 연구를 수행할 때에는 당연히 '사회교육' 을 언급할 수밖에 없다. 또한 현대사회 여러 부문에서도 '평생교육' 과의 불필요한 혼동을 피하기 위해 '사회교육' 이라는 용어를 관습적으로 사용하고 있다.[1)] 이러한 사회교육의 전통과 관행은 다시 학문적인 차원에서 재조명되어야 되어야 한다.

그러나 학문 성립의 기초가 되는 사회교육의 개념은 일단 조작적 정의로서의 사회교육이어야 한다. 조작적 정의에 기초한 사회교육학은 하나의 관점으로 모든 영역을 포괄하는 것이 아니라 특정한 영역에 대해 다양한 관점을 활용하는 접근방식을 택할 수밖에 없다. 그런 의미에서 사회교육학은 일차적으로 순수학문이라기보다는 일종의 응용학문의 성격을 띤다. 따라서 교육학 분야의 여러 관점들은 상호보완적인 사회교육연구를 위해 개방적으로 수용하

1) 그 단적인 예가 우리나라의 「교육기본법」에는 여전히 '학교교육' 과 더불어 '사회교육' 이라는 용어를 공식적으로 사용되고 있다는 것이다. 「교육기본법」의 제10조(사회교육)는 "① 국민의 평생교육을 위한 모든 형태의 사회교육은 장려되어야 한다. ② 사회교육의 이수(이수)는 법령으로 정하는 바에 따라 그에 상응하는 학교교육의 이수로 인정될 수 있다. ③ 사회교육시설의 종류와 설립 · 경영 등 사회교육에 관한 기본적인 사항은 따로 법률로 정한다."라고 규정되어 있다. 이 조항에는 우리나라의 전통적인 '평생교육' '학교교육' '사회교육' 개념 사이의 관계가 잘 표현되어 있다.

고, 사회교육학 내의 하위영역은 모두가 객관적으로 합의할 수 있는 대상이나 실천현장을 중심으로 설정하는 것이 바람직하다고 할 수 있다. 또한 이러한 영역을 합리적인 기준으로 세분화하여 각 분야별로 심층적인 연구가 이루어져야 한다. 아울러 이렇게 새롭게 정립된 학문의 바탕 위에서 다양한 관점과 이념에 기초한 사회교육학이 이루어져야 할 것이다. 새롭게 제기되는 관점인 '새로운 교육학' '학습주의' '학습생태학' 등도 사회교육학을 발전시키기 위한 핵심적인 관점이 될 수 있다. 또한 소외계층 지향적, 사회변화 지향적인 사회교육의 전통들도 사회교육학 발전을 위한 소중한 자산이 될 것임에 틀림없다. 이상의 내용을 바탕으로 학문적 차원에서 '사회교육' 과 '평생교육' 의 성격을 정리하면 다음과 같다.

〈표 1-5〉 '사회교육' 과 '평생교육' 의 학문적 성격과 의의

용어	사회교육	평생교육
원형적 의미	학교교육을 제외한 조직적인 교육활동	교육의 수직적 · 수평적 통합
현실적 문제	「평생교육법」의 명칭변경으로 인해 용어사용이 위축됨	'평생교육' 이 '사회교육' 을 대체함에 따라 좁은 의미의 평생교육과 넓은 의미의 평생교육 간의 혼란 발생
학문적 의의	현재 평생교육학의 모호성을 극복하고 응용학문으로서 사회교육학의 정체성 확립에 적합	학교교육과 사회교육을 통합하는 응용 학문, 학습을 관점으로 하는 새로운 교육학(평생학습학)을 위한 개념적 기초

'사회교육' 이 '평생교육' 으로 대체된 지 10여 년이 되었다. 그 사이에 어느덧 '사회교육' 은 낯선 개념이 되어가고 있다. 그런 사이에 우리는 '평생교육' 이라는 용어의 애매모호함에 익숙해져 가고 있다. 또한 평생교육학의 학문적 정체성에 대한 우려도 지속되고 있다. 그러나 구한말 이후 '사회교육' 이라는

용어가 사용되어 왔던 긴 시간에 비하면 '평생교육' 이라는 용어가 이를 대체한 기간은 비교적 짧다고 볼 수 있다. 그러기에 사회교육의 위상을 회복하고 그 위에 사회교육학이 제자리를 잡기 위한 노력이 적극적으로 이루어져야 할 것이다.

제 2 장
사회교육의 원형과 발달 양상

제1장에서는 학문적인 차원에서 '평생교육'의 개념적 혼란에 대응하여 '사회교육' 개념의 학문적 의의에 대하여 살펴보았다. 이러한 학문상의 정체성 혼란을 극복하기 위해서는 사회교육에 대한 인식이 새롭게 이루어져야 한다.

개념에 대한 잘못된 인식과 학문적인 성찰의 부족으로 최근 그 사용빈도가 다소 줄어들고 있지만 '사회교육' 개념은 역사상 우리나라의 대표적인 교육개념 중의 하나다. '사회교육' 개념은 근대교육이 도입된 구한말 이후 현대에 이르기까지 '학교교육' 개념과 더불어 우리나라에서 역사적인 자리매김을 해 왔다. 또한 우리나라에서 '사회교육'은 1960년대 말 '평생교육'의 개념이 도입된 이후에는 학교교육과 더불어 평생교육의 한 부분으로 자리매김하는 데 아무런 문제가 없었다. 그런 가운데 우리나라의 사회교육은 다른 나라와 유사하게 학교교육의 혜택을 받지 못한 소외계층을 위한 교육, 더불어 살기 위한 공동체를 지향하는 교육, 평민의 입장을 대변하고 충족시키기 위한 비판적 교육, 주지주의적 전통이 아닌 생활중심의 교육 등을 추구해 왔다. 또한 다른 나라와 마찬가지로 시대의 변화에 따라 일반적인 발달단계를 거쳐 왔다.

한편, 한국의 사회교육은 외국의 관련 용어를 수용하는 과정에서 개념상의 혼란을 겪기도 하였다. 일찍부터 있었던 'adult education' '성인교육' 등의 개념적 혼란이 한 가지 예에 해당한다. 외국의 새로운 사조나 개념을 들여와 한국의 역사적 전통이나 맥락과 관계없이 사용하려고 함에 따라 개념적인 혼란이 가중되기도 하였다. 최근 '사회교육'을 '평생교육'으로 인위적으로 대체하려고 하는 현상도 '사회교육' 개념의 고유한 성격과 역사적 배경을 소홀하게 여기는 것과 무관하지 않다.

따라서 '사회교육'을 학문적인 차원에서 재정립하기 위해서는 '사회교육' 개념과 성격의 전개과정에 대해 포괄적으로 살펴보아야 한다. 이런 맥락에서 이 장에서는 사회교육의 원형적 성격, 'adult education'과 '사회교육' 개념의 관계, 사회교육의 일반적인 발달단계, 사회교육의 다양한 유형 등에 대하여 종합적으로 살펴보고자 한다.

1. 사회교육의 원형적 성격

앞에서 '사회교육'은 학교교육과 대별되는 교육이라는 조작적 정의에 기초할 때 학문적 정체성을 가질 수 있다고 하였다. 그런데 '사회교육'은 이러한 학문상의 개념 규정과 별도로 역사적인 차원에서 독특한 성격을 가진다. 각 나라마다 사회교육이 성립된 시기나 발전되어 온 양상에는 다소 차이가 있었으나 전반적으로는 그 성격이 유사한 편이다. 즉, 어떤 나라에서든 사회교육은 특정 엘리트가 아니라 일반 평민을 주요 대상으로 하고, 일반 평민의 삶 속에서 이루어지며, 그들의 생활과 직결된 실질적인 교육이라는 공통점이 있다. 그러기에 사회교육은 일반적으로 생활 위주의 교육, 공동체를 위한 교육, 더 나아가 그들이 보다 행복해질 수 있도록 사회를 변화시키기 위한 교육의 형태로 나타났다. 이러한 모습들이 곧 사회교육의 원형적 모습이라고 할 수 있다. 여기에서는 세계 사회교육의 역사와 교육사상가들의 논의 속에 반영된 사회교육의 원형적 성격을 정리해 보고자 한다.

1) 삶의 교육적 가치 강조

사회교육의 원형적 성격 중의 하나로서 가장 근본적인 것으로 '삶'과의 관련성을 들 수 있다. 이를 중시하는 입장에 의하면 교육사적인 면에서 근대에 성립된 사회교육의 가장 두드러진 특징은 '생활 중심'이라고 볼 수 있다. 즉, 사회교육은 생활의 교육, 또는 노동의 교육이 모태가 되어 생겨났다는 것이다(정우현, 1988: 134). 이는 서양의 경우에도 마찬가지다. 서양의 경우에도 사회교육(adult education)은 실생활의 문제와 직접 관련된다. 그것은 지금까지의 주지주의적인 인문교육에 대한 반발이었다고 볼 수 있다. 티트무스(Titmus, 1981: 103)는 서양의 사회교육(adult education) 발달과정에 대한 비교분석을 통해 다음과 같이 말하고 있다.

> 대학들은 사회적 상황 속에 있는 인간들에 대한 지식의 관련성(적절성)이나 전이에는 관심이 없이, 지식 그 자체를 위한 지식의 우월성에 대한 신념 가운데 낡아 빠진 전통을 따르고 있는 것으로 보였다. 필요했던 것은 계층, 지역사회, 민족의 한 구성원으로서, 직업에 종사하는 사람으로서의 개인에 관심을 가지는 민중교육을 위한 새 방향이었다.

이와 같이 교육의 새로운 방향성은 곧 사회교육의 역사적 전통이라고도 할 수 있다(Long, 1991; Jarvis, 2011). 그것은 곧 성인들의 사회적 역할(직업인으로서, 부모로서, 퇴직자로서) 능력을 향상시킨다거나 사회변화에 적응할 수 있는 능력을 길러 주며, 개인의 삶 속에서 보다 큰 완성을 이루며 개인이나 지역사회의 문제들을 해결할 수 있도록 보조해 주는 것이다(이옥분, 1991: 12). 바로 이런 식의 교육이 전통적인 의미의 '사회교육' 이며 동시에 'adult education' 의 기본 성격이다. 이러한 교육은 가치와 태도, 지식과 기술을 전달하기 위해 사회에서 이루어지는 우연적이거나 의도적 행위들을 모두 포함한다는 점에서 반드시 학교교육과 개념상 대립되는 것이라고 볼 수 없다. '사회교육' 은 곧 실제 사회생활 속에서 행해지는 활동 가운데서 이루어지는 교육이라고 할 수 있는 것이다. 이런 맥락에 따르면 사회교육은 단순히 특정한 대상이나 목적을 위한 프로그램이라기보다는 교육 자체를 실생활과의 관련성이라는 관점에서 보고자 하는 새로운 교육관이라고 할 수 있다.

2) 평민 지향적인 공동체 교육의 성격

전통적으로 사회교육은 엘리트가 아닌 민중, 평민을 주 대상으로 발전하였다. 페스탈로치는 인간교육, 국민교육을 강조하였으며 고아, 빈민을 비롯한 하류계층의 구제를 위한 생활교육에도 깊은 관심을 가졌다(최정웅, 1980: 2). 덴마크에서 이루어진 그룬트비히의 평민대학 운동, 영국에서 이루어진 오언의 공장학교 운동도 이와 맥을 같이한다. 일반적으로 서양사에 있어 'adult education' 의 발생은 인본주의에 기초한 민중교육 운동이며, 주로 민중교육, 노동교육, 문해교육 등의 '민중의 생활세계에 대한 지식인의 개입' 으로 표현되었다. 우리나라에서는 인본주의적이며 민중 지향적인 교육활동을 사회교육이라 불러왔다. 따라서 외국의 'adult education' 이든, 과거 이를 우리식으로 적용해서 사용했던 '사회교육' 이든 모두 인본주의적이며 민중 지향적인 성격을 가진다는 점에서 공통점이 있다.

또한 전통적으로 '사회교육' 의 '사회' 에는 '공동체' 의 의미도 포함되어 있다. 사회적 약자, 소외계층의 사람들은 생존을 위해서라도 더 강하게 연대하고 공동체를 구성해야 한다. 과거 학교교육이 전통적으로 엘리트를 대상으로 선발과 평가를 통한 경쟁에 치중했다면 사회교육은 소외계층 간의 단결과 협력을 통한 공동체의 형성을 강조했다. 그리고 과거 촌락사회에서는 '사회' 의 의미가 주로 '지역사회' 또는 '지역공동체' 와 맥을 같이했다면 오늘날에는 시민공동체, 일터공동체와 같은 새로운 공동체도 포함하고 있다.

3) 사회변혁을 위한 비판적 성격

사회교육의 원형에 해당되는 성격 중의 하나로 사회변혁 지향성을 들 수 있다. 이는 곧 사회정의의 실현과 관련된다. 민중 또는 평민의 삶을 강조하는 사회교육의 성격상 사회변혁 지향성은 사회교육의 자연스러운 귀결이라고 할 수 있다. 대체로 평민의 삶은 사회구조적으로 통제되고 지배받는 경우가 많기에 평민의 삶을 위해서는 궁극적으로 사회의 변화를 추구해야 하는 경우가 많기 때문이다. 따라서 페스탈로치, 오언, 그룬트비히, 프레이리 등 대다수의 사회교육자들이 사회의 변화를 사회교육의 중요한 목적으로 보았다.

이러한 성격은 우리나라의 경우에도 해당된다. 이와 관련하여 한숭희는 한국 사회교육의 뿌리는 민중교육이라고 주장하고 있다.

> 한국의 사회교육은 해방 이후 특히 50년대 이후 60~70년대를 거치면서 나름대로의 비판적 · 진보적 자리매김을 충실히 해 왔다. 필자는 한국적 맥락에서, 특히 50~60년대 이후 한국의 사회교육이 가지는 특징을 고찰하는 데 있어서 세계성인교육사에 있어서의 중요한 흐름, 즉 '성인교육의 비판적 관점' 에 주목하고자 한다(한숭희, 2001a: 25).

그에 의하면 민중교육은 (1) 비판적 성인교육 활동이며, (2) 교육운동의 형태를 취하며, (3) 박탈당하고 핍박받는 민중집단의 활동이며, (4) 교육적 · 문화적 활동에 대한 민중의 참여를 증대시킴으로써 주어진 사회구조를 변혁함을 목적으로 한다. 또한, 그에 의하면 사회교육은 '사회에서 일어나는 교육' 이라기보다는 '사회를 변혁하는 교육' 이다. 즉, 한국의 사회교육은 학교교육의 보수성과 제도 중심성을 극복하기 위한 민중 지향적인 '사회변혁을 위한 교육' 의 축약어로 이해되어야 한다는 것이다(한숭희, 2001a: 29). 이와 같이 동서양을 막론하고 사회변화를 적극적으로 추진하는 것은 사회교육의 대표적인 원형적 성격 중의 하나다.

4) 의식과 실무를 겸비한 전인교육의 추구

역사 속에 나타난 사회교육의 원형에 해당되는 성격 중의 하나는 사회교육이 전인교육을 추구한다는 점이다. 그것은 사회를 바르게 인식하는 능력과 더불어 사회에서 필요한 실무 능력을 겸비함을 의미한다.

이것은 사회교육이 직업교육과 무관하지 않다는 것을 의미한다. 오히려 전통적인 사회교육자들은 이전의 주지주의적 학교교육과 달리 일상생활에서의 노동과 사회활동을 중시했기에 직업교육은 사회교육의 중요한 영역 중의 하나였다. 그러나 그때의 직업교육은 단지 생활의 방편이나 국가의 경쟁력 향상을 위한 수단일 뿐 아니라 커다란 인간교육의 맥락 속에서 강조되었다. 즉, 평민들로 하여금 노동을 통해 인지적 능력과 사회성 · 경제적 능력을 획득함으로써 인간적으로 성숙하도록 하는 것이 궁극적인 목적이었던 것이다. 이러한 전 인격적인 교육의 이념은 그룬트비히, 린드만, 프레이리, 김용기, 황종건 등을 비롯한 대부분의 사회교육 실천가와 이론가들에게서 공통적으로 찾아볼 수 있다. 문해교육, 성인기초교육과 같이 기능을 습득하는 교육도 그것을 통해 한 인간이 더욱 인간답게 살 수 있는 안목을 갖게 되었을 때 의미 있는 것이었다.

그러나 최근 우리나라에서 이루어지고 있는 인적자원개발은 전인교육의 원리보다는 경제적 가치가 있는 지식이나 기술 위주의 교육에 초점을 두고 있음을 부인하기 어렵다. 이에 따라 보다 전인적인 차원에서 직업교육을 실시하기 위한 사회교육적 안목이 요구된다.

2. '사회교육'과 'adult education'의 관계

1) '사회교육' '성인교육' 'adult education'의 혼란 양상

우리나라에서 '사회교육' 개념의 의미를 재정립하기 위해 반드시 개념적인 관계를 검토해야 할 관련 용어로서 '성인교육'을 들 수 있다. 그런데 여기에는 단순히 '사회교육'과 '성인교육'이라는 한국어의 비교만이 아니라 영어식 표현으로서의 'adult education'과 'education for adults' 등의 용어들의 관계도 복잡하게 얽혀 있다. 우리나라에서는 전통적으로 '사회교육'이라는 용어를 사용해 왔으나 국제적으로는 'adult education'이라는 용어가 이에 상응하는 보편적인 용어로 사용되고 있다. 그런데 국제적으로는 'social education' 이라는 용어도 사용되고 있으며 우리나라의 '사회교육' 과 'social education' 이 같은 의미로 사용되는 경우도 있다. 또한 우리나라에서는 'adult education' 과 관련하여 '성인교육' 이라는 용어도 사용되고 있다. 또한 성인을 대상으로 하는 교육을 의미하는 'education for adults' 라는 영어식 표현도 사용되고 있다. 우리나라에서 이 용어들은 서로 밀접한 관계를 갖고 있지만 개념상의 미묘한 차이와 애매성으로 인해 혼란을 가져오고 있는 것이다. 이러한 혼란은 사회교육에 대한 기본적인 이해는 물론 관련 개념들을 한국어와 외국어로 상호 번역하는 데도 매우 큰 난제로 작용하고 있는 실정이다. 이와 관련하여 이러한 개념들의 관계를 인식하는 몇 가지 입장들을 정리하면 다음과 같다.

먼저, '사회교육' 과 '성인교육' 을 모두 'adult education' 의 번역어로 인식함으로써 이 두 용어가 서로 뒤바뀌어 사용될 수 있다는 입장을 취하는 경우다. 이와 관련된 설명을 살펴보면 다음과 같다.

> 사회교육이 성인들을 주 대상으로 한다는 점에서 성인교육과 같은 뜻으로 쓰이는 수가 많고, 특히 사회교육을 영어로 표현할 때에는 'social education' 이라고 하기보다는 'adult education' 이라고 하는 경우가 많다(정지웅, 김지자, 1986: 6).

이 입장에 의하면 한국에서의 '사회교육' 과 '성인교육' 은 곧 'adult education' 에 대한 다른 번역어이기 때문에 이 세 가지 용어는 결국 같은 의미라는 것이다. 그러나 이러한 입장은 우리나라 어법상 현실적으로 존재하는 '사회교육' 과 '성인교육' 사이의 어감의 차이를 충분히 설명하지 못하고 있으며 'social education' 과의 관계를 분명하게 정립하지 못한다는 단점을 가지고 있다.

둘째, 일단 'adult education' 은 '성인교육' 으로, 'social education' 은 '사

회교육'으로 번역할 수 있으나 이 둘이 거의 같은 뜻으로 사용된다는 입장을 취하는 경우다. 이를 구체적으로 살펴보면 다음과 같다(김승한, 1990: 41-42).

> 'social education'은 한국, 일본, 대만, 인도에서 사용하고 있고, 'adult education'은 UNESCO를 비롯한 여러 국제기구에서 주로 사용한다. 그러나 이 둘은 모두 학교의 틀 밖에서 행해지는 다양한 사회교육 활동을 총괄하는 개념으로서 같은 뜻을 나타낸다.

이러한 견해는 한국어의 '사회교육'은 'social education'으로 번역되고 이것이 'adult education'이라고 하는 국제적인 용어와 맥을 같이한다고 보는 입장이다. 그런데 여기서는 결과적으로 '사회교육'과 'adult education'을 본질적으로 동일한 것으로 보면서도 '사회교육'을 굳이 'social education'의 번역어처럼 사용해야 할 필요성이 있는가라는 의문이 들게 된다. 어차피 각 나라마다 고유한 사회교육 개념이 있기 마련이고 그 사회교육을 대표하는 국제용어로서의 'adult education'이 있는 상황에서 '사회교육'을 'social education'으로 번역하는 것은 또 하나의 혼란거리를 추가하는 것이 아닌가라는 우려도 낳을 수 있다. 그리고 '사회교육'을 'social education'이라고 번역하는 것은 '사회'란 말에 집착한 나머지 지나치게 축자적으로 번역한 결과가 아닌가라는 의문도 들 수 있다. 이는 마치 'adult'에 집착한 나머지 'adult education'을 '성인교육'으로 축자적으로 번역하는 것이 정당한가라는 의문과 맥을 같이한다. 이러한 의문에는 개념을 번역하기 위해서는 용어의 형식적인 의미에만 집착할 것이 아니라 그 용어들이 사용되고 있는 사회적 · 역사적 맥락을 면밀히 검토하여 그에 상응하는 적절한 용어로 번역해야 한다는 것이 전제되어 있다.

셋째, 'adult education'을 '성인교육'으로 번역하고 '사회교육'은 이와 별개로 한국만의 특별한 개념으로 이해하려는 입장이다. 그 까닭은 우리나라의

'사회교육' 개념이 전통적으로 성인뿐만 아니라 청소년과 유아까지를 포함하고 있는 것에 반해, 'adult education'의 'adult'는 어법상 '성인'만을 의미한다고 보기 때문이다. 이 입장에 따르면 '사회교육'이란 '성인교육(adult education)'을 포함하는 우리만의 독특한 맥락에서 비롯된 특별한 개념이라고 인식한다. 따라서 이 입장에 따르면 '사회교육'과 '성인교육'은 엄격하게 구별된다.

그런데 이 입장은 '사회교육'을 대하는 태도에 따라 다시 두 가지로 나뉜다. 하나는 '사회교육'의 독특한 위상은 인정하되 '성인교육'을 강조하는 입장이다. 이러한 경우를 예로 들면 다음과 같다.

> 성인교육은 한 사회의 성원으로서 활동하고 있는 성인들에게 자신의 경험을 확장하고 사회의 발전에 이바지할 수 있도록 하기 위하여 마련되는 모든 교육활동이다(18세 이상). … 사회교육은 성인교육을 포함하고 있는 상위개념이다. 그러므로 성인교육은 사회교육이라고 말할 수 있지만, 사회교육은 성인교육이라고 말할 수 없다. … 성인교육은 평생교육이나 사회교육의 핵심적인 부분이 되는 것이다. 이제 성인교육이라는 용어가 우리나라에서도 독자적인 지위를 가지고 사용되어야 하며, 그저 평생교육 및 사회교육에 묻혀서 그 빛을 바래서는 안 된다(박노열, 1992: 31).

이때 '성인교육'은 분명하게 영어의 'adult education'을 말한다. 그러므로 이러한 입장을 취하는 사람은 '사회교육'과 'adult education'을 구분하여, 'adult education(성인교육)'을 특정한 연령상의 성인(adult)만을 대상으로 하는 사회교육의 특수한 한 분야로 파악한다. 동시에 '성인교육'이라는 용어의 위상을 강조한다고 볼 수 있다.

또 하나는 '사회교육'이라는 용어 자체를 역사적인 차원에서 부정적인 것으로 파악하는 입장이다. 왜냐하면 '사회교육'이 과거 일제강점기 총독부의 황국신민화교육의 수단으로 활용되었기 때문이라는 것이다. 따라서 이들은 가급적 '사회교육' 이라는 용어를 사용하지 않고 '성인교육' 이라는 용어를 일반화하려는 경향을 띤다. 그러나 제1장에서 살펴보았듯이 '사회교육' 은 우리나라에서 역사적으로 중요한 역할을 해 왔던 실체이며 학문적 기초로서도 분명한 개념적 위상을 갖고 있다. 따라서 '사회교육' 을 인위적으로 배제하거나 다른 용어로 대체할 수가 없는 것이다. 그러므로 위의 입장에 따라 '성인교육' 을 'adult education' 으로 번역하면 '사회교육' 은 영어로 어떻게 번역해야 할 것인가라는 문제가 발생한다.

2) 개념 혼란의 역사적 배경

이와 같이 사회교육을 제대로 이해하기 위해서는 'adult education' 과 '사회교육' 의 관계를 정립해야 할 필요성이 크다. 여기서는 이 두 개념의 혼란이 발생한 원인을 역사적인 발달과정 속에 비추어 분석하고 그 해결의 실마리를 찾아보고자 한다.

'사회교육' 이 'adult education' 과 동일한 맥락으로 이해될 수 있는가를 판단할 수 있는 방법 중의 하나는 반대로 'adult education' 의 본질이 무엇인가를 분석하는 것이다. 만약 그 본질이 '연령' 이라면 우리도 그것을 '성인교육' 으로 번역하는 것이 마땅할 것이다. 그러나 만약 그 본질이 엘리트 중심의 전통적인 학교교육이 아닌 '평민 중심의 대안적 교육' 이라고 한다면 'adult education' 이 반드시 '성인교육' 으로 번역될 필요 없이 우리나라의 맥락에 맞게 '사회교육' 으로 번역될 수도 있는 것이다. 그런데 문제는 이러한 맥락이 역사적인 흐름에 따라 변화해 오고 있다는 것이다. 따라서 양자 간의 관계를 정확히 파악하기 위해서는 역사적인 흐름에 따른 맥락의 변화를 살펴보아야 한다. 우리나라의 사회교육에 해당되는 교육이 영어식 표현으로 'adult education' 이라는 용어로 표현된 까닭은 무엇인가, 그리고 'adult education' 과

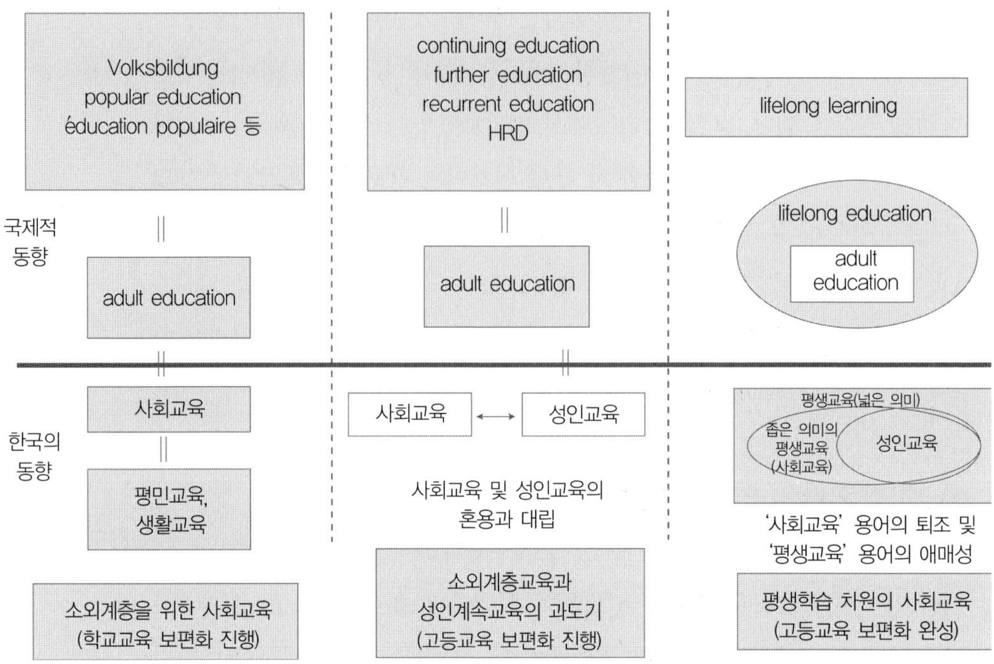

[그림 2-1] adult education과 사회교육의 역사적 변화단계

'사회교육'의 관계는 역사적 흐름에 따라 어떻게 변화되었는가 등이 다루어져야 하는 것이다. 이와 관련하여 'adult education'과 '사회교육'의 관계를 역사적인 변화단계에 따라 살펴보면 다음과 같다.

먼저, 역사적으로 제1단계의 경우에는 'adult education'이 반드시 성인만을 대상으로 하는 것은 아니었다. 'adult education'의 대상은 성인뿐만 아니라 청소년, 심지어 유아에 이르기까지 다양하다. 이와 관련하여 영국에서 'adult education'이라는 개념은 18세기 이후 영국의 대학들이 주도해 온 노동자, 농민 등 사회적 소외계층을 대상으로 한 인문교양교육을 의미하였다. 따라서 'adult education'은 '성인들을 대상으로 하는 교육(education for adults)'과 구별되는 것이었다(김승한, 1991: 121). 즉, 영국의 경우 'adult education'은 연령 기준으로서의 '성인'에 국한되는 교육이 아니라 '성인다움

(adulthood)'을 지향하는 학교교육 밖의 인문교양교육이었던 것이다. 그러므로 우리나라에서 '성인을 대상으로 하는 교육'의 의미를 갖고 있는 '성인교육'은 본래 'adult education'에 해당되는 용어라기보다는 'education for adults'에 해당된다고 볼 수 있다.

이는 전 세계적으로 비슷한 현상으로 나타났다. 영어가 국제어가 됨으로써 본래 특정한 성격의 교육만을 지칭하던 'adult education'이 모든 나라의 사회교육을 대표하는 말로 사용된 것도 그 이유 중의 하나다. 각 언어권에서 사용되었던 Volksbildung, popular education, éducation populaire 등의 용어들 중에는 영어의 'adult education'과 축자적으로 일치하지 않는 것들도 많이 있다. 다시 말해 비록 영어로는 'adult education'으로 통칭된다고 하더라도 그러한 교육이 갖고 있는 본래의 성격은 연령상의 성인이 아닌 다른 요인들, 예컨대 민중성, 생활 중심성 등과 같은 것을 강조할 수도 있는 것이다. 그러므로 'adult education'이 그러한 교육들을 대표하는 용어로 쓰인다고 해서 그러한 모든 교육들이 모두 '성인'을 필요충분조건으로 하고 있다고 볼 수는 없다. 그것은 일종의 언어상의 문제로서 영어식의 표현을 모든 나라 모든 언어에 적용할 수 없다는 것을 의미한다. 그러나 모든 맥락에 있어 공통적인 것은 그것이 삶의 구체적인 조건 속에서 평민들을 위해 자연스럽게 도출된 교육이라는 것이다.

그러므로 이러한 전통을 따르는 경우 'adult education'을 단순히 '성인교육'이라고 번역하는 것은 그 용어가 가지고 있는 본래의 뜻을 오해하게 만들 가능성이 있다. 이는 역사적인 맥락을 형식적인 용어의 맥락으로 지나치게 단순하게 전이시키는 우를 범하는 것이다. 왜냐하면 우리나라에서 '성인교육'은 일반적으로 '성인을 대상으로 하는 교육'으로 인식되기 때문이다. 그러므로 'adult education'에 대한 번역은 신중하게 이루어져야 한다. 그런 의미에서 기존에 쓰이던 대로 '사회교육'을 당분간 그대로 사용하는 것이 불필요한 혼란을 막는 데에 유리하다. 참고로 연령상의 성인을 대상으로 하는 교육, 즉

'유아교육' 이나 '청소년 교육' 과 같은 범주에서의 '성인 대상 교육' 으로서의 '성인교육' 은 보다 구체적으로 'education for the adult' 이라고 표기하는 것이 혼동을 피할 수 있는 하나의 방법이다.

그럼에도 불구하고 사회교육 발달의 2단계에 접어들게 됨에 따라 'adult education' 이 실질적으로 '성인교육', 즉 '성인을 대상으로 하는 교육' 의 성격을 띠는 현상이 일반화되었다. 그 까닭은 대중교육의 확대로 인해 유아들과 청소년들의 대부분이 기존의 공교육에 편입됨에 따라 'adult education' 이 대부분 성인을 대상으로 하는 성인계속교육의 성격을 띠게 되었기 때문이다. 이에 따라 우리나라에서는 'adult education' 이 전통적인 '사회교육' 으로 인식되는 경우와 새롭게 '성인교육' 으로 대체되는 현상이 동시에 나타났다. 이 양자는 다소 대립적인 성격도 띠었다. 사회교육의 전통적 가치를 강조하려는 입장에서는 '사회교육' 이라는 용어를 존속하려고 한 반면, 인적자원개발과 성인계속교육 중심의 동향을 반영하거나 '사회교육' 의 부정적 역사를 거부하려고 하는 입장에서는 '성인교육' 이라는 용어를 선호했던 것이다.

다음, 셋째 단계에 접어들어 '평생교육' '평생학습' 의 패러다임이 등장함에 따라 'adult education' 과 '사회교육' 은 모두 '평생교육' 또는 '평생학습' 체제의 한 부문으로 자리를 잡게 되었다. 이 상황에서는 각각 'lifelong education' 과 'adult education', '평생교육' 과 '사회교육' 의 관계에 모순이 없었다고 볼 수 있다. 그러나 제1장에서 살펴본 바와 같이 한국의 경우 2000년대 들어 '평생교육' 이라는 용어로 '사회교육' 을 대체하려는 현상이 나타남에 따라 기존의 'adult education' 과 '사회교육' 의 관계에 더하여 'adult education' 과 '평생교육' 과의 혼란이 더해진 것이다. 즉, 사실상 '사회교육' 이라는 용어가 '평생교육' 으로 대체됨에 따라 경우에 따라서는 외국의 전통적인 'adult education' 을 '평생교육' 으로 번역해야 하는 경우도 나타나게 되었다. 따라서 'adult education' 은 맥락에 따라 '성인교육' '사회교육' '평생교육' 모두로 번역될 수 있는 복잡한 상황이 발생하게 되었다. 반대로 한국의 '평생교육' 을 외국어로 번역할 때는 영어의 경우 맥락에 따라 'lifelong education' 또는 'adult education' 으로 다르게 번역해야 하는 경우도 발생하고 있다. 또한 '평생교육' 을 일본어로 번역할 경우에도 문맥에 따라 '生涯教育' 또는 '社會教育' 으로 달리 번역해야 하는 상황이 발생하게 되었다.

이상에서 살펴본 바와 같이 '사회교육' 과 'adult education' 이라는 용어는 모두 시대의 흐름을 따라 그 구체적인 성격이나 상황이 변하게 되었다. 그에 따라 그 용어들 사이의 관계도 기계적으로 파악하기가 어렵게 된 것이다.

3) 'adult education' 과 '사회교육' 의 관계 정립

이러한 점을 종합해 볼 때 개념 간의 관계를 올바르게 정립하는 방식은 '사회교육' 'adult education' 'social education' 을 맥락에 따라 동일한 개념으로 사용하되 '사회교육' 과 '성인교육' 을 별개의 개념으로 사용하는 것이라고 할 수 있다. 물론 이러한 방식은 '사회교육' 과 '평생교육' 을 구별하여 사용하는 것도 전제로 한다.

이러한 입장에 따르면 우리나라의 '사회교육' 은 국제적으로 통용되는 'adult education' 의 한국적 사례에 해당된다. 따라서 '사회교육' 과 'adult education' 은 기본적으로는 서로 같은 의미를 갖는다. 역사상 각 나라에는 우리나라의 '사회교육' 에 해당되는 여러 가지 유형의 교육활동이 있어 왔다. 예를 들면, 'éducation populaire' 'formation continue' (프랑스), 'Volksbildung' 'Weiterbildung' (독일), 'people's or popular education' (남미 계통), 'scuolar popolare' (이탈리아), 'further education' (영국), 'continuing education' (미국) 등이 그것이다(Ironside, 1989: 14). 이러한 여러 가지 용어들은 각각 고유한 역사적인 맥락 속에서 독특한 개념과 성격을 가지고 있다. 그러나 이러한 용어들은 그러한 차이점에도 불구하고 대체로 기존의 주지주의적, 아동 중심적, 미래준비적, 국가주도적 성격의 학교교육 울타리를 벗어나 성인들과 삶의 현실 문제를 중심으로 다룬다는 점에서 공통점을 가지고 있다. 이와 같이 그 구체적인 성격의 차이에도 불구하고 위와 같은 공통점을 가진 교육활동은 국제적으로 'adult education' 이라고 명명되는 추세다(김승한, 1991: 113). 따라서 UNESCO를 비롯한 여러 국제기구에서도 '기초교육' '문해교육' '기술교육' '직업교육' '가정교육' '청소년교육' '주부교육' '노동교육' '농민교육' '지역사회교육' '노인교육' 등 주로 학교의 틀 밖에서 행해지는 다양한 사회교육활동을 총괄하는 개념으로서 'adult education' 이라는 용어를 사용하였다. 그 이유는 국제적인 교류의 활성화로 인해 사회교육에 대한 용어의 통일이 절실해진 것과 동시에 영어가 국제어로서의 지위를 차지하게 되었기 때문이다. 그 결과 우리나라의 '사회교육' 도 보통 영어의 'adult education' 에 해당되는 것으로 인식되었다.[1)] 이와 같이 'adult education' 이 과거의 전통적인 성격을 반영하여 각 나라에서 학교교육을 받지 못한 사람(청소년과 성인 모두 포함)들을 위한 교육을 통칭하는 경우에는 '사회교육' 으로 번역하는 것이 적절하다. 반면, 'adult education' 이 현대와 같이 일반적으로 학교교육을 마친 '성인을 대상으로 하는 교육' 의 성격이 명확할 때는 우리나라 용어로 '성인교육' 이라고 번역하는 것도 무방하다.

이는 '사회교육' 을 영어로 번역할 때도 마찬가지다. 한국의 사회교육을 다른 나라와 비교하며 공통점을 강조하며 통칭할 때는 'adult education' 이라고 번역하는 것도 무방하다. 그러나 현대처럼 'adult education' 이 명백히 성인 중심으로 재편성되는 상황에서 '사회교육' 이 '학교에서의 정규교육을 제외한 모든 조직적인 교육활동' 임을 강조할 때나 한국의 전통적인 성격을 강조할 때는 'social education' 이라고 쓰는 것이 더 타당하다.

---

1) 그것의 가장 상징적인 경우로서 과거 우리나라 사회교육기관의 대표적인 협의체였던 '한국사회교육협회' 의 영문표기가 'Korean Association of Adult Education(KAAE)' 인 것을 들 수 있다.

한편, '성인교육' 의 경우 '성인교육' 이 현재 세계적으로 성인 중심으로 이루어지는 교육과 맥을 같이하고 있음을 반영할 때는 'adult education' 이라고 번역해도 무방하지만, 맥락상 '사회교육' 의 한 부분으로서 성인기에 해당되는 특정한 대상을 위한 교육을 의미할 때는 'education for the adults' 라고 표현하는 것이 보다 정확하다.

이상의 내용을 정리하면 다음 표와 같다.

〈표 2-1〉 사회교육 관련 용어의 사용 맥락별 적정 번역어

용어	사용되는 맥락	번역어
adult education	초창기와 같이 학교교육의 기회를 갖지 못한 사람들을 주 대상으로 하는 경우	사회교육
	현대와 같이 대상이 대부분 성인인 경우	성인교육
사회교육	국제적으로 보편적인 의미를 강조할 때	adult education
	한국의 고유성을 강조하거나 학교의 정규교육을 제외한 교육을 의미하는 경우	social education
성인교육	성인을 대상으로 하는 교육임을 강조할 때	education for adults
	국제적 보편성을 강조할 때	adult education

결론적으로 'adult education' 은 맥락에 따라 한국어로 '성인교육' 과 '사회교육' 으로 번역되고, '사회교육' 은 맥락에 따라 영어로 'adult education' 과 'social education' 으로 번역될 수 있다. 반면, 우리나라에서 '사회교육' 과 '성인교육' 은 확실한 차이가 있는 용어이기에 호환해서 사용하지 않는 것이 바람직하다. 이상의 논의를 바탕으로 관련 용어들을 호환성이 있는 순서로 나열하면 'social education–사회교육–adult education–성인교육–education for adults' 이라고 할 수 있다. 이 경우 각 단어는 맥락에 따라 앞뒤의 단어로 선택적으로 번역될 수 있다. 이러한 관계를 그림으로 표현하면 다음과 같다.

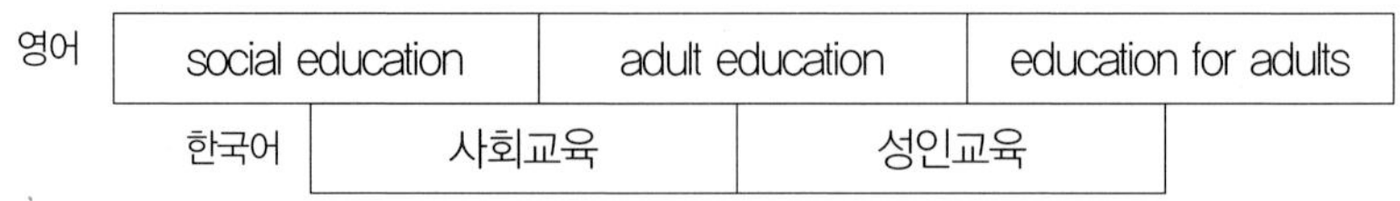

[그림 2-2] 사회교육 관련 용어 번역의 대응관계

3. 사회교육의 일반적인 발달단계

1) 사회교육에 관한 일반적인 발달단계 설정의 기준

사회교육의 성격을 이해하기 위해서는 사회교육의 구조적인 변화에 해당되는 고유하고 일반적인 발달단계가 무엇인가를 살펴보는 것이 필요하다. 비록 구체적인 명칭은 달랐지만 각 나라마다 우리나라의 '사회교육'에 해당되는 교육활동이 역사적으로 전개되어 왔다. 그런데 이러한 전개과정 속에 한국뿐만 아니라 전 세계적으로 보편적인 발달단계가 있는지를 살펴볼 필요가 있다.

사회교육의 발달단계를 파악하기 위해 가장 중요한 것은 역사상 사회교육만의 고유한 성격이 무엇인가라는 점을 밝히는 것이다. 앞에서 살펴본 바와 같이 그동안 전통적으로 사회교육 관련 국내외 학자들은 사회교육의 본질로서 '사회와의 관련성' '소외계층 중심' '사회변혁' '공동체 지향' 등의 가치를 강조해 왔다. 이러한 가치들은 전통적으로 사회교육의 성격을 규정해 왔던 중요한 가치들이지만 사회의 변화에 따라 다른 성격의 가치를 추구하는 사회교육도 등장함에 따라 이제는 유일하거나 객관적인 가치라고 하기는 점차 어려운 실정이다. 그러나 이와 별도로 사회교육의 의미를 '학교교육 이외의 교육'(황종건 외, 1966; 정지웅, 김지자, 1986)이라고 규정하는 것은 사회교육의 정체성과 관련하여 가장 객관적인 접근방식이라고 할 수 있다. 왜냐하면 '사회와의 관련성'이나 '소외계층 중심' '사회변혁' 등의 가치는 학교교육에도 적용될 수 있는 여지가 있는 반면, 근대적인 의미의 사회교육(또는 'adult education')은 결국 기존의 학교교육체제에 대한 보충이나 대체의 개념으로 부각되었기 때문이다. 따라서 사회교육의 발달단계는 기본적으로 학교교육과의 관련성을 일차적인 기준으로 하여 공교육제도 성립 이전, 공교육제도 형성과정, 공교육제도 완성 이후의 단계로 파악하는 것이 일반적이다.[2] 이러한 기본적인 단계 위에 당시의 사회경제적인 흐름에 따라 생활 중심, 소외계층 중심, 사회변혁 등의 성격들이 상대적으로 더 부각되기도 하였다. 그리고 학교제도의 기원, 의무교육제도 확립시기, 고등교육의 보편화, 사회교육 관련법 제정 등의 구체적인 시기는 달랐지만 우리나라는 물론 유럽과 미국을 비롯한 전 세계가 이와 유사한 과정을 거치고 있다고 볼 수 있다(Kelly, 1992; Stubblefield, 1988; Jarvis, 1995: 33-36). 한국 사회교육만의 특징도 이러한 커다란 범주 안에서 의미를 갖는다. 이상의 내용을 표로 정리하면 다음과 같다.

〈표 2-2〉 학교교육과의 관계에서 본 사회교육 성격의 변천

구분	학교교육의 대상	사회교육의 성격
공교육제도 성립 이전	상류 계층	삶을 위한 교육
공교육제도 형성과정	중산층 이상, 일부 평민	소외계층을 위한 학교교육의 보충 및 대안교육
공교육제도 완성 이후	모든 계층	학교교육 이후의 계속교육, 삶을 위한 교육

2) 이렇게 학교교육과의 관계를 기준으로 교육의 단계를 파악하는 것은 평생교육학 분야에서 일반적인 흐름이라고 볼 수 있다. 예를 들어 한숭희(2005: 22)는 교육학의 3단계를 근대 학교체제가 성립하기 이전의 1세대 교육학, 보편적 학교체제를 중심으로 발전한 2세대 교육학, 학교교육 양식에서 벗어나서 학습사회를 중심으로 발전한 3세대 교육학으로 구분한다. 평생교육 분야에서 교육의 발달단계를 흔히 학교교육의 시대, 평생교육의 시대, 평생학습의 시대로 파악하는 것도 이러한 관점을 어느 정도 반영한다고 볼 수 있다.

먼저, 공교육제도 성립 이전 시기에는 극소수의 귀족이나 특수계층의 자녀들만이 학교교육을 받을 수 있었다. 그러나 이 시기에도 오늘날의 사회교육에 해당되는 교육활동이 시행되었다고 볼 수 있다. 우리나라의 경우 계, 두레, 향약, 서당 등이 이에 해당한다. 그런 의미에서 사회교육이야말로 학교교육보다 훨씬 앞서 인류의 역사와 함께 시작되었으며 교육의 원형이나 본질은 학교교육에서보다 사회교육에서 찾을 수 있다는 주장도 제기된다(김도수, 2010: 5). 그 시기 사회교육의 가장 큰 특징은 학교교육을 보완한다거나 소외계층을 대상으로 한다는 것보다는 그 당시 그들의 일상적인 공동체적 생활과 직결되었다는 것이다. 일부 양반들이 실생활과 직접적인 관계가 없는 교육에 치중한 데 반해 당시의 사회교육은 일반 평민들을 대상으로 가정, 지역사회, 일터 속에서 공동체적 생활과 직결된 교육활동을 했던 것이다.

둘째, 공교육제도 제도가 활발하게 형성되는 시기는 사회교육이 담당해야 할 분야도 보다 명확해진 시기다. 우리나라의 경우에도 사회교육의 영역이 부각되기 시작한 때는 구한말 이후 학교교육이 정비되기 시작한 때부터다(황종건 외, 1966: 24-25). 이 시기의 사회교육은 소외계층을 위한 보완교육이나 또는 사회변혁을 위한 대안교육으로서의 성격을 강하게 드러냈다. 공교육제도가 완비되기 이전까지는 학교교육이 보편화될수록 학교교육을 받지 못한 이들의 소외는 더 커져 갔다고 볼 수 있다. 그리고 계급 간의 불평등이 심화됨에 따라 보다 높은 수준의 교육에 대해서는 여전히 소외되는 현상이 반복되었다. 따라서 상대적으로 학교교육의 혜택을 받지 못하는 이들을 위한 학교교육 보완형 사회교육이 요구되었다. 다른 한편에서는 학교교육이 평민계층의 삶과 괴리됨에 따라 주체적인 입장에서 대안적인 성격을 가진 사회교육을 실시하기도 하였다(Titmus, 1981: 103). 영국의 경우 대학확장교육에서 비롯되어 20세기에는 노동자교육협회를 중심으로 노동자교육을 한 것이 그 예라고 할 수 있다(Kelly, 1992). 덴마크에서 비롯되어 전 세계로 파급된 평민대학(Volkshochschule)도 이러한 사례 중의 하나다. 따라서 이 시대의 사회교육은 이러한 소외계층을 위한 학교교육 보완적 교육, 그리고 불평등을 해소하기 위한 사회변혁적 교육의 성격을 갖게 되었다. 즉, 그 시기에는 학교교육의 일반적인 혜택을 받지 못하는 소외된 평민들을 위한 보완적, 때로는 대안적인 사회교육이 주를 이루었던 것이다.

셋째, 근대공교육제도가 완성된 시기 이후 학교교육 보완형 사회교육은 이전에 비해 상당히 축소되었다. 그러나 지식기반사회, 수명의 연장 등에 의해 평생학습의 필요성이 급증함에 따라 이른바 학교 이후 고등교육 수준의 교육 수요는 더 팽창하고 있는 실정이다. 선진국의 경우 초기 학교교육이 완결됨에도 불구하고 지식경제 등의 배경 속에서 새로운 성인계속학습의 요구가 발생하였던 것이다(한숭희, 2009: 25). 이에 따라 사회교육은 더 이상 소외계층만의 관심거리가 될 수 없었다. 소외계층을 위한 사회교육이 지속적으로 필요하고 그러한 전통을 소중하게 계승해야 함에도 불구하고 사회교육의 개념을 정의하는 준거로서의 '소외계층 중심'은 현실적으로 그 지위를 거의 상실했다고도 볼 수 있다. 이 시기 사회교육의 두드러진 특징은 생활 중심의 교육이 더욱 강조된다는 것이다. 이는 경험학습, 지역학습공동체, 일터에서의 학습 등의 형태로 나타난다. 또한 학습의 결과를 객관적으로 인증하고 학교교육과도 연계하는 다양한 학습인증제도가 발전한다. 이와 같이 누구에게나 보편적으로 학습이 중요해진 현대사회에서 사회교육의 성격을 규정짓는 가장 두드러진 특징은 현대의 사회교육이 소외계층을 대상으로 학교교육을 보완하는 수준을 넘어 점차 새로운 차원에서 생활 중심 교육이 다시 주를 이루게 되었다는 사실이다.

2) 사회교육의 일반적 발달단계 및 그 특징

앞에서 평생교육 차원에서 학교교육과 사회교육의 발달단계를 설정하고 각 단계별로 사회교육의 기본적인 성격을 살펴보았다. 이를 바탕으로 사회교육의 일반적인 발달단계를 보다 세분화하면 1단계 원형적 생활 중심 사회교육, 2단계 소외계층 중심 사회교육, 3단계 고등교육 중심 사회교육, 4단계 현대적 생활 중심 사회교육이라고 지칭할 수 있다. 이러한 사회교육의 일반적 발달단계에 따라 각 유형 사회교육의 비중과 성격을 학교교육과 더불어 그림으로 표현하면 다음과 같다.

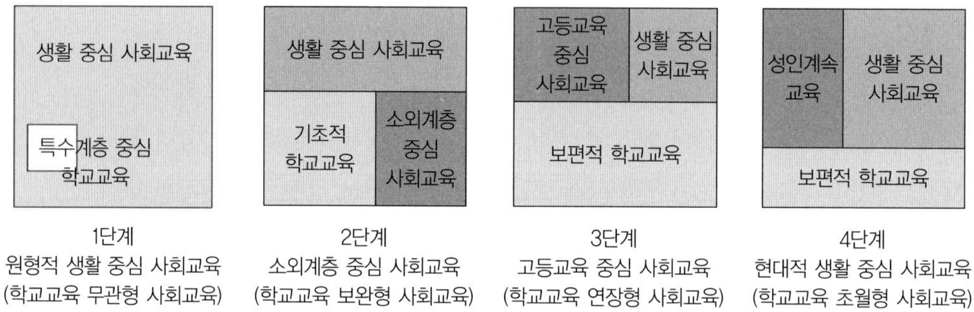

[그림 2-3] 사회교육의 일반적 발달단계 모형

이와 관련하여 국내외의 일반교육사 및 사회교육사와 관련된 문헌들을 종합하여 각 발달단계에 해당되는 사회교육의 특징을 보다 구체적으로 구성하면 다음과 같다. 이것들은 각 단계에 해당하는 지표들이라고도 할 수 있다.

① 원형적 생활 중심 사회교육(학교교육 무관형 사회교육)

- 국가는 일부 왕족이나 귀족, 상류층을 대상으로 관료양성 중심의 학교교육을 극히 제한적으로 실시하고, 국가에서 향약과 같이 평민을 교화하기 위한 사회교육이 부분적으로 이루어짐(김진규, 1996: 149).
- 대부분의 평민들은 일상생활 속에서 지역사회를 중심으로 공동체적 생활에 필요한 무형식적 사회교육 활동을 실시함(황종건 외, 1966; 김도수, 2010).

② 소외계층 중심 사회교육(학교교육 보완형 사회교육)

- 국가주도의 공교육체제가 성립되기 시작함에 따라 모든 계층에게 학교교육에 대해 법적으로 허용하였으나 실질적으로는 평민에게 실질적인 학교교육 기회가 충분히 보급되지 않음으로 인해 학교교육 기회의 격차가 발생함(梅根悟, 1990).
- 보완하려는 학교교육의 수준에 따라 초등교육 보완형 사회교육과 중등교육 보완형 사회교육의 단계로 분류될 수 있음.
- 학교교육의 참여가 사회경제적 성공과 직결된다는 신념의 확산으로 인해 학교교육을 받지 못하는 것에 대한 소외감이 커짐. 따라서 전통적인 생활 중심 사회교육 이외에 학교교육의 혜택을 받지 못한 소외계층 대상의 학교교육 보완형 사회교육이 발생함(주로 야학, 문해교육 등의 형태)(Jarvis, 1995: 34; Reischmann, 1999: 1). 때로는 기존의 학교교육과 이념적으로 대립되는 학교교육 대안적 형태의 사회교육이 발생하기도 함(Freire, 2009).

③ 고등교육 중심 사회교육(학교교육 연장형 사회교육)

- 기초적인 학교교육의 보편화로 인해 소외계층을 위한 학교교육 보완형 사회교육의 비중이 줄어든 대신 고등교육에 대한 요구가 커져 이를 충족시키기 위한 사회교육의 역할이 증대됨.
- 기초적인 평생학습지원 시스템이 구성되고 고등교육의 학력을 인증해 주기 위한 제도가 발달함.

④ 현대적 생활 중심 사회교육(학교교육 초월형 사회교육)

- 전통적인 학교교육과 고등교육으로서의 학교교육 보편화 이후에도 생활의 필요를 충족시키기 위한 체계적이고 형식적인 평생학습의 중요성이 커짐에 따라 사회교육이 고등교육을 포함한 전통적인 학교교육을 보완하는 차원을 넘어 학교교육과 별도로 지속적인 성인계속교육의 성격을 가

짐(Jarvis, 1995: 35; 한숭희, 2009).

- 전통적인 대학을 제도적으로 보완하기 위한 제도와 별도로 고등교육을 이미 이수한 성인들을 대상으로 하는 2차, 3차 이수 대학이 증가하며 경험학습의 인증제도가 활성화됨.
- 사회교육의 상당부분이 학교교육의 연장으로서의 성인계속교육에 편입되기도 하지만 이와 무관하게 시민교육, 지역사회교육, 학습조직 형성 등 공동체적 생활 중심의 사회교육이 활성화됨(허정무, 1999).

이러한 발달단계는 사회교육의 핵심적인 요소들 중의 하나가 가장 두드러지게 나타나는 시기를 기준으로 구분한 것이다. 따라서 다른 요소들도 부분적으로는 모든 단계에 상존해 왔다고 볼 수 있다. 그리고 사회교육 고유의 발달단계에 기초한 시대 구분을 통해 각 나라의 사회교육 역사를 구조적으로 파악하고 서로 비교할 수도 있다.

4. 사회교육의 유형화

1) 사회교육의 일반적 유형화 방식과 그 문제점

일상사회에서 사회교육은 크게 현장(field), 대상에 따라 구분된다. 현장의 경우 지역사회교육, 직장(기업)교육, 학교평생교육 등으로 분류할 수 있고, 대상의 경우에는 청소년교육, 성인교육, 노인교육 등으로 분류된다. 또한 사회교육의 조직과 활동 측면에서 사회교육의 일반제도 및 행정, 학교 중심의 사회교육, 독자적인 성인교육기관 및 그 사업, 문화시설 중심의 사회교육 활동, 공공기관 및 산업체의 성인교육계획, 매스 커뮤니케이션 형태의 사회교육, 종교기관의 성인교육, 자원단체의 성인교육 활동 등으로 분류되기도 한다(황종건 외, 1966). 한편, 사회교육은 그 내용과 목적에 따라 비문해 해소 및 국민기초 강화형 사회교육, 지역사회개발형 사회교육, 사회계몽형 사회교육, 학교교육 보완형 사회교육, 인력양성형 사회교육, 교양증진 및 여가선용형 사회교육, 시민의식 함양형 사회교육 등으로 유형화되기도 한다(최운실 외, 1992).

이와 같이 사회교육은 다양한 방식으로 유형화될 수 있다. 그러나 이러한 방식의 구분은 외형적으로 상식적인 수준에서 파악하기 용이한 점은 있으나 유형화의 기준이 동시에 다양하게 적용되어 유형 자체가 논리적으로 서로 중복되거나 모호한 측면이 있다. 예를 들어 비문해 해소 및 국민기초 강화형 사회교육은 내용 중심의 유형이라면 학교교육 보완형 사회교육은 교육체제 중심의 유형이기 때문에 같은 차원에서 유형화하기 어렵다. 하나의 사회교육이 두 가지 이상의 유형에 동시에 속하는 경우가 발생하기 때문이다. 또한 교양증진의 경우도 학교교육 보완을 통해서도 이루어질 수 있고 문해교육 차원에서도 이루어질 수 있으며, 동시에 시민의식 함양이나 사회계몽의 효과를 거둘 수도 있다. 그것은 '교양교육' 의 내용과 방법, 효과가 지나치게 포괄적이기 때문이다. 이와 같이 명확하지 않은 준거를 통해 사회교육을 유형화하는 것은 혼란을 불러일으킬 수 있다. 따라서 사회교육의 성격을 보다 체계적이고 논리적으로 구분하기 위한 기준이 필요하다.

2) 사회교육의 내용과 참여자의 보편성에 따른 유형화

사회교육은 다양한 영역에서 다양한 양상으로 발달해 오고 있다. 이와 같이 다양한 사회교육의 양상을 교육내용의 측면에서 인문교양 중심의 교육과 직업활동 중심의 교육으로 대별하고, 교육에 참여하는 주 대상의 측면에서 평민중심의 보편적인 것인지 상류계층이나 엘리트 중심의 차등적인 것인지에 따라 나누어 보면 [그림 2-4]와 같이 네 가지의 유형으로 나타난다.

단순히 개념적인 차원에서 보면 사회교육은 이 모두를 포괄하고 있다. 그러

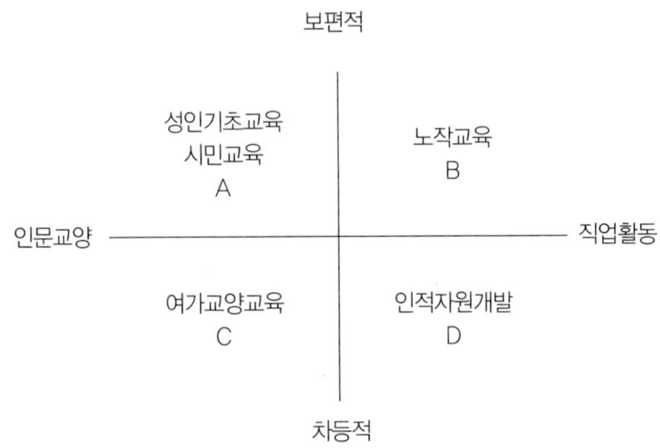

[그림 2-4] 교육의 내용과 대상의 보편성에 따른 사회교육의 유형화

나 대상의 보편성에 비추어 볼 때 사회교육은 전통적으로 A, B의 유형을 지향해 왔다고 볼 수 있다. A와 B의 유형은 사회교육이 국가의 지원을 체계적으로 받기 전부터 일반 평민을 중심으로 시민사회 영역에 의해 추진되어 왔으며 사회교육 활동의 주종을 이루었다고 볼 수 있다. C의 유형은 과거 주로 엘리트 위주의 학교교육을 통해 실시되어 오다 최근에는 학교교육의 연장선상에서 문화와 예술, 교양을 중심으로 여가선용 차원에서 실시되고 있다. C의 유형은 교육적으로는 개인의 자아실현과 성장을 위한 교육이지만 비용 부담이 크고 정부의 지원 없이 이루어지기에 주로 유한계층을 중심으로 이루어지고 있는 경우를 말한다. 자아실현과 교양증진을 위한 평생학습의 필요성은 보편화되었지만 실제로 참여할 수 있는 여건은 제한됨에 따라 결과적으로는 차등적인 교육이 이루어지는 경우라고 할 수 있다. D의 유형은 직업적인 지위향상과 경제적인 이득을 위해 실시하는 것으로 과거에는 개인의 필요에 의해 시장의 영역에서 주로 이루어졌으나 최근에는 국가경제발전을 위한 국가의 책임과 관심이 커지면서 점차 중시되고 있는 실정이다. 인적자원개발은 기본적으로 모든 평민에게 요구되는 것이지만 실제로는 경제적 성과가 높은 분야와 대상에

우선적으로 실시되는 경우가 많다는 점에서 차등적인 성격을 띤다.

위의 유형 중에서 과거의 전통적인 사회교육의 이념을 계승한다는 측면에서 사회교육이 우선적으로 관심을 기울일 수밖에 없는 영역은 A와 B라고 할 수 있다. 이 유형들은 시장의 논리와 국가의 개입이 있기 전부터 시민사회의 영역에서 활성화되었던 부분이라고 할 수 있다. 그리고 이 유형들은 모두 지식, 인격, 노동활동을 통합하는 사회교육의 전통적인 입장을 반영하였다. 즉, 각 유형들은 전인교육이라는 보다 포괄적인 이념하에서 발전되었던 것이다. 따라서 이 두 유형은 개념상 구분할 수 있지만 서로 호환적이고 상호간의 통합적인 성격을 지니고 있었다. 반면, C와 D는 최근 '평생교육'과 '인적자원개발'의 활성화와 더불어 더욱 발전하고 있는 영역이라고 할 수 있다. 그런데 이 두 영역은 전문화의 과정 속에서 이전에 비해 개별화되고 상호관계가 없는 영역으로 분리되는 경향을 강하게 띠고 있다. 즉, 이 두 영역을 아우르는 통합적인 가치관이 없어 서로 대립되거나 분리되는 경향이 강하게 나타나고 있는 것이다.

3) 교육의 사회적 지향성과 내용에 따른 사회교육의 유형화

사회교육은 사회교육과 관련된 두 가지 핵심적인 측면인 '교육의 사회적 지향성'과 '교육의 내용'을 기준으로 유형화해 볼 수 있다. 교육의 사회적 지향성 차원은 사회교육 활동이 일차적으로 개인의 발전 자체에 초점을 맞추는지 아니면 사회의 통합과 발전 자체에 초점을 맞추는지를 의미하며, 교육의 내용 차원은 사회교육이 기초적이고 포괄적인 일상생활을 기반으로 하는 것인지, 아니면 경제 중심의 전문 분야 중심으로 실시하는 것인지를 의미한다. 이에 따르면 다음 그림과 같이 사회교육의 영역을 성인기초형, 의식함양형, 직업능력향상형, 지역사회개발형의 네 가지 성격으로 유형화할 수 있다.

이러한 기준을 통해 특정한 사회교육 활동이 각 시대별로 어느 유형에 해

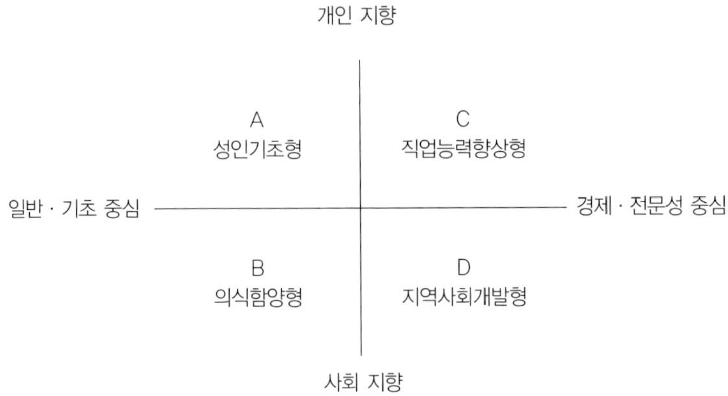

[그림 2-5] 사회교육의 실천 영역 유형화

당되는지를 보다 명확하게 파악할 수 있다. 예를 들어 '문해교육'의 경우에도 시대나 상황에 따라 성인기초형의 성격이 강한 경우도 있고 의식함양형의 성격이 강할 수도 있다. 그리고 각 시대마다 각 유형의 활성화 정도가 다르게 나타났으며 각 영역 안에서도 구체적인 모습을 달리했다. 여기서 주의할 것은 각 유형의 사회교육이 그 자체로 바람직하거나 부정적인 성격을 의미하는 것은 아니라는 것이다. 예를 들어 의식함양형이 반드시 통념상 긍정적인 의미를 갖는 것만은 아니다. 일제강점기의 일본총독부에 의한 정신교육도 여기에 포함될 수 있기 때문이다. 또한 외형상 같은 유형에 속한 사회교육 활동이라 하더라도 구체적으로 표방하는 가치와 실행원리에서 차이가 있을 수 있다. 즉, 같은 의식함양형 사회교육이라고 하더라도 개인을 교화시키기 위한 것도 있는 반면, 개인의 의식화를 도와주기 위한 것도 있을 수 있다. 이러한 점은 곧 그 분야 사회교육의 중요 쟁점이라고 할 수 있다. 이러한 점을 고려하여 사회교육의 각 유형별 의미와 쟁점 요소들을 정리하면 다음과 같다.

〈표 2-3〉 사회교육의 유형별 성격

유형	의미	관련된 이슈
성인기초형 (개인×일반 · 기초)	개인의 발전을 전제로 기초적 · 일반적인 교육 실시. 성인기초교육, 학력보완교육, 교양교육 포함	개인의 학습권 보장이 얼마나 우선적으로 이루어지는가?(시혜 대 권리)
의식함양형 (사회×일반 · 기초)	개인을 사회적 존재로 변화시켜 나가는 교육과 관련	사회적 존재로서의 개인의 변화를 어떤 의도에 의해 추구하는가? (교화 대 의식화)
직업능력향상형 (개인×경제 · 전문)	고도산업사회, 정보화사회 적응을 위한 개인의 직업능력향상 교육	전문직업능력 향상의 목적이 무엇인가? (효율성 대 주체성)
지역사회개발형 (사회×경제 · 전문)	교육을 통해 지역사회를 총체적으로 개발하기 위한 교육(민간주도, 국가주도 모두 포함)	신자유주의와 세계화에 대해 어떤 입장을 취하는가? (세계화 대 지역화)

제 3 장

평생교육체제의 정체성 혼란과 사회교육 원형 회복의 의의

구한말부터 본격적으로 형성되기 시작한 사회교육은 1970년대 '평생교육' 이념이 도입된 이후에는 가정교육 · 학교교육과의 통합을 통해 평생교육체제를 형성하는 중요한 축이 되었다. 그런데 1999년 「사회교육법」이 폐기되고 「평생교육법」이 제정된 시기를 전후하여 이론과 실천 면에서 '사회교육'이 '평생교육'으로 대체되는 현상이 나타났다. 그 결과 오늘날 우리 사회의 여러 분야에서 '평생교육'의 이름으로 다양한 제도가 만들어지고 교육활동도 활발하게 이루어지고 있다.

그러나 이러한 외견상의 활성화에도 불구하고 평생교육의 정체성과 관련하여 문제가 제기되고 있다. 평생교육 개념의 혼란은 교육법체계에도 반영됨으로써 불필요한 혼란을 일으키고 있다. 또한 과거 사회교육이 소외계층을 대변하고 공동체적 가치를 지향하며 학습자의 주체성을 강조했던 것에 비해 현재의 '평생교육'은 오히려 이와 반대되는 양상으로 전개되는 것이 아닌가라는 우려의 목소리도 커지고 있다. '평생교육'과 관련된 제도가 강화되고 평생학습을 통한 경제적 가치가 중시됨에 따라 점차 '평생학습의 향유'보다는 '평생학습의 강요'가 두드러지고 있다. 이제 학습의 즐거움과 자유를 제공하기 위한 제도보다는 오히려 개인생존과 국가발전을 위해 평생학습을 강요하는 제도가 강화되고 있는 것이다.

이러한 현상들은 새삼 평생교육의 본질이 무엇인지에 대한 깊은 성찰을 요구한다. 과연 '사회교육'을 대체한 오늘날의 평생교육체제는 본질적인 면에서 제대로 된 기능을 하고 있는가? 이 장에서는 오늘날 평생교육체제의 본질적인 문제점을 살펴보고 그 대안으로서 '사회교육'의 원형을 회복해야 할 필요성에 대해 살펴보고자 한다.

1. 교육 관련 법체계의 혼란과 그 대안

1) 평생교육 개념의 혼란으로 인한 법체계의 모순

모든 학문은 그 학문만의 고유한 개념과 더불어 발전한다. '평생교육학' 분야의 경우도 '평생교육' 개념을 학문적인 탐구대상을 표현하는 기초로 삼아 다양한 활동을 하고 있다. 그런데 모든 개념은 역사적 변화 과정 속에서 기존의 의미가 변형되거나 새로운 의미가 첨가되는 등 일련의 의미변화를 겪게 된다(나인호, 2011: 39). 그런 의미에서 '평생교육' 개념이 시대를 거쳐 오면서 어떤 사회적 요인들로 인해 그 의미가 구체적으로 어떻게 변해 왔는가를 살펴보는 것도 학문적으로 수행해야 할 과제 중의 하나다.

그런데 우리나라의 평생교육 분야는 개념의 발달과정에서 매우 특이한 양상을 보이고 있다. 그것은 '평생교육'과 '사회교육' 사이의 개념적 혼란이다. 전통적으로 '사회교육'과 '평생교육'은 명확히 구별되는 개념으로 사용되었다. 즉, 우리나라에서 '평생교육'은 '학교교육'과 '사회교육'을 포섭하는 상위개념으로 인식되는 것이 일반적이었다(정지웅, 김지자, 1986: 9; 김종서 외, 1987: 24).[1] 그러나 최근에는 과거 '사회교육'이라는 용어를 사용해야 했던 경우에도 '평생교육'이라는 용어를 사용함으로써 '좁은 의미의 평생교육'과 '넓은 의미의 평생교육' 사이에 개념상의 혼란이 발생하고 있는 것이 한국 평생교육 분야의 현실이 되었다. 이러한 현상은 깊은 학문적 논의 없이 다소 급

1) 특히 김종서 등(1987: 23-24)은 우리나라 헌법에서 '학교교육'과 '평생교육'을 별개로 언급하여 평생교육을 학교교육을 포함하는 개념으로 보지 않고 학교교육과 병렬적으로 보거나, '평생교육'과 '사회교육'을 같은 뜻으로 보는 것은 잘못된 것이라고 지적하고 있다.

격하게 이루어졌고 그 결과로 오히려 개념의 모호성을 증가시켰다는 점에서 예외적인 경우에 해당된다.

그런데 우리나라에서 이러한 개념적 혼란은 현행 교육 관련법의 법체계에도 그대로 반영되어 있는 실정이다. 1990년대 말 「사회교육법」의 폐지와 「평생교육법」의 제정은 우리나라 학계와 현장에서 '사회교육'이 쇠퇴하고 '평생교육'이 이를 대체하는 중요한 계기가 되었다. 법 제정 당시 교육개혁위원회는 법 시안 작성 차원에서 「교육기본법」과 같은 수준의 「평생학습법」을 제정하는 방안을 모색했으나 여의치 않아 차선책으로 「교육기본법」하에서 「사회교육법」을 「평생학습법」으로 확대 제정하는 방안을 모색하였다. 그 과정에서 법의 명칭과 내용에서 '사회교육'을 '평생교육'으로 대체하였다. 그러나 다른 교육 관련법과의 일관성을 추구하려는 정부 내 입장으로 인해 「평생학습법」의 명칭은 최종적으로 「평생교육법」으로 변경되었고 법의 영역과 위상도 위축되는 결과를 가져왔다(오혁진, 2011: 126-128). 그 결과 다음과 같은 법체계가 성립되었다.

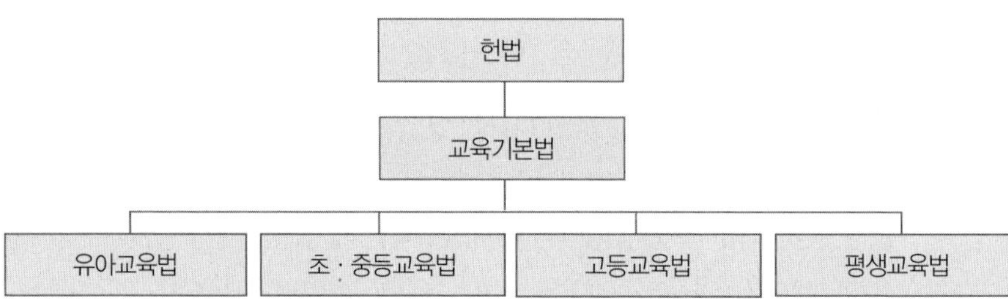

[그림 3-1] 현행 교육 관련법의 위계 및 「평생교육법」의 위상

그 결과 「평생학습법」을 통해 모든 교육을 포괄하는 명분도, 구 사회교육 영역을 모두 아우르는 법을 제정하는 실리도 제대로 얻지 못한 채, 이름을 「평생교육법」으로 바꾸고 법의 내용에서 '사회교육'을 '평생교육'으로 바꿈으로써 개념상의 혼란을 일으키게 되었던 것이다. 특히 상위법인 「교육기본법」과

하위법인 「평생교육법」 사이의 모순이 발생하고 있다. 「교육기본법」의 제10조(사회교육) 제1항에는 "국민의 평생교육을 위한 모든 형태의 사회교육은 장려되어야 한다"라고 규정되어 있다. 또한 같은 제3항에는 "사회교육시설의 종류와 설립·경영 등 사회교육에 관한 기본적인 사항은 따로 법률로 정한다"라고 규정되어 있다. 따라서 이 조항과 관련된 하위법의 이름은 당연히 「사회교육법」이어야 함에도 불구하고 현재는 「평생교육법」이라는 명칭을 사용하고 있는 것이다. 더군다나 현행 「평생교육법」에서 의미하는 '평생교육'의 의미가 명백히 과거 '사회교육'의 의미와 거의 차이가 없음에도 불구하고 굳이 '사회교육'이라는 용어를 인위적으로 '평생교육'으로 대체했던 것이다. 이에 따라 상위법과 하위법 사이의 법 용어상의 혼란을 가져오게 된 것이다. 이러한 모순에도 불구하고 「사회교육법」이 「평생교육법」으로 바뀌게 된 까닭은 당시 '평생학습'을 향한 확장적 관점과 '사회교육'에 대한 배제적 관점이 잘못 적용된 결과라고 볼 수 있다. 이러한 조치는 학계와 현장에서 정체성의 혼란이 일어나게 된 법적 배경이 된 것은 물론 우리나라 '사회교육'의 오랜 역사적 전통과의 단절에 암묵적으로 기여하는 결과를 가져왔다.

1999년 「사회교육법」에서 전면개정된 현행 「평생교육법」의 문제는 법의 위상이나 적용 범위 면에서 '평생교육'의 기본법이 되지 못한 채 과거 '사회교육법'의 수준에서 벗어나지 못했다는 것이다. 더군다나 법의 명칭도 원래 의도했던 「평생학습법」을 관철시키지 못한 채 「평생교육법」으로 수정됨으로써 용어상의 혼란만 가중했던 것이다. 그럼에도 불구하고 현행 「평생교육법」은 '평생교육'이라는 용어로 인한 '개념적 착시현상' 때문에 차후 법체계적 위상과 적용 범위 면에서 실질적인 「평생교육법」 또는 「평생학습법」이 되어야 한다는 부담을 안고 있는 형국이다. 그러나 이 법이 실질적으로 학교교육까지 포괄할 수 없는 상황에서 '평생교육'이라는 용어를 쓰는 것 자체가 적절하지 못하며 구 '사회교육'을 촘촘하게 다루기에도 부족한 법률적 적용 범위 안에 '평생학습'에 대한 총체적 지원과 관련된 사항을 모두 담기에는 무리가 따른다. 이러한 문제가 발생하게 된 근본적인 배경에는 '평생학습'과 '사회교육'을 구별하여 각각 상위의 「평생학습법」과 하위의 「사회교육법」으로 발전시키지 못하고 모두 「평생교육법」에 포함시켰기 때문이다. 다시 말해 「평생교육법」에는 '평생교육'이라는 용어만 사용되고 있지만 경우에 따라서 실질적으로는 '평생교육'이 각각 '평생학습'을 의미할 때도 있고 '사회교육'을 의미할 때도 있다. 이런 의미에서 현행 「평생교육법」은 실질적으로 일부 '평생학습' 진흥에 대한 내용과 대다수 '사회교육' 실시에 대한 내용으로 구성되어 있다고 볼 수 있다. 그러나 같은 법 안에 평생학습을 진흥하기 위한 내용과 사회교육을 진흥하기 위한 내용을 모두 포괄하는 것은 체계적이지도 못하고 효율적이지도 못하다. 따라서 이러한 문제를 해결하기 위해서는 「평생교육법」의 명칭과 위상에 관한 종합적인 개편이 필요한 실정이다.

2) 사회교육 개념 회복을 통한 교육법체계의 정립

「평생교육법」의 체계를 바로잡는 것은 평생교육 개념체계의 혼란을 바로잡는 것에서 시작된다. 다시 말해 '평생교육'은 나면서 죽을 때까지의 교육으로 통합적으로 파악하고, 학교교육 이외의 교육은 종전처럼 '사회교육'으로 파악하는 것이다. 그리고 이러한 개념에 따라 「평생교육법」(또는 「평생학습법」)과 「사회교육법」을 별도로 제정하는 것이 요구된다.

이와 관련하여 과거부터 이에 대한 대안이 제시되어 왔음에 주목할 필요가 있다. 1990년대 초반 사회교육학계에서는 한국교육 전체를 아우르는 기본법으로서 「평생교육진흥법」을 두고 기존의 「사회교육법」을 개정하는 방안이 연구되었다(김신일, 김승한, 이종만, 1990; 이종만, 2002: 110-111). 그 내용은 ① 「평생교육진흥법」(가칭)의 제정, ② 현행 「교육법」의 명칭을 「학교교육법」(가칭)으로 개정, ③ 「사회교육법」이 「학교교육법」(가칭)과 동일한 위계를 갖도록 조정, ④ 「사회교육법」의 사회교육 '모법'화, ⑤ 사회교육 직접 관련 법규를 개정 「사회교육법」의 하위법으로 규정, ⑥ 사회교육 간접 관련 법규가 개정 「사회교육법」과 상호 연계되도록 각 법의 사회교육 관련 조항에 규정 삽입하는 것이다. 그중에서 「평생교육진흥법」과 「사회교육법」 등 교육 관련 법체계에 관한 안은 다음 그림과 같다.

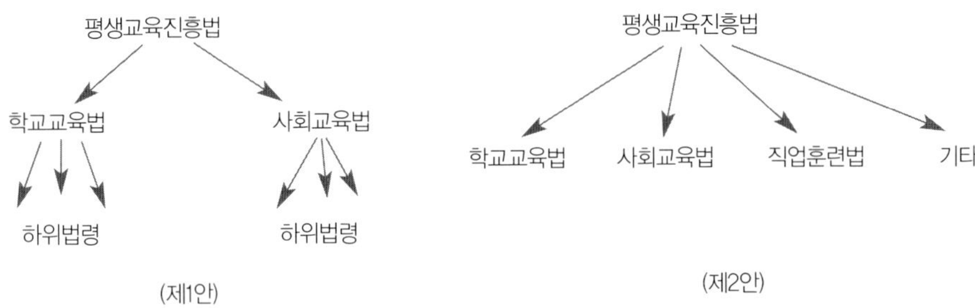

[그림 3-2] 1990년 한국사회교육협회의 교육 관련 법체계 안

출처: 김신일, 김승한, 이종만(1990: 11-12).

이와 같은 제안은 1990년대 말 「평생교육법」 제정이 본격적으로 시도되기 훨씬 전부터 학계와 민간기구를 중심으로 「사회교육법」 개정에 대한 심도 있는 연구가 이루어졌음을 보여 준다. 특히 이러한 주장은 법의 명칭 및 교육 관련 법체계의 차원에서 볼 때 '평생교육'과 '학교교육' '사회교육' 사이의 상식적인 개념 관계를 반영하고 있다는 점에서도 의미가 크다. 오늘날에도 법의 명칭 및 교육 관련법의 체계와 관련하여 이와 비슷한 논의가 이루어지고 있음을 주목할 필요가 있다(강대중, 2009). 이것은 앞에서 살펴본 바와 같이 「교육기본법」과 「평생교육법」 사이의 모순을 해결하기 위한 방법이기도 하다. 우리나라 교육법체계상의 일관성을 유지하기 위해서라도 현행 「평생교육법」은 그 개념과 명칭이 시급하게 조정될 필요가 있다.

이와 관련하여 「평생교육법」 및 교육 관련법의 명칭과 위상의 재정립에 관한 대안을 모색하면 다음 그림과 같다.

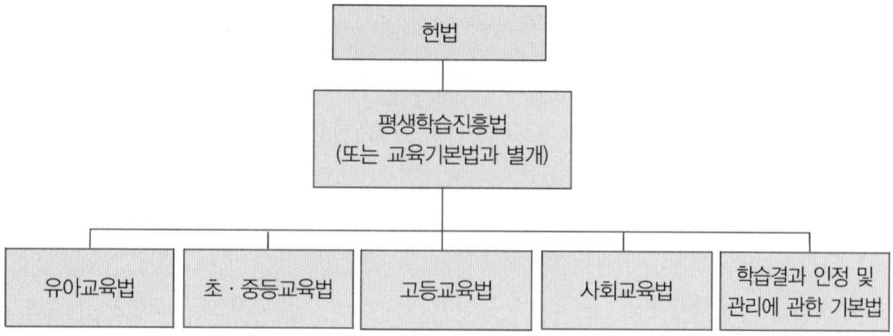

[그림 3-3] 대안적인 교육 관련 법체계의 구성

첫째, 현행 「평생교육법」을 「평생학습진흥법」과 「사회교육법」으로 분화하는 것이다. 이 「평생학습진흥법」에는 현재의 「교육기본법」의 내용 이외에도 각 정부부서에 흩어져 있는 평생교육 관련 사업의 통합 · 조정을 다루는 내용, 인적자원개발에 대한 내용, 학습결과 인정 및 관리에 대한 내용이 포함될 수 있다. 또한 「유아교육법」부터 「사회교육법」까지가 사실상 모두 각 영역을 담당하는 「평생학습진흥법」의 하위법이라고 할 수 있다. 이런 의미에서 「평생학습진흥법」은 모든 교육 관련법을 위한 모법의 성격을 갖는다. 이 경우 새로 제정되는 「평생학습진흥법」은 현재의 「교육기본법」을 대체하거나 이와 같은 위상에 놓이는 것이 바람직하다. 또한 「평생학습진흥법」에 현재의 「교육기본법」처럼 '학교교육' '사회교육' 등의 용어가 모두 포함되는 것이 자연스럽다.

둘째, 「평생학습진흥법」과 별도로 사회교육영역을 다루는 법의 명칭은 「사회교육법」으로 회복하는 것이 바람직하다. 이는 무엇보다도 우리나라에서 오랫동안 '학교교육'과 더불어 '사회교육'이라는 용어를 사용하여 왔다는 역사성을 반영할 수 있기 때문이다. '사회교육' 대신 '성인계속교육'이라는 용어의 사용도 고려해 볼 수 있지만 이에 대해서는 신중한 접근이 필요하다. '성인계속교육'으로 학교교육 이외의 영역을 포괄하려고 하면 우선 이른바 학교교육 밖에서 이루어지는 '청소년 사회교육'의 영역을 포함할 수 없다. 또한 '성인계속교육'이라는 용어로는 전통적으로 학교 밖에서 성인을 대상으로 하는 기초교육, 일상생활에서의 시민교육, 지역사회교육 및 각종 학습동아리 활동 부분을 모두 포괄하기 어렵다. 더군다나 '성인계속교육'은 의무교육을 마친 성인이 최근 대학을 비롯한 고등교육기관에서 학습하는 것도 포함하는 경우가 많다. 즉, '성인계속교육'은 학교교육 밖의 다양한 교육을 모두 포괄하기 어려울뿐더러 요즘은 학교교육이 청소년 중심에서 성인 중심으로 '계속'되므로 학교교육과도 구별하기도 어려워진다. 그러므로 이런 문제를 해결하기 위해서는 평생교육을 '정규학력' 중심의 학교교육과 '생활 중심'의 사회교육 두 영역으로 크게 나누어 각각의 법을 제정하고, 이 두 영역을 「평생학습결과 인정 및 관리에 관한 기본법」과 같은 별도의 법을 통해 연결시켜 주는 것이 바람직하다.

2. 우리나라 평생교육체제의 성격과 문제점

1) 우리나라 평생교육체제의 형성과정

우리나라에서 근대적인 의미의 사회교육은 구한말 이후 민족의 자립과 국권수호를 위해 도입된 이후 전통적으로 소외계층을 위한 교육과 사회변화를 위한 교육을 지향해 왔다. 그 과정에서 비교적 최근까지 국가적 차원에서 체계적이고 지속적인 지원과 관심을 얻지 못해 온 것도 사실이다. 그 결과 유럽이나 미국, 일본 등에 비해 교육복지적인 차원에서 사회교육의 제도화가 매우 미흡한 실정이었다. 덴마크의 경우 18세기 말에 이미 평민대학(Volkshochschule)이 전국적인 체계를 갖추었으며, 일본의 경우에도 이미 제2차 세계대전 이후 공민관(公民館)을 중심으로 평생교육체제가 확립된 것에 비하면 우리나라의 평생교육체제 확립은 매우 늦은 편에 속한다. 이에 따라 교육복지적인 차원의 사회교육은 사회교육자 개인이나 시민단체, 종교기관, 일부 독지가 등의 지원으로 실시될 수밖에 없었다. 그 가운데에도 사회교육에 대한 관심은 민간부문을 중심으로 꾸준하게 이어졌다.

우리나라에서 국가적인 차원에서 사회교육을 포함하는 평생교육체제 구축에 본격적인 관심을 가지게 된 것은 1990년대 중반부터라고 볼 수 있다. 이후 우리나라에서는 국가적인 차원에서 평생교육체제가 빠른 속도로 구축되고 있다. 「평생교육법」에 근거한 평생교육체제 구축과 관련하여 가장 의미 있는 것 중의 하나는 중앙의 평생교육진흥원(국가평생교육진흥원), 지역평생교육진흥원, 평생학습관 등과 같은 평생교육지원전담체제가 마련되었다는 점이다. 또한 정보화사회 및 지식기반사회의 도래, 수명의 연장, 여가의 증대 등으로 인해 평생학습에 대한 수요가 폭발적으로 증가하게 되자 이에 부응하는 다양한 형태의 사회교육기관들이 '평생교육기관' 의 이름으로 활성화되고 있다. 과거 전통적인 사회교육은 비정부적 성격이 강했던 것에 비해 최근에는 평생학습도시 사업과 같이 국가 및 지방자치단체에서 지원하는 공적인 성격의 사회교육이 크게 확산되고 있다. 이와 더불어 급증하는 학습자들의 수요에 부응하기 위한 각종 기업형 사회교육도 크게 증가하고 있는 실정이다.

여기서는 한국 사회교육의 변화과정을 보다 심도 있게 파악하기 위해 사회교육의 일반적인 발달단계와 한국사의 일반적인 시대구분에 따라 살펴보고자 한다. 먼저, 사회교육의 일반적인 발달단계는 앞의 장에서 살펴본 바와 같이 원형적 생활 중심 사회교육의 시기, 소외계층 중심 사회교육의 시기, 고등교육 중심 사회교육의 시기, 현대적 생활 중심 사회교육의 시기를 말한다. 한편 한국사의 일반적인 시대구분은 한국 사회교육사를 다룬 선행연구물과 현대 정치사회사 관련 문헌들의 내용을 종합할 때 고대사회부터 조선시대까지의 일반적인 시대구분을 포함하여 근대 이후에는 구한말 개화기, 일제강점기, 국가재건기(1945~1960년), 경제발전 및 민주화 운동기(1961~1987년), 시민사회 형성기(1988~1997년), 복지 및 세계화 병행기(1998~2007년) 및 시장경쟁강화기(2008년~현재)로 정리할 수 있다(황종건 외, 1966; 김동위, 1995; 조희연, 2010). 이상의 두 가지 시대구분 방식을 종합적으로 고려하여 한국의 사회교육의 변화과정을 정리하면 다음과 같다.

먼저, 우리나라에서 원형적 생활 중심 사회교육의 시기는 고대사회부터 개화기 이전까지 근대적인 의미의 학교교육이 보급되기 전이라고 할 수 있으며, 소외계층 중심 사회교육 또는 학교교육 보완형 사회교육의 시기는 구한말 개화기, 일제강점기, 국가재건기(1945~1960년), 경제발전 및 민주화 운동기(1961~1987년) 시대를 포함한다. 한편, 우리나라에서 고등교육 중심 사회교육의 시기는 일반적인 차원에서 시민사회 형성기(1988~1997년)와 맥을 같이한다. 또한, 현대적 생활 중심 사회교육의 시기는 복지 및 세계화 병행기(1998~2007년) 및 시장경쟁 강화기(2008년~현재)와 시기를 같이한다고 볼 수 있다. 각 시기별로 한국의 사회교육은 많은 실천가와 기관, 제도, 정책 등을 통해 실시되었으며 그 발달단계에 맞추어 한국사회의 시대적 과제에 반응하였다. 이와 관련하여 각 시기별로 사회교육의 구체적인 시대적 과제와 실제 사례를 정리하면 다음 표와 같다.

〈표 3-1〉 한국 사회교육의 발달단계별 주요 내용

사회교육 발달단계 구분	시대구분	주요 시대적 배경	사회교육의 주 과제	주요 사회교육 활동 및 기관
원형적 생활 중심 사회교육시기	고대사회~조선후기	• 신분 중심 왕조국가 • 농경사회	• 사회화 • 생존 및 협력	두레, 계, 향약, 서당
소외계층 중심 사회교육시기 (학교교육 보충형 사회교육)	구한말 개화기	• 외세침략 • 갑오경장	• 민중의 삶 계몽 • 실력양성을 위한 기초교육	사립학교, 민족단체, 야학
	일제강점기	• 황국신민화 정책 • 민족자주독립	기초 수준의 학력보완교육을 통한 교화와 민족실력양성	• 일본 총독부의 지역순회강연 • 총독부 지방중견청년강습회 • 민간부문의 변형된 서당, 야학

	국가재건기 (1945~1960)	• 미군정 • 이승만 정권 • 4 · 19 및 장면 내각	학력보완교육을 통한 국가재건	• 4H 운동 • 미군정 국문강습소 • 전국문맹퇴치 5개년계획 • 공민학교, 고등공민학교
	경제발전 및 민주화 운동기 (1961~1987)	• 군사정권 • 비약적 경제 발전기 • 민주화 운동 추진기	중등교육 수준의 성인기초교육을 통한 개인 및 지역의 경제발전	• 재건국민 운동 • 가나안농군학교 • 새마을 교육 • 산업체부설학교 및 학급 • 한국지역사회학교후원회 • 노동야학
고등교육 중심 사회교육시기 (학교교육 연장형 사회교육)	시민사회 형성기 (1988~1997)	• 민주주의 확립 • 시민사회 활성화	민주시민교육	• 시민단체 시민교육 • 문화학교 • 사내기술대학 • 독학사 제도, 학점은행제
현대적 생활 중심 사회교육시기 (학교교육 초월형 사회교육)	복지 및 세계화 병행기 (1998~2007)	• 외환위기 극복 • 기초복지 강화 • 지방분권 강조	• 자격, 학력인증제도 • 인적자원 및 지역사회교육	• 원격대학 설립 • 평생학습지원 시스템 정비 • 평생학습도시 사업 • 지역학습동아리 활동
	시장경쟁 강화기 (2008~현재)	• 시장경쟁과 효율성 강조 • 평생학습 강화	효율적 경제 발전을 위한 평생학습	• 「평생교육법」 전면개정 • 원격대학 정규대학화 • 평생학습계좌제 실시

2) 우리나라 평생교육체제의 문제점

앞에서 우리나라 사회교육의 변화과정을 시대별로 살펴보았다. 그 특징 중의 하나는 점차 사회교육의 영역이 다양해지고 국가적인 차원의 사회교육제도가 확립되어 왔다는 것이다. 이는 최근 '평생교육추진체제' '평생학습지원 시스템' 등의 용어로 표현되기도 한다. '사회교육추진체제' 라는 용어가 아닌 이러한 용어들이 사용되는 까닭은 '사회교육' 대신에 '평생교육' 을 법적으로 사용하게 된 것과 아울러 '평생교육추진체제' 나 '평생학습지원 시스템' 등이 학교교육과 사회교육을 아우르는 경우가 많기 때문이라고 할 수 있다. 그런 의미에서 볼 때 현재의 평생교육추진체제의 개념 속에는 좁은 의미의 평생교육과 넓은 의미의 평생교육이 혼재되어 있다.

개념의 모호성이야 어떻든 우리나라에서 오랜 기간을 거쳐 이루어진 공적 평생교육체제의 구축과 평생교육 영역의 확대는 보다 많은 국민들에게 교육의 기회를 제공한다는 측면에서 바람직한 현상임에 틀림없다. 그런데 현재의 평생교육체제는 교육원리와 이념적인 차원에서 과거 사회교육의 일반적인 전통과는 많은 차이를 보이고 있다. 그리고 그 과정에서 교육적 관점에서 여러 가지 문제점을 노출하고 있다. 여기서는 최근 평생교육의 제도화 과정에서 나타나고 있는 일반적인 현상과 문제점을 구체적으로 살펴보고자 한다.

(1) 국가 인적자원개발 중심의 평생교육 추진

최근 우리나라의 평생교육정책은 과거 사회교육이 전통적으로 추구했던 소외계층 중심의 공동체 지향적, 보편적 교육복지 인프라의 구축보다는 주로 인적자원개발 중심의 선별적 지원정책에 치중하는 경향이 있다. 이를 평생교육의 국제적 동향과 관련시켜 본다면 UNESCO의 관점과 OECD의 관점으로 구분하여 분석할 수 있다.

오래 전부터 사회교육 및 평생교육 선구자들의 이념적 전통을 이어받은 UNESCO는 개인의 전인적인 성장과 소외계층을 위한 교육기회의 확대와 정의로운 공동체의 구현을 평생교육의 중요한 목적과 원리로 강조한다. 이에 반해 OECD는 유연한 노동시장에서 고용 가능성을 유지하기 위한 직업능력의 향상을 평생교육의 주요 목적으로 인식한다(김신일, 2000). 그 일환으로 강조한 것이 바로 순환교육이다. 이는 평생교육의 경제적 가치를 강조하는 것이다. UNESCO의 평생교육론과 OECD의 순환교육론은 기존의 학교 중심 교육체제로부터 벗어나야 한다는 점에서는 일치하지만 전자는 전인적(全人的) 자아실현에 중점을 두고 후자는 계속적 직업능력신장을 강조한다는 점에서 차이가 있다. 이 입장을 드러내는 진술들을 비교하면 다음과 같다(김신일, 2000: 6).

> 평생교육은 각 자의 전 생애에 걸친 인격적 · 사회적 · 직업적 발전을 성취해 나가는 과정으로, 개인과 집단의 삶의 질을 향상시키는 데 목적이 있다(UNESCO).

> 순환교육은 의무교육 또는 기본교육 이후에 전 생애에 걸쳐 주로 직업활동과 교육에 순환적으로 참여할 수 있도록 만드는 종합적 교육 전략이라고 할 수 있다(OECD).

평생교육에 관하여 세계적으로 영향을 끼쳐 온 두 국제기구의 이러한 차이는 각 기구의 회원국들의 특성과 이념의 차이에 기인한다. UNESCO는 제3세계 국가들이 참여하고 있을 뿐만 아니라 비교적 진보적 경향을 드러내고 있는 반면, OECD는 경제적 부국들로 구성되어 경제적 논리가 매우 강한 편이다. 현대사회에서 각국의 평생교육체제는 UNESCO와 OECD의 원리가 서로 경쟁하거나 상호 영향을 미치며 발전하고 있다고 볼 수 있다. 평생교육에 대한 UNESCO와 OECD의 관점을 정리하면 〈표 3-2〉와 같다.

〈표 3-2〉 UNESCO와 OECD의 평생교육 관점 비교

구분	UNESCO	OECD
중점사항	전인적 발전	계속적 직업능력신장
접근방법	사회문화적 발전 – 평화, 인간화, 민주주의	경제논리 – 인적자본의 형성
주요회원국	제3세계 국가	경제적 선진국

교육정책의 방향과 관련하여 한국은 오래전부터 UNESCO의 영향을 많이 받아 오다가 이후 OECD 회원국으로 가입함에 따라 OECD의 영향도 크게 받고 있다. 특히 IMF 사태 이후에 OECD의 노선이 교육정책에서 더욱 강하게 드러나고 있는 실정이다. 즉, 인간의 전인적인 발달 및 공동체사회를 구축하려는 본래의 취지보다는 국가의 경쟁력 향상과 개인의 경제적 지위를 향상시키기 위한 목적이 더 강조되고 있는 실정인 것이다. 이에 따라 국가적인 차원에서의 인적자원개발을 체계적으로 추진하기 위한 조직체계가 강화되고 있다. 또한 학교교육 및 사회교육 전반에서 인적자원개발을 위한 다양한 정책들이 연구 · 시행되고 있다. 이른바 '국가 차원에서의 인적자원개발(N-HRD)' '지역사회 차원에서의 인적자원개발(R-HRD)' '인적자원개발의 효율화를 위한 교육체제의 재구조화' 등의 용어들이 평생교육과 관련하여 범람하고 있는 실정이다. 또한 전반적으로 학습자주도, 생활 중심, 공동체 중심의 교육보다는 경제성을 추구하는 인적자원개발에 대한 지원이 보다 적극적으로 이루어지고 있다. 국가의 경제발전을 추구하는 고용노동부, 지식경제부 등과 같은 경제부처들이 평생교육 차원에서 국민의 직업능력개발교육을 전적으로 지원하는 것은 당연하다고도 볼 수 있으나 교육 본연의 가치를 추구해야 할 교육주무부서마저도 국민을 위한 자기개발교육, 시민교육, 기초능력교육보다 직업능력개발교육에 보다 많은 예산을 투입하고 있는 것은 '교육부'의 정체성과 관련하

여 심각하게 검토해 볼 만한 문제다.

이런 과정에서 우려되는 것은 국민 개개인의 전인적 발달과 학습의 평등한 기회를 제공하기 위한 평생교육은 상대적으로 소홀히 다루어지고 국민의 직업능력개발과 국가 차원의 경쟁력 향상에 도움이 되는 평생교육, 즉 인적자원개발을 위한 평생교육이 정부의 주요 지원 대상이 될 수 있다는 것이다. 과거 정부에서 '교육부'가 '교육인적자원부'가 되고 교육부의 수장이 장관에서 부총리가 되었다는 사실이 평생교육의 발전을 의미하는 것인가에는 의심의 여지가 있었다. 더군다나 최근에는 교육인적자원부가 과학기술처와 통합되어 '교육과학기술부'가 되면서 더욱 '교육' 본연의 가치는 소홀히 취급되고 경제적 부가가치가 높은 지식과 기술 중심의 '인적자원개발'만 중시되는 것은 아닌가라는 우려를 낳게 된다.

이러한 현상을 확인할 수 있는 사례 중의 하나로 최근 '유급학습휴가제'와 '평생학습계좌제'의 실태를 들 수 있다. 1999년 「평생교육법」이 제정될 당시 '유급학습휴가제'와 '교육구좌제'는 모두 법의 효력상 모두 선언적인 수준에 머물러 있었다. 그러나 현재 '유급학습휴가제'는 여전히 선언적인 수준에 머물러 있으면서 시행령도 마련되지 않은 상태인데 반해 '교육구좌제'는 '직업능력개발계좌제'와 '평생학습계좌제'라는 이름으로 국가적인 관심과 지원 속에서 시행되고 있는 실정이다. 그 이유는 평생학습계좌제가 유급학습휴가제보다 인적자원개발에 더 효과적이기 때문이라고 할 수 있다. 유급학습휴가제는 본래 서구에서 노조의 요구에 의해 노동자들의 교육복지향상을 위해 시작된 제도인 반면, '직업능력개발계좌제'와 '평생학습계좌제'는 단순히 국민의 개인학습이력관리 및 증명의 차원을 넘어 국가적 차원의 인적자원개발 및 활용의 성격이 강하기 때문이다. 평생학습계좌제가 자리를 잡는 과정에서 경제적 효율성을 위한 선별적 투자가 필연적으로 작용할 수밖에 없다. 비록 국가적인 차원에서 인적자원개발이 필요할지라도 그것은 교육의 관점에서 한 인간이 인간답게 살기 위한 하나의 수단에 불과하다. 한 인간이 인간답게 살기 위해서는 단지 경제적인 능력만이 아니라 인간에 대한 자기성찰, 사회에 대한 인식, 이웃과 더불어 살아갈 수 있는 사회성 등이 요구된다. 따라서 교육의 관점에서 볼 때 평생학습계좌제보다 유급학습휴가제의 실현이 더 시급하고 중요한 과제라고 할 수 있다. 인적자원개발은 이러한 교육의 전체적인 맥락 속에서 경제적인 능력의 향상이라는 목표에 국한되어 활용되어야 한다.

또한 여기서 간과하지 말아야 할 것은 현재 OECD의 주요 국가들은 이미 UNESCO 관점의 평생교육체제를 완비하고 있다는 것이다. 예를 들어 덴마크, 독일 등의 북유럽 국가들은 학교교육은 물론 평민대학(Volkshochschule), 스터디 서클 지원, 유급학습휴가제를 비롯한 공공 사회교육 기본 인프라를 갖추고 있으며 일본의 경우도 공민관(公民館)을 통해 교육복지적인 차원에서 국민들의 기본적인 사회교육 욕구를 충족시켜 주고 있다. 이러한 기본적인 평생교육 인프라 위에 경제적 효율성을 추구하기 위한 OECD 평생교육정책이 병행되고 있는 것이다. 반면에 우리나라의 경우는 아직 기본적인 사회교육 인프라가 갖추어지지도 못한 상황에서 경제개발 위주의 '평생교육정책' 이 우선적으로 추구되는 실정이다. 따라서 국민들을 위한 교육복지적 차원의 평생교육체제의 정립은 그만큼 요원한 실정이다. 따라서 우리나라에서도 균형 잡힌 평생교육체제를 구축하기 위해서는 다른 OECD 국가들과 동일선상에서 인적자원개발체제를 수립할 것이 아니라 우리나라의 열악한 평생교육 복지 인프라를 우선적으로 개선할 수 있는 제도와 정책을 추진해야 할 것이다.

(2) 신자유주의 관점에 의한 교육기회의 제한 및 불평등

1990년대부터 본격화된 경제적 세계화의 소용돌이 속에서 많은 나라가 정도의 차이는 있으나 신자유주의 교육정책 노선을 따르고 있다. 우리나라의 경우도 이러한 신자유주의적 원리가 교육에 점차 큰 영향을 미치고 있다(김용일, 2002: 17-18). 이는 학교교육과 사회교육을 포함하는 평생교육 전반에서 이루어지고 있다. 유럽 및 미국 등에서 전개되고 있는 평생학습사회의 기본 논리는 직업적으로 필요한 지식과 기술을 개인들이 알아서 학습하되 비용도 될 수 있으면 자신이 부담하도록 만들자는 것이다. 자비부담의 자유학습은 이제까지의 유럽 교육제도와는 방향이 다른 정책이다. 전통적으로 유럽 교육제도의 기본은 계몽주의적 공교육이었으므로 경비는 공공부담을 원칙으로 삼아 왔다. 의무교육은 말할 필요도 없고 대학교육과 사회교육도 공공부담이 근간을 이루었다. 직업기술교육은 공공재정의 투자와 아울러 기업 자체의 부담도 큰 부분을 차지하였다. 요컨대, 정부와 기업이 교육을 제공하고 비용도 부담하는 공교육제도가 기초를 이루었다. 그런데 최근 교육비용을 학습자에게 부담시키는 쪽으로 정책전환이 이루어지고 있다. 대학교육비에 학습자부담 비율이 늘기 시작하였으며 특히 성인들의 직업기술교육에서 자비부담률이 높아지고 있다. 이러한 신자유주의적 접근방식이 우리나라의 평생교육체제에 미치고 있는 문제점들을 살펴보면 다음과 같다.

첫째, 경제성 중심의 평생교육활성화다. 경제적 세계화추세에 대응하여 모든 나라가 경제의 국제 경쟁력 강화를 최우선 정책으로 내세우고 있다. 그에 따라 교육에 대한 자본의 지배가 강화되고 평생학습에 대한 경제원리의 적용이 심화되고 있다. 즉, 주로 국가경쟁력 향상에 직접적으로 도움이 되는 교육만 국가적으로 지원하고 개인의 자아실현을 위한 교육은 수혜자 부담의 원칙을 따라야 한다는 인식이 급속히 퍼지고 있다.

둘째, 평생교육의 상업화 확대다. 최근 들어 점차 평생교육에 대한 관심과 수요가 높아지는 반면 정부의 지원은 여전히 미흡함으로 인해 비교적 풍부한 자본과 전문인력을 갖춘 상업적 교육기관, 즉 전문지식이나 기술을 가르치는 각종 사설학원이나 각종 문화센터와 같은 기관들이 급격히 늘어나고 있다. 일부 대학부설 평생교육원의 경우도 이에 해당하는 것으로 지적된다(강순원, 1997: 131-132). 이러한 영리적 성격이 강한 평생교육기관들은 경쟁사회에서 학습자들이 필요로 하는 요구를 즉각적으로 충족시키는 것을 가장 큰 장점으로 내세우되, 대신 철저히 전 비용의 수혜자 부담 원칙에 입각하여 운영되고 있는 것이 특징이다. 또한 일반적으로 학습자의 수요가 많고 공급이 부족할수록 수강료가 비싸지는 시장의 논리를 따르고 있다. 이들 기관이 비록 다른 사회적 가치를 같이 추구한다 하더라도 그것은 부차적인 의미만 가질 뿐 엄격한 의미에서 이윤의 추구를 최우선의 목적으로 할 수밖에 없다는 점에서 한계가 있다.

셋째, 평생학습기회의 불평등 경향이다. 자유경쟁 원리의 강조로 인해 교육의 혜택이 중산층에 치우침에 따라 저소득층, 장애자, 학교실패자 등 사회적 약자집단이 사회교육에서도 밀려난다(안상헌, 1999: 260). 엄연히 존재하는 비문해자와 기초교육실패자에 대한 무관심, 저소득층의 교육소외, 여성과 노인의 교육소외, 노동자들의 교육문제에 대한 정부의 지원정책이 강화되어야 함에도 여러 나라의 평생학습사회에서는 이들이 점점 더 소외당하는 경향을 보인다. 경제력의 부족, 지체장애 등의 이유로 사회교육의 기회를 누리기 어려운 사람들에게 자유경쟁이란 오히려 더 불리한 결과를 가져올 뿐이다. 이들에게는 교육복지의 차원에서 우선적으로 지원해 주는 것이 교육정의를 실현하는 것이다. 그러나 신자유주의는 자유경쟁과 능력주의를 강조함으로써 취약계층을 위한 교육적 보상을 어렵게 만든다. 그에 따라 학교교육뿐만 아니라 사회교육에 있어서도 양극화 현상을 초래하는 것이다.

일반적으로 신자유주의적 교육원리에는 그 자체로 교육철학이나 미래에 대한 인간적 전망을 찾기 어렵다(김용일, 2002: 15). 단지 공교육의 민영화나 시장화를 통해 경제적 효율성을 강화하기 위한 목적으로 시행되는 것이다. 특히 이러한 신자유주의적 교육정책은 우리나라처럼 공교육 차원의 교육복지체제가 매우 취약한 나라에서는 더욱 큰 문제를 일으킬 수 있다. 이미 상당한 정도의 공교육 평생교육체제가 확립되어 있는 국가와 아직 그 기반조차 제대로 마련되어 있지 않는 국가를 동등한 선에서 비교할 수는 없다. 이미 평생교육의 차원에서 학교교육에 상응할 정도로 사회교육 분야에 대한 행·재정적 지원이 확고한 나라에서는 국가재정의 효율성을 높이기 위해 부분적으로 복지부문에 대한 지원을 줄이는 것이 수용될 수도 있다. 이는 전 세계가 무한 경쟁체제로 접어듦에 따라 일부 선진국에서 복지정책을 어느 정도 후퇴시키는 것과 맥을 같이한다. 그러나 우리나라는 평생교육체제 구축에 관한 한 이제 막 그 기반을 마련해 가기 시작하는 걸음마 단계에 있다고 할 수 있다. 따라서 국가적인 차원에서 국민들을 위한 사회교육의 기회를 충분히 제공하지 못하고 있다. 일반 국민은 그들의 학습욕구를 일부 민간사회단체에서 충족시키기도 하지만 많은 경우 학원이나 민간연수원 등과 같은 상업성 민간 사회교육기관을 통해 충족시키고 있다. 이는 학교교육에 엄청난 사교육비가 드는 것과 맥을 같이한다. 이에 따라 교육비를 충당할 수 없는 국민들은 원천적으로 교육의 기회를 갖지 못하는 결과를 가져온다. 따라서 학교교육에 의한 불평등을 해소하고자 했던 사회교육이 오히려 교육 불평등을 더욱 심화시키는 결과를 가져올 수 있는 것이다.

이러한 현상은 곧 국민의 기본권으로서의 학습권을 제한하는 것이다. 모든 국민에게 학습의 기회를 골고루 최대한 보장하는 것은 평생학습시대에 국가의 새로운 의무이며 교육이 이루어야 할 정의라고 할 수 있다. 그러기 위해 학교교육 기회를 제대로 갖지 못한 국민들에게 사회교육의 기회를 더 많이 제공하는 것이 필요하다(이돈희, 1992: 417). 그러므로 모든 국민들이 기본적인 평생교육의 혜택을 누릴 수 있을 때까지는 사회교육 분야에 대한 교육복지적 차원의 지원이 크게 확장되어야 한다.

3. 평생교육 발전을 위한 사회교육 원형 회복의 의의

1) 평생교육의 이념적 혼란과 사회교육개념 배제와의 관계

앞에서 우리나라 평생교육체제의 발전과정과 그 한계를 교육의 이념적인 차원에서 살펴보았다. 과거 주로 비정부 차원에서 사회운동의 일환으로 실시되었던 사회교육은 비록 재정적으로 열악했을지라도 생동감이 있는 것이었다. 이것이 최근 국가적인 차원의 평생교육체제 속으로 편입됨에 따라 교육이 보다 체계화되고 교육의 기회가 확대되는 면도 있지만 다른 한편으로는 관료화・형식화되는 경향을 나타내기도 하였다. 또한 과거 이상적인 평생교육체제의 모습이 학습자 각각의 자아실현과 교육기회의 평등, 공동체 형성에 이바지하는 것을 이상으로 추구했다면, 현대사회에서는 평생교육체제가 주로 개인의 지위향상, 국가의 통합과 국가경쟁력의 향상을 위한 경쟁의 수단으로 활용되는 경향이 강해지고 있다. 이에 따라 과거 사회교육 운동이 추구했던 평생교육체제의 이상이 '학습의 향유' 라는 성격이 강했다면 오늘날의 '평생학습사회' 에서 이루어지고 있는 평생교육체제의 현실은 '학습의 강요' 라는 성격이 강해지고 있는 실정이다. 이와 관련하여 과거 사회교육 운동을 통해 추구한 평생교육의 이상과 현대 평생학습사회에서 나타나고 있는 평생교육의 현실을 대별하면 다음과 같다.

〈표 3-3〉 평생교육의 이상과 현실

구 분	과거 사회교육 운동을 통해 추구한 평생교육의 이상	현대 평생학습사회에서 나타나고 있는 평생교육의 현실
주요 대상	소외계층 중심	엘리트 중심
학습의 양상	학습의 향유	학습의 강요
주체	시민주도	국가, 기업 주도
학습기회	학습의 평등	학습의 불평등
교육내용	인문, 시민교육 중심	직업교육 중심
주요 이념	사회민주주의	신자유주의
국가의 성격	복지국가	시장국가

우리나라에서 이러한 현상은 '사회교육'이라는 용어 사용상의 변화와 무관하지 않다. 즉, '사회교육' 이라는 용어가 활성화되고 강조되던 시기에는 '평생교육' 이 '학습의 향유' 와 밀접한 관련이 있었던 반면, '사회교육'이 제한되기 시작한 시기에는 '평생교육' 이 점차 '학습의 강요' 와 밀접한 관계를 갖게 되었다고 볼 수 있다. 이러한 변화는 앞에서 살펴보았듯이 학문적 · 실천적인 면에서 개념상의 혼란을 가져오고 있다. 그러나 '사회교육'의 쇠퇴는 단순히 개념상의 애매함보다 더 심각한 교육이념상의 변화와 단절을 수반하고 있다. 본래 사회변화, 소외계층에 대한 배려, 공동체 지향성 등의 이념을 전제했던 '사회교육'이 '평생교육' 으로 대체되는 과정과 시기를 같이하여 사회교육의 전통적인 가치가 상당히 희석되고 있는 것이다. 이러한 양상과 관련하여 한숭희는 다음과 같이 말하고 있다.

> 최근 들어 무비판적으로 확장된 사회교육 영역의 이론과 실천의 전개 양상은 초기의 이념적 선명성을 상당부분 상실해 감에 나타난 일종의 범주 오류에 기초하고 있으며 [중략] 사회교육이 국가 제도화 안으로 편입되어 가면서 자신의 정체성을 그 규범적 지향성에서 찾기보다는 '영역 더하기' 에 치중해 왔고, 그 와중에서 평생교육이라는 새로운 패러다임과 접합됨으로써 존재성 자체에 위기를 초래하기 시작했다고 본다. 그리고 이 과정에서 새로이 등장하는 '기업교육' 혹은 '성인계속교육' 개념은 시장논리에 기반한 성인교육 이데올로기를 담지함으로써 사회교육에 대한 하나의 안티테제로 등장하고 있음을 인식할 필요가 있다(한숭희, 2001a: 30-31).

이런 의미에서 비유컨대 '사회교육' 은 '평생교육' 의 본질을 유지하도록 하기 위한 '소금' 의 역할을 해 왔다고 볼 수 있다. 사실상 '평생교육' 은 '사회교육' 의 존재로 인해 의미를 가지게 되었다. 즉, '사회교육' 이 교육의 한 영역으로 부각되지 않았다면 굳이 '평생교육' 개념도 존재할 필요나 근거가 없었던 것이다. 이와 같이 평생교육 개념 속에 사회교육 개념을 포함하고 있을 때 평생교육은 사회교육의 전통을 반영하여 학습의 향유와 공동체 구현, 교육평등에 이바지하고자 노력하였다. 그러나 사회교육의 개념이 쇠퇴함에 따라 평생교육은 전통적 원리보다는 새로운 시대적 조류를 따르게 된 것이다. 여기서 새로운 시대적 조류란 앞에서 살펴본 신자유주의, 인적자원개발 중심의 교육 등을 의미한다. 보기에 따라서는 그러한 조류를 따르기 위해 사회교육의 개념을 의식적이든 무의식적이든 배제하려 했다고도 볼 수 있다.

'사회교육' 과 비교할 때 '평생교육' 이라는 용어는 '사회' 라는 단어가 전제로 하는 '생활' '공동체' '평민' 등의 개념보다는 '평생' 이라는 용어가 전제로 하는 '시간' '생애' '노령화' '언제 어디서나' 등의 개념을 더 강하게 반영한다. 즉, '사회교육' 대신에 '평생교육' 이라는 용어가 일반화됨으로써 지식기반사회의 확대, 노령화 현상 등으로 인한 교육시간과 공간의 확대 자체가 핵심적인 관심거리로 부각된 것이다. 그리고 이 공간 속으로 '사회교육' 의 전통적인 교육이념과 상이한 다양한 이념들이 유입되어 각축을 벌이는 상황이 전개되고 있는 것이다. 그러는 가운데 현재 우리나라 '평생교육' 은 학습자가 주도적으로 참여하며 공동체적 가치를 실현시키는 교육은 많이 활성화되지 못한 반면, 국가경쟁력의 향상과 개인의 직업적 생존을 추구하기 위한 인적자원개발 중심의 교육이 보다 활성화되고 있다. 또한 복지 차원의 교육 인프라 부족과 이로 인한 상업적 교육의 활성화로 인해 평생교육은 소외계층을 위한 교육, 공동체구현을 위한 교육이라는 본질에서 벗어나 오히려 소외계층을 양산하는 교육, 공동체를 해체하는 교육의 양상마저 띠고 있는 실정이다.

이와 같이 현대의 평생교육이 보수화되고 양극화되는 현상이 나타난 것은 우연찮게도 '사회교육' 이 사라지고 '평생교육' 만이 존재할 즈음이었다. '사회교육' 이 사라지자 '평생교육' 은 단지 기존 '학교교육' 의 부정적인 연장이자 확대재생산이 되고 있다. 단지 '사회교육' 이 '평생교육' 으로 바뀌어 평생교육 개념의 애매성이 발생했을 뿐만 아니라 평생교육 본연의 성격까지 왜곡되고 단절되는 현상이 나타나고 있는 것이다. 그런 면에서 '사회교육'이 오늘날 평생교육의 정체성을 극복하기 위한 대안으로서 재조명될 필요가 있다. 이와 관련하여 한숭희(1998)는 확장교육의 성격이 짙은 현재 성인교육의 지나친 파편화와 탈가치화를 비판하면서 비판적 성인교육의 성격을 가진 사회교육의 전통을 회복해야 한다고 주장하였다. 같은 맥락에서 노일경(2000)은 비판적, 소외계층 지향적 성격이 강한 우리나라 사회교육학의 성립과정에 대해 역사적으로 살펴본 바 있다. 그러므로 현재 평생교육의 혼돈을 극복하고 방향을 재정립하기 위해서는 사회교육의 역사적 성격을 회복하기 위한 노력이 이루어져야 한다.

2) 일제강점기 사회교육의 비판적 역사 인식에 대한 재고찰

사회교육의 원형을 회복하는 일과 관련하여 검토해야 할 과제 중의 하나는 사회교육의 부정적인 역사적 사례를 어떻게 이해할 것인가라는 문제다. 특히 사회교육은 일제강점기 총독부에 의해 황국식민지의 도구로 사용되었기에 대표적인 일제강점기의 잔존 사례라는 비판도 존재한다(한준상, 1999: 195; 2000: 33). 이러한 인식은 「사회교육법」을 폐지하고 「평생교육법」을 제정하기 위한 전문가 및 정부 관료들의 논의 과정에도 큰 영향을 미쳤다(오혁진, 2011: 125).

그러나 이에 대해서는 좀 더 신중한 접근이 필요하다. 먼저, 사회교육이 애당초 식민지 통치의 수단으로 도입되었는가에 대해서는 재론의 여지가 있다. 이정연(2010)은 우리나라에서 '사회교육' 개념 도입의 기원을 개화파의 입장에서 국권 회복의 도구로 설명하고 있다. 그는 일제강점기 총독부에 의해 사회교육이 도입되었다는 통념과 달리 개화기에 이미 '사회교육'이라는 용어가 사용되고 있었다고 설명한다. 당시 실력양성을 국권 회복의 지름길로 파악하고 있었던 개화파 지식인들은 '학회(學會)'라는 계몽단체를 조직하여 활동하였다. 대표적인 학회로 대한자강회, 서우학회, 호남학회, 기호학회, 서북학회,

교남교육회, 태극학회, 대한학회, 대한흥학회 등을 들 수 있다. 이러한 학회에서는 각각 기관지를 발행해 지식을 보급하고 국민계몽을 위한 강연회와 토론회도 자주 개최했는데 여러 학회의 기관지에 '사회교육'이라는 용어가 등장하며 그 중요성을 강조했던 것이다. 대한자강회의 기관지인 『대한자강회월보』 제1호(1906. 7)와 태극학회의 기관지인 『태극학보』 제16호(1907. 12) 등이 그 예다(이정연, 2010: 112-113). 따라서 일상생활에서 '사회교육' 이라는 용어가 활용된 것은 그 이전부터라고 할 수 있다. 이러한 사실은 우리나라 역사상 사회교육이 일제의 식민지 정책의 수단으로 사용되기에 앞서서 이미 우리나라 개화기의 선각자들에 의해 적극적으로 도입되어 널리 사용되고 있었다는 것을 의미한다.

또한 그는 일제강점기의 경우도 총독부가 사회교육을 식민지 정책으로 활용한 것과 별도로 민족진영에서 '사회교육' 을 여전히 민족계몽과 독립을 위한 중요한 수단으로 인식하고 있었음을 밝히고 있다. 『개벽』(1920년 7월)에 실린 글과, 조선민중사가 펴낸 기관지 『농민』(1932년)에 수록된 '농촌여성과 사회교육' 이라는 논문, 『중명(衆明)』(1933년)이라는 잡지에 게재된 '조선사회교육에 대하야 일언함' 등이 그 예다(이정연, 2010: 271-283). 이러한 사실들은 일제강점기하에서 총독부에 의해 황국신민화를 위한 활동에 '사회교육' 개념이 활용된 것과 별개로 조선민족세력을 중심으로 독립과 계몽을 위한 교육활동에도 '사회교육' 개념이 활용되었다는 것을 보여 준다.

또한, 일제지배하에서 사회교육이 일제의 식민지 정책의 수단으로 사용된 바 있음을 전제하더라도 그것으로 인해 사회교육이라는 개념 자체가 부정되어야 하는가라는 점에 대해서도 생각해 볼 필요가 있다. 사회교육이 일제하에서 식민지 정책의 수단으로 사용되었다는 사실이 사회교육에 대해 부정적인 이미지를 갖게 하는 것은 틀림없다. 그러나 이러한 사실이 '사회교육' 의 개념이 폐기되거나 더욱이 '평생교육' 이라는 말로 대체되어야 할 충분한 근거는 될 수 없다. 사회교육이 과거 식민지 정책의 수단으로 사용된 바가 있어 이를 폐기해야 한다면 과거 우리나라 교육제도 및 개념들 중에서 그로부터 자유로운 것은 거의 없다. 극히 일부를 제외한 모든 학교교육이 일본의 '국민선무공작용 교화활동'에 앞장섰으므로 사회교육뿐 아니라 학교교육도 동일한 논리의 적용을 받아야 한다. 또한 과거 학교교육과 사회교육이 모두 비민주적인 권위주의 정치세력의 활용수단으로 사용된 바 있음도 부인하기 어렵다. 이러한 사실로 인해 '학교교육'이나 '사회교육' 등의 용어 자체를 부정할 수는 없는 것이다.

이런 점에서 '사회교육'이라는 용어를 사용하는 것에 대해 역사적인 차원에서 거부감을 가질 필요는 거의 없다고 볼 수 있다. 더 중요한 것은 현대사회에도 적용될 수 있는 사회교육의 원형적 성격을 파악하고 올바르게 적용하는 것이다.

3) 평생교육 차원에서의 신 사회교육의 의의

'평생교육', 또는 '평생학습'과 '사회교육'은 형식상 서로 모순될 필요는 없는 개념이다. 개념체계상 '사회교육'은 '평생교육'의 일부이기 때문이다. 또 '교육'에서 '학습'으로 패러다임이 전환되는 '평생학습'의 시대에 사회교육은 평생학습을 구현하기 위한 적극적인 노력의 하나라고 볼 수 있다. 그럼에도 불구하고 '사회교육'이라는 용어가 쇠퇴하고 '평생교육'이라는 용어로 대체되는 상황은 개념적 혼란은 물론 이념적인 면에서 정체성의 혼란을 가져오는 결과를 가져왔다. 그런 면에서 사회교육의 복권, 즉 '신(新) 사회교육'이 중요한 의미를 갖는다.

우리나라에서 '사회교육'의 가치를 회복해야 한다고 더욱 강조해서 말할 수 있는 것은 독특한 역사적 배경 때문이기도 하다. 앞서 살펴보았듯이 우리나라에서 '사회교육'이 '평생교육'으로 바뀐 시기는 공식적으로 「사회교육법」이 폐지되고 「평생교육법」이 제정된 시기와 맥을 같이한다. 그러나 더 심층적으로는 사회교육의 이념이 기존의 평민 지향적, 비판적인 것에서 신자유주의적, 인적자원개발 중심적인 것으로 전환하기 시작한 때라고 볼 수 있다. 우리나라에서 '사회교육'의 개념은 학교교육을 제외한 조직적인 교육활동이라고 하는 조작적 정의에 기초해 있음에도 불구하고 평민 지향적, 인본주의적 이념을 지향하는 강령적 정의의 색채를 강하게 띠고 있다. 왜냐하면 '사회교육' 분야에 신자유주의적 패러다임이 본격적으로 작용하기 시작할 무렵에 '평생교육'이라는 용어로 대체되었기 때문이다. 반대로 '평생교육'은 신자유주의적 이념을 대변한다는 '오해'를 받게 될 가능성이 커졌다. 왜냐하면 '평생교육'은 원래 '요람에서 무덤까지' 교육의 수평적 · 수직적 통합을 의미하는 개념으로 사용되어 왔음에도 불구하고 2000년 신자유주의가 본격적으로 영향을 미칠 무렵 「평생교육법」 제정으로 인해 '사회교육'을 대신하는 용어로 보다 일반화되었기 때문이다. 우리나라에서 '지식기반의 사회' '지식경제' '지식경영' '신지식인' '지역혁신' 등의 용어들이 보편적으로 사용된 시기는 '평생교육'이 '사회교육'을 대체한 시기와 거의 같다고 할 수 있다.

그런 면에서 '사회교육'과 '평생교육'은 현대사회에서 생존의 측면과 역사적 평가 측면에서 운명이 엇갈리는 아이러니를 겪고 있는 셈이다. '사회교육'의 경우 용어 사용빈도에 있어 2000년대에 들어 그 공식성과 주도권을 '평생교육'에게 빼앗기고 상대적으로 쇠퇴의 길을 가고 있는지도 모르지만 역사적인 면에서 일제강점기 일본총독부에 의한 일부 흠결에도 불구하고 전반적으로 평민 지향적, 소외계층 지향적, 공동체 지향적이었다는 긍정적인 평가를 받으며 그 전통의 회복에 대해 기대를 받고 있다. '사회교육'은 '정규학교교육 이외의 교육'이라는 조작적 정의로서만 의미를 갖는 것이 아니라 전통적으로 우리나라는 물론 전 세계적으로 특정한 가치를 반영하는 공통적인 성격의 교육을 지칭한다고 볼 수 있다. 그것은 곧 소외계층 중심, 평민 중심, 공동체 지향, 사회변화 추구, 생활 중심, 민주주의 등의 가치를 표방하는 것이다. 이러한 가치들은 과거 전 세계적으로 평생교육의 이념으로 중시되었으나 오늘날 평생교육의 현장에서 점차 결핍되어 가는 가치이기도 하다. 이러한 가치들은 오늘날처럼 경제적 세계화와 신자유주의의 폐해가 직접적으로 드러날수록 더욱 그 중요성이 더욱 부각된다고 볼 수 있다. 그런 면에서 '사회교육'은 '죽었지만' 오히려 그 가치가 '살아 있는' 셈이다. 반면 '평생교육'은 2000년대 들어 공식적으로 활용되며 활성화되는 양상을 보이고 있으나 '본의 아니게' 학문적인 면이나 교육이념적인 면에서는 부정적인 면이 더 커지고 있다. 즉, 개념적으로는 '넓은 의미의 평생교육'과 '좁은 의미의 평생교육'이라는 애매모호한 성격을 드러내고 있을 뿐만 아니라 교육이념적인 면에서는 신자유주의의 발흥과 그 시기를 같이 함에 따라 '신자유주의적 교육의 선봉'이라는 역사적 표식을 받게 될 가능성이 커졌기 때문이다. '평생교육'은 개념적 엄밀성도 결여되었고 본래의 교육이념에서 벗어나 점차 많은 사람들에게 비판의 여지가 있는 교육으로 인식되고 있다는 점에서 '살아 있으나 사실은 죽은 것'과 같은 형국이라고 할 수 있다.

그런 면에서 '사회교육' 개념의 복권은 단지 개념상의 애매함을 극복하는 것만이 아니라 사회교육의 전통을 계승함으로써 현대 평생교육의 이름으로 나타나고 있는 문제점들을 해소하기 위해서도 필요한 과제다. 다시 말해 과거의 사회교육이 소외된 사람들을 위한 학교교육의 대안적 교육으로 시작되었다면 오늘날의 '신' 사회교육은 학문적인 면과 교육이념적인 면에서 정체성의 혼란을 겪고 있는 평생교육의 대안적 교육이라고 할 수 있다. '사회교육'이 갖는 새로운 의의를 학문적 차원과 교육이념적 차원으로 나누어 정리하면 〈표 3-4〉와 같다.

〈표 3-4〉 학문적 차원과 교육이념적 차원에서 사회교육의 성격과 의의

구분	학문적 차원	교육이념적 차원
원형적 의미	학교교육을 제외한 조직적인 교육활동	생활 중심, 소외계층, 사회정의, 사회평등을 지향하는 교육이념을 표방하기에 유리
현실적 문제	'평생교육' 용어가 사회교육의 고유한 영역을 대체하여 학문적 혼란 발생	과거 일제강점기 때 황국신민화의 도구로만 사용되었다는 왜곡된 역사 인식
새로운 의의	현재 평생교육학의 모호성을 극복하고 응용학문으로서 사회교육학의 정체성 확립에 적합	국가 중심, 인적자원개발 중심 평생교육체제 확충으로 인한 교육통제, 교육의 경제적 수단화, 교육불평등 심화를 극복하기 위한 교육의 원형 제공

이와 같이 '사회교육' 이라는 용어의 회복은 개념적인 차원에서 '좁은 의미의 평생교육' 을 다시 대체함으로써 현재 평생교육학의 모호성을 극복하고 응용학문으로서 사회교육학의 정체성 확립에 기여할 수 있다. 또한 이념적인 면에서 '새로운 사회교육' 은 사회교육의 원형을 계승함으로써 최근 평생교육체제에서 발생하는 교육적 왜곡을 바로잡는 데 기여할 수 있다. 즉, '신 사회교육' 은 신자유주의와 지식기반사회의 영향으로 지식경제 위주의 교육, 평생학습의 강요, 교육의 형식화 증대, 교육의 빈익빈 부익부 문제를 안고 있는 현대 평생교육의 현실을 극복하고 공동체주의적, 생활 중심적, 사회운동적, 비판적 성격의 교육을 회복하는 데 기여할 수 있는 것이다. 그러기 위해 사회교육 개념의 회복을 위한 노력이 계속적으로 이루어져야 한다.

제2부

사회교육 형성의 역사와 의의

제 4 장

세계 사회교육의 형성과 주요 교육사상가

역사상 각 국가에서는 고대로부터 교육제도가 존재해 왔다. 초창기 각 국가의 교육제도는 주로 왕족이나 특권층을 대상으로 관료를 양성하는 엘리트 중심의 학교교육을 중심으로 성립되었다. 그 후 산업혁명과 민족국가, 민주주의의 영향으로 국가적인 차원에서 아동 및 청소년들을 대상으로 무상교육을 실시하는 국민교육제도가 형성되기 시작했다. 국민교육제도가 본격적으로 형성되기 이전부터 각국의 사회교육자들은 교육의 혜택을 받지 못한 소외계층을 대상으로 교육기회의 확대, 자아실현, 지역공동체 구현 등 삶의 질 향상을 위해 노력해 왔다. 학교교육이 보편화되어 가는 과정에서도 사회교육자들은 학교교육과는 다른 차원에서 일상의 시민사회 속에서 평민의 자기발전과 공동체사회 구현을 위한 노력을 끊임없이 실시해 왔다. 또한 청소년을 대상으로 하는 국민교육제도가 보편화된 이후에도 각국의 사회교육자들은 학교 밖의 일상생활과 학교교육 이후의 교육을 통해 지속적으로 삶의 문제를 해결하고 사회변화에 대응하기 위한 교육적 노력을 기울이고 있다. 전 세계적으로 학교교육 못지않게 사회교육의 중요성이 커짐에 따라 각국의 국민교육제도는 이제 학교교육의 차원을 넘어 사회교육까지 통합하는 평생학습지원체제의 모습으로 나타나기도 한다. 그럼에도 불구하고 각 나라의 사회교육은 그 나라만의 독특한 역사와 문화를 반영하고 있다.

이 장에서는 사회교육의 원형을 회복하기 위해 교육사적인 차원에서 사회교육의 보편적 성격과 원리가 형성된 과정을 살펴보고자 한다. 그러기 위해 먼저 주요 국가들을 중심으로 사회교육의 발전과정과 그 특징을 살펴보고자 한다. 또한 사회교육의 발전에 큰 영향을 미친 주요 사회교육자들의 교육활동과 교육사상에 대해서도 살펴보고자 한다.

1. 주요 국가의 사회교육 발전 과정

1) 영국의 사회교육

(1) 영국 사회교육의 역사적 배경

영국은 어느 나라보다도 앞서서 근대화를 성립시키고 그 기본적인 원리를 세계에 제공한 국가다. 그 때문에 영국의 역사는 단지 한 나라만이 아니라 모든 나라에 영향을 미친 역사라고 할 수 있다. 이것은 사회교육의 영역에도 적용된다. T. 켈리(Kelly, 1992)의 평가에 의하면 영국은 사회교육의 실천에서 세계적으로 가장 진보된 나라 중 하나이며 영국의 사회교육은 시대의 진전에 맞추어 항상 새로운 지평을 열어 왔다. 이 점에서 영국 사회교육의 성립과 발전 과정을 살펴보는 것은 매우 큰 의미를 갖는다.

영국은 지난 수세기 동안 경제적으로 기계의 발명, 산업혁명의 주도 등으로 가장 진보된 공업국가의 지위를 누려 왔다. 정치적으로는 민주주의의 발달로 일찍부터 평민들에게도 정치참여의 기회가 확대되어 왔으며 지방분권화의 전통도 확립되었다. 1820년에 노동조합이 합법화되었으며, 차티스트 운동이 실패한 이후 현대의 노조와 노동당은 사회주의를 실현하는 데 있어 혁명적 접근을 포기하고 현존의 법 테두리 안에서 점진적인 접근을 하게 되었다. 영국에서는 고전을 중시하고 직업적 · 기술적인 교육은 열등한 것으로 여기는 관습이 있었지만 점차 노동자를 대상으로 하는 교육이 활성화되었다. 노동자를 대상으로 하는 교육은 체제유지를 위해 상층에 의해 제공되기도 하였고 경제적 · 사회적 · 정치적 해방을 얻고자 하는 노동자 계급에 의해 실시되기도 하였다. 특히 1830년대부터 확산된 차티스트 운동을 통해 인권사상이 고양됨에 따라 이전에는 노동계급의 교육을 상류진보계급의 시혜라고 생각하였으나 점차 노동계급에게 주어진 자연의 권리로서 인식하기 시작하였다.

(2) 노동자를 위한 사회교육의 발전과정과 성과

영국 사회교육의 시작은 중세기 교회에서 비롯되었다. 17세기부터 가난하고 무지한 사람들을 위한 교육시설이 설립되었으며, 민간 차원에서 '커피하우스(coffee-house)'라는 장소에서 사회과학을 토론하는 모임이 전국적으로 확산되었다. 또한 17세기에 중류층 수공업자들의 협의회가 구성되어 사회교육에 참여하였다. 18세기 초에는 존 웨슬리(John Wesley)의 감리교 운동이 크게 일어나면서 교회가 사회교육 발전에 크게 기여하였다. 특히 SPCK(Society for the Propagation of Christian Knowledge)라는 단체가 설립되어 일반 평민을 대상으로 성경을 공통으로 읽고 연구하는 소모임을 확산시켰다. 1731년에는 그리피스 존스(Griffith Jones)에 의하여 다양한 기초교육과 성경공부를 주목적으로 하는 이동식 학교인 웨일즈 순회학교(Welsh Circulation School)가 설립되기도 하였다. 이와 더불어 아동뿐만 아니라 성인을 대상으로 기초교육을 실시하는 일요학교(Sunday School)가 널리 확산되었다(Kelly, 1992).

영국에서는 18세기 중엽부터 19세기에 걸쳐 일어난 산업혁명을 계기로 사회교육이 더욱 크게 발달하게 되었다. 1799년 글래스고우에서 시작된 기술학원(Mechanics Institutes)은 학교교육의 경험이 거의 없는 사람들을 대상으로 과학 · 기술교육을 실시하였으며, 19세기 중엽까지 잉글랜드에서만 600개가 넘는 기술학원에서 10만 명이 넘는 사람이 학습하였다. 그러나 수강생은 점차 중간계급으로 바뀌었으며 교육내용은 대중적인 강좌나 음악회와 유희 등으로 대체되었다(Kelly, 1992: 128).

노동자대학(Working Men's Colleges)은 기술학원의 실패를 극복하고 상당한 수의 노동자들을 순수한 교육과정에 유입시키기 위해 시작되었다. 첫 번째 노동자대학은 1842년 쉐필드에서 설립되었으며 1854년에는 런던노동자대학(London Working Men's College)이 설립되었다(Kelly, 1992: 183). 노동자대학은 매우 기초적이고 실제적인 교육을 실시했으나 학습자들에게 더 많은 사회적 · 경제적 · 정치적 책임감을 부여하는 목적도 가지고 있었다. 1840년대 이후에는 몇 개의 노동조합이 조합원들을 위한 학교와 강좌를 개설하기도 하였다. 또한 1844년 랭카셔 로치데일에서 협동조합이 설립된 이후 협동조합협회에서도 사회교육을 적극적으로 실시하였다.

1870년에 초등교육법이 제정되어 노동계급의 아동들에게 기초교육을 제공하게 됨에 따라 성인 노동자들을 위한 사회교육 운동이 급속히 발달하게 되었다. 1873년 캠브리지 대학교에서는 노동자 및 중산계급의 고등교육 욕구를 충족시키기 위하여 대학확장(University Extension) 운동이 시작되었다. 이 운동은 모든 성인에게 고등교육의 기회를 제공하려는 대중교육 운동의 형태를 취하였다. 이 운동은 그 후 런던대학, 옥스퍼드, 빅토리아 대학 등이 참여하면서 전국에 확산되었다(양병찬, 1994: 85–86).

이러한 운동은 1903년에 창설된 노동자교육협회(Worker's Educational Association: WEA)의 교육에 대학이 함께 참여하면서 더욱 본격화되었다. 노동자교육협회는 맨스브리지(A. Mansbridge)에 의해 설립되었다(Jarvis, 2011: 34). 맨스브리지는 협동 운동과 노동조합 운동을 민주주의의 중심적인 운동이라 보고, 교육은 이런 운동의 근원적 발전을 가능하게 하는 중요한 기초라고 생각했다. 그는 이런 생각을 발전시켜 대학과 노동계급조직의 연계를 제안했다. 이는 곧 당시에 상당한 정도로 형성되어 있던 노동자들의 모임과 대학의 교육을 연결시킨다면 더욱 적절한 교육을 할 수 있을 것이라는 생각이었다. 이런 그의 생각은 여러 대학과 노동계급조직의 광범한 동의 속에 현실화되어 1903년 노동자교육협회가 설립되었다. 노동자교육협회의 기본단위는 개인이나 노동자들의 모임단체였다. 1915년 당시 노동자교육협회 산하에는 179개의 지부, 11,430명의 회원, 2,555개의 관련 단체(노동조합, 협동조합, 성인학교, 노동자클럽 등)가 있었다(Kelly, 1992: 256–257).

1944년에는 교육법이 제정되어 의무교육 이후(만 16세)의 모든 청소년 및 성인의 교육을 계속교육으로 규정하였다. 1960년대에 신 대학(New University)들이 설립되었고 1969년에는 방송통신대학교(Open University)가 설립되었다. 폴

리테크닉은 주로 산업 기술 인력을 양성하는 기관이었는데 1992년 계속고등교육법에 의하여 모두 대학교로 승격되었다. 이러한 과정을 거쳐 고등교육이 양적으로 크게 성장하였다.

1988년에 교육개혁법에 의하여 교육과학부의 중앙통제가 강화됨에 따라 비직업적인 사회교육 활동에 투자하던 재원을 축소하고 대학의 개방화를 통한 계속적인 전문 직업교육이 강화되었다. 이후 교육부는 1995년 교육고용부(DfEE), 2001년 교육기술부(DfES)로 변화되면서 점차 평생학습의 차원에서 학교교육과 직업교육을 통합하는 방향으로 정책을 운영하고 있는 실정이다. 또한 영국은 공공재정에 의해 제공되는 계속교육을 중앙의 관계기관과 지역교육청이 분담하여 왔으나 2001년에 Learning and Skills Council(LSC)를 설치하여 계속교육에 관한 모든 사항을 총괄하게 하였다. 그러는 동안에도 지역사회교육을 통한 지역공동체 형성 운동이 이루어지기도 하였다.

한편 1999년에 제정된 학습기술법에 근거하여 2000년에 새로운 형태의 학습기관으로 산업대학(University of Industry)이 설립되었다. 산업대학은 언제 어디서나 학습할 수 있는 기회를 제공함으로써 개인의 고용 가능성을 높이고 기업의 생산성과 경쟁력을 높이는 것을 목표로 하고 있다.

(3) 특징 및 시사점

영국은 다른 나라에 앞서서 사회교육이 활성화된 역사를 갖고 있다. 초창기 사회교육에 주도적으로 참여한 주체는 교회와 민간단체였다. 영국은 다른 나라보다 산업혁명이 앞선 만큼 노동자의 권익을 향상하기 위한 사회교육도 일찍부터 활성화되었다. 대학확장이나 노동자들을 위한 교육기관을 설립한 것도 선도적이라고 할 수 있다. 특히 강한 인문주의적 교육전통의 영향으로 노동자들에도 인문교양교육을 강조한 것도 특징적이다. 영국에서 사회교육을 나타내는 용어인 'adult education' 이 단순히 연령상의 성인을 대상으로 하는 교육이 아니라 '인문주의적 소양을 갖춘 성인다운 사람을 지향하는 교육' 을 의미하는 것도 교육적으로 주목할 만한 일이다. 이러한 성향은 다른 나라의 전통과도 일맥상통하고 있다. 영국의 'adult education'이 우리나라의 '사회교육'과 거의 같은 의미로 사용될 수 있는 것도 이러한 전통과 밀접한 관계가 있다.

교육복지적 성격이 강했던 영국의 사회교육이 1980년대 이후 신자유주의적 경향을 강하게 띠게 된 것도 시사하는 바가 크다. 그동안 지역교육청 중심으로 이루어졌던 사회교육이 중앙정부 차원으로 전환되면서 교육비지원 등이 감소하는 결과를 가져왔다. 반면 국가경쟁력 향상과 연계된 직업훈련교육은 크게 강화되었다. 이러한 상황에서 교육복지와 경제성을 어떻게 조화시킬 것인가 하는 것이 영국 사회교육의 과제라고 할 수 있다. 이러한 점은 우리나라도 주의 깊게 살펴보고 참고해야 할 것이다.

2) 미국의 사회교육

(1) 미국 사회교육의 역사적 배경

미국의 사회교육은 영국의 식민지 시절부터 시작하였으며 독립국가를 수립한 이후에도 인문교양과 미국적 시민의식 형성, 그리고 외국 이민자의 적응과 '미국화'를 중심으로 발전하였다. 특히 광활한 영토와 다인종국가의 성립으로 인해 자치적인 학습모임과 이민자를 위한 교육이 지속적으로 발전하였다.

(2) 미국 사회교육의 발전과정

식민지 시대인 1683년에 미국의 최초의 도서관이 만들어졌다. 1727년에는 벤자민 프랭클린(Benjamin Franklin)과 그의 친구들에 의해서 일종의 토론클럽인 준토(Junto)가 만들어졌다. 회원들은 준토를 통해서 자연철학, 정치, 도덕과 같은 지적인 문제들을 탐구하였다.

독립 이후 1826년에는 코네티컷주 더비(Duby) 출신인 홀부르크(Josiah

Hollbrook)에 의해 리세움(Lyceum)이 창시되었다. 리세움 운동은 인문교육 중심으로 토론, 전시, 조사, 상호학습 등의 활동을 전개하였다. 리세움의 주요 목적은 미국의 위대한 사상을 학습함으로써 지성적인 긍지와 미국인으로서의 시민의식을 갖도록 하는 것이었다. 리세움 운동은 이후에 전국적으로 파급되어 1835년에는 약 3,000개의 읍 리세움(Town Lyceum)과 군 리세움(County Lyceum), 그리고 15~16개의 주 리세움(State Lyceum)이 나타나게 되었다. 리세움 운동은 남북전쟁이 일어날 때까지 번창하였으나 남북전쟁 후 중지되었으며 이후 셔토쿼 운동으로 이어졌다. 한편, 남북전쟁 이전 1834년에는 무상학교법이 제정되어 본격적인 학교 의무교육이 시작되었다. 또한 1841년에는 조지 리플리(George Ripley)에 의해 사회주의 공동체 협동조합이라고 할 수 있는 브룩 팜(Brook Farm)이 형성되어 공동체생활을 통한 사회교육이 이루어졌다.

남북전쟁 이후에는 19세기 후반 미국의 대표적인 사회교육 활동인 셔토쿼(Chautauqua) 운동이 전개되었다. 이 운동은 기독교 감리교 주일학교 책임자였던 빈센트(John Heyl Vincent)와 기독교 사업가였던 밀러(Lewis Miller)에 의해 1874년 뉴욕 서부 셔토쿼 호숫가 마을에서 주일학교 교사와 교회 봉사자를 훈련시키기 위한 모임으로 시작되었다. 이는 일요학교와 공립학교 교사를 위한 하계강습, 각종 비형식적인 강연회, 통신교육을 통해 문예, 과학 등을 가르치는 다양한 사회교육 활동으로 구성되었다. 한편 이 시기에는 위스콘신 대학교와 시카고 대학교 등에서 대학확장교육이 실시되거나 성인교육센터가 운영되었다. 또한 1853년에는 메사추세츠를 시작으로 농민학원(Farmer's Institute)이 설립되었다.

그 후 제1차 세계대전 기간 중에 스미스-레버법(Smith-Lever Act, 1914)이 제정되어 성인문해 및 기초교육 프로그램이 강화되었고 스미스-휴즈법(Smith-Hughes Act, 1917)이 제정되어 직업훈련 및 직업훈련가 양성이 촉진되었다. 한편 1918년에는 이민 및 국적법이 제정되어 미국 국적을 취득하고자 하는 사람들에게 영어, 역사, 시민성 등에 관한 교육을 실시하였다.

1926년에는 미국성인교육협회(AAAE)가 설립되었으며, 1930년대 미국이 경제공황으로 인해 사회경제적으로 매우 어려운 상황에 직면했을 때 미시간 주 프린트 시에서 체육교사인 맨리(Frank J. Manley)와 시장이자 사업가였던 모트(Charles S. Mott)를 중심으로 지역사회학교 운동이 시작되었다. 지역사회학교는 학교를 청소년에게 개방하여 레크리에이션 프로그램을 제공하고 지역 주민 전체를 대상으로 가정생활, 직업, 문화, 건강 등에 대한 다양한 프로그램을 마련하였다. 그 결과 개인의 성장은 물론 지역공동체 형성과 지역사회발전에도 크게 기여하였다. 이러한 활동의 결과 미국은 1974년 연방령으로 지역사회교육령을 선포하여 모든 공립학교가 지역사회학교로서 활동해야 할 것을 법으로 정하게 되었다.

제2차 세계대전 후 1947년에는 그레이트 북스(Great Books) 운동이 시작되었고 1951년에는 인문주의 성인교육연구센터가 설립되어 인문주의적 사회교육 활동이 활발하게 이루어졌다. 한편, 1960년대에는 인력개발훈련법(1962), 직업훈련법(1963), 경제고용 및 고용훈련에 관한 법(1966) 등이 제정되어 실업상태에 있는 청소년 및 성인에 대해 직업능력을 향상하기 위한 활동을 추진하였다. 또한 시민운동의 활성화로 1964년 미국시민교육센터(CCE)가 설립되었고 1966년에는 성인교육법이 제정되었다. 이 시기에는 저소득층에 대한 교육기회 확대와 시민의식함양 및 문해교육이 강화되었다.

1970년대에는 평생학습법 제정(1976), 고등교육법 개정 및 평생학습법 폐지(1980)를 통해 고등교육 수준의 사회교육을 활성화하기 위한 조치가 취해졌고 지역사회대학(community college), 주말대학, 개방대학, 벽 없는 대학 등의 고등교육 지향적 사회교육 활동이 이루어졌다. 1980년대 미국 경제가 악화됨에 따라 직업교육훈련을 활성화하기 위해 직업훈련연계협력법(1982), 미국경제경쟁력강화교육・훈련법(1988), 퍼킨스직업교육 및 응용기술법(1990) 등이 제정되었다. 그리고 1991년에는 문해교육의 강화를 위해 문해교육법이 제정되었다.

(3) 특징 및 시사점

미국은 일찍부터 민주주의가 발전하고 주민자치적 성격이 강한 역사적 배경에 따라 민간주도 차원의 학습동아리 활동과 자원봉사 차원의 사회교육이 활성화되었다. 토론과 참여를 중시하는 준토나 리세움, 셔토쿼 운동은 이후 스웨덴의 스터디 서클처럼 민주주의 의식의 함양과 사회문제 해결을 위한 사회교육 활동에 큰 영향을 미쳤다. 그리고 사업가나 사회지도자들이 기부나 자원봉사 활동을 통해 민간 차원의 사회교육 활동에 크게 기여한 것도 특징이라고 할 수 있다.

한편, 미국은 일찍부터 인문교양 성격이 강한 사회교육 활동이 활성화되었다. 그레이트 북스 운동 같은 경우는 교양 위주의 학습동아리 모임이 지속적으로 발전하는 모습을 보여 준다. 또한, 건국초기부터 다양한 유입 이민자들을 국민으로 통합하고 영어를 가르치기 위한 성인기초교육이 일찍부터 활성화된 것도 특징이다. 그러나 지나치게 '미국화'를 지향하는 사회교육은 이민자 본래의 민족성을 제한한다는 점에서 비판받기도 하였다(Lindeman, 1961). 또한 1950년대 이후 흑인을 위한 인권 운동의 영향으로 시민주도의 민주시민교육 활동과 조직이 발달한 것도 미국 사회교육의 특징이라고 할 수 있다.

자유주의를 추구하는 미국의 오래된 전통으로 인해 사회교육의 경우도 국가의 개입보다는 최대한 민간부문에 위임하여 학습자 수요의 원칙에 따르는 경우가 많은 실정이다. 덴마크, 독일, 일본 등과 같이 복지적 성격이 강한 공립 지역사회교육기관이 제도적으로 운영되기보다는 지역사회학교와 같은 민간 조직이나 대학이 운영하는 사회교육기관이 주를 이루고 있다. 반면 인적자원 개발과 자격취득을 위한 교육 프로그램에 대한 공적인 지원은 활발하게 이루어지고 있다.

이러한 미국의 사회교육 역사를 통해 사회교육의 발전을 위해서 민간 차원의 자발적인 참여, 특히 사회지도층의 관심과 지원이 절실히 필요하다는 점을 확인할 수 있다. 반면, 사회교육을 시장의 논리에 맡기게 되면 교육의 양극화 현상이 심화될 수 있다는 점도 시사하는 바가 크다.

3) 덴마크의 사회교육

(1) 덴마크 사회교육의 역사적 배경

17세기까지만 하여도 덴마크는 오늘날의 노르웨이, 남스웨덴의 3개 주와 북부 독일의 쉴레스비히(Schleswig), 홀스타인(Holstein)과 헬골란드(Helgoland)까지 포함하고 있었던 강대국이었다. 그러나 이후 국력이 쇠퇴하기 시작하였으며 특히 1807년부터 1814년까지의 나폴레옹 전쟁과 1864년 프로이센 전쟁에서 패배함으로써 대부분의 영토를 잃고 사실상 국가적 파탄상태에 놓이게 되었다. 그런 과정에서 덴마크는 사회전반에 걸쳐 큰 개혁을 이루게 되었다.

먼저, 1750년대 계몽주의 시대를 거치면서 지주와 고용자 간의 관계를 타파하는 농민의 자율권 보장 운동이 시작되고 교육의 기회가 농민들에게도 주어졌다. 그리고 1780년대에는 토지개혁을 통해 봉건제도를 폐지하기에 이르렀다. 이에 따라 지주의 수가 크게 증가하였으며 제1차 세계대전 후에는 덴마크 농가의 약 90% 이상이 개인 농지를 소유하게 되었다.

교육적인 측면에서는 1809년에 대학이 교회의 감독으로부터 해방되었고 1814년에는 일반 의무교육제도가 실시되어 7~14세 사이의 모든 아동들의 학교 입학을 의무화하였다. 이러한 과정을 통하여 외래문화와 외래교육에서 탈피하여 덴마크 고유의 문화와 교육방법을 찾게 되었다. 이러한 운동에 따라 덴마크의 사상가나 애국자들 사이에서는 외래문화, 특히 독일 문화에 대한 강력한 거부 운동이 일어났다.

(2) 평민대학을 중심으로 한 사회교육의 발전과정과 성과

이러한 배경 속에서 근대 덴마크의 정신적 지도자인 그룬트비히(N. F. S. Grundtvig, 1783~1872)는 덴마크 국민의 정신적 계몽을 위해서 기숙제 평민대학(Folk High School)의 설립을 주장하였다. 그 영향을 받아 1844년에 크리스티안 플로어(Christian Flor)에 의하여 뢰딩(Rödding) 평민대학이 설립되었다. 한편, 크리스티안 콜드(Christian Kold, 1816~1870)는 덴마크의 평민대학 운동가로 농민교육에 공헌한 주요 인물 중의 한 사람이었다. 1851년에 콜드에 의하여 리스링게(Ryslinge)에 두 번째 평민대학이 설립되었다. 그는 학교교육에서 소외당한 계층을 우선적으로 계몽하는 것이 바람직한 일임을 강조하며 공동체 생활을 함께 하는 교육을 실시하였다.

평민대학의 교육목적은 ① 민족의 역사, 문화, 예술을 사랑하고 이해하기, ② 영적인 생활의 풍부함을 깨닫기, ③ 평범한 시민의 민주적 책임감 키우기 등이었다. 평민대학의 교육대상자는 18세에서 25세까지의 청소년이고 교육기간은 1주부터 10개월까지 다양하였다. 교육내용으로는 모국어, 민요, 역사, 문학, 미술, 체조 등을 중요하게 다루었으며 실용성을 추구하는 과목은 상대적으로 비중있게 다루지 않았다(유달영, 1962: 164; Røedam, 1980). 교육방법의 측면에서 강의를 통해 수동적으로 지식을 받아들이는 것보다는 구어를 통해 서로의 생각과 정보를 교환하게 하였으며, 평가 없이 자발적 학습을 하도록 하여 학습자의 주체성을 강조하였다. 또한 공동체적 가치를 추구하기 위해 반드시 기숙학교의 형태로 운영하였다(Toiviainen, 1995: 9).

초기의 평민대학은 정부의 재정적 지원 없이 교장의 사비와 후원자들의 도움으로 운영되었으나 1892년 이후 국가가 교원들의 급료부터 부분적으로 지원하기 시작하였다. 1864년 이후 평민대학은 크게 성장하여 1870년까지 약 51개의 평민대학이 설립되었다. 1894~1895년에는 65개의 평민대학에 5,100명의 학생들이, 1919~1920년에는 57개의 학교에 8,000명의 학생들이 다니게 되었다. 학생들의 75%가 자영농의 자녀들이었다. 1951년 이래로 숫자상 평민대학 학교 수의 53% 증가와 학생수의 68% 증가가 있었다. 이때는 대개 여학생이 우세하게 나타났으나 1970년대 남녀 학생의 균형이 이루어지게 되었다. 교육기간은 장·단기 과정 모두가 운영되고 있다. 장기과정은 3~5개월 또는 그 이상의 과정이며, 단기과정은 1~4주 정도의 과정으로서 직장인들과 가정이 있는 사람들, 정년퇴직한 노인들이 새로운 학생집단을 형성하게 되었다.

평민대학은 교육내용 면에서 초창기부터 정부와 학교 간에 갈등이 있었다. 정부 측에서는 가능한 한 농민들만을 교육대상으로 하여 농산물 생산 증가에 역점을 두려고 하는 반면, 평민대학의 설립자나 운영자 측에서는 그룬트비히의 교육사상을 중심으로 국민정신교육과 인간교육에 중점을 두려고 하였다. 이러한 갈등은 양자가 서로 취지에 맞는 평민대학을 별도로 설립하고 운영하는 것으로 정리되었다(권이종, 1995: 133). 이에 따라 다양한 성격을 가진 평민대학들이 나타나게 되었다. 평민대학이 주로 인문교양 수준에서 교육사업을 실시한 것과 병행하여 1849년에는 주로 농민만을 대상으로 하는 교육기관이 농민 운동가인 쇠렌센(Rosmus Sörensen)에 의하여 설립되었다.

1886년에는 초등교육 과정의 평민대학인 프리스쿨을 위한 협회가 결성되어 가장 큰 네트워크를 형성하였으며 1895년에는 라우이드센에 의하여 일반교양과 직업과목을 병행하고 체조, 외국어, 문학교육을 실시하는 가정학교가 최초로 설립되었다. 그리고 1908년에는 중등교육과정의 평민대학인 애프터스쿨을 위한 협회가 결성되었다. 애프터스쿨은 초중등과정 이후 1년 동안 자유롭게 선택할 수 있는 과정이었다. 1922년에는 수공업학교가 최초로 설립되었고 1928년에는 최초로 정년퇴직한 사람들을 위한 평민대학이 운영되었다.

덴마크의 평민대학 운동은 범국민 운동으로 발전하여 농촌 생활을 크게 향상시켰다. 평민대학 출신자들에 의해 농촌지역 주민을 위한 '마을 공동의 집'이 설립되어 현재까지 농촌 주민들의 사회교육센터로서 잔치나 행사, 독서, 그룹, 강의 등의 마을 행사를 주관함은 물론 각종 오락 프로그램, 노래, 무용, 체조, 연극 등의 활동을 해 오고 있다. 특히 평민대학이 덴마크 농촌부흥을 위해 크게 기여한 것은 오늘날 세계무대에서도 잘 알려져 있는 조합(Genossenschaft) 제도의 발달에 기초가 되었다는 점이다. 덴마크에서는 우유조합을 시초로 하여 도살조합, 은행조합 등의 다양한 조합이 발달되어 덴마크 경제발전의 주축이 되었다. 이러한 덴마크 조합제도 및 소비자 협회의 성공과 발전은 평민대학의 이념과 사상에 기초를 둔 것으로, 이러한 제도의 발전이 없었다면 오늘날의 부강한 낙농업국 덴마크는 이루어지지 못했을 것이라는 것이 일반적인 평가다.

20세기에 들어 덴마크의 평민대학은 농민들의 대다수가 도시로 이동함에 따라 어려운 시기를 겪게 되었으나 점차 도시를 중심으로 확장되었다. 1919년에 최초의 도시 평민대학이 설립된 이후 점차 상인과 근로자, 도시 청소년 등을 대상으로 하는 다양한 평민대학이 설립되었다. 1949년에는 평민대학 연합회가 결성되었으며 1970년에는 평민대학과 농업, 가정 및 계속교육기관을 지원하기 위한 학교법이 제정되었고, 1971년에는 정년퇴직자들을 위한 평민대학설립법이 제정되었다. 또한 1974년부터 실업자 수가 늘어나기 시작하면서 실업청소년과 성인들을 위한 평민대학이 활성화되었다.

최근 들어 덴마크에도 국가경쟁력 향상 차원에서 직업능력계발과 개인역량계발을 위한 교육이 강조되고 있다. 1995년에는 순환교육을 위한 10대 과제가 제시되었고 2001년 청년직업훈련의 개혁으로 직업교육이 자격인증 중심에서 능력 중심으로 이동하고 있다.

(3) 특징 및 시사점

덴마크의 사회교육은 시민교육으로서의 사회교육과 직업교육으로서의 사회교육을 시작으로 발전하였으며, 최근에는 정보화교육으로서의 사회교육으로 연속성을 유지하면서 발전해 오고 있다. 덴마크의 평민대학은 일반교양교육과 국민정신교육을 철저히 시행하였다. 그 결과 국민들의 공동체 의식 형성과 민주시민 의식 형성에 크게 이바지하였다. 또한 덴마크의 평민대학은 이후 다른 나라에도 전파되어 각국의 지역공동체 지향적 사회교육의 활성화에 크게 기여하였다. 이러한 점에서 덴마크의 평민대학은 공동체성과 지역성을 강조하는 사회교육의 원형이라고 볼 수 있다. 또한 평민대학은 덴마크가 부강한 농촌을 이루는 데 밑바탕이 되었다는 점에서도 사회교육의 원형으로서 큰 의의가 있다. 즉, 평민대학은 교육적 가치와 사회적 가치, 경제적 가치를 통합하는 사회교육의 전통을 보여 주는 전형적인 사례라고 할 수 있다.

4) 독일의 사회교육

(1) 독일 사회교육의 역사적 배경

독일은 1871년까지 통일된 국가가 없었고 정치적으로도 혼란스러워 사회교육체제에 일관성이 없었다. 18세기와 19세기에 프랑스 혁명과 나폴레옹 시대를 거치면서 독일지역의 여러 나라에 자유주의와 국가주의 정신이 나타났으며, 1860년대 비스마르크 시대 이후부터 오늘의 독일이 이루어졌다고 볼 수 있다. 이 시기에 토마시우스, 볼프, 헤르더, 야코비 등에 의해서 계몽주의 사상이 도입되었고, 페스탈로치의 교육사상도 도입되어 '국민교육(Volksbildung)' 의 개념이 부각되었다. 초창기의 국민교육은 국민의 일부계층만을 위한 교육이었으나 점차 그 범위가 확대되었다. 산업혁명을 거치면서 사회교육이 더욱 활성화되었으며 20세기 초에는 '성인교육(Erwachenbildung)' 의 개념이 바이마르 헌법을 통하여 공식화되기 시작하였다. '성인교육' 은 독일 민주교육제도의 바탕이 되었다. 1970년대부터는 주로 직업을 위한 교육을 의미하는 '계속교육(Weiterbildung)' 의 개념이 교육제도상의 프로그램으로 그 위치를 차지하게 되었다.

(2) 독일 사회교육의 발전과정과 성과

독일에서 사회교육은 하층국민들, 즉 교육을 받지 못한 청소년, 여성, 노동자를 위해 주로 종교기관에서 시작되었다. 이와 같이 교회가 사회교육의 발달에 크게 기여할 수 있도록 영향을 미친 인물로 루터(M. Luther, 1483~1546)를 들 수 있다. 그는 교양인과 교양 없는 사람의 차이점을 파악하여 인문주의적 교양교육과 기독교적 평등교육 사상을 통합하여 모든 국민을 위한 국민교육과 초등교육의 중요성을 강조하였다. 산업혁명의 영향으로 인해 1842년에는 슈타인(Lorenz von Stein)에 의해 수공업노동자협회가 조직되었고, 이는 독일 사회교육의 발전에 큰 역할을 하였다. 1846년에는 가톨릭 사단법인 협회, 1848년에는 수공업을 위한 교육협회 등이 설립되어 기본적인 읽기, 쓰기, 셈하기, 지리, 세계사, 자연과학사 등의 교육을 실시하였다. 이러한 역사적 배경으로 1850년경부터 본격적인 국민교육이 교육기관을 통해 실시되었다.

독일의 평민대학(Volkshochschule)은 19세기 말 국민교육의 필요에 의해 덴마크로부터 도입된 공동체적 평민대학과 영국의 대학확장 모델을 모방한 야간 평민대학의 두 가지 형태로 발전하였다. 야간 평민대학은 개별적이고 지역자치적으로 통제를 했으며 지방정부의 지원에 의존하였다. 1896년에는 최초로 예나(Jena), 라이프치히(Leipzig), 뮌헨(Munchen) 대학교에서 대학성인교육 강좌를 개설하기 시작하였다.

제1차 세계대전 패배 후 독일민족의 국민윤리 회복과 민주주의 교육을 위해 평민대학, 교회와 독일노조연합(GTUF)가 건설적인 역할을 하였다. 1918년 바이마르 헌법의 개정을 통하여 사회교육을 헌법조항에 추가하였고 이를 계기로 사회교육은 독일의 민주교육제도의 바탕을 세우는 데 큰 역할을 하게 되었다.

나치정권의 억압하에서 사회교육은 억압과 제약을 받았으며 민주시민교육은 거의 이루어질 수 없었다. 그러나 제2차 세계대전 이후에는 국가의 경제적 · 사회적 재건과 민주시민교육을 위해 사회교육이 법적 · 제도적 기반 위에서 활성화되었다. 전후 초기 독일의 사회교육은 주로 젊은 층에게 집중되었으며, 특정한 교과만이 아니라 모든 사회교육이 시민교육이어야 한다는 신념을 가지고 시행되었다. 전쟁 직후에는 공동체적 평민대학이 주종이었으나 점차 다양한 단체들이 교육을 담당하였다. 1945년 이후부터 각 주정부마다 독자적인 사회교육법을 제정하였으며 1947년에는 연합군이 독일 사회교육 규정을 마련하였다.

1946년에서 1947년 사이에 독일 평민대학연합(DVV)이 결성되었으며 1953년에는 노드라인 베스트팔렌(Nordrhein-Westfalen) 주에서 최초로 평민대학법이 제정된 것을 시작으로 많은 주에서 평민대학법이 제정되었다. 이를 통해 평민대학이 독일을 대표하는 가장 지배적인 사회교육형태가 되었다. 평민대학은 이와 같이 공적인 기관으로 편입되는 과정에서도 국가의 교육간섭을 배제하는 법률과 지방분권화로 인해 독자성을 유지할 수 있었다.

1963년 이후부터는 많은 주에서 평생학습을 위한 교육휴가제법이 제정되기 시작하였다. 1969년 노동촉진법이 생긴 이후 직업능력향상교육과 직업재교육은 독일 노동시장정책에서 매우 중요한 위치를 차지하였다. 1970년대에는 계속교육(Weiterbildung)의 개념이 사회교육의 개념과 같이 교육제도상의 프로그램으로 그 위치를 차지하게 되었다. 또한 주별로 지방정부 내의 사회교육기관과 단체를 운영하고 지원하기 위한 '성인교육법' 혹은 '계속교육법' 을 시행하였다.

1996년에는 '직업계속교육조성법' 이 제정되어 직업자격을 취득하는 자에게도 장학금을 지급하기 시작하였다. 2001년에는 '모든 사람을 위한 평생학습 추진계획' 을 발표하고 이에 따라 평생학습기회를 확충하고 있다. 또한 2005년부터 시행된 '직업훈련법' 은 직업계속훈련과 재훈련의 실행 및 적절한 조직지원 및 그와 관련된 책임을 다루고 있다. 2006년에는 교육부 장관이 계속교육혁신위원회를 결성하고 계속교육과 평생학습을 위한 제안을 모색하였다.

(3) 특징 및 시사점

독일에서는 18세기경부터 근대적 의미의 사회교육이 발달하기 시작하였다. 독일의 사회교육은 초기부터 인간 형성 및 전인교육의 성격이 강했다고 볼 수 있다. 초기에는 여러 민간부문의 자발적인 참여에 의해 사회교육이 교육운동 차원에서 실시되었으나 바이마르 공화국 시절부터 국가적인 차원에서 제도화되기 시작했다.

군국주의 정부에 의해 사회교육이 위기를 맞기도 하였으나 이후 다시 민주 시민교육, 전인교육의 전통을 이어 간 것은 매우 의미 있는 점이다. 또한 평민대학연합회가 결성되어 체계적인 사회교육 네트워크를 형성한 것도 의미 있는 점이다. 특히 사회교육이 공교육화되는 과정에서 본연의 주체성과 독립성을 지키기 위한 법적 뒷받침이 함께 이루어진 것은 사회교육의 제도화와 관련하여 매우 중요한 점이라고 할 수 있다.

5) 일본의 사회교육

(1) 일본 사회교육의 역사적 배경

일본에서 사회교육이라는 단어가 처음으로 사용되기 시작한 것은 1870년대 말에서 1890년 초의 시기였다. 이 단어를 처음으로 사용한 후쿠자와 유키치(福澤諭吉)와 그의 제자인 야마네 지로오는 사회교육이라는 용어에 당시의 학교에 대한 이중의 비판을 포함시키고 있다. 그것은 첫째, 학교가 일부 사람에게만 배울 기회를 제공하고 있을 뿐만 아니라 둘째, 그 교육내용이 민중의 생활현실과 괴리되어 있으며, 교육체제를 기본으로 한 국가주의적 경향을 강하게 띠고 있다는 것이었다. 사회교육이라는 용어에 담겨 있는 이와 같은 이중의 학교 비판의식은 그 후 직선적이진 않지만 다이쇼(大正) 시기(1912~1926)에도 기본적으로 계승되었다(小川利夫, 1993: 187).

이런 맥락에서 일본의 사회교육은 크게 두 가지 목적을 추구하였다. 먼저, 자본주의 형성과정에서 새로운 시민사회의 주체를 형성하기 위한 교육이다. 1877년 후쿠자와 유키치는 전 생애에 걸쳐 실제 사회경험을 통해 배우는 것을 최초로 '인간사회교육' 이라고 칭하였다. 이러한 의미의 사회교육은 일본 자본주의의 성립으로 인한 사회문제를 국가가 아닌 사회 스스로 해결하기 위해 노력해야 한다는 자유민권 운동의 흐름도 반영하였다. 둘째, 학교교육을 보완하기 위한 교육기회의 제공이다. 학교교육의 근대적 제도화에 따라 학교교육의 취학률을 높이기 위해 국가적인 차원에서 부모를 대상으로 하는 계몽적이고 통속적인 교육이 요구되었다. 이러한 교육은 '통속교육(通俗教育)'으로 지칭되기도 하였다. 그 후 통속교육은 아동의 취학률이 급속히 상승하고 학교교육제도가 정비됨에 따라 부모에 대한 교육이 아니라 일반 민중에 대한 사회교육으로 전개되어 나갔다. 특히 러일전쟁을 계기로 근대 국가의 국민 정체성 형성이 강조됨에 따라 이러한 성격을 가진 사회교육의 중요성이 크게 부각되었다. 일본에서는 통속교육과 사회교육이 다른 배경에서 시작되었으나 이후 점차 유사한 의미로 사용하거나 통속교육을 사회교육의 일부로 파악하는 경향이 나타났다(松田武雄, 2010: 50).

이후 사회교육의 형성과정에서 일본의 사회교육은 서로 상반되는 목적으로 활용되기도 하였다. 제1차 세계대전 후 심각한 사회모순이 발생하는 상황에서 일본의 사회교육은 민주주의의 영향을 받아 사회문제를 교육적으로 해결하고자 하는 민주시민교육의 경향을 나타내기도 하였다. 그러나 이후 전시체제하에서 사회교육을 통해 황국신민화를 추구하려는 군국주의적 사회교육이 강화되기도 하였다.

(2) 일본 사회교육의 발전과정과 성과

1885년에 통속교육이 문부성의 사무규정에 학교교육을 위한 부수적인 교육으로 규정됨에 따라 주로 부모를 대상으로 하는 통속교육회가 전국 각지에서 조직되었다. 그 후 러일전쟁 후 1905년 문부성에 '통속교육조사회'가 설치되었으며 1906년에는 '통속교육 장려에 관한 훈령'이 공표되면서 통속교육사업이 본격적으로 실시되었다(松田武雄, 2010: 44). 또한 1905년에는 내무성과 문부성이 '청년단' 활동을 장려하는 훈령을 발표하였다. 청년단은 이후 지역에서 지방개량 운동을 위해 중요한 역할을 수행하였다.

1910년대 말부터 1920년대 초에 걸쳐 문부성에서도 '사회교육(社會教育)'이라는 용어가 사용되었다. 1910년 대역모사건을 계기로 1911년에 문부성은 사상통제의 의도를 갖고 '통속교육조사위원회'를 설치하였다. 또한 문부성과 통속교육조사위원회의 관리 아래 지역에서 교원단체인 교육회가 장려금을 교부받아 통속교육사업을 실시하게 하였다. 이 과정에서 사회교육에 대한 국가의 통제가 강화되는 결과를 가져왔다. 1919년에는 문부성에 사회교육주무과가 설치되었고 도부현(道府縣)과 군시(郡市)에서는 사회교육주사 등 사회교육 전임 직원이 배치되었다.

다이쇼(大正) 데모크라시라고 불리는 시기(1912~1926)에는 민주주의적 시대상황 속에서 청년 · 성인의 자주적인 학습활동이 발전해 갔다. 이 시기, 사실상의 문부성 초대 사회교육과장이었던 노리스기(乘杉嘉壽)는 사회교육을 사회적인 개인을 형성하기 위한 학교 등 교육 전체의 사회화로 인식하였다. 구체적으로는 학교 교육내용의 사회화, 민중을 학교에 받아들이고 학교교사가 민중 속에 들어가는 것을 포함한 학교의 사회화, 경제적 약자 · 여성 · 노동자 · 장애자 등에 대한 교육의 평등실현, 학교 이외의 교육기관과 교육적 기능을 가진 사회집단의 활성화와 상호조정 등이 포함되어 있다. 그러나 중국 북부에 대한 일본의 군사적 지배가 준비되는 과정에서 노리스기 등이 가지고 있는 사회교육에 대한 관점은 정부의 상층부로부터 위험시되었다. 그 결과, 1924년에 노리스기 과장이 좌천된 것을 계기로 정부 내부에서는 이러한 사회교육론에 종지부를 찍었다(小川利夫, 1993: 188).

1921년 시나노 자유대학에서 시작하여 농촌지역을 중심으로 전국 각지로 퍼져 나간 자유대학 운동은 청년 스스로가 관제적인 성격을 벗어나 주체적이고 자유롭게 고등교육의 장을 만든 사회교육 활동으로서 의의가 크다. 한편 도시지역에서는 노동 운동과 사회주의 운동이 발전하는 과정에서 노동학교가 설립되어 노동문제나 사회문제와 관련된 교육활동이 전개되었다. 그러나 1931년 만주사변 이후 청년단의 자주화 활동과 노동학교는 권력의 탄압을 받아 쇠퇴하였다(松田武雄, 2010: 52).

1920년 중반부터 1930년대에 걸쳐 노리스기의 후임으로 사회교육 과장이

된 오비노리하루(小尾範治) 등에 의해 사회교육을 고립적으로 취급하는 사회교육 관념이 만들어져 정부에 의해 보급되었다. 그것은 사람들의 교육받을 권리를 도외시하면서 사회교육은 사회적 교육이 아님을 강조하였다. 또한 그것은 학교교육과 사회교육을 분리하고 성인의 자기교육 활동과 어린이들의 학습을 분리하며 궁극적으로는 천황제국가에 복종하는 신민을 만들기 위한 사회교육 관념이었다. 그러한 사회교육 관념은 일본 본토뿐만 아니라 대만, 조선, 만주에서도 일본제국의 영토 확대와 민중통제를 위해 활용되었다(小川利夫, 1993: 188).

전시체제가 구축되는 시기에는 국민계몽을 위한 사회교육이 강화되었다. 1926년에는 군국주의 이데올로기의 주입과 군사훈련을 실시하는 청년훈련소가 설립되었다. 1929년에는 국민계몽을 위한 사회교육행정의 강화를 위해 사회교육과를 사회교육국으로 승격시켰으며 사회교육을 통해 '국체(國體) 관념의 명징(明徵), 국민정신의 작흥(作興), 경제생활의 개선, 국력의 배양'을 기본방침으로 하는 계몽운동을 본격적으로 추진하기 시작하였다(松田武雄, 2010: 55). 1937년에는 사회교육국이 주무부서가 되어 전쟁체제에 국민을 동원하기 위한 국민정신총동원 운동을 전개하였다. 이 시기 국민정신총동원체제를 만들기 위해 계몽단체를 규합하고 단체의 통합을 추진함에 따라 사회교육의 독자성이 소멸되었다. 또한 행정의 일원화를 위해 1942년 사회교육국이 폐지되는 대신 교화국이 신설되었고 지방사회교육직원제가 폐지되어 지방청의 사회교육과와 사회교육주사가 사라졌다.

제2차 세계대전 후에는 미군정하에서 군국주의를 폐기하고 평화일본과 민주국가를 발전시키기 위한 공민교육이 강화되었다. 또한 사회교육국이 1945년에 다시 설치되었으며 사회교육법(1949), 도서관법(1950), 박물관법(1951)이 차례로 제정되었다. 1946년에는 공민관이 설치되어 국민의 교육수준을 끌어올리고 민주주의를 습득하기 위한 공공 사회교육기관으로서의 역할을 수행하기 시작하였다. 이런 과정에서 미군정은 미국 사회교육의 전통을 따라 민간 사회교육단체의 자립과 공민관의 독립을 강조하는 정책을 추진하였다.

1950년대에 들어 전쟁 이전 국가주의체제를 지지한 정치가들이 다시 등장하고 전후 개혁의 민주주의의 원칙이 수정 · 변경되어 감에 따라 사회교육의 경우도 '사회교육의 자유' 와 '사회교육행정의 독립성' 이라는 이념이 후퇴하게 되었다. 그리고 1960년대에는 고도경제성장으로 인해 경제개발정책에 종속된 교육정책이 등장하였다. 그러나 그 과정에서도 근로청년들의 생활과 생산과제에 관련된 학습문화 운동이 확산되고 주민의 학습권 보장을 추구하는 사회교육 실천도 활성화되기 시작하였다. 또한 청년단을 중심으로 기존의 관제적인 활동에서 벗어나 학습의 자유와 자주성을 표방하는 '공동학습 운동' 이 널리 확산되기 시작하였다. 이는 일종의 학습동아리 활동으로서 단순히 흥미 위주의 집단활동에서 벗어나 자신들의 지역 및 사회적인 문제들을 민주적인 연구와 토론을 통해 해결하기 위한 학습활동이었다. 또한 1970년대에는 사회교육의 민주화와 주체적 참여를 강조하는 경향이 강해짐에 따라 공민관의 경우도 주민이 자치적으로 운영하고 직원의 전문성도 강화하기 위한 운동이 일어났다. 그리고 평생교육의 관점이 도입됨에 따라 산업계 차원에서 먼저 기업노동자의 인생설계, 능력개발 프로그램 사업이 착수되었으며, 정부 차원에서 가정교육, 학교교육, 사회교육의 유기적 통합과 각 시기의 학습과제를 중시하는 평생교육제도의 정비와 사회교육행정의 강화가 추진되었다.

1980년대 이후 신자유주의의 확산으로 인해 시장원리를 반영한 평생학습정책이 추진되었다. 임시교육심의회의 '교육개혁에 관한 답신' 을 통해 평생학습체제로의 이행을 강조하였으며 사회교육 차원에서는 사회교육의 민영화와 시장원리의 도입 등이 강조되었다. 또한 1990년에는 생애학습진흥정비법이 제정되고 도도부현을 중심으로 평생학습진흥체제의 정비 방안이 마련되었다. 이러한 정책의 전환으로 인해 문화, 스포츠, 레크레이션 사업의 민영화를 통한 경제적인 내수 활성화가 기대되기도 하였지만 한편으로는 학급강좌의 수강료 인상, 공민관의 통폐합, 공민관 예산 · 직원의 삭감 등으로 인해 사회교육의 공공성이 약화되기도 하였다.

(3) 특징 및 시사점

일본은 우리나라와 지역적으로 가까운 나라이면서 역사적으로 우리나라의 사회교육에 많은 영향을 미친 나라로서 특별한 의미를 가진다. 일본의 사회교육 역사는 본래 민간 차원에서 자주적으로 시작된 사회교육이 국가적으로 제도화되는 과정에서 정치적 수단으로 사용될 수 있음을 명확하게 보여 준다. 과거 다이쇼 시대에는 사회교육이 민주주의의 확산을 위한 매개로 활용되었으나 전시체제하에서는 황민교육과 국민정신동원을 위한 이데올로기적 수단으로 활용되었던 것이다. 그런 의미에서 정치적 · 경제적 변화 과정 속에서 사회교육의 본질을 지키기 위한 노력이 얼마나 중요한가를 알 수 있다. 사회교육의 정체성과 관련하여 학문적인 차원에서 사회교육을 학교교육 이외의 교육으로 파악하여 평생교육과의 차별성을 명확히 하는 것도 중요하지만 보다 본질적인 차원에서는 사회와의 관계, 사회정의, 학습자의 주체성, 사회문제 해결과 같은 이념적 전통을 잃지 않도록 하는 것이 더 중요하다는 것이다. 학문적인 편의상 사회교육을 학교교육과 개념적으로 구분하기 위해 조작적 정의가 필요하긴 하지만 사회교육의 역사적 본질을 지키기 위한 노력은 별도로 요구되는 것이다. 그런 면에서 과거 사회교육의 원형이 왜곡되는 역사를 겪었음에도 불구하고 전쟁 이후 일본의 사회교육이 다시 원형을 회복하려고 노력했다는 점은 매우 의의가 있다. 전쟁 이후 일본의 사회교육은 사회교육법의 제정과 공민관 체제 정비를 바탕으로 주민들의 자주적인 참여 속에서 크게 성장하였다. 최근 사회교육에 대한 공공정책이 다소 후퇴하는 양상을 나타내고 있으나 공민관과 지역의 자주적인 학습모임을 기반으로 하는 사회교육체제는 그 골격을 거의 유지하고 있다고 볼 수 있다.

우리나라의 경우 해방 이후에도 과거 일제 총독부에 의한 부정적인 '사회교육' 만을 의식한 채 사회교육의 필요성과 국가적인 책무를 계속 소홀히 여긴 반면, 일본은 오히려 과거의 행태를 반성하고 새로운 관점에서 사회교육법을 제정하고 주민들을 위한 교육지원 시스템을 발전시킨 것은 역사적으로 안타까운 일이 아닐 수 없다. 향후 우리나라 사회교육의 발전을 위해서는 사회교육이 긍정적으로 활용될 수도 있지만 부정적으로 활용될 소지도 있다는 것에 유의하면서 이를 올바르게 발전시켜 나가기 위한 적극적인 노력이 필요하다. 또한 최근 일본의 사회교육이 신자유주의의 영향을 받고 있다고 하더라도 오래전부터 교육복지적 차원의 사회교육 인프라가 공고하게 갖추어져 있었기에 그 파장이 그리 심각한 수준은 아니라는 점에도 주목할 필요가 있다. 이는 신자유주의적 사회교육정책도 기본적인 교육복지 인프라가 구축된 상태에서 실시되어야 부작용이 적다는 것을 의미한다. 그런 점에서 우리나라의 경우 신자유주의적 사회교육정책을 확대하기에 앞서 교육복지 차원의 사회교육 인프라 구축이 시급히 요청된다고 할 수 있다.

지금까지 살펴본 주요 국가별 사회교육의 역사를 개괄적으로 정리하면 〈표 4-1〉과 같다.

〈표 4-1〉 주요 국가별 사회교육 실천의 역사

사회교육 발달단계	영국	미국	덴마크	독일	일본
기초적 공교육 형성 과정	· 웨일즈 순회학교(1731) · 교회문해교육 · 성인학교(1798~1812) · 기술학원(Mechanics Institutes) 설립(1799) · 공장법 제정(1833)	· 준토(Junto) 활동 시작(1683) · 리세움(Lyceum) 창시(1826) · 무상학교법 제정(1834) · 브룩 팜 공동체 형성(1841)	· 패전과 국가적 위기 · 의무교육법 제정(1814) · Rödding 평민대학 설립(1844) · 농업학교 설립(1849) · 프리스쿨 협회 결성(1886)	· 슈타인에 의해 수공업협회 및 조직 및 일일학교 운영 시작(1842) · 모든 수공업 협회에서 국민교육진흥회 설립(1871) · 예나, 라이프치히, 뮌헨 대	· 교육에 관한 칙어 공포(1890) · 문부성 사회교육주무과 설치(1919) · 자유대학 운동 전개(1921) · 청년훈련소령 공포(1926): 국민교화 강화 · 문부성 사회교

	· 차티스트 운동(1838~1848) · 노동자대학(1842) · 초등교육법(1870) · 1873년: 캠브리지 대학확장 운동 · 노동자교육협회(WEA) 설립(1903)	· 셔토쿼 운동 전개(1871) · 대학확장교육, 성인교육센터 운영 · 스미스-레버 법 제정(1914) · 스미스-휴즈 법 제정(1917) 제정 · 이민 및 국적 법 제정(1918) · 미국성인교육협회(AAAE) 설립(1926) · 지역사회학교 운동 시작(1930년대) · 그레이트 북스 운동 시작(1947)	· 가정학교 설립(1895) · 애프터스쿨 협회 결성(1908) · 협동조합제도 발달에 기여(1866) · 최초의 도시 평민대학 설립(1919~1920) · 평민대학연합회 결성(1949)	학교 성인교육 강좌 개설(1896) · 국민교육대표회의 후 발전(1918) · 히틀러 치하에서 사회교육활동 제한(1933~1945) · 사회교육법 제정(1945) · 평민대학법 제정(1953) · 독일 평민대학연합회(DVV) 결성(1953)	육국 승격(1929) · 국민정신총동원 운동 전개(1937) · 사회교육법 제정(1949) · 사회교육국에 부인교육과 신설(1961) · 공동학습 운동 전개
고등교육 중심	· 교육법 제정(1944): 계속교육규정포함 · New University 설립(1960년대) · Open University 설립(1969)	· 인력개발훈련법(1962), 직업훈련법(1963), 경제 고용 및 고용훈련에 관한 법(1966) 등 제정 · 미국시민교육센터(CCE) 설립(1964) · 성인교육법 제정(1966) · 지역사회대	· 의무교육법 개정: 9년으로 연장(1971) · 학력취득을 위한 성인교육실시(1989)	· 교육휴가법(1963) · 노동촉진법(1969) · 계속교육의 새로운 개념 확립(1970) · 성인교육법, 계속교육법 제정(1970년대)	· 새로운 공민관 운동(1970년대) · 정부의 주도하에 국립대학교 방송국에 의한 대학교육개방강좌 시작(1976)

		학, 주말대학, 개방대학, 벽 없는 대학 등				
평생학습중심	· 교육개혁법 제정(1988) · 학습도시 및 도시재생사업 · 학습기술법 제정(1999) · 산업대학 설립(2000) · Learning and Skills Council(LSC) 설치(2001)	· 평생학습법 제정(1976) · 고등교육법 개정 및 평생학습법 폐지(1980) · 직업훈련연계협력법(1982), 미국경제경쟁력 강화교육 · 훈련법(1988), 퍼킨스직업교육 및 응용기술법(1990) 등 제정 · 문해교육법 제정(1991)	· 성인교육지원법 제정(1989) · 순환교육을 위한 10대 과제 제시(1995) · 청년직업훈련(VET) 개혁(2001)	· 직업계속교육조성법(1996) · '모든 사람을 위한 평생학습추진계획' 발표(2001) · 직업훈련법(2005) · 교육부 계속교육혁신위원회 결성(2006)	· 가케가와시 평생학습도시 선언(1979) · 생애학습진흥법 제정(1990) · 특정비영리활동촉진법 제정(1998)
주요인물	· 존 웨슬리 · 그리피스 존스 · 맨스브리지 · 로버트 오언	· 벤자민 프랭클린 · 조시아 홀부르크 · 조지 리플리 · 존 빈센트 · 루이스 밀러 · 프랭크 맨리	· 그룬트비히 · 크리스티안 플로어 · 크리스티안 콜드 · 쇠렌센	· 마틴 루터 · 로렌츠 폰 슈타인 · 히르트(Hirth) · 푀겔러(Poggeler)	· 후쿠자와 유키치 · 미야하라 세이치(宮原誠一)

6) 주요 국가 사회교육 발전의 특징과 시사점

앞에서 주요 국가의 사회교육 발전과정을 개괄적으로 살펴보았다. 여기서 나타난 몇 가지 시사점을 정리하면 다음과 같다.

첫째, 각 나라의 사회교육은 각각의 고유한 역사적 상황 속에서 사회문제 해결과 학습욕구 충족을 위해 시작되었다는 것이다. 일찍부터 경제가 발전한 나라, 패전으로 인한 국가적인 위기를 맞이한 나라, 다른 나라에 비해 국가적인 발전이 더뎠던 나라 등 모두 상이한 여건 속에서도 그 문제를 해결하기 위한 사회교육적 노력이 이루어진 것이다.

둘째, 각국의 사회교육은 전반적으로 초기에는 시민사회 영역의 민간인들에 의해 주도적으로 실시되었다가 점차 국가적인 차원에서 제도화되는 과정을 따라갔다. 처음 시민사회 영역에서 사회운동이나 교육운동 차원에서 시작된 사회교육은 국가적으로 제도화됨에 따라 보다 공적인 차원에서 실시되는 부분이 확대되고 있다. 또한 점차 시장의 영역에서 이루어지는 사회교육도 확대되고 있다. 이와 같이 시민사회 영역, 정부 영역, 시장 영역에서 이루어지는 사회교육은 각각의 영역에서 특성 있게 존재하면서 경우에 따라 서로 협력하거나 때로는 경쟁 또는 갈등하고 있는 실정이다. 그러나 주요 국가의 사례들을 종합해 볼 때 사회교육의 건전한 발전을 위해서는 시민사회 영역의 사회교육이 그 밑바탕이 되어야 함을 알 수 있다. 이러한 시민사회 지향적 사회교육의 튼튼한 토대 위에 국가와 기업에 의한 사회교육이 가미될 때 건전하고 균형잡힌 사회교육 체계가 형성될 수 있는 것이다. 따라서 시민사회 영역의 자생적 사회교육을 활성화하기 위한 많은 노력이 요구된다.

셋째, 사회교육의 발전을 위해서는 국가의 개입이 필요하지만 자칫 국가적인 개입으로 인해 때로는 비교육적인 현상도 나타날 수 있다. 국민의 학습권 신장을 지원하기 위한 복지적 관점을 넘어 국민통합이나 국가발전을 위한 수단으로 사회교육을 활용하려는 경향이 강해질수록 사회교육에 대한 국민들의 주체성과 고유한 교육적 가치는 침해를 받아 왔다. 이러한 현상은 권위주의적이고 전체주의적 성격이 강한 나라의 경우에 더욱 심각하게 나타났다. 따라서 국가의 개입을 통해 체계적인 사회교육에 이바지하면서도 교육적 가치를 훼

손하지 않는 방법이 무엇인가에 대한 깊이 있는 성찰이 요구된다.

넷째, 각 나라에서 초창기에 실시된 사회교육은 소외계층 지향적, 공동체 지향적이면서 시민교육, 전인교육의 성격이 강했으나 최근에는 경제발전과 인적자원개발 중심의 사회교육이 강화되고 있다. 그러나 앞에서 제시한 국가들은 모두 교육복지적인 차원에서 평민 중심의 사회교육 인프라가 갖추어진 후 최근에 와서 인적자원개발을 위한 국가주도적 교육정책이 추가되고 있는 실정이다. 따라서 교육복지와 교육투자, 또는 교육적 가치와 교육외적 가치가 조화로운 균형을 이루고 있다. 평민주도의 교육복지 인프라가 갖추어지지 않은 상태에서 국가주도적 인적자원개발이 강화된다면 교육내용의 편향과 교육기회의 불평등이 발생할 우려가 높아진다. 즉, 교육내용은 경제발전에 도움이 되는 것으로 대체되고, 교육기회는 주로 경제발전에 더 많이 기여할 수 있는 대상에게 치우칠 가능성이 커진다. 그러므로 아직 교육복지 차원의 사회교육 인프라가 완비되지 않은 우리나라의 경우는 사회교육의 내용과 기회가 사회 엘리트와 인적자원개발 중심으로 편중되지 않도록 하는 정책적인 뒷받침이 요구된다.

2. 위대한 사회교육자의 생애와 사상

세계 각국의 사회교육은 여러 교육실천가와 교육사상가들에 의하여 이루어졌다. 이들의 교육활동과 교육사상은 사회교육의 원형을 성립하는 데도 크게 기여하였다. 여기서는 여러 나라의 사회교육자들 중 역사적으로 사회교육의 원형을 성립하는 데 크게 기여한 주요 사회교육자들의 생애와 사상을 구체적으로 살펴보고자 한다.

1) 그룬트비히와 평민대학

그룬트비히(N. F. S. Grundtvig, 1783~1872)
목사, 신학자, 시인, 역사가, 철학가
덴마크 국민평생교육체제의 구축자
평민대학(Volkshochschule) 설립 기여
위기에 처한 덴마크를 국민교육을 통해 부흥시킴

(1) 생애

덴마크의 근대 역사는 그룬트비히를 떼어 놓고 생각할 수 없다. 그는 덴마크 교회의 갱신에 앞장선 신학자이며 목자이자 북유럽의 역사와 언어, 문학 연구를 개척한 학자였으며 시인이자 작사가였다. 그러나 무엇보다 그는 이러한 것들을 종합하여 국민교육에 앞장선 교육사상가이기도 했다. 그의 사상에 기초해 설립된 평민대학은 근대적인 의미에서 체계적인 사회교육기관의 원형이라고 할 수 있다.

그는 1783년 덴마크의 우드비 지역에서 목사의 아들로 태어나 자신도 목사가 되기 위한 교육을 받으며 성장하였다. 청년 시절에 셸링(F. W. J. Schelling)이 쓴 저서를 접하면서 낭만주의의 영향을 받아 스칸디나비아의 역사와 신화에 많은 관심을 갖게 되었다. 이후 영적 · 정서적 갈등을 거쳐 '그리스도교적 깨달음' 을 얻은 후 목사로서의 삶을 살며 교회의 갱신과 국민계몽을 위해 노력하였다.

그는 1829년부터 1831년까지 3년 동안 영국에 유학하여 영국이 중세 봉건시대를 탈피한 새로운 사회로 빠르게 발전하고 있음을 경험하였다. 이와 같은 신 사회의 출현을 경험하고 덴마크에 돌아온 그룬트비히는 1830년부터 10년 동안 시민교육의 중요성을 강조하는 글을 쓰면서 국민들과 국가지도자들을 계몽했다. 그는 능동적인 교육을 강조하고 정치의식을 계몽하였다. 그것은 공동의 삶으로부터 계몽이 이루어짐을 주장하는 것이었다. 특히 그는 기숙제 사회교육을 통해 당시 국가적으로 어려운 처지에 있었던 덴마크에 새로운 정신을 불러일으킴으로써 덴마크의 부흥에 크게 기여하였다.

이러한 그룬트비히의 교육사상을 바탕으로 설립된 것이 곧 평민대학(Volkshochscule)이다. 1844년에는 키르 대학교의 교수였던 크리스티안 플로어(Christian Flor)가, 1851년에는 크리스티안 콜드(Christen Kold)가 뢰딩(Roedding)과 리스링게에 각각 평민대학을 설립하였다. 그룬트비히는 교육이론가로서는 물론 국회의원으로서 평민대학이 덴마크 전역으로 확산되는 데 크게 기여하였다.

(2) 교육사상

그는 삶의 계몽을 통해 평민들을 의식화함으로써 민주시민을 양성하였고, 살아 있는 말에 의한 상호작용을 통해 평민들의 삶과 일치되는 교육을 강조하였다. 그룬트비히주의(Grundtvigianism)라고도 불리는 그의 교육사상을 보다 구체적으로 살펴보면 다음과 같다(Thaning, 1972; Roedam, 1980: 13–23; 이옥분, 1989: 강선보, 2005: 26).

첫째, 교육의 목적을 삶의 계몽으로 파악했다. 그는 인간의 기존 선입견을 없애고 지식을 주입시킬 것이 아니라 영위되는 삶 자체가 계몽되어야 한다고 보았다. 인간의 삶 자체는 역사 안에서, 경험 안에서 이해된다는 것이다. 그에 의하면 계몽이란 미성숙성에서 탈피하여 문화와 이성과 인간의 존엄성 안에서 스스로 통치권을 누릴 수 있도록 하는 것이었다(이옥분, 1989: 110). 그는 이러한 삶의 계몽이 이루어지도록 하는 것이 교육의 목적이라고 파악했던 것이다.

둘째, 학교는 삶을 위한 학교(Skolen for Livet)가 되어야 한다는 것이다. 그는 그 당시의 대학을 포함한 각급 학교를 생산성이 없는 '죽은 학교' 라고 지칭한 반면, 자신이 지향하는 학교는 '삶을 위한 학교' 라고 하였다. 그 이유는 자신이 지향하는 학교는 현재와 미래에 영위되는 삶을 위해서 봉사할 학교이며 삶에 의미를 부여해 주는 학교이기 때문이다. 이러한 학교는 형식적인 계획에 따라 운영되는 것이 아니라 끊임없이 제기되는 삶의 문제를 다루면서 그에 상응하여 항상 변화될 수 있는 문제를 다룰 수 있어야 한다.

셋째, 그는 삶의 계몽을 위해 살아 있는 말과 역사의 중요성을 강조했다. 살아 있는 말이란 일상생활에서 사용되는 모국어이자, 문자가 아닌 입으로 전해지는 말을 의미한다. 그룬트비히는 역사적으로 정신적 유산은 글이 아닌 말에 의해 전해져 왔다고 주장했다. 또한 그는 라틴어 학자들과는 달리 모국어에 대한 철저한 이해의 필요성을 강조했고 이야기와 노래를 통해 자기 나라와 성서의 역사를 알아야 한다고 주장했다. 그가 평생에 걸쳐 연구하여 1832년에 발표한 『북유럽신화』도 이러한 사상을 반영한 것이었다.

넷째, 교육의 내용과 대상에 있어 국민평등(Folkelighed)을 강조하였다. 그는 높은 수준의 학업과 사회적 지위를 더 많은 평민들에게도 보급해야 한다고 하였다. 또한 새로운 교육기관은 개인의 관심사를 넘어 한 국민이 공통으로 지니고 있는 언어, 역사, 문화, 그리고 공동관심과 공동운명에 기초해야 한다고 주장하였다.

다섯째, 교육적 인간관계에 있어 살아 있는 상호작용의 중요성을 강조했다. 그는 함께 일하며 서로에게서 배우는 것뿐만 아니라 학교를 운영하는 데 있어서도 모두가 참여하는 민주적 공동체, 그리고 교사와 학생, 학생과 학생들 사이의 친교가 유지될 수 있는 학교를 생각하였다(강선보, 2005: 29). 그는 교사와 학생 간의 생동감 있는 대화를 통한 상호작용이 이루어지지 않는 수업은 죽은 수업이며 그 시간은 아무런 의미부여도 되지 않은 시간이요 교사의 근무는 실패로 돌아간 것이라고 하였다(이옥분, 1989: 113).

(3) 의의

그룬트비히의 생애와 사상은 덴마크의 근세사에 막대한 영향력을 미쳤던 것은 물론이고 사회교육 차원에서 교육의 이념과 원리, 교육의 방법, 교육기관의 형태 등에 관하여 선구적인 모델을 제시했다는 점에서 매우 의의가 크다. 지금도 덴마크에서는 수백 개의 평민대학이 있으며 이외에도 일반학교, 보습학교(Nachscule) 및 자유학교(Freischule)가 그룬트비히의 교육이념에 근거하여 운영되고 있다.

그는 평민의 문화를 존중하였으며 평민들에 대한 '삶의 계몽'을 통해 평민들을 의식화함으로써 민주시민을 양성하였고 '살아 있는 말'에 의한 상호작용을 통해 평민들의 삶과 일치되는 교육을 하였다. 그는 삶의 소중한 경험을 가장 가치 있는 교육내용으로 보면서 공동체 생활을 통해 이러한 경험들을 서로 공유하는 것이야말로 살아 있는 교육이라고 보았다. 이러한 교육사상은 곧 근대적인 사회교육의 원형 그 자체라고도 볼 수 있다. 그가 강조했던 삶의 계몽, 평민문화의 존중, 살아 있는 언어의 중요성, 공동체적 상호작용, 사회에 대한 책임 등은 오늘날의 사회교육이 다시 회복해야 할 원형적 가치라고 할 수 있다.

2) 로버트 오언의 뉴 라나크 교육운동

로버트 오언(Robert Owen, 1771~1858)
영국의 사회주의 지도자
아동의 공장노동을 제한하는 공장법 제정 추진
유아학교(Infant School)의 창시자
뉴 라나크 공장 내에 성격형성학원 운영
뉴 하모니 이상촌 건설 추진

(1) 생애

로버트 오언은 1771년 영국 북 웨일즈의 몽고메리 주에서 직물상의 아들로 출생하여 어렸을 때부터 방직공장에서 일하였다. 영국에서 18세기 후반부터 시작된 산업혁명은 사회의 저변에서 생활하고 있는 일반대중과 아이들에게 여러 가지 불행한 영향을 끼쳤다. 초등학교 밖에 다니지 못한 그는 소년 시절부터 여러 상점의 점원 생활을 하는 동안 직접 노동자의 곤궁과 타락을 목격하였다. 또한 18세에는 독립한 방직 기업가가 되었고 20살에는 큰 방직공장의 공장장이 되었으며, 1800년에는 당시 영국에서 1위를 다투던 스코틀랜드 뉴 라나크 방직 공장의 경영자가 되었다. 그는 종업원이 2,500명 이상이나 되는 큰 공장의 경영자로서 공장 노동자의 노동시간을 축소했고 공장설비나 환경의 개선을 위해 노력하였다. 아이들에 대해서는 노동 강도가 가혹하지 않도록 주의하고 노동시간의 사이사이에 노래나 놀이를 하고 즐길 수 있도록 배려했다. 오언은 이윤만 추구하는 실업가가 아니었으며 노동자의 빈곤과 무지를 극복하여 그들에게 행복한 생활환경을 만들어 주고자 하는 이상을 추구했다. 오언은 이러한 과정을 통해 뉴 라나크 공장을 중심으로 하나의 이상적인 공장촌을 만들어 갔다. 그는 더 나아가 영국 모든 근로자의 처우 개선과 노동 입법 제정 운동에 투신하여 1819년 공장법을 통과시켰다.

교육적인 면에서 그는 자신의 공장촌 안에 있는 아동들을 위해 '성격형성학원(New Institution of the Formation of Character)' 과 '유아학교(Infant School)' 를 창설하였다. 오언은 성격이 환경에 의해서 형성되는 것이므로 공정한 교육 기회를 제공하는 무상교육제도하에서는 누구나 자기와 남을 위해 공헌할 수 있는 사람이 될 수 있을 것이라고 생각하였다. 그가 1816년에 성격형성학원의 일부로 설립한 유아학교는 유아들을 1~3세, 4~6세의 두 반에 나누어 수용한 최초의 유치원에 해당되는 것이었다. 그곳에서는 '항상 합리적으로 생각하고 행동하는 심신이 모두 안정된 인간' 의 형성을 목표로 하는 교육이 시작되었다. 특히 친절, 우애, 사회적 봉사정신을 가지고 동료들과 더불어 행복하게 살도록 하기 위한 합리적인 성격 형성을 유아학교의 목표로 추구했다. 따라서 일상적인 지식의 교육과 함께 무용, 노래부르기, 악기연주 등이 함께 지도되었다. 또한 책에 짓눌리지 않도록 하고, 주변의 친근한 사물을 활용하여 여러 가지 개념을 지도하며, 자연스러운 대화형태를 취하여 어린이들의 호기심을 유발하는 교육방식을 활용하였다.

그는 자유로운 교육, 협동, 합리적인 사고를 바탕으로 하는 협동집단을 설립하기 위해 1825년에 북미 인디애나 주에 건너가 와배쉬 강가에 여러 동지들과 함께 뉴 하모니 평등촌(New Harmony Community of Equality)을 건립하였다. 그는 근면하고 성실한 사람은 누구나 그곳에서 토지를 소유하고 협동하며 이웃을 사랑하는 정신을 갖고 평화롭게 살도록 권장하였다. 그러나 회원들 간의 반목과 외부 세력의 영향으로 인해 이 운동은 3년 만에 실패하고 말았다. 그러나 이러한 실패에도 불구하고 그의 협동정신은 전 세계 급진주의자들에게 큰 영향을 끼쳤다.

그는 1832년 런던에 '국민 공정 노동교환소' 를 개설했고, 1834년에는 대노동조합(Grand National Union)을 결성하였다. 당시 영국은 노동조합 운동에서 파생된 많은 갈등과 문제로 인해 사회주의가 크게 발전하지 못했으나 오언의 출현으로 인해 크게 성장하였다. 그는 생애 후반에 실업계에서 쌓은 경험과 역량을 발휘하여 협동사회 수립에 이바지했고 현대 협동조합의 아버지라고 불릴 만큼 영국 초기 협동조합 운동에 큰 영향을 미쳤다.

(2) 교육사상

기본적으로 오언의 교육이론은 존 로크의 영향을 받았으며, 페스탈로치의 영향도 크게 받았다. 그는 교육을 사회개혁의 수단으로 삼았으며, 새로운 사회는 경쟁적이고 계급적인 사회에서 사회주의적 형태로 변화될 것으로 기대하였다. 오언의 생애와 교육활동 속에 나타난 교육사상을 정리하면 다음과 같다.

첫째, 오언은 교육에 의한 사회개혁을 추구하였다. 그는 소수 자본가에게만 유리하고 대다수의 노동자계급에게는 불리한 사회적 모순을 직시하였다. 그는 혁명에 의한 사회변혁의 길을 거부하고 오로지 교육에 의한 사회개혁을 추진하려 했다. 사회적 모순을 근절하기 위해서는 사회제도를 전면적으로 재편성해야 한다는 것을 인정하면서도 그것이 평화적으로 실현될 수 있을 것이라고 생각하였던 것이다. 그는 자본주의제도, 이윤추구체계, 이기주의, 자본가의 탐욕, 노동자계급의 빈곤과 비참함으로 이어지는 악순환의 고리를 끊는 돌

파구를 민중들에 대한 교육에서 찾았다. 그에 의하면 노동자계급과 그 자녀들이 빈곤이나 범죄에 빠져 있는 것은 사회제도의 결함에 의해서 무지한 상태에 놓여 있기 때문이다. 오언은 모든 악의 근원인 무지를 교육의 힘으로 추방하는 것이 사회개혁의 진정한 길이라고 선언했다(柳 久雄, 1985: 163).

둘째, 오언은 결합과 협동의 원리에 의한 인간 형성을 지향하였다. 그는 모든 아이의 인간적 능력의 전면적인 발달을 도모했을 뿐만 아니라 개인의 성장과 행복을 주변 동료나 폭넓은 사회 전체의 행복과의 결합으로 생각했다. 그에 따르면 교육의 최대 과제는 개인의 이익을 위해 서로 경쟁하는 인간의 형성을 부정하고, 결합과 상호 협동의 원리를 따르는 인간의 형성을 지향하는 것이다.

셋째, 오언은 교육과정 중 상벌과 경쟁을 배제하였다. 그는 개인의 이익과 상호 대립을 배제하여 개인의 이익과 공공의 이익을 결합하는 사회를 추구하는 교육에서는 상과 벌, 경쟁과 같은 일체의 개인주의적인 개념을 배제하여야 한다고 주장하였다. 교육과 가르침은 공동체의 일과 긴밀하게 결합하고 있는 것이므로 아이는 이미 공동체의 일원으로서 공동체를 위해 살아가는 법을 배워야 한다는 것이다(梅根悟, 1988: 110). 이는 교육의 방법에서도 공동체 지향적인 접근을 강조했음을 의미한다.

넷째, 오언은 교육을 중심으로 하는 생활공동체의 형성을 추구하였다. 그가 추구했던 협동과 일치의 공동체는 노동자의 주택 · 음식 · 의복을 주선할 뿐 아니라 마을 중앙부에 교회 · 학교 · 식당 등을 세워 문자 그대로 생활과 노동을 함께하는 공동체였다. 이 공동체의 기초 원리로는 첫째, 경제적으로 사유재산의 부정과 공유재산의 채용, 둘째, 정치적으로는 평등을 전제로 한 자치조직, 셋째, 교육적으로는 좋은 환경에 의한 성격 형성을 들 수 있다. 그리고 이 삼자가 서로 유기적으로 결합하여 협동과 일치의 사회이상을 실현하게 되는 것이다. 따라서 여기에서는 경제 · 정치 · 교육이 긴밀한 상호관계를 맺으면서 소위 삼위일체의 통일을 이루었다. 교육의 문제가 항상 정치경제론의 입장에서 조명되고, 또한 역으로 정치경제의 문제가 교육론으로서 검토된 것도 이 때문이다. 즉, 인간의 무지와 빈곤과 예속을 근절하고 영원한 행복을 달성하기 위한 인간교육이 최대의 과제가 되었으며, 그러기 위해 공동체 그 자체가 교육사회가 되도록 구상했던 것이다(柳 久雄, 1985: 160).

(3) 의의

오언은 실물교육, 이성교육, 세속교육, 평등교육, 의무교육, 국민교육제도 등을 주장하면서 현대 교육의 새 장을 열었다. 또한 노동계층에 대한 중요성을 인식하고 개인교육에서 사회교육으로의 전환점을 이루었다는 점에서 역사적 의의가 있다. 그는 공장의 노동자를 단지 피고용인으로 본 것이 아니라 공동체의 일원으로 파악하였다. 그리고 단지 경제적 생산성을 높이기 위한 목적이 아니라 인간의 전면적인 성장을 도와주기 위한 목적으로 교육을 실시하였다. 그런 면에서 오언의 교육사상은 오늘날 인적자원개발이나 직업훈련이 본받아야 할 교육적 원형이라고 할 수 있다.

또한 오언은 개인의 성장은 물론 사회의 변화와 발전을 추구했다는 점에서 사회교육의 원형이라고 할 수 있다. 오언은 사회개혁을 위해 궁극적으로 교육을 원동력으로 삼았고 결국 교육에 의한 사회개혁이 가능하다고 주장하였다. 오언의 교육활동은 영국의 산업화로 인한 문제점을 교육적으로 극복할 수 있는 가능성의 한 면을 보여 주었다. 그러나 오언의 교육사상은 이후 마르크스를 비롯한 과학적 사회주의자들에 의해 공상적인 것으로 비판받기도 하였다(柳 久雄, 1985: 166). 마르크스주의에 의하면 교육은 자본가 계급에 의해 통제되고 있기 때문에 교육을 통한 사회변화를 추구하는 것은 공상이라는 것이다. 그런 면에서 오언의 사상은 정치와 교육의 관계에 있어 교육을 일면적으로 과대평가함과 동시에 다른 한편으로는 정치권력을 과소평가한다는 비판을 받기도 한다. 그러나 그 이후 그람시나 프레이리와 같은 비판적 교육학자들은 정통 마르크스주의자들의 경직된 교육관을 비판하면서 교육을 통한 사회변화의 가능성에 대해 다시 주목하고 있다. 그런 면에서 오언의 교육사상은 사회변화를 위한 교육의 가능성에 대해 비판적 낙관의 입장을 취하는 현대 사회교육사상의 원형이라고 할 수 있다.

또한 오언은 평민들을 위한 국민교육제도의 형성에 이바지한 교육운동가라는 점에서도 의의가 크다. 그는 단순히 개인적인 교육실천가에 머무르지 않고 평민들에게 보편적인 교육복지제도를 마련하기 위해 노력했던 공공 교육정책 전문가이기도 했다. 교육복지의 제도화를 위한 그의 노력은 기득권 세력들에 의해 방해받고 왜곡되기도 하였으나 점진적으로 평민들의 교육기회를 확장하는 데 기여하였다. 그런 면에서 그의 활동과 사상은 현대사회에서 사회교육의 제도화를 올바르게 추진하기 위해 참조해야 할 역사적 자산이라고 할 수 있다.

3) 모제스 코디의 안티고니쉬 운동

모제스 코디(Moses Coady, 1882~1959)
캐나다의 가톨릭 사제, 사회교육자, 협동조합 실천가
빈민지역인 안티고니쉬 지역을 중심으로 성인교육 및 신용협동조합 활동을 벌임

(1) 생애

모제스 코디는 1882년 캐나다 동북부 노바 스코티아(Nova Scotia)의 한 조그만 마을에서 아일랜드계 가톨릭 가정의 아들로 태어났다. 그는 사제가 되어 로마에서 공부한 후 고향에 돌아와 안티고니쉬(Antigonish) 지역에 있는 세이비어(Saint Francis Xavier) 대학교에서 철학 강의를 하며 사회교육 활동을 시작하였다.

이러한 사회교육 활동은 곧 안티고니쉬(Antigonish) 운동으로 확산되었다. 이 운동은 안티고니쉬 지역을 중심으로 전개된 농어촌개발 및 지역사회교육 사업을 말한다. 모제스 코디는 이 운동의 핵심적 추진기구였던 세이비어 대학교 대학확장교육부서의 첫 번째 관리자로 임명되어 사업을 추진하였다. 그는 1930년 주정부의 승인을 얻어 세이비어 대학교의 대학확장(university extension)을 통해 사회교육과 기독교윤리 및 사회정의를 위한 프로그램을 결합하였다. 안티고니쉬의 주민들은 대부분 스코틀랜드에서 이주해 온 가톨릭교도들로서 농업과 어업에 종사하였으며 특히 1919년 대공황 이후에는 매우 비참한 상태에 놓여 있었다. 코디를 비롯한 대학의 몇몇 교수들은 주민들의 비참한 생활이 경제사회구조의 모순과 주민들 스스로의 문제해결 능력 부족에서 비롯되었다고 판단하였다. 그리고 그들은 대학을 중심으로 한 주민조직과 주민교육을 통하여 그러한 어려움을 해결하고자 하였다. 그러기 위해 그들은 사회교육과 협동조합을 결합한 새로운 지역발전 모델을 발전시켰다. 그리하여 1921년 대학 안에 민중학교(People's School)를 개설하여 51명의 성인들에게 교육을 실시하였고 마을에 학습모임(Study Club)을 조직하여 주민들의 생활 속으로 학습의 장을 확대하여 나갔다. 이 학습모임을 통해 주민들은 그들의 현실을 올바르게 인식하고 문제를 해결하기 위한 방법을 함께 연구하였다. 또한 이와 함께 다양한 협동조합이 구성되어 지역발전에 크게 기여하였다. 안티고니쉬 운동은 1930년대부터 1950년대에 걸쳐 캐나다 전역으로 확산되었으며 남미의 카리브해, 아프리카 및 아시아에도 많은 영향을 미쳤다.

(2) 교육관

코디는 사회개혁이 교육을 통해서 이루어져야 한다고 생각하였다. 그러나 사회개혁도 중요하지만 개인이 우선이라고 생각하였다. 그는 교육을 인간의 진보를 위한 도구로 보는 것에는 동의했지만 과거의 교육(학교교육)은 엘리트적인 것으로 보고 부정적으로 평가하였다. 그는 교육을 통해 하층민을 선발하여 엘리트 계층에 편입시키는 것은 하층계급의 삶을 개선하려는 노력에 가장 사악한 적이 될 수 있다고 생각하였다. 그는 하층계급이 공동체적으로 자신들의 현실을 직시하고 주체적으로 삶을 변화시켜 나가는 것을 교육의 목적으로 삼았다. 또한 그는 기능, 순응, 정보의 조작, 교사와 교과의 가치에 대한 복종을 주장하는 전통적인 교육 모델과는 달리 학습자의 실생활 문제나 관심에서부터 교육을 시작하고 그 해결책으로서 협동을 선택하는 교육방법을 사용하였다 (Jarvis, 2001: 289).

그는 사회교육이 사람들의 삶의 가장 구체적인 현실과 연결되어 있어야만 한다는 직관을 가졌다. 그에 의하면 교육은 경제와 즉각적인 관심으로부터 시작되어야 한다. 그러나 그는 민중들의 경제적 어려움을 해결하는 것은 사회교육의 첫 단계일 뿐이라고 이해하였다. 그는 진정한 사회교육은 지적 · 경제적인 것뿐만 아니라 정치적 · 사회적 · 영적인 면도 포괄해야 한다고 생각하였다. 그가 추구했던 안티고니쉬 운동의 궁극적인 목표는 그 공동체에 속한 모든 구성원들의 완전하고 풍부한 삶이었다. 경제적 향상은 첫째 단계일 뿐이며 궁극적으로는 모든 개인들이 그들의 최대한의 능력을 개발할 수 있도록 허용하는 사회로 나아가야 한다는 것이었다.

한편 그는 사회교육에 있어서 지속적인 조직의 필요성을 역설하였다. 고도의 기술발달과 급격한 경제성장 이면의 사회문제와 타락에서 벗어나는 길은 각 지역사회에 경제적 부를 전이시키는 것보다는 오히려 세력화(empowerment)를 통해 가난한 사람들이 그들 자신의 조직을 형성하도록 돕는 것이라고 생각했던 것이다. 그러기 위해 그는 스터디 클럽의 조직과 협동조합의 조직을 강조하였다.

(3) 의의

그의 생애와 사상은 주민들의 자발적인 학습참여와 협동조합을 통해 지역사회개발을 추진했던 지역사회개발형 사회교육의 전형적인 사례라고 할 수 있다. 지역사회개발과 교육 중 어느 한쪽에 치우지지 않고 두 가지 사이에서 조화를 이루며 통합적으로 운영되는 교육활동의 원리를 보여 준 것이다. 또한 그는 학습될 내용이나 교과 대신에 스터디 클럽, 토론 서클과 같은 기법을 통해 학습자의 창조성, 독창성, 경험의 가치를 중시하는 새로운 교육과정을 주장하였다. 그가 중요시했던 소집단의 활용은 개인의 성장은 물론 지역문제 해결을 위한 학습동아리의 활용 차원에서 역사적인 좋은 사례가 되었다. 즉, 그는 학습동아리의 원형을 통해 개인의 발전과 지역의 발전이 자연스럽게 선순환하는 모델을 제시한 것이다. 이러한 점은 현대사회에서 지역사회개발과 학습공동체 형성이라는 두 가지 목적을 통합적으로 추구해야 하는 지역사회교육 이론가와 실천가들에게 많은 도움을 준다.

4) 마일스 호튼의 하이랜더 운동

마일스 호튼(Myles Horton, 1905~1990)
미국의 사회교육자
1932년 테네시 주의 쿰버랜드에 하이랜더 지역학교 설립
미국 시민권 운동과 지역사회학교 운동 추진
흑인과 노동자 교육에 주력

(1) 생애

마일스 호튼은 1905년 웨스트 테네시(West Tenessee)의 한 작은 마을에서 태어났다. 그는 부모의 강한 교육열과 합리성과 현실을 강조하는 종교적인 가정에서 자라났다. 그는 쿰버랜드 대학교(Cumberland University) YMCA에서 다양한 인종과 국적의 사람들과 교류하였으며 노동과 시민권 활동의 적극적인 참여를 통해 도덕심과 사회정의감을 키워 나갔다. 그는 학창 시절에 듀이(J. Dewey), 니버(R. Niebuhr)의 영향을 강하게 받았다.

호튼은 세계 대공황 속에서 아메리칸 드림의 비현실성이 부각되고 새로운 사회질서에 대한 요구가 커지는 과정에서 1932년 테네시 주의 쿰버랜드에 하이랜더 지역학교를 설립하고 교육운동을 시작하였다. 초창기에는 남부지역의 지역사회 노동지도자를 위한 교육센터를 제공하고 산악지방의 토속적 ·

문화적 가치를 보존하고 발전시키기 위한 교육을 실시하였다. 교육내용은 주로 노동조합과 사회 속에서 민주주의 운동을 성공적으로 추진하기 위한 지도력을 훈련하는 것이었다. 1950년대 이후 흑인의 시민권 운동을 지원하기 위해 문해교육 운동에 매진하여 큰 성과를 거두었다. 학교에서는 흑인들이 선거권과 정치적 힘을 얻을 수 있도록 읽기와 쓰기를 가르쳤으며, 대중적인 흑인 지도자들이 교사로 참여하여 '문해교육'의 원리를 개발하였다. 이후 수많은 교사들과 학생들도 시민학교 프로그램을 수료하였다. 호튼은 이후 은퇴할 때까지 40여 년 동안 하이랜더 책임자로 일하면서 미국의 시민교육과 노동교육 발전에 크게 기여하였다.

(2) 교육관

그의 생애와 교육활동에 반영된 교육관을 정리하면 다음과 같다.

첫째, 학습자의 주체성과 경험을 존중하는 것이다. 그에 의하면 교육은 학습자 자신의 경험에 기초하여 이루어져야 한다. 그는 교수·학습 과정에서 어떠한 형태의 권위주의적인 것도 배제하고자 하였다. 그는 교육이란 민중이 답을 스스로 찾을 수 있도록 도와주는 것이라는 생각하였다. 이는 민중이 이미 가지고 있는 지식과 경험을 존중하는 것에서 시작된다.

둘째, 사회문제 해결과 사회변화를 위한 교육을 강조하였다. 그에 의하면 사회에 대한 분석도 학습자들의 경험을 분석하는 것만큼 중요하며, 학습자는 사회와 그들의 경험을 연결시키며 변화를 지향해야 한다. 사회에 대한 분석에는 전반적인 사회경제적 구조에 대한 장기간의 분석과 학습자가 직면하고 있는 지역상황의 분석이 포함된다.

이와 같이 그는 학습자의 경험과 사회변화를 통합적으로 인식하였다. 그에 의하면 경험으로부터 학습하는 능력은 사회변화를 일으키는 핵심적인 요인이다. 그들의 경험 속에서 사회문제를 해결하는 방법이 있기 때문이다. 따라서 사회교육의 단기목표는 개인이 학습집단 속에서 그 자신이나 타인의 경험으로부터 삶의 의미를 찾도록 돕는 것이며, 장기목표는 사회변화를 위한 '사회적 의미'를 개발하는 것이다.

(3) 의의

호튼의 교육관 중에서 가장 의미가 있는 것은 교육이 사회운동의 수단으로서가 아니라 그 자체로 중요하다고 주장한 점이다. 이러한 교육사상은 현재 이루어지고 있는 대부분의 시민교육이 대중동원과 조직화를 위한 수단으로 활용되고 있다는 점에서 시사하는 바가 크다(김창엽, 2006). 그에 의하면 사회교육은 학습자 자신의 경험을 존중하면서 아는 것을 서로 나누는 것과 학습하는 능력 자체를 가르치는 것이다. 사회변화는 인위적인 교육을 통해 의도적으로 추진되는 것이 아니라 학습자 자신의 학습과 연대를 통해 주체적으로 이루어지는 것이다. 그런 점에서 호튼의 교육사상은 참여와 연대, 성장과 나눔을 강조하는 현대적인 시민교육의 원형이라고 할 수 있다.

5) 파울로 프레이리의 의식화 문해교육

파울로 프레이리(P. Freire, 1920~1997)
사회교육이론가 및 실천가
브라질의 헤시피 지역을 중심으로 문해교육 실시
오랜 기간의 망명생활을 거친 후 브라질 교육감 역임
『억눌린 자를 위한 교육학』 등 다수의 교육학 서적 저술

(1) 생애

파울로 프레이리는 1921년 브라질의 동북부 헤시피(Recife) 지역의 한 중류 가정에서 태어났다. 그는 백인이었지만 경제적으로 빈곤한 어린 시절을 보냈으며 이후 대학에서 법, 철학, 사회학, 교육학 등을 연구하였다. 1950년대 브라질 로마 가톨릭 교회의 급진주의와 1960년대 초 브라질의 대학개혁 운동 등

으로부터 영향을 받았다. 싸르트르, 무니에, 에리히 프롬, 루이 알튀세르, 모택동, 마틴 루터 킹, 체 게바라, 마르쿠제, 듀이 등으로부터 사상적인 영향을 받았다. 그는 사회활동가로서 도시빈민과 접촉했으며, 헤시피 대학교의 지역사회교육 프로그램의 책임자가 되었을 때 문해사업을 수행하기 시작하였다. 그러나 1964년 구테타 발생 후 투옥되었으며 이후 칠레로 추방되었으나 또다시 추방되어 UNESCO와 함께 사회교육 활동을 실시하였다. 1980년 귀국 후 상파울루 주 교육감을 역임하기도 했다. 그가 망명생활 중 문해사업의 경험을 이론적으로 정리한 『페다고지』는 전 세계에 큰 영향을 끼쳤으며 이외에도 『교육과 의식화』 『자유의 교육학』 『희망의 교육학』 등의 많은 저서를 남겼다.

(2) 교육관

프레이리는 기존의 학교교육을 은행저금식 교육이라고 비판한다. 은행저금식 교육에서는 학생들이 지식의 저장소로 여겨지고 교사의 역할은 학습자로 하여금 지식을 보다 효율적으로 암기하도록 하는 것이다. 여기서 학습자는 자신에게 주어지는 지식을 단지 수동적으로 받아들이는 존재다. 그에 의하면 은행저금식 교육은 인간이 세계 속에서, 세계와 더불어, 인간 상호간의 끊임없는 탐구활동을 통하여 인간답게 성장하는 것을 방해하는 교육이다. 은행저금식 교육개념에서 지식은 지식인이라고 자처하는 사람들이 아무것도 모른다고 생각하는 사람들에게 내려 주는 일종의 선물이 된다. 이러한 교육의 가장 큰 특성은 탐구과정으로서의 교육을 부정하는 것이다.

그는 이러한 교육을 극복하는 대안적 교육으로서 해방교육을 강조한다. 해방교육에서는 모순의 양극을 모두 화해시켜 양자가 모두 교수자와 학습자가 되어야 함을 주장한다. 교수자는 가르치면서 배우는 자가 되어야 하며 학습자는 배우면서 가르치는 자가 되어야 함을 주장한다. 그리고 교육의 과정에서 학습해야 할 지식은 선물처럼 주어지는 것이 아니라 함께 나누어야 할 내용인 것이다. 이러한 학습과정을 통해 학습자의 창조적 능력이 육성되고 참된 의식화에 도달된다는 것이 프레이리의 교육관의 근본적 특성이다. 그에 의하면 교육은 곧 의식화다. 의식화란 인간이 수용자가 아니라 인식의 주체로서 그들의 삶의 형태를 결정하는 사회문화적 현실을 이해하고 그러한 현실을 변화시킬 수 있는 자신들의 능력에 대한 깊은 인식에 이르는 것이다. 그에 의하면 교육은 세계를 변화시켜 인간화할 수 있기 때문에 인간적 과정이면서 동시에 혁명적인 과정이다. 그는 교육에 의한 사회변화의 가능성을 적극적으로 제시했다는 점에서 이전의 비판적 교육학자들에 비해 상대적으로 낙관론적인 입장을 취했다.

그에 의하면 교사는 두 문화 사이를 이어 주는 다리다. 교사는 학습자의 언어뿐 아니라 사고방식을 알기 위해서 학습자의 입장에서 자신을 규정하도록 노력해야 한다. 그리고 교육은 참여자들로 하여금 프락시스(praxis), 다시 말해 반성적 사고와 행동의 조화를 돕는 것이다. 그에 의하면 이론과 실천은 분리되어 있는 것이 아니며, 학습자들이 행동 속에서 반성적 사고를 통해 새로운 지식을 얻게 되고 새롭게 얻은 지식은 실천을 통해 바로 현실에 반영되는 것이다. 그런 면에서 그의 교육사상에 의하면 '실천이 없는 이론은 공허하고 이론이 없는 실천은 무모하다' 고 볼 수 있다.

(3) 의의

프레이리가 사회교육에 끼친 공헌은 이론과 실천 양면에서 매우 크다. 이를 구체적으로 살펴보면 다음과 같다.

첫째, 프레이리는 교육과 문화의 분석을 통해 교육이 중립적이라는 관점에 대하여 문제를 제기하고 있다. 프레이리에 의하면 교육은 명백히 가치 지향적인 활동이므로 비중립적이라는 것이다. 즉, 기존의 은행저금식 교육은 현존하는 사회 지배계급의 가치관과 사회질서의 재생산에 유용한 교육이라고 주장한다. 따라서 문제제기식 교육을 통하여 학습자들이 이러한 부당하고 모순된 현실을 인식하고 이를 프락시스를 통해 개혁하여 궁극적으로 인간화를 실현할 수 있어야 한다고 주장한다. 이러한 관점은 기존의 사회교육이 사회구조의 재생산에 공헌하였는지를 반성하고 그 대안을 제시했다는 점에서 의의가 있다.

둘째, 프레이리는 사회교육의 주체인 교사와 학습자에 대한 새로운 관점을 제공해 준다. 프레이리에 의하면 교사는 학생 위에 군림하는 뛰어난 존재가 아니라 학생과 더불어 배우는 자이며 조력자다. 교사와 학생이 서로의 역할을 공유해야 하며 동시에 학습자이며 교사가 되어야 한다는 주장은 사회교육의 대상자가 학교교육과는 달리 주로 성인임을 고려할 때 성인으로서의 학습자를 어떻게 바라보고 어떻게 상호작용해야 하는가에 대한 유용한 관점을 제공하고 있다.

셋째, 프레이리는 주로 학습자의 구체적 삶으로부터 학습내용을 구성해야 하며 학습의 교재 또한 교수자와 학습자의 공동의 노력으로 편찬해 나가야 한다는 것을 주장함으로써 교육내용에 대한 새로운 접근을 제시하고 있다. 이러한 접근방식은 곧 사회교육이 지향해 왔던 방식 그 자체라고 할 수 있다.

넷째, 프레이리는 문해교육은 물론 사회교육 전반에 유용한 교육방법의 모델을 제시한다. 프레이리는 비문해자를 사회구조적인 모순의 산물로 여기고 그들을 교육함에 있어서도 그들의 사회적 상황과 인식의 수준에 알맞게 매개물을 편찬하는 방법을 제시하는 등 교육방법 측면에서도 탁월함을 보여 주고 있다.

이와 같이 프레이리는 사회교육의 목적에 대한 비판적 안목과 사회교육 실천 장면에서의 교수자와 학습자에 대한 새로운 관점과 역할을 제시했다는 점에서 의의가 크다. 또한 사회교육에서 다루어야 할 교육내용과 교육방법, 특히 구체적인 문해교육의 방법을 제시했다는 점에서 사회교육 발전에 크게 기여했다고 볼 수 있다.

6) 주요 사회교육자의 생애와 사상에 나타난 특징

지금까지 주요 사회교육자의 생애와 사상에 대해 살펴보았다. 이들의 생애는 모두 달랐지만 몇 가지 점에서 공통점을 찾을 수 있다. 이러한 점은 사회교육의 원형적 성격과도 맥을 같이한다. 이를 구체적으로 살펴보면 다음과 같다.

첫째, 그들은 인간에 대한 사랑, 특히 소외계층에 대한 무한한 사랑을 갖고 있었다는 것이다. 초기 사회교육자들은 그들의 국적, 종교, 구체적인 직업, 역사적 상황의 차이에도 불구하고 보편적인 인류애를 가지고 있었다. 시기적으로 그들이 활동했던 시기는 학교교육의 혜택을 받지 못한 사람들을 위한 사회교육운동의 시기였기에 대상은 주로 소외계층일 수밖에 없었다. 그들은 노동자, 소농민, 비문해인, 흑인, 여성 등과 같이 각 시대의 소외계층을 대상으로 배움의 기회를 제공하기 위해 노력했다. 과거 엘리트 위주의 학교교육을 극복하고 평민들에게 배움의 기회를 제공하기 위해 노력한 것이 사회교육의 원형 중의 하나라고 볼 수 있다. 현대사회에도 새로운 의미의 소외계층은 계속 발생하기 마련이다. 최근 평생교육이 학교교육의 연장선상에서 실시됨에 따라 학교교육으로 인한 사회적 불평등이 평생교육으로 인해 오히려 더 확대되는 상황에서 소외계층을 우선적으로 고려했던 사회교육 사상가의 전통은 매우 큰 의미를 갖는다고 할 수 있다.

둘째, 그들은 사회평등과 공동체적 사회를 지향했다. 그들은 개인의 학습권을 존중하고 개인의 자아실현을 위한 교육에도 관심이 있었으나 궁극적으로는 사회의 변화와 공동체 형성을 추구하였다. 즉, 개인의 이기적인 발전이 아니라 사회적으로 구성원들이 더불어 잘 살 수 있는 공동체 형성의 길을 모색했던 것이다. 특히 그들은 많은 경우 지역공동체의 형성과 발전을 중요시하였다. 이러한 활동은 개인의 성장과 학습공동체의 형성과 지역사회발전에 기여하고자 하는 지역사회개발형 사회교육 운동의 원형이었다. 이러한 전통은 산업사회에서는 다소 소홀하게 여겨졌으나 지역의 중요성이 다시 커지고 있는 현대사회에서는 다시 발전시켜 나가야 할 소중한 역사적 자산인 것이다.

셋째, 그들은 일반적으로 전인교육을 중요시하였다. 교육을 통해 일반적인 지식과 기술은 물론 인격의 형성과 삶의 지혜도 통합적으로 추구하였다. 그들은 무엇보다도 인류보편적 윤리의식의 형성을 교육의 기초로 삼았다. 그러나 현실적인 삶의 문제를 해결하기 위한 실무적인 능력도 결코 소홀하게 여기지 않았다. 이전의 학교교육은 엘리트 위주의 성격을 띠면서 주로 삶과 괴리된 교육으로 실시되어 온 것이 사실이다. 반면 최근의 평생학습 논의는 지식기반사회, 정보화사회에서 경제적으로 의미를 갖는 지식의 폭발적인 증가를 강조하고 있다. 그러나 폭발적으로 증가한 정보와 지식의 습득이 곧 인간에게 지혜를 더해 주는 것은 아니다. 경제적 가치를 가진 지식을 지나치게 강조하면 반대로 다른 가치를 지닌 지식을 소홀하게 여기기 쉽다. 그런 면에서 많은 교육철학자들이 강조하고 있는 전인교육의 원리는 과거의 학교교육이나 최근의 평생학습 논의보다 오히려 앞에서 다룬 원형적 사회교육의 전통을 통해 더 성공적으로 구현되었던 것이다. 따라서 이러한 사회교육의 전통을 되살리고 지속적으로 발전시켜 나가기 위한 노력이 요구된다.

제 5 장

그룬트비히 교육사상에 기초한 한국 사회교육의 역사와 의의

한국 사회교육의 원형을 회복하기 위해서는 역사상 우리나라 사회교육의 토대 형성에 큰 영향을 미친 이들의 생애와 교육사상을 살펴보는 것이 필요하다. 이와 관련하여 가장 우선적으로 살펴보아야 할 것 중의 하나는 덴마크의 그룬트비히(N. F. S. Grundtvig) 교육사상이 우리나라 사회교육에 미친 영향이 무엇인가다. 그는 덴마크는 물론 전 세계적인 차원에서 가히 사회교육 발전의 선구자라고 할 수 있다. 그룬트비히의 교육사상은 세계 각국 초창기 사회교육의 성립과 발전에 커다란 영향을 미쳤다. 특히 그의 교육사상을 기초로 하여 설립된 평민대학(Volkshochschule)은 덴마크에서 시작하여 스웨덴, 핀란드, 독일, 유럽대륙, 영국, 미국, 일본 등 전 세계로 퍼져나가 평민 중심, 생활 중심, 공동체 지향적 사회교육기관의 원조가 되었다.

우리나라의 경우에도 구한말부터 주로 교육 분야와 농촌 운동 분야를 중심으로 그룬트비히의 사상이 소개되기 시작했다. 특히 우리나라 사회교육학계에서는 이론적인 측면에서 그룬트비히 교육사상의 의의와 중요성에 대해 지속적으로 언급해 왔다. 그룬트비히가 강조했던 평민 중심, 생활 중심, 공동체적 가치는 곧 우리나라 사회교육의 전통적인 가치이기도 하다. 그럼에도 불구하고 역사적인 관점에서 그룬트비히의 교육사상이 우리나라 사회교육의 성립과 발전과정에 실제로 어떻게 영향을 끼쳤는지에 대한 구체적인 연구가 이루어지지 못했다. 그룬트비히의 교육사상을 오늘날 사회교육의 재정립을 위한 주요한 토대로 활용하기 위해서는 먼저 우리나라에서 그룬트비히 교육사상에 기초한 사회교육이 어떻게 전개되어 왔는지를 역사적으로 살펴봄으로써 그 가능성과 한계를 검토해야 할 것이다.

이런 맥락에서 이 장에서는 한국 근대 사회교육사상의 형성과정에 영향을 미친 그룬트비히 교육사상의 족적을 종합적으로 이해함으로써 현대사회에서 사회교육의 올바른 방향성과 실천과제를 모색해 보고자 한다.

1. 그룬트비히 교육사상의 세계적 전파 양상

그룬트비히의 교육사상은 덴마크에서 엘리트 중심의 주지주의적 학교교육을 극복하고 평민 중심, 공동체 지향적, 생활 중심, 사회변화 중심의 새로운 교육이념을 형성하는 데 확고한 밑바탕이 되었다. 당시의 시대적 상황에서 평민대학은 평민의 관점에서 상류층의 지배적인 문화에 대항한 교육 · 문화적 민주화 운동이라고도 평가된다(김영석, 2000: 194-195; 강선보, 2005: 38). 오늘날 우리나라에서 다시 강조되고 있는 사회교육의 원리도 평민 중심, 생활 중심, 사회적 평등, 사회변화, 공동체성의 강화 등의 가치를 중시하고 있다(한숭희, 1998; 오혁진, 2010). 그런 면에서 그룬트비히의 교육사상은 현대사회에서 사회교육을 재정립하기 위한 중요한 토대가 될 수 있다.

그룬트비히의 교육사상에 기초한 평민대학은 이후 곧 북유럽 3국에 전파되었다. 또한 시간이 지남에 따라 핀란드, 영국은 물론 중부유럽, 동부유럽과 발틱해의 국가들로 전파되었다. 이에 따라 평민대학은 유럽을 대표하는 대표적인 사회교육기관이 되었으며 미국과 일본을 비롯한 다른 나라에서도 이와 유사한 지역기반 사회교육기관의 모델이 되었다. 이와 관련하여 여러 이론가들은 세계 여러 나라에서 그룬트비히 교육사상이 어떻게 구현되어 왔는가를 역사적으로 고찰함으로써 역사적인 반성과 향후 발전과제를 모색하기도 하였다(Collins, 1984; Toiviainen, 1995; Hagston, 2000; Kulich, 2002; Schuster, 2003). 이와 관련하여 각 국가별로 그룬트비히 교육사상이 파급된 양상과 특징을 살펴보면 다음과 같다.

북유럽의 경우, 1864년에 그룬트비히의 두 제자에 의해 노르웨이 하마르(Hamar)에 사가툰(Sagatun) 평민대학이 설립되었으며, 1868년에는 스웨덴에 최초로 평민대학이 설립되었다(유달영, 1962; Rødam, 1980). 또한 1889년에는 소피아 해그만(Sofia Hagman)에 의해 핀란드의 캉살라(Kangsala)에 최초로 핀란드어를 사용하는 평민대학이 설립되었으며, 스웨덴계 핀란드인을 위한 평민대학도 설립되었다. 19세기 러시아의 압력하에 있었던 핀란드는 민중교육을 억제하려는 러시아의 억압을 견디면서 평민대학을 설립하였다(Rœdam, 1980; Schuster, 2003: 137). 핀란드의 평민대학은 그룬트비히의 이념을 따라 민족문화와 시민교육, 실생활과 직결된 교육을 강조하였다. 그러나 그룬트비히의 본래 이념에 비해 학생들의 자발적인 참여와 상호학습, 토론은 비교적 덜 강조된 것으로 지적되고 있다(Schuster, 2003: 140). 덴마크, 스웨덴, 노르웨이 및 독일 등의 유럽 국가에서는 그룬트비히 지향적 교육이 처음에는 민간 차원에서 시작되었으나 점차 국가의 후원을 받게 되었다. 그러나 국가로부터 큰 후원을 받음에도 불구하고 교육기관의 운영은 비교적 내적인 간섭과 통제 없이 추진되는 전통을 이어 오고 있다(유달영, 1962: 164; Rœdam, 1980: 147-159).

영국의 경우는 1909년 퀘이커 교도인 캐드베리(George Cadbury)에 의해 영국 최초의 평민대학인 퍼크로프트(Fircroft) 학교가 설립되었다(유달영, 1962: 222). 미국의 경우는 1874년에 덴마크계 이주민을 중심으로 덴마크 민족성을 보존하기 위해 평민대학이 최초로 설립된 후 여러 지역으로 파급되었으나 급속한 미국화로 인해 크게 성장하지는 못했다. 그러나 그룬트비히의 교육사상은 린드만(Eduard Lindeman), 호튼(Myles Horton), 노울즈(Malcolm Knowles), 노울튼(Martin Knowlton), 캠벨(John Campbell) 등과 같은 미국의 사회교육자들에게 큰 영향을 미쳤다. 그들은 평민대학을 모델로 하여 애쉬랜드 컬리지(Ashland College), 하이랜더 평민학교(Highlander Folk School), 엘더호스텔(Elderhostel) 등의 평민 대상 교육기관을 설립하였다(Roberson, 2002). 특히 호튼은 1931년 가을부터 1932년 봄까지 덴마크에 머물면서 여러 곳의 평민대학을 방문하고 연구하였으며 이를 바탕으로 미국에 평민대학의 모델을 적용하기 위한 노력을 기울였다. 특히 그가 미국 남부지역에 덴마크 평민대학을 모델로 설립한 하이랜더 평민학교는 미국의 현대 사회교육 발전에 크게 기여한 것으로 평가받고 있다(Toiviainen, 1995). 하이랜더 평민학교는 한때 정부와의 이념적 불일치로 인해 지원보다 오히려 통제와 감시를 받았다는 점에서 일반적인 스칸디나비아 국가의 경우와 대비된다. 이는 국가의 기본 이데올로기적 측면에 따라 그룬트비히 교육사상의 실현 조건이 크게 달라질 수 있음을 의미한다.

또한 일본은 이 교육제도에서 많은 영향을 받아 관련 책자가 많이 발간되었고 북해도를 비롯한 여러 지역에 '국민고등학교'가 설립되었다(유달영, 1962: 228). 일본에는 덴마크 평민대학을 모방한 '국민고등학교'라는 이름의 학교가 1930년대에 54개나 설립되었다. 그러나 일본의 국민고등학교는 전시 군부에 협력하여 침략전쟁을 돕다가 패전과 함께 모두 문을 닫았다(풀무학교, 2007: 53). 이는 평민대학과 유사한 성격의 교육기관이 자칫하면 국가주의의 수단이 될 수도 있음을 보여 주는 역사적 사례다. 그러나 이러한 부정적인 사례에도 불구하고 이후에도 그룬트비히 교육사상을 제대로 계승한 학교가 그 맥을 이어 오고 있다.

이와 같이 그룬트비히의 교육사상은 각 국가별로 당시 불모지와 다름없었던 사회교육의 기초를 닦는 데 결정적인 기여를 했다고 볼 수 있다. 또한 전 세계로 뻗어 나간 평민대학들은 각 설립자의 사상이나 그 나라의 상황에 따라 다양한 형태로 발전하였음을 알 수 있다. 그렇지만 여러 나라에서 그룬트비히의 교육사상에 기초하여 설립된 교육기관들은 공동체를 강조하는 기숙제 교육, 인문·자유교육적 성격, 자격증이나 학위와의 무관성, 국가의 개입으로부터의 자유 지향 등과 같은 공통점을 가진다(Kulich, 2002). 이러한 공통점은 각 나라의 사회교육이 전반적으로 유사한 성격을 갖는 데에도 영향을 미쳤다고 볼 수 있다.

2. 그룬트비히 지향적 한국 사회교육의 전개과정

1) 일제강점기 그룬트비히 지향적 사회교육의 전개과정

(1) 그룬트비히 지향적 농촌 운동의 도입과정

우리나라에서 덴마크와 그룬트비히에 대해 본격적으로 관심을 가지기 시작한 때는 일제강점기였던 1910~1920년경이다. 당시 민족지도자들은 우리와 비슷한 상황에서 다양한 사회운동을 통해 국가적으로 혁명적인 부흥을 이루었던 덴마크에 대해 관심을 가지게 되었다. 도산 안창호의 경우에도 말년에 덴마크에 큰 흥미를 가지고 구국의 길을 덴마크의 역사에서 찾고자 하였다(이순형, 1975; 김기석, 2005).

1920년대부터는 덴마크를 직접 방문하여 그 나라의 사회구조와 교육, 농촌운동 등을 직접 배워 오는 사람들도 나타났다. 특히, 개신교계 대표들의 덴마크 농촌 시찰이 활발하게 이루어졌다. 1927년에는 YMCA 총무인 신흥우와 홍병선이 공동신용조합과 평민대학을 배우고자 덴마크를 방문하였고, 1928년에는 양주삼과 김활란도 덴마크를 방문하였다. 이와 같은 기독교 인사들은 덴마크의 그룬트비히를 소개하며 이를 농촌 운동의 모델로 삼고자 했다.

> 그것은 종교가이며 교육가인 크론틔취씨가 잇는 까닭이다. 그는 정말(丁末: 덴마크)을 구함이 국민교육진흥에 잇스며 기독교 신앙의 역(力)에 의할 것을 간파하고 국민고등학교를 설립하야 성서, 정말의 역사, 국어, 수학, 농업, 상업 등을 교수하야…(이순기, 조선의 현상과 각자의 사명, 〈청년〉 1926년 10월호, 10-11; 한규무, 1997: 100에서 재인용).

이에 따라 개신교회에서는 덴마크의 평민대학을 모방한 농민교육기관을 설립하였으며 박인덕은 조선기독교청년연합회를 통해 '정말국민고등학교'라는 책자를 간행하기도 하였다(한규무, 1997: 100에서 재인용). 그 결과, YMCA 농촌부(1925), YWCA 농촌부(1928), 장로교회 농촌부(1928), 감리교회 농촌부(1928), 농촌사업협동위원회(1930)가 잇달아 설립되었다. 각 단체의 농촌부는 농사강습소 설치, 농촌수양회 개최 등과 같은 교육활동과 농사개량 운동, 협동조합 운동, 출판 사업 등을 통해 농촌을 변화시켜 나가고자 했다.

이러한 활동을 해 온 중심인물들은 대부분 지식층 교인, 외국전문가들이었다. 이들은 합법적인 온건노선을 강조하고 생산증가를 강조하며 정신적 · 도덕적 각성을 중시하였다. 이들은 이러한 활동을 하는 데 있어 덴마크 농촌을 모델로 하였으며 문맹퇴치, 단체조직, 농사개량, 지도자 양성의 순으로 사업을 이어 갔다(한규무, 1997).

(2) 농촌지도자 양성 사회교육의 전개과정

1930년대에 들어 민족진영의 지도자들은 현지의 농민 가운데서 지도자가 나와야 한다는 자각과 더불어 농촌지도자 양성에 노력을 기울이게 되었다. 농촌지도자 양성기관은 시간이나 재정문제 때문에 농업학교에 진학할 수 없는 사람들을 위한 단기학교였지만, 매년 여름 또는 겨울마다 3년 동안 수업하였기 때문에 농사강습회보다는 훨씬 깊이 있는 지식과 경험을 쌓을 수 있었다. 이러한 농촌지도자 양성기관의 목적은 단순히 농업전문가를 양성하는 데 그치지 않고 궁극적으로는 농업발전을 통한 민족의 갱생까지도 염두에 두는 것이었다. 또한 덴마크의 평민대학을 직접적인 모델로 삼았다는 공통점이 있다. 이와 관련하여 농민수양소 개설에 대한 기록을 언급하면 다음과 같다.

> 동 수양소는 정말의 국민고등학교의 정신을 참작하여 금일 조선농촌에 적합하도록 농촌 청년을 수양식히어 그들에게 희망과 생의 깃븜을 주며 지식과 기량을 주고저 하는 것이다(농민수양소 개강, 〈청년〉 1932년 12월호, 16; 한규

무, 1997: 206에서 재인용).

그러나 당시 우리나라에 설립된 농촌지도자 교육기관들은 덴마크 평민대학에 비해 농업 및 축산에 관한 실제적인 내용을 상대적으로 많이 담고 있다는 점에서 차이가 있다. 덴마크 평민대학의 경우 농업에 관한 내용이 의외로 적은 것에 비해 이 기관들은 농업에 관한 내용이 전체의 1/2 정도에 해당되었다(한규무, 1997: 210). 당시의 농촌지도자 교육기관들이 덴마크의 그룬트비히 교육사상을 계승하고 평민대학의 설립취지와 학생자격, 운영방법 등을 모델로 삼았지만 교육내용 측면에서는 한국의 실정을 감안하여 농업기술과 같이 실제적인 내용을 많이 담고 있었던 것이다. 그러나 이와 같은 기독교계의 농촌부 활동은 1937년 중일전쟁을 일으킨 일제의 탄압과 교회내부의 반대에 부딪쳐 와해되었다.

그룬트비히 교육사상에 기초한 농촌지도자 양성과 관련하여 특히 중요한 위치를 차지하고 있는 인물로 배민수(1896~1968)를 들 수 있다. 배민수는 숭실전문학교 시절에 고당(古堂) 조만식(曺晩植, 1883~1950)이 중심이 된 기독교 농촌연구회를 통하여 농촌 운동을 전개하였다. 배민수는 이 모임을 통해 기독교 신앙을 바탕으로 자본주의의 모순을 개선하기 위한 기독교 농촌공동체를 형성하고자 하였다(배민수, 1999: 256-257). 이 모임의 회원들은 교육적인 측면에서 그룬트비히와 평민대학의 영향을 받았다(방기중, 1999: 129). 배민수는 1933년 이후 장로회 농촌부 총무가 된 후 그룬트비히의 평민대학을 모방한 사회교육기관의 운영을 주도하였다. 그것이 곧 이훈구와 함께 운영한 고등농사학원이다. 숭실전문학교 내에 개설된 고등농사학원은 덴마크의 평민대학을 모방한 3년 과정의 하기강습학교 형태로 운영되었는데 그 취지는 '농촌교회 지도자들에게 농업의 실제적 기술과 조선 농촌갱생 운동의 정신적 작흥을 수양케 한다' 는 것이었다(방기중, 1999: 182).

고등농사학원의 학생이 되기 위한 자격은 원칙적으로 각 노회에서 추천한 20~30세의 장로교 청년이었다. 이들은 대체로 농촌교회의 청년지도자들로서 자작농 이상의 계급적 기반을 갖는 농민층이었다. 강사진은 농촌부 그룹(김성원, 유재기 등)과 숭실전문학교 농학과 교수진(이훈구, 명재억, 김응용, 최응천, 김상근, 김병하 등) 및 기타 초빙 강사가 동원되었으며 배민수는 농촌복음(성경) 과목을 담당하였다(배민수, 1999: 257-258; 방기중, 1999: 182). 강의내용은 오전에는 예배와 학습, 오후에는 전시농장에서의 실습과 노동을 병행시킴으로써 이론만이 아닌 생활 속의 신앙과 실천을 통한 배움을 갖게 했으며 이론적인 것보다 실천적인 교육이 주를 이루었다. 고등농사학원은 1936년까지 2회에 걸쳐 49명의 졸업생을 배출하였으며, 이들 졸업생 가운데 일부는 출신지역에 돌아가 협동조합 운동, 공동농장, 문해교육 등의 각종 농촌 운동을 전개하였다(한규무, 1997: 171-172). 이와 관련하여 일제강점기 그룬트비히 지향적 농촌지도자 양성기관의 운영 현황을 정리하면 다음과 같다.

〈표 5-1〉 일제강점기 그룬트비히 지향적 농촌지도자 양성기관의 운영 현황

기관명	설립시기	운영주체	특징
농촌사업지도자 강습소	1929년~1930년	농촌사업협동위원회	• 각 기독교 단체들이 연합하여 조직 • 비기독교인에게 개방적 • 선교사 위주 운영
고등농사학원	1932년 7월	장로교, 숭실전문학교와 협력(원장: 이훈구, 실무: 배민수)	• 교인 중심 • 3년에 걸쳐 매년 여름 약 2개월 • 평양숭실전문학교에서 실시
농민수양소	1932년 11월	YMCA, 연희전문학교와 협력(소장: 이기태)	• 11월 중순에서 2월 중순까지(3개월) • 신흥우, 이기태, 현동완, 홍병선
농촌부녀지도자 수양소	1934년	YWCA	• 18세 이상 여성 대상 • 종교 무관 • 교육기간 약 1개월

(3) 대안학교 형태의 사회교육 전개과정

그룬트비히의 교육사상은 남강 이승훈(南崗 李昇薰)을 비롯한 민족진영의 여러 교육운동가들에게 큰 영향을 미쳤다. 그 당시 이들이 설립한 학교들은 일제가 설립한 정규학교가 아닌 대안적인 성격을 가진 비정규 학교였다는 점에서 오늘날 학교형태의 사회교육기관들과 비슷한 성격을 가졌다.

이승훈은 오산학교 설립 이후 덴마크의 교육사조와 그룬트비히의 교육사업에 대해 알게 되었다. 실과주의(實科主義)와 실업교육의 중요성에 대하여 일찍부터 깨닫고 있었던 이승훈은 덴마크 교육사조를 더욱 자세히 알기 위하여 미국에서 돌아온 YMCA의 이대위(李大偉)를 포함한 많은 이들과 접촉하였다(김기석, 2005: 282). 이와 같이 덴마크의 교육사조를 접한 이승훈은 덴마크의 농민대학 교육을 모방한 농과대학 설립을 시도하였다(김기석, 2005: 284-286; 백승종, 2002: 315).

한편, 이승훈과 교분이 있었던 김교신(金敎臣), 함석헌(咸錫憲) 및 이찬갑 등도 모두 덴마크의 농촌에 주목했다. 김교신은 양정학교 학생들에게 덴마크 농촌에 관한 강연을 주선했다(김교신, 2001: 256). 함석헌의 경우도 1939년 봄 오산학교를 떠나서 평양으로 이사하여 송산학원을 운영했다. 그 학교도 덴마크의 평민대학을 본받은 것이었다(백승종, 2002: 180). 1940년 3월 김두혁으로부터 평양근교 송산농사학원의 경영 및 관리를 인계받은 함석헌은 13명 남짓한 학생들에게 성경, 역사, 조선어를 가르쳤고 오후에는 농사를 지었다(김성수, 2005: 65).

이 외에도 당시 덴마크 평민대학의 영향을 받은 농업학교가 여러 곳에서 설립되었다. 이와 관련하여 당시 주요 농업학교 현황을 정리하면 〈표 5-2〉와 같다.

〈표 5-2〉 일제하 민족진영의 농업학교 설립 현황

설립시기	학교명	장소	설립 및 운영자
1929	신천농민학교	황해도 신천군	왕재덕(여류 실업가) 설립, 교장 조민형
1931	숭실전문학교	평양	장로교, 교수진 이훈구 등
1932	공주영명실수학교	충남 공주	감리교
1933	광주농촌실습학교	전남 광주	광주 YMCA
1934	마산복음농업실수학교	경남 마산	장로교, 18~25세 덴마크 평민대학식
미상	동래여자실수학교	부산	장로교
1934. 4	송산고등농사학원	평남 대동군	교장 김두혁, 이사 조만식, 고문 안창호, 1939년에 함석헌이 맡아 운영
1936. 4	금석산 농사학교	평북 영미	김수장

출처: 한규무(1997: 189-190)에서 정리.

당시의 농업학교는 독자적인 건물과 시설을 갖추고 있었고 그 분야를 전공한 전임교사를 두고 있었으며, 정해진 시험을 거쳐 뽑힌 학생들이 1~3년의 기간 동안 합숙하며 교육을 받았다는 점에서 이전의 농사강습회보다는 매우 형식성이 높은 교육기관이었다.

2) 해방 이후 그룬트비히 지향적 사회교육의 전개과정

(1) 농촌지도자 양성을 통한 그룬트비히 교육사상의 계승 과정

해방 이후 일제에 저항하고자 하는 목적은 사라졌지만 그룬트비히 교육사상에 기초한 농촌지도자 양성 사회교육의 전통은 계속 이어졌다. 먼저, 배민수는 1954년에 대전에서 기독교농민학원을 창설하여 일제강점기에 미처 이루지 못했던 꿈을 계속적으로 실천하였다. 교육은 동절기를 이용한 3주 코스의 단기 합숙강습으로 진행되었고 1956년 초까지 6회에 걸쳐 각지 교회의 추천을 받은 수백 명의 남녀 농촌지도자가 수강하였다. 강습에는 종교론, 농촌경제, 협동조합론, 농촌부흥론, 신생활 운동 등의 농업경제 및 생활개선 과목, 농사개량 및 축산을 비롯한 각종 영농관계 과목과 농촌위생 등의 교과목이 개설되었으며, 배민수를 비롯해 김호식, 채병석, 김성원, 이태현 등이 강사로 참여하였다(방기중, 1999: 269). 이 과정은 1956년 3월에 8개월의 장기강습과정으로 발전하였고, 1959년 제4기부터 여자수강생에 대한 별도의 3개월 단기강습과정이 개설되었다. 또한 1964년에는 기독교여자농민학원을 별도로 설립하였고 1966년에는 경기도 고양군 일산에 삼애농장을 마련하여 삼애농민학원을 설립하였다. 기독교농민학원 설립 후 1962년 제8기까지 남자 원생 220명과 1966년 제27기까지 여자 원생 600명 등 총 820명의 수료생을 배출하였다(방기중, 1999: 274).

이와 같이 생애에 걸쳐 농촌지도자 양성 운동을 추구한 배민수의 사상에는 그룬트비히의 삼애정신이 매우 큰 영향을 미쳤다. 이와 관련된 내용을 인용하면 다음과 같다.

> 삼애정신은 신국건설 운동으로 변화된 배민수의 민족 운동의 핵심이념이라 말할 수 있다. (중략) 삼애(三愛)란 하나님을 사랑하자, 농촌을 사랑하자, 노동을 사랑하자를 말한다. 삼애정신이란 그룬트비히가 제창한 애신(愛神), 애인(愛人), 애토(愛土) 정신에서 유래하여 세계 기독교 협동조합 운동의 일반적인 실천 이념으로 보급된 것으로서 1920년대 기독교농촌연구회 시절 이래 배민수 그룹 역시 이를 예수촌 건설의 기본 정신으로 제창해 온 것이다. 배민수의 삼애정신은 그룬트비히의 삼애정신에 영향을 받은 것으로 애신, 애린, 애토라고 하는 삼애이념에서 애신과 애린을 하나로 보고, 애신(愛神), 애농(愛農), 애로(愛勞)라는 삼애정신으로 정리한 것이라 할 수 있다(방기중, 1999: 271-272).

이와 같이 배민수는 우리나라 개신교 농촌 사회교육의 맥락에서 덴마크의 그룬트비히의 정신을 우리나라의 실정에 맞게 적용하고자 한 대표적인 인물이다.

한편, 그룬트비히의 교육사상에 기초한 농촌지도자 양성의 전통은 해방 후 김용기의 가나안농군학교를 통해서도 이어졌다. 김용기는 이미 일제강점기 봉안이상촌 운동을 추진할 때부터 그룬트비히와 한국의 기독교 농촌 운동의 영향을 받았다. 해방 이후에도 1962년에 가나안농군학교를 설립하여 보다 본격적으로 농촌의 발전을 위한 사회교육 활동에 매진했다. 김용기는 덴마크가 이상촌 나라를 건설할 수 있었던 것은 바로 그룬트비히의 "흙을 사랑하자, 이웃을 사랑하자, 하나님을 사랑하자"라는 삼애정신에 있었다고 간파하였다(김용기, 1970: 280-281). 또한 그는 그룬트비히가 자국어를 중시하고 교육방법상 재래식 지식의 주입에 그치는 교육이 아닌 실생활에 맞는 교육을 강조한 것을 높이 평가했으며 평민대학의 교육내용, 교육방법, 성격에 대해 자세히 파악하고 있었다(김용기, 1970: 130). 또한 김용기는 일제하 농촌이상촌 건설 운동을 전개하는 과정에 농촌 운동가인 배민수를 초청하여 농촌 운동체제에 대한 강연을 들은 바 있었다(김종일, 1985). 이러한 것을 종합해 볼 때 그룬트비히와 배민수, 김용기의 직간접적인 연계성을 파악할 수 있다.

(2) 지역대안학교 운동을 통한 그룬트비히 교육사상의 계승 과정

한편 청소년을 대상으로 하는 대안학교의 형식으로 그룬트비히의 정신을 체계적으로 교육현장에 적용한 인물로서 이승훈의 종증손(형제의 증손자)인 밝맑 이찬갑(1904~1960)을 들 수 있다. 그는 1958년 평민대학을 모델로 오산학교의 정신을 이어받아 충남 홍성군 홍동에서 지역 운동을 펼쳤던 주옥로와 함께 풀무학교를 설립하였다. 풀무학교의 개교는 식민지 시대 말기 오산학교와 평양의 송산학원이 못다 이룬 뜻을 다시 펴고자 하는 노력으로 이해할 수 있다(홍순명, 2002: 39-40). 그것은 곧 교회, 학교, 지역공동체를 통해 궁극적으로 국가를 구하고자 했던 그룬트비히의 정신과 연결된다. 풀무학교에 영향을 준 사상가 중 그룬트비히와 관련된 언급을 살펴보면 다음과 같다.

> 설립자 이찬갑 선생님은 이북 오산학교에 몸담았던 분으로 그 학교 정신과 실천의 정수인 분입니다. 이찬갑 선생님은 덴마크의 국민고등학교 교육에 심취했던 분이기도 한데요, 주옥로 선생님과 함께 김교신, 함석헌, 노평구 선생 같은 무교회주의 기독교 사상가들과 가까웠습니다. 따라서 풀무도 그런 정신과 분위기의 영향을 많이 받았다고 할 수 있습니다(홍순명, 2002: 226).

이찬갑과 그룬트비히 또는 덴마크 평민대학과의 관계는 여러 곳에서 나타난다. 그는 덴마크식의 평민대학 및 전인교육을 목적으로 한 사립학교의 운영에 관하여 좀 더 구체적인 실무지식을 습득하기 위해 일본에 체류하기도 하였다(백승종, 2002: 41). 이찬갑은 1938년 6월 중순부터 12월까지 다시 일본으로 건너가서 시즈오카 현에 있던 금련국민고등학교에서 근무했으며, 1939년 전반기에는 무사시노 학원과 타마가와 학원을 시찰하였다. 금련국민고등학교는 뜻있는 일본의 지식인들이 덴마크의 평민대학을 본떠 설립한 학교였다(백승종, 2002: 114). 이와 같이 이찬갑의 교육운동은 덴마크의 농촌을 부흥시킨 그룬트비히 정신에 바탕을 두고 있었다(백승종, 2002: 47). 또한 1958년 4월 23일 풀무학교가 문을 열던 날에 이찬갑은 입학 연설을 통해 덴마크의 그룬트비히와 크리스티안 콜드 및 평민대학에 대해 길게 언급한 바 있다(이찬갑, 1983: 72-74; 풀무학교, 2007: 54). 또한 이찬갑은 그룬트비히와 동일하게 평민의 언어를 강조하였다. 이와 관련된 내용을 살펴보면 다음과 같다.

> '자기의 언어를 새로이 지각하며 정당하게 옹호한다는 것은 즉, 자기의 역사를 자각하며 자기의 의식을 북돋우는 것이다.' 역사와 말을 통해서 '의식'을 키울 수 있다고 하는 강한 신념이 여기에 표출되어 있다. 이러한 생각은 이찬

> 갑이 알기로는, 멀리 덴마크의 목사요 시인인 그룬트비히에게까지 소급되는 주장이었다. 이찬갑은 그룬트비히의 견해를 받아들여서 일평생 내 나라의 역사와 말을 중시했던 것이다(백승종, 2002: 307-308).

풀무학교가 교육을 통해 추구하고 있는 평민교육, 전인교육, 삶으로서의 교육, 종교교육의 원리는 그룬트비히가 강조했던 평민대학의 교육원리와 매우 흡사한 것으로 평가받고 있다(이진우, 2004: 64). 특히 풀무학교는 학습자의 주체적 참여를 강조하는 긍정적인 사례를 제공한다는 점에서 의의가 있다. 풀무학교의 교과과정은 여러 분야의 특강, 발표, 토론을 위한 주 1회 '문화시간'을 포함한 '자유 교양 시간'과 '보통교과' '실습시간'을 각각 10: 60: 30% 비율로 짜되 능력별 반 편성, 폭넓은 선택 교과 운영, 조사 · 발표 · 실습 · 공동학습 등을 통해 학생의 참여를 높이고 있다. 또한 학생회를 중심으로 교사회, 학부모회, 운영회(이사회), 수업생회(동창회)가 함께 협력 보완하고 있다(홍순명, 2002; 정병호, 2000; 김은산, 1996). 풀무학교는 이와 같이 학습자의 주체성을 최대한 존중함으로써 그룬트비히의 교육사상을 보다 잘 구현하고 있다고 볼 수 있다.

3) 해방 전후 그룬트비히 교육사상에 기초한 한국 사회교육활동의 계보와 주요기관

이와 같이 당시 우리나라의 교육계는 해방을 전후하여 덴마크 그룬트비히 사상과 평민대학에 관심을 갖고 이를 적용하기 위한 노력을 기울였다. 우리나라에서 그룬트비히 교육사상에 기초한 교육기관들이 인성교육, 공동체 생활, 국어 및 역사 교육을 강조한 것은 평민대학과 매우 유사한 점이었다. 그러나 그 기관들이 덴마크 평민대학의 경우보다 농업 실무를 더 많이 강조한 점에서는 다소 차이가 있다고 볼 수 있다.

우리나라에서 그룬트비히 교육사상에 기초한 사회교육은 해방을 전후하여

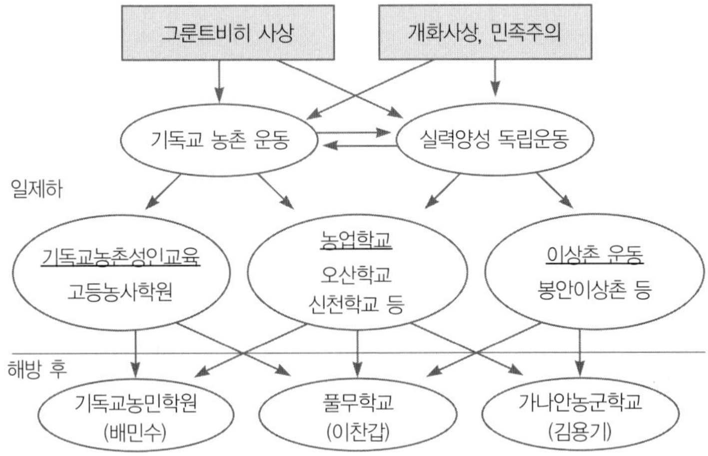

[그림 5-1] 우리나라 역사에 나타난 그룬트비히 지향적 사회교육 활동의 관계도

기독교 중심의 농촌 운동과 실력양성 독립운동의 사회적 영향을 받아 농촌지도자 양성교육과 대안학교적 운동을 통해 이루어졌다. 이러한 흐름들은 서로 긴밀하게 교류되면서 해방 전후에 걸쳐 다양한 성격의 사회교육기관을 창출하였다. 이와 같은 사회교육기관들 사이의 관계를 표현하면 [그림 5-1]과 같다.

한편, 한국에서 그룬트비히 교육사상에 기초한 사회교육은 교육기관의 형식, 주요 대상, 교육내용, 지역과의 관계 면에서 상이한 형태로 발전하였다. 풀무학교는 개교 당시 대안교육의 성격을 가진 비형식적 사회교육기관이었으나 현재에는 대안학교적 정규학교로 운영되고 있다. 일반 성인 중심의 비형식 교육기관 중에서는 가나안농군학교가 그 정신을 계승하고 있다고 볼 수 있다. 전반적으로 형식의 측면에서는 비형식에서 시작되었지만 점차 형식성이 강화되는 방향으로 발전하였으며 대상의 측면에는 좁게 기독교인 청년부터 넓게 일반 성인까지 다양한 양상을 띠고 있다. 내용도 기관에 따라 농업실무와 교양을 함께 강조하는 경우도 있고 교양 중심으로 이루어지는 경우도 있다. 이와 관련하여 그룬트비히 교육사상에 기초한 대표적인 사회교육기관의 성격을 비교하면 다음과 같다.

〈표 5-3〉 우리나라의 대표적인 그룬트비히 지향적 사회교육기관의 성격 비교

구분	기독교농민학원	풀무학교	가나안농군학교
설립시기	1954년	1958년	1962년
설립자	배민수 외	이찬갑, 주옥로	김용기
형식	비형식적	초기: 비형식(비인가) 후기: 형식(인가)	비형식적
주 대상	기독교인 청년	청소년	농민지도자/일반 성인
주요 내용	교양과 실무	교양과 실무	초기: 교양과 실무 후기: 교양 중심
지역과의 관계	지역외부 지원형	지역밀착형	초기: 지역 외부 지원형 후기: 탈지역형

이와 같이 우리나라에서 그룬트비히 교육사상에 기초한 사회교육기관들은 질적인 면에서 다각도로 변천하였지만 양적인 면에서 크게 성장했다고 보기는 어렵다. 그러나 그룬트비히 교육사상에 기초한 사회교육기관들은 오랜 전통과 깊이 있는 사상적 토대를 가지고 있으며 우리나라 사회교육 각 분야에서 매우 중요한 위상을 차지하고 있다.

3. 그룬트비히 교육사상에 기초한 한국 사회교육의 성격과 의의

1) 그룬트비히 교육사상에 기초한 한국 사회교육의 성격

앞에서 살펴보았듯이 그룬트비히의 교육사상은 한국의 사회교육 토대의 성립과 발전에 매우 커다란 영향을 미쳤다. 어떤 의미에서 한국의 사회교육은

그룬트비히의 교육사상과 더불어 시작되었다고도 볼 수 있다.

우리나라에 영향을 미친 그룬트비히 교육사상은 다른 나라의 경우와 마찬가지로 우리나라의 독특한 상황 속에서 고유한 특징을 갖고 발전하였다. 각 나라마다 그룬트비히 교육사상에 기초한 사회교육은 전인교육과 공동체를 강조하고 생활 위주, 평민 위주 교육을 실시했다는 점에서 공통점을 가지고 있지만 우리나라의 경우 특이하게 나타나는 부분도 있다. 반대로 그룬트비히 교육사상의 원형에서 다소 벗어나거나 다른 나라와 비교하여 미흡한 양상을 드러내기도 하였다. 이와 관련하여 그룬트비히 교육사상에 기초한 한국 사회교육의 성격을 구체적으로 살펴보면 다음과 같다.

(1) 실용에 앞선 정신적인 가치의 추구

우리나라에서 그룬트비히 교육사상에 기초한 사회교육은 다른 나라에 비해 정신적인 면과 실용적인 면의 조화를 보다 강하게 추구하고 있다. 우리나라에서 그룬트비히 교육사상에 기초한 사회교육의 특징은 경제발전의 절박한 필요 속에서도 정신적인 면의 중요성을 간과하지 않았다는 것이다.

이러한 특징은 초창기 그룬트비히 교육사상이 도입될 당시부터 농촌 운동가들에게 일반적으로 나타났다. 이와 관련하여 덴마크를 방문하고 온 양주삼은 "정신적 · 도덕적 뒷받침이 없는 농촌 운동은 조선민중의게 유익을 만이 주지 못하고 도리혀 자본주의자의 이용물이 되기 쉬우며 또 불량자의 죄악이나 더 증진하게 될 것이라"고 경고하였다(한규무, 1997: 98에서 재인용). 조민형도 조선농촌구제책을 제시하면서 "농촌진흥이 즉 경제 운동이 아니다. 정신상 기초가 없는 경제 운동은 일일이 실패에 도라가고 만다. 그런고로 우리는 먼저 정신 운동 즉 종교 운동으로 농촌운동의 첫거름을 삼지 아니하여서는 안될 것이다"라고 주장하였다(한규무, 1997: 99에서 재인용).

김교신도 같은 맥락에서 당시 우리의 지식인들이 덴마크로부터 협동조합운동이나 농촌사업 등과 같이 농촌의 경제적 발전의 수단만 배우려는 것을 경계하면서 그 기초가 되는 신앙이나 정신적인 면의 중요성을 강조하였다(김교신, 2001: 31). 같은 맥락에서 이찬갑도 덴마크의 지도자들을 단순한 농촌경제 발전을 위한 운동가들이 아니라 정신적인 면을 깨우친 이들로 평가하며 정신적인 교육의 중요성을 강조하였다(이찬갑, 1983: 73). 이러한 원리는 안창호, 이승훈, 김용기, 배민수 등의 사상에서도 폭넓게 찾아볼 수 있다. 이와 같이 그룬트비히 교육사상과 맥을 같이하는 사회교육자들은 경제발전의 중요성을 인정하면서도 그 토대로서 정신적인 교육의 중요성을 강조하였다.

(2) 실무적 능력과 실생활 문제해결의 중요성 강조

우리나라의 그룬트비히 지향적 사회교육은 다른 나라에 비해 농업을 진흥시키기 위한 실무교육의 중요성을 많이 강조했다. 이것은 정신적인 면을 강조하지 않았다는 것이 아니라 실생활의 문제를 해결하고 사회를 변화시키기 위한 실무능력도 그에 못지않게 강조했다는 것을 의미한다.

이러한 교육은 학습 후 반드시 실천으로 연결될 것을 전제로 하였다. 그 실천은 많은 경우 협동조합 운동으로 연결되었다. 당시 협동조합 운동은 빈곤의 문제를 공동체적인 방법으로 함께 해결하기 위한 가장 유용한 수단으로 인식되었다. 이는 이승훈, 이찬갑, 배민수, 김용기 등 농촌을 배경으로 지역공동체적 교육운동을 벌였던 이들이 교육사업과 더불어 반드시 함께 시행했던 중요한 사업이었다. 고등농사학원의 경우 1936년부터 2회에 걸쳐 49명의 졸업생을 배출하였으며 이들 졸업생 가운데 일부는 출신 지역에 돌아가 협동조합 운동 등 각종 농촌 운동을 전개하였다(방기중, 1999: 183). 또한 풀무학교의 경우는 정신적인 면과 실용적인 면의 조화를 위해 '총합적 교육'을 강조했다. 이는 인문, 실업 통합형 교육과정을 운영하는 것으로서 일감 중심 체험교육, 프로젝트, 총체적 체험을 강조하는 교육을 중시한다(홍순명, 2002: 123).

이와 같이 우리나라에서 그룬트비히 교육사상에 기초한 사회교육은 정신적인 면과 더불어 실질적인 면을 강조하였다. 그런 면에서 우리나라의 그룬트비히 지향적 사회교육은 덴마크의 평민대학보다는 오히려 농민대학 모델에 더 가깝다고 볼 수 있다.

(3) 관념적인 공동체성을 초월한 지역공동체와의 구체적인 관계 형성

덴마크를 비롯한 다른 나라의 평민대학에 비해 우리나라의 경우는 시작단계부터 지역공동체와의 관계를 매우 중시하였다. 일제하에 각 지역에 세워진 농업학교는 그 지역사회의 지도자를 양성하기 위한 교육기관이었다. 이승훈이 설립한 오산학교의 경우 그룬트비히의 정신을 접한 이후 지역공동체성을 더욱 강화하였으며(김기석, 2005), 김용기의 경우도 그룬트비히의 정신에 입각하여 이상촌 운동을 실시하였고 가나안 농군학교의 경우도 지역사회와의 공동체적 관계를 직간접적으로 유지하였다(오혁진, 2008a). 풀무학교의 경우는 학교와 지역사회의 경계가 불분명할 정도로 지역사회와의 관계가 매우 밀접하다. 그런 면에서 우리나라의 그룬트비히 지향적 사회교육은 처음부터 지역공동체의 형성과 발전을 핵심적인 가치로 여겼다.

(4) 비정부 민간조직 차원의 자립적 운영 모델 제시

우리나라의 경우 대부분의 그룬트비히 지향적 사회교육조직들은 비정부 부문, 특히 기독교 중심의 자생적 조직이었다. 이들 기관들은 유럽의 많은 나라들의 경우처럼 국가적인 차원에서 지속적인 지원을 받은 것이 아니라 자립적으로 운영되는 대안교육의 형태로 존재해 왔다. 일제강점기에는 오히려 정부의 탄압을 받았고 해방 이후에도 정부로부터 체계적인 지원 없이 때로는 통제의 대상이 되기도 하였다. 이러한 이유 때문에 그룬트비히 지향적 사회교육기관들이 보다 활성화되지 못했다고 볼 수도 있으나 다른 한편으로는 생명력이 강하고 가치관이 뚜렷한 사회교육조직으로 발전한 측면도 있다. 그 점에서 우리나라의 그룬트비히 지향적 사회교육조직들은 체계적으로 국가의 지원을 받는 유럽의 일반적인 평민대학보다는 미국의 하이랜더 평민학교와 더 유사한 점이 많다. 이와 같이 우리나라의 그룬트비히 지향적 교육기관들은 국가적 지원이 없고 통제가 가해지는 상황에서 이를 극복하기 위한 자생적이고 자립적인 운영모델을 제시했다는 점에서 의의가 있다.

2) 우리나라 그룬트비히 지향적 사회교육의 한계

우리나라에서 그룬트비히 교육사상에 기초한 사회교육은 내적인 미성숙과 외적인 제약으로 인해 현실적인 면에서 한계를 드러내기도 했다. 즉, 공식적으로는 그룬트비히의 교육사상을 수용하고 이를 실천한다고 표방함에도 불구하고 실제로는 그렇지 못한 측면이 있는 것이다. 이러한 점을 몇 가지 살펴보면 다음과 같다.

(1) 학습자의 주체성에 대한 존중 미흡

우리나라의 경우는 전반적으로 덴마크의 평민대학이나 미국의 하이랜더 평민학교에 비해 민주주의나 학습자의 주체성이 강조되지 못했다. 당초 학습자의 주체성을 존중했던 덴마크의 평민대학과 달리 우리나라의 관련 교육기관들은 학습자의 주체성 자체보다는 다소 교수자 주도적이고 계몽적인 성격을 가지고 있었다. 예를 들어 배민수가 실시했던 농촌지도자 양성교육은 덴마크의 평민대학을 모델로 했지만 그 밑바탕에 복음주의 이념성의 관철을 특별히 강조했다는 점에서 덴마크의 평민대학과 차이가 있다(안철암, 2005: 80). 또한 호튼이 하이랜더 평민학교를 통해 교수 · 학습 과정에서 어떠한 형태의 권위주의적인 것도 배제하고자 노력했던 것과도 대비된다.

이러한 성격을 갖는 까닭은 그만큼 그 당시 사회적 상황이 암울하고 억압적인 상황에서 이를 극복하기 위해 일사분란하게 대항할 필요가 있었기 때문이라고도 볼 수 있다. 덴마크는 점진적인 사회개혁이 이루어져 왔고 정부가 재정적인 지원을 해 주었기에 평민대학이 구성원들의 주체성이나 교육의 다양성을 수용할 만한 여유가 있었지만 우리나라의 경우는 정부의 지원도 없었으며 오히려 탄압이나 통제의 대상이었기에 학습자의 주체성을 기본 바탕으로 삼거나 다양성을 추구할 만한 여유가 없었기 때문이다. 그러나 미국의 하이랜더 평민학교가 부정적인 환경 속에서도 학습자의 주체성을 최고의 가치로 추구했던 것에 비하면 우리나라의 경우 학습자의 주체성을 존중하기 위한 사회교육자들의 인식과 노력이 상대적으로 부족했다고 볼 수 있다.

(2) 제도적 차원으로의 발전적 승화 실패

덴마크, 스웨덴, 노르웨이, 독일 등의 유럽 국가에서는 민간 차원에서 시작된 그룬트비히 교육기관이 국가적 차원으로 발전함으로써 교육의 발전과 국가의 발전을 조화롭게 추구할 수 있었던 것에 비해 우리나라의 경우는 그러한 협력관계가 성공적으로 이루어지지 못했다. 국가가 그룬트비히 교육사상에 입각한 교육기관에 대해 관심을 가진 경우도 있었으나 그 정신을 건전하게 제도화하지 못하고 오히려 변형, 왜곡하는 결과를 가져오기도 하였다. 예를 들어, 배민수가 구상한 전후 농촌 운동은 그가 이승만 자유당 정권에 참여하게 됨에 따라 이승만 정권의 농업정책에 협조하고 그것을 보완하는 민간 '농촌진흥 운동'의 성격을 띠게 되었고, 나아가 부분적으로나마 이승만 정권과 밀착된 정치적 기능을 수행하는 결과를 가져오기도 하였다(방기중, 1999: 232). 또한, 김용기의 가나안농군학교도 국가와의 건전한 관계를 정립하여 제도적인 차원으로 승화하지 못하고 개별기관으로 자생적으로 발전할 수밖에 없었다. 정부가 김용기의 가나안농군학교의 영향을 받아 추진하고자 했던 농촌 운동도 그 기본정신을 충분히 반영하지 못한 채 차용하였다가 결국 왜곡되고 소멸되어 버린 것도 그 예라고 할 수 있다. 풀무학교의 경우도 애초부터 국가가 주도하는 정규 학교교육의 대안으로 시작되었으며 국가의 지원보다는 오히려 통제를 받지 않는 쪽에 더 비중을 두었다.

이와 같이 우리나라에서는 그룬트비히 교육사상에 기초한 사회교육기관의 자율성을 존중하면서 그 기관들을 제도적인 차원에서 건전하게 지원하는 전통이 확립되지 못하였다. 이는 우리나라가 북유럽에 비해 국가와 시민사회가 대등한 차원에서 상호협력하는 관계를 잘 성립하지 못한 사회적 배경과도 깊은 관계가 있다고 할 수 있다.

(3) 그룬트비히 교육사상에 기초한 사회교육기관 사이의 연계 부족

우리나라에서 그룬트비히 교육사상에 기초한 사회교육기관들은 외국의 경우처럼 전국적인 네트워크를 형성하지 못했다. 그 결과 일제강점기 그룬트비히의 교육사상에 기초한 농업학교는 대부분 일제의 탄압 속에서 쇠퇴하였으며 개인적인 차원에서 소규모로 명맥을 이어 왔다. 해방 이후에는 풀무학교나 가나안농군학교처럼 몇몇 교육기관들이 운영되어 왔지만 동일한 목표하에 연합하여 전국적으로 확산하는 데는 다소 한계가 있었다.

3) 현대 사회교육을 위한 그룬트비히 지향적 사회교육의 시사점

앞에서 살펴본 바와 같이 그룬트비히 교육사상에 기초한 한국의 사회교육도 다른 나라의 경우와 마찬가지로 그룬트비히의 교육사상을 완벽하게 구현했다고 볼 수는 없다. 그럼에도 불구하고 한국에서 그룬트비히 지향적 사회교육은 공동체적 가치를 강조하고 지역사회와의 관계를 중시했으며 정신적 가치와 아울러 실용적 가치를 끊임없이 추구하여 왔다. 이와 같은 그룬트비히 지향적 사회교육의 전통은 오늘날 정체성의 혼란을 겪고 있는 현대 사회교육(평생교육)의 실천에도 시사하는 바가 크다. 여기서는 이러한 역사적 교훈을 바탕으로 현대 사회교육의 실천과제를 제시하고자 한다.

(1) 사회교육의 목적 측면: 개인의 성장과 사회적 가치의 조화를 위한 방안 모색

오늘날의 사회교육은 개인의 성장과 더불어 사회적 발전을 동시에 추구해야 할 과제를 안고 있다. 구체적으로 현대사회는 자아실현, 국가의 경제적 경쟁력 제고, 사회적 포용, 시민의식 제고 등의 가치가 평생교육을 통해 동시에 종합적으로 이루어지기를 기대하는 것이다(공은배 외, 2001; 이희수 외, 2002; 김신일 외, 2003).

사실상 이러한 가치를 동등하게 추구한다는 것은 매우 어려운 과제임에 틀림없다. 그렇지만 덴마크를 비롯한 여러 나라와 우리나라에서 그룬트비히 교육사상에 기초한 사회교육이 이룩한 성공적인 사례들은 이러한 시도가 결코 불가능하지만은 않다는 것을 보여 준다. 그룬트비의 교육사상을 계승한 사회교육의 실천가들은 인류보편적 가치를 반영하는 삼애정신하에 현실 사회의 다양한 가치들을 서로 모순 없이 통합적으로 추구할 수 있었다. 그런 의미에서 현대사회에서 정신적인 가치를 추구하는 교육과 물질적인 가치를 추구하는 교육 사이의 간극이 더욱 벌어지는 상황에서 이를 다시 통합하기 위한 그룬트비히 지향적 사회교육의 원리를 적용하는 것이 곧 현대 사회교육에 주어진 과제다.

(2) 사회교육의 방법 측면: 학습자의 주체적 참여에 대한 강조

앞에서 살펴보았듯이 과거 핀란드나 우리나라에서 이루어진 그룬트비히 지향적 교육의 경우에는 그룬트비히 교육사상이 원래 강조했던 것만큼 학습자의 자율성이 그리 강하게 구현되지 못했다. 반면, 미국의 하이랜더 평민학교와 현대 한국의 풀무학교는 학습자의 주체성을 강조하는 그룬트비히의 교육사상을 성공적으로 계승했다고 볼 수 있다.

이러한 맥락에서 현대의 사회교육은 사회적 변화를 추구하는 과정에서 학습자의 주체적인 참여를 존중하는 그룬트비히 교육사상의 전통을 발전적으로 계승해야 한다. 학습자의 주체적 참여는 그룬트비히의 시대에도 중요했지만 참여민주주의가 중시되는 현대사회에서는 더 큰 의미를 갖는다. 사회교육이 사회운동과 다른 점은 사회적 가치를 추구하는 과정에서도 각 학습자의 주체적인 교육적 체험을 중요시한다는 것이다. 따라서 현대 사회교육은 어떠한 경우에도 학습자의 주체적 참여를 강조하고 돕기 위한 구체적인 방법을 모색해야 할 것이다.

(3) 사회교육의 내용 측면: 평민의 문화에 기초한 교육내용 강화

그룬트비히가 교육적 기반으로 삼았던 문화는 덴마크 평민의 언어와 역사 및 가치관이었다. 그는 이러한 문화를 교육의 기반으로 삼기 위해 기득권층이 국가의 공교육을 통해 관리하고 있는 정규 체제가 아닌 사회교육적 접근을 시도했던 것이다(김정환, 1995: 302). 그런 면에서 그룬트비히의 접근방식은 고급문화를 평민들에게 시혜하는 방식이 아니라 평민의 문화 자체를 기반으로 삼는 방식이었다. 이러한 방식은 우리나라에서도 이찬갑을 비롯한 여러 사회교육자들에 의해 부분적으로 강조되기도 하였다.

이러한 접근방식은 현대 사회교육의 실천과 관련하여 보다 중요한 과제를 제시한다. 그것은 사회교육이 평민에게 고급문화를 나눠 주는 교육기회의 평등만이 아니라 평민의 문화 자체를 존중하는 교육내용의 평등을 지향해야 한다는 것이다. 즉, 평민들을 위한 교육기회의 평등뿐만 아니라 평민의 문화를 존중하는 교육내용의 평등도 추구하는 것이다. 학교교육의 불평등을 평생교육이 확대재생산하는 경향이 강해지고 있는 현실 속에서 상류계층 중심의 고급문화만을 중시한다면 불평등을 원천적으로 극복하기 어렵다. 따라서 현대의 사회교육기관들은 평민을 위한 교육기회의 평등과 더불어 평민의 문화를 존중하고 발전시키기 위한 노력을 적극적으로 기울여야 한다.

(4) 사회교육의 현장 측면: 지역공동체를 지향하는 사회교육의 강화

우리나라의 경우 그룬트비히의 교육사상은 처음 도입될 단계부터 지역공동체와 밀접한 관계를 맺고 있었다. 이는 과거 농촌 중심의 사회뿐 아니라 오늘날에도 계속 발전적으로 계승해야 할 의미 있는 전통이다. 특히 지방자치와 지방분권, 지역화의 중요성이 커지는 현대사회에서 지역공동체를 지향하는 사회교육의 중요성은 더욱 커지고 있다. 따라서 사회교육의 관점에서 지역공동체를 형성하고 발전시키기 위한 노력이 지속적으로 요구된다.

(5) 사회교육의 추진 전략 측면: 사회교육조직의 연계 강화 및 제도화 모색

현대사회에서 사회교육이 더욱 발전하기 위해서는 보다 다양한 형태와 내용을 가진 사회교육조직들이 구성되어야 하며 이들 사이의 연계와 협력도 효과적으로 이루어져야 한다. 교육내용의 측면에서 보면 정신적인 면을 강조하는 사회교육조직은 물론 실용성을 강조하는 사회교육조직도 다양하게 필요하다. 교육대상의 경우에도 청소년을 대상으로 하는 사회교육조직은 물론 일반 성인을 대상으로 하는 조직도 필요하다. 제도적인 측면에서 보면 풀무학교처럼 형식교육기관은 물론 가나안농군학교처럼 비형식 교육기관도 필요하다. 물론 다양한 형태의 무형식적 학습동아리도 필요하다. 한편, 이러한 다양성에도 불구하고 사회교육조직들 사이의 연계와 협력이 강화되어야 한다. 현대사회의 네트워크화된 거대자본과 세계화된 외부권력의 통제를 막아 내기 위해서는 평민과 지역공동체를 기반으로 하는 사회교육조직들 사이의 주체적이면서도 협력적인 네트워크가 필요하다. 또한 이러한 성격을 가진 사회교육기관들이 제도적인 차원에서 건전하게 발전할 수 있도록 하기 위한 노력도 요구된다.

우리나라에서 일제강점기부터 해방 이후에 이르기까지 그룬트비히 교육사상에 기초한 사회교육은 실용에 앞선 정신적인 가치의 추구, 실무적 능력과 실생활 문제해결의 중요성 강조, 일반적인 공동체성을 초월한 지역공동체와의 구체적인 관계 형성, 비정부 민간조직 차원의 자생적 모델 제시라는 측면에서 특별한 의의를 갖는다. 반면, 우리나라에서 그룬트비히 교육사상에 기초한 사회교육은 현실적인 면에서 계몽주의적 접근 및 학습자의 주체성 존중 미흡, 제도적 차원으로의 승화 실패, 동일한 가치를 추구하는 사회교육기관 사이의 연계 부족 등에서 한계를 드러내기도 하였다. 이러한 의의와 한계는 현대 사회교육의 발전을 위한 시사점을 제공한다. 그것은 현대의 사회교육이 개인의 정신적 성장과 실용적 가치의 조화를 추구하기 위한 구체적인 방안을 모색해야 하고, 어떠한 경우에도 학습자의 주체성과 참여를 강조해야 하고, 평민의 언어와 문화에 기초한 교육내용을 강화해야 하며, 지역공동체를 지향해야 한다는 것이다. 또한 각 분야의 사회교육기관들이 각자의 주체성과 고유성을 존중하면서도 사회교육의 큰 가치 안에서 서로 연계하려는 노력과 건전한 제도화를 이루기 위한 노력도 필요하다. 이러한 실천과제들은 곧 현대 '평생교육' 의 활성화 속에서 은연중에 상실하고 있었던 사회교육의 원형을 회복하는 것이기도 하다.

그러나 그룬트비히 교육사상에 기초한 사회교육은 오늘날 도전을 받고 있다. 이는 모든 나라에서 정도의 차이는 있지만 공통적으로 나타나고 있는 현상이다. 그럼에도 불구하고 우리나라의 경우는 우리의 역사 속에 충분히 존재해 왔던 그룬트비히 지향적 사회교육의 역사적 가치에 대해 깊이 있게 인식하지 못하고 있다는 데 더 큰 문제가 있다. 우리의 역사 속에 오늘날의 문제를 해결하는 데 도움이 될 만한 충분한 자양분이 있음을 인식해야 할 것이다. 특히 일제강점기의 가장 암울한 시기에 온갖 탄압과 열악한 여건 속에서도 그룬트비히의 교육사상을 이 땅에 실천하고자 노력했던 사회교육 선각자들의 모습은 오늘날 우리들에게 시사하는 바가 매우 크다. 권력과 금력이 우선시되고 인간과 자연의 존엄성이 상실되는 현대사회에서 인간의 자유와 공동체, 그리고 자연 환경의 보존을 강조하는 그룬트비히 지향적 사회교육의 필요성은 더욱 커지고 있다. 특히 지역과 공동체를 강조하며 주체성과 자유를 존중하는 그룬트비히의 교육사상은 지역의 자립적 운영과 발전을 공동체적으로 추구하는 지역공동체 사회교육을 통해 더욱 적극적으로 계승될 필요가 있다. 이러한 노력들이 하나가 될 때 오늘날 '평생교육' 이 겪고 있는 방향 상실과 정체성의 혼미는 상당 부분 해소될 수 있을 것으로 기대된다.

제6장

한국 지역공동체 사회교육의 역사와 의의

전통적으로 사회교육은 지역사회를 기반으로 이루어졌다. 그런 의미에서 과거의 사회교육은 곧 지역사회교육이었다고 할 수 있다. 지역사회교육은 교육을 통해 지역학습공동체의 형성과 지역사회의 발전을 추구하고자 하는 사회교육의 원형이다. 그러나 산업사회로 접어들면서 지역사회는 공동체성을 잃고 단순히 행정단위로서의 물리적 공간이라는 의미만을 갖게 되었다. 이에 따라 지역사회교육도 지역공동체성을 추구하는 사회교육이기보다는 단순히 일정한 지역공간에서 이루어지는 '지역평생교육'과 유사한 의미를 가지는 것에 머물게 되었다. 그러나 최근에는 밀도 높은 공동체에 대한 현대인의 요구가 커지고 지방자치와 지방분권, 지역혁신 등의 사회적 필요로 인해 지역공동체의 형성과 발전이 다시 중요해지고 있다. 이에 따라 사회교육의 분야에도 새로운 의미에서 지역공동체를 지향하는 '지역공동체 사회교육'이 새롭게 요구되는 실정이다. 이러한 지역공동체 사회교육은 현대사회에서 사회교육의 대표적인 유형 중의 하나가 되고 있다. 그러나 지역공동체 사회교육은 지역의 경제적 발전만을 위해 '평생교육'을 활용하려는 지역인적자원개발과는 차이가 있다. 경제적 접근 중심의 지역인적자원개발은 자칫 지역공동체를 훼손하는 결과를 가져올 수 있다. 지역공동체 사회교육은 궁극적으로 학습하는 지역공동체, 즉 지역학습공동체를 지향한다. 그럼에도 불구하고 지역학습공동체 형성은 물론 지역의 사회적 · 경제적 발전에도 이바지해야 하는 것이 사회교육의 전통이자 앞으로의 과제다.

이 장에서는 우리나라 지역공동체 지향적 사회교육의 역사와 주요 활동가의 사상을 살펴보고 현대사회에서 지역학습공동체 형성과 지역발전을 위한 사회교육의 원리가 무엇인지에 대해 모색해 보고자 한다.

1. 이상촌 운동에 나타난 지역공동체 사회교육의 역사

1) 이상촌 운동과 지역공동체 사회교육의 관계

사회교육의 일차적인 목적은 학습공동체의 형성이라고 할 수 있다. 학습공동체란 학습을 주목적으로 하는 공동체를 말한다. 학습공동체의 다양한 차원 중에서 지역을 기반으로 하는 학습공동체를 지역학습공동체라고 할 수 있다. 지역학습공동체란 학습을 주목적으로 하는 지역공동체를 의미한다.

지역학습공동체를 구현하는 것은 전통적인 지역사회교육의 관점에서 볼 때 결코 쉽게 포기해서는 안 될 과제다. 지역학습공동체는 진정한 의미의 지역사회교육이 추구해야 할 원형이라고 할 수 있다(이순형 편역, 1989: 180; 오혁진, 2006: 80-82). 이와 같이 지역학습공동체의 형성을 강조하는 사회교육을 가리켜 지역공동체 사회교육이라고 할 수 있다. 지역공동체 사회교육이란 지역성과 공동체성을 겸비한 지역학습공동체를 형성하기 위한 사회교육을 말한다. 이와 더불어 지역공동체 사회교육은 지역사회개발에도 직접적으로 기여해야 할 사회적 과제를 안고 있다. 현재 우리나라 각 지역에서 활성화되고 있는 평생학습도시 사업은 지역학습공동체 구현이라는 교육적 이상과 지역사회개발이라는 사회적 요구를 모두 충족해야 하는 상황에 놓여 있다. 지역사회개발의 관점에서 평생학습도시 사업을 통해 지역의 발전에 이바지하는 것도 중요하지만, 사회교육의 관점에서 평생학습도시 사업을 통해 모든 지역주민들이 한 사람도 소외됨이 없이 학습공동체를 형성하는 것도 매우 중요한 과제다. 이러한 두 가지 과제를 동시에 성공적으로 수행하는 것이 지역공동체 사회교육의 시대적 과제다.

이러한 두 가지 목적을 통합적으로 추구하기 위한 지역공동체 사회교육의 역사적 사례로서 일제하 이상촌 운동을 들 수 있다. 이상촌 운동은 주로 일제강점기에 이루어진 농촌 운동으로서 현대적인 의미에서 농촌 중심의 지역사회개발 운동이라고 할 수 있다. 농촌 이상촌 건설 운동은 일제강점기인 1920~1930년대에 걸쳐 여러 지도자들에 의해 국내외에서 매우 활발하게 전개되었다. 그러나 이상촌 운동은 그 성격상 오늘날의 농촌개발 운동과는 구별되는 독특한 성격을 가지고 있다. 역사적 의미의 이상촌 운동은 단순히 경제적으로 잘사는 지역을 만들기 위한 운동이라기보다는 보편적인 공동체적 가치를 바탕으로 민족의 자주독립과 경제적 자립을 지향하는 일종의 지역공동체 운동의 성격을 띠었다. 이와 관련하여 이상촌 운동의 개념에 대한 대표적인 설명을 살펴보면 다음과 같다.

> 이상촌 운동은 이상농촌 운동이라 할 수 있으며, 일제 식민통치에 항거하는 민족사상을 기저로 하고 있어야 하는 것이 전제된다. 일제의 식민성을 탈피하고 민족 자주적 처지에서 농촌경제사회를 향상시키려는 운동이 이상농촌 운동이며, 대체로 농사개량을 위한 자주적 노력, 또는 농민 야학 그리고 조선농민사의 공생조합 등의 협동조합이나 공동경작 같은 것을 통하여 농민생활의 자치적 향상을 도모하는 공동의 노력이 현저하면 곧 일제하 한국인의 이상농촌 운동이라고 해야 할 것이다(조동걸, 1983: 306).

이와 같이 그동안 일제하 이상촌 운동은 주로 일제하 항일 농민 운동의 일환으로 다루어졌다(조동걸, 1983; 한규무, 1997). 그러나 이상촌 운동은 교육적인 측면에서도 의미하는 바가 크다. 이상촌 운동은 일제하 우리나라 민족 지도자들이 농촌계몽 및 지역사회개발 차원에서 추구했던 사회교육 운동의 하나로도 평가받고 있다(이순형, 1975: 162). 또한 이상촌 운동은 당시 제국주의라는 시대적 흐름에 적극적으로 대응하는 과정에서 도출되었다. 이는 오늘날의 지역공동체 사회교육이 세계화의 흐름 속에서 영향을 받고 있는 것과 무관하지 않다.

앞에서 살펴본 바와 같이 이상촌 운동은 세계화의 흐름 속에서 사회교육을 기본적인 수단으로 하여 경제적으로 잘살기 위한 지역사회개발 운동인 동시에 보편적인 윤리와 사상을 바탕으로 지역학습공동체를 추구했던 지역공동체 사회교육의 원형이라고 할 수 있다. 따라서 이상촌 운동은 오늘날 지역공동체 지향적 사회교육 사업의 발전을 위해 탐색해 볼만한 역사적 가치를 갖고 있다.

2) 이상촌 운동을 통한 지역공동체 사회교육의 전개과정

역사상 위와 같은 성격의 이상촌 운동은 1920~1930년대에 걸쳐 여러 지도자와 단체들에 의해 활발하게 전개되었다. 여기서는 그중에서도 민족의 독립운동 차원에서 뚜렷한 목적과 체계적인 계획하에 이루어진 사례들을 살펴보고자 한다.

(1) 도산 안창호

도산 안창호(島山 安昌浩, 1878~1938)
일제강점기 독립운동가
- 신민회 결성, 대성학교 설립, 미국 흥사단 창단
- 대한민국 상해 임시정부 설립
- 구국사업으로 국내외 모범농촌 건립 운동 전개

이상촌 운동을 추구한 대표적인 인물로 도산(島山) 안창호(安昌浩)를 들 수 있다. 안창호는 일찍이 교육을 독립운동의 근간이라고 생각하였다. 그는 민족의 역량을 배양해 나가는 확고한 투쟁방법을 이상촌 운동에서 찾았다(흥사단 출판부, 1984: 196-198). 안창호가 구상한 이상촌 운동의 목적은 재외동포의 반항구적 생활근거지, 독립운동의 실력양성기지, 경제적으로 풍요로운 농촌 지역공동체의 형성이었다. 안창호의 모든 사업이 이상촌의 계획이요 그 실현이었다고 말할 수 있을 만큼 이상촌 운동은 그의 구국활동 초기에서부터 전 생애에 걸쳐 추진되었다(이순형, 1975: 166; 흥사단출판부, 1984). 안창호가 독립운동 차원에서 추진한 대성학교 설립, 흥사단 운영, 태극서관 운영 등의 사업은 모두 교육과 밀접한 관련이 있었다. 이러한 교육적 독립운동의 경험과 전략이 집대성된 것이 곧 이상촌 운동이라고 할 수 있다(이순형, 1975).

안창호는 1907년 미국에서 귀국하여 신민회 결성, 대성학교 설립 등과 함께 구국사업으로 모범농촌 건립 운동(1907~1910)을 전개하였다. 한일병탄 이후 해외망명 시절에는 중국대륙을 중심으로 재외한민족의 생활근거지 및 독립운동기지 설치 운동(1910~1932)을 전개하였다. 이상촌 건설을 위해 1927년에는 만주지방에 이주한 한국농민의 생활안정을 목적으로 한 농민호조사(農民互助社)를 결성했고, 1930년말에는 생산, 신용의 합작 운동을 보급시키기 위해 동인호조사(同人互助社)를 조직했는데 이것은 다음 해에 공평사(公平社)로 개칭되었다. 그러나 이러한 이상촌 건설계획은 1930년대에 접어들면서 일제의 중국침략이 노골화되어 성공하지 못했다. 또한 대전감옥에서 3년 동안 복역하고 출옥한 후 재수감되기까지 2년여 동안 평양을 중심으로 국내에서 이상촌 설립 운동(1935~1937)을 매우 구체적으로 계획하였으나 뜻을 다 이루지는 못했다. 이 시기에 안창호가 추진했던 이상촌 운동의 주요 내용은 평양 근처 대보산(大寶山)에 모범주택의 모형으로 송태산장(宋苔山莊)을 건립한 것과 철도 평남선 강선역 부근 달마산(達磨山)에 제1호 이상촌을 건설하기 위한 구체적인 계획을 세운 것이다(이순형, 1975: 170; 흥사단출판부, 1984: 134). 그의 이상촌 운동은 농업경영을 통한 근대적인 지역공동체 건설을 목적으로 하였다. 또한 미적 · 합리적 구조를 갖춘 농가주택, 상하수도 등을 갖춘 근대적 도로, 농산물 가공과 판매를 위한 가공조합과 협동조합, 각종 금융기관, 농업학교 및 각종 교육기관을 거느린 근대화된 농촌사회를 지향하였다(이순형, 1975: 166). 이러한 도산의 이상촌 운동은 당시 조선의 지도자들에게 큰 영향을 미쳤다.

안창호가 추구하는 이상촌의 모습에는 마을 구성원의 민주적 · 도덕적 성장과 경제적 자립, 아울러 모든 자녀가 교육을 받고 모든 성인이 독서를 하는 교육적 성장이 포함된다(홍사단출판부, 1984: 201). 이는 결국 교육이 이상촌 설립을 위한 중요한 수단이 됨과 동시에 교육의 활성화 자체가 이상촌의 주요 목적이 되고 있음을 의미한다. 즉, 안창호가 이러한 이상촌 건설을 통해 가장 역점을 둔 것은 교육의 발전이었고, 이상촌 건설을 위한 가장 중요한 수단으로 생각했던 것도 교육이었다.

(2) 남강 이승훈

남강 이승훈(南崗 李昇薰, 1864~1930)
도산사상을 이어 받아 교육을 중심으로 한 독립운동에 투신
- 오산학교 설립(이상촌 운동의 중심지로 발전)
- 신민회 활동
- 3 · 1운동 민족대표

남강(南崗) 이승훈(李昇薰)은 이상촌 구현의 측면에서 안창호보다 더 구체적인 성과를 이루었다. 이승훈은 안창호의 사상을 이어받아 교육을 중심으로 한 이상촌 운동에 투신하였다. 1907년 이승훈이 평안북도 정주군 갈산면 익성동 오산(五山)에 설립한 오산학교는 초기에는 단순히 일제하 민족교육기관의 성격을 띠었다. 그러나 나중에는 민족교육기관일 뿐만 아니라 지역사회와 긴밀한 관계를 갖는 이상촌 운동의 중심지로 발전하였다. 즉, 이승훈은 산업과 교육이 서로 연결되어 완전한 자치를 이루어야 한다는 생각으로 학교와 지역사회가 긴밀히 통합된 모범촌을 추구했던 것이다(백승종, 2002: 131; 김기석, 2005: 311). 이승훈의 영향을 받아 오산지역의 협동조합 간부회의나 총회는 단순히 회원들만을 위한 조직이 아니라 그 지역을 서로 협동하는 이상적인 향촌으로 이끌어 가는 협의회가 되었다. 이러한 노력을 통해 오산지역은 학교와 교회, 자면회와 협동조합 등이 통합된 하나의 큰 가정이 되었다.

이승훈의 경우도 이상촌 건설에 있어 교육이 가장 핵심적인 역할을 하고 있음을 단적으로 보여 준다. 특히 오산학교는 당시 일본이 세운 정규학교와 달리 제도권 밖의 민족인사들이 세운 비정규학교라는 점에서 오늘날의 사회교육과 맥을 같이한다고 볼 수 있다. 이승훈과 오산지역의 다른 지도자들은 오산 전체를 민족공동체로 만들 목적을 가지고 학교촌, 병원촌, 사택 마을, 농장촌, 교회촌을 규모 있게 만들고 공동체의 중심부에는 도서관을 설치할 계획을 세웠다. 이러한 계획은 실제로도 상당한 성과를 거두었다(백승종, 2002: 131). 오산학교와 지역사회는 공동체의식으로 하나가 되었고 오산학교를 중심으로 하여 지역사회를 이상촌으로 발전시켜 나갔다. 이런 의미에서 당시 오산지역은 학교, 교회, 협동조합과 각종 모임들이 하나로 통합되어 함께 연구하며 토론하는 학습 협력체제를 형성해 나갔다는 점에서 대표적인 지역공동체 지향적 사회교육의 현장이었다.

(3) 백산 안희제

백산 안희제(白山 安熙濟, 1885~1943)

일제강점기 기업가, 교육자, 언론인으로 독립운동을 위해 활동
- 백산상회 설립 운영
- 중외일보 운영
- 만주에 발해농장 및 발해학교 설립

한말 개화기에서 일제치하에 이르는 동안 교육, 기업, 언론 등 여러 방면에 걸쳐 애국활동을 전개했던 백산 안희제는 1931년 동만주 일대에 '발해농장(渤海農場)'이라고 하는 이상촌을 건설하였다(이달우, 1988). 안희제가 동만주에 발해농장을 건설한 목적은 첫째, 독립투쟁의 근거지를 확보하고 자금 조달을 하기 위한 것이었으며, 둘째, 일제의 압박으로 인해 만주로 건너간 조선 농민들이 중국인 지주들로부터 불리한 소작 조건으로 착취당하는 것에서 벗어

나게 하기 위한 것이었다. 이러한 목적하에 안희제는 1931년부터 만주 동경성(東京城)의 토지를 매입하기 시작하였으며, 1932년부터는 목단강 상류의 일부를 석축으로 막아 수로를 내고 광활한 땅을 개간하였다. 여기에 남한 지방의 농민 300여 호를 이주시키고 개간 작업을 계속하였다. 안희제의 계획에 의하면 일제의 토지 강탈로 급증하는 국내의 농민을 이 지역으로 이주시켜 농민들에게 토지를 무상으로 제공하는 자작농창제(自作農創制)를 실시함으로써 급증하는 이주농민을 정착시키고 아울러 독립운동의 기지를 확보하려 했던 것이다(안상두, 1975: 134; 이달우, 1988: 12).

그가 동만주에서 발해농장을 통해 실시한 독립활동의 핵심은 교육과 민족정신의 고취를 위한 활동이었다. 그는 발해농장 안에도 이곳에 이주한 농민들의 2세 교육과 민족정신을 고취하기 위해 발해보통학교를 설립하였다(안상만, 1975: 130; 이달우, 1988: 7). 이는 모두 지역공동체 지향적 사회교육 활동의 사례들이라고 볼 수 있다.

(4) 최용신

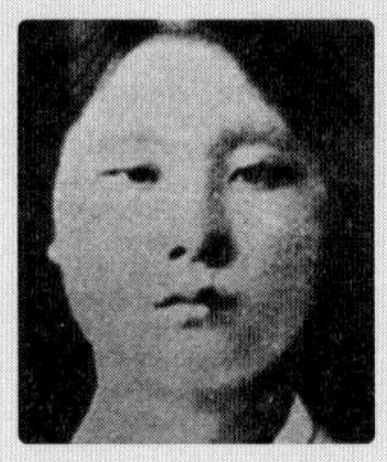

최용신(崔容信, 1909~1935)
일제강점기 사회교육 활동가
- 심훈의 소설 『상록수』의 실제 인물
- 경기도 안산 본오동에서 야학활동

여류 농민교육자이자 심훈의 소설 『상록수』의 모델인 최용신은 1931년 10월 경기도 화성군 반월면 천곡리 샘골(현재 안산시 본오동)에 YWCA의 농촌교사로 파견되면서 지역주민을 위한 교육운동에 나섰다. 그녀는 강습소를 신축하여 110명의 아동들을 교육시키는 학교로 발전시켰으며, 천곡강습소의 교장 겸 교사, 마을주부들의 주부회 지도자, 마을 청년회의 후원자로 활동하였다(인주승, 1992). 최용신의 이러한 활동들도 지역공동체 지향적 사회교육의 연장선상에서 이해할 수 있다.

2. 일가 김용기의 지역공동체 사회교육 활동

1) 일가 김용기의 지역공동체 운동 과정

우리나라의 역사에서 누구보다도 이상촌 운동이 가장 성공적으로 이루어진 예로 일가(一家) 김용기(金容基)의 경우를 들 수 있다. 김용기는 우리나라 역사상 대표적인 사회교육 선구자 중의 한 사람으로 인식되고 있다(오세택, 1989; 임영철, 1993; 황종건, 2001; 이상오, 2002). 그는 국가에서 사회교육에 대한 관심을 본격적으로 기울이기 이전부터 가나안농군학교를 통해 사회 각 분야의 국민들에게 정신적인 각성을 불러일으킨 성공적인 사회교육자로 인정받고 있다.

그런데 무엇보다도 김용기는 농민 운동가이자 이상촌 건설을 위해 노력한 인물이다(조동걸, 1983; 한규무, 1998; 이만열, 1998; 이석재, 1999). 김용기의 봉안 이상촌은 일제하에서 실시된 이상촌 운동의 가장 성공적인 사례로 평가받고 있다(조동걸, 1983: 308). 그의 활동이 새마을 운동의 모델이 되었다는 것도 일반적인 평가다(박진환, 2001). 또한 봉안이상촌에서 시작된 그의 농민 운동은 농촌지역을 중심으로 이상촌으로서의 지역공동체를 형성하기 위한 사회교육적 노력이었다고 볼 수 있다(오혁진, 2007). 그런 면에서 김용기는 이상촌 운동을 실시한 선각자들 중에서도 일제강점기 이후부터 현대에 이르기까지 가장 지속적이면서도 체계적으로 지역공동체 사회교육을 실시한 대표적인 인물이라고 볼 수 있다. 이런 맥락에서 그의 생애와 활동 속에 흐르는 지역공동체 사회교육 사상을 구체적으로 살펴보면 다음과 같다.

〈표 6-1〉 김용기의 지역공동체 운동 약사

활동	시기	장소	내용
봉안이상촌 건설	1933~1945	경기도 양주군 와부면 능내리	황무지 개간, 환경개선, 농업기술 보급, 협업마을 건설, 독립운동의 요새
삼각산 농장 개척	1945~1950	경기도 고양군 은평면 구기리(현 서울 은평구 구기동)	한국 농민 운동 연구, 농장 안의 교회 설치로 전국 복음화 운동 추진
용인에덴향 건설	1950~1954	경기도 용인군 원삼면 사암리	5만평의 농장, 농촌을 건설하여 농민 운동 및 사회개혁 운동 전개
가나안 농장건설	1954년 이후	경기도 광주군 동부면 풍산리 황산마을	황무지 1만 평을 5년 만에 개척
제1 가나안 농군학교 설립	1962. 2.1	가나안농장 내	가나안농장 안에서 지역주민을 대상으로 기숙제 교육활동을 시작한 후 전국적으로 확대
신림 농장 건설 및 제2 가나안 농군학교 설립	1973. 3	강원도 원주군 신림면 용암리	15만 평의 산을 개척하여 신림 동산 농장과 농군학교 설립 등 교회와 성도원 건립

일반적으로 김용기의 생애는 그의 개척활동을 중심으로 봉안이상촌 시기, 삼각산농장 개척 시기, 용인에덴향 시기, 가나안농장 시기, 제1 가나안 농군학교 시기, 제2 가나안 농군학교 시기의 순으로 구분된다(가나안복민연구소, 1997). 여기서는 이러한 시기 구분을 바탕으로 지역공동체 운동과 밀접한 관련이 있는 활동사항을 구체적으로 살펴보고자 한다.

① 봉안이상촌 건설

농민이자 한 사람의 농민 운동가로서, 그리고 지역의 교육지도자로서 그의 삶의 원형이자 모태가 되었던 것은 그의 고향에서 이룩한 봉안이상촌 운동이다. 봉안이상촌은 김용기의 가족과 그의 동지들을 중심으로 10세대가 모여 구성되었다. 그리 큰 규모는 아니었지만 이들은 조그만 마을을 중심으로 하나의 지역공동체를 형성하였다. 봉안이상촌은 각종 조직의 구성과 운영을 통해 지역공동체의 성격을 강화해 갔다. 협동조합의 운영, 소비조합 운영, 공제상호조합(병, 상해, 길흉사의 상부상조) 운영 등이 그것이다(김용기, 1987: 40-41). 봉안이상촌은 이후 정신적 · 경제적으로 커다란 성장을 이루었으나 해방 이후 한국전쟁의 와중에서 모두 파괴되는 아픔을 겪기도 하였다(김용기, 1987: 111)

② 용인에덴향 건설

김용기는 한국전쟁 중에도 용인을 중심으로 황무지 개척 사업을 계속하였다. 이른바 용인에덴향은 1952년 3월 용인군 원삼면 사암리 황무지 6만 평을 개척하는 것으로 시작되었다(김용기, 1987: 112). 처음 에덴향을 시작했을 때는 주민들과 잘 화합하지 못했으나 시간이 지남에 따라 지역주민과의 교류가 증가했다(김용기, 1987: 125). 이는 외부에서 집단이주한 이념 중심의 생활공동체와 토착지역주민이 통합되어 진정한 의미의 이상적인 지역공동체가 성립되기 시작했음을 의미한다.

③ 가나안농장 개척과 가나안농군학교 설립

제4 개척시대라고 할 수 있는 가나안농장 시기부터는 김용기의 직계가족 중심의 황무지 개척 운동이 이루어졌다(김용기, 1987: 127). 황산 가나안농장은 1954년 11월 16일 김용기의 일곱 식구를 중심으로 경기도 광주군 동부면 풍산리에 있는 1만 5천 평의 땅을 개척하는 것으로 시작되었다. 한편, 가나안농장에서의 활동은 자연스럽게 가나안농군학교의 설립으로 이어졌다. 처음에는 봉안이상촌, 삼각산농장, 에덴향과 마찬가지로 이곳에서도 황무지를 개척할 생각으로 도전했으나 점차 배우러 오는 사람들이 늘어남에 따라 자연스럽게 농장에서 연수기관으로 변화되었다. 가나안농군학교를 통해 전국에서 다양한 사람들이 교육을 받게 됨에 따라 김용기의 활동은 점차 전국적인 차원으로 영향을 미치기 시작했다. 1973년 강원도 원주군 신림면에 제2 가나안농군학교가 설립됨에 따라 김용기의 사상은 더욱 강하게 전국적으로 파급되어 갔다.

이와 같이 김용기의 생애는 다차원적인 면에서 공동체를 추구한 삶이었다. 이러한 공동체의 시작은 가정에서부터 시작되어 점차 크게 확대되어 나가는 것이었다. 그가 추구하였던 공동체는 가정에서부터 시작되어 지역공동체로 확대되었다. 그래서 집이 학교가 되고 가족과 동지들이 교사가 된 것이다. 봉안이상촌과 같이 직접적인 지역공동체 운동에서부터 지역공동체 지도자를 양성하기 위한 가나안농군학교에 이르기까지 그의 생애는 곧 지역공동체의 형성 및 발전과 맥을 같이한다고 볼 수 있다.

2) 김용기의 지역공동체 운동에 나타난 사회교육의 내용과 형태

지역공동체의 형성과 발전을 위해 김용기는 교육을 매우 중요하게 활용하였다. 김용기가 평생에 걸쳐 추구했던 것은 결국 교육을 통해 근로 · 봉사 · 희생의 정신을 갖추고 하나님 · 인간 · 자연을 사랑하는 공동체를 구현하는 것이었다(황종건, 2001). 그는 신앙을 바탕으로 근로 · 봉사 · 희생의 정신을 갖춘 정신교육을 강조했으며 흙을 바탕으로 이웃과 더불어 풍요롭게 사는 방법을 배우는 공동체 교육을 강조하였다. 김용기의 생애에서 사회교육을 통한 지역공동체 운동의 실시는 농민계몽 운동과 농촌개발에서 시작하여 점차 일반 국민을 대상으로 하는 정신교육의 형태로 발전하였다. 이를 정리하면 다음과 같다.

〈표 6-2〉 김용기의 지역공동체 활동 시기별 사회교육 내용

지역공동체 시기	주요 사회교육 내용
봉안이상촌	마을청년회를 통한 야학, 연구발표회, 다각적 영농 교육
삼각산농장	강연, 기고를 통한 대중계몽
용인에덴향	생활헌장 제정, 복음농민학교, 복음농도원 설치 운영
가나안농장	농촌계몽유세, 영농강습회
제1 가나안농군학교	초기 농민지도자(농군) 양성을 위한 체계적인 교육훈련, 점차 일반인 대상으로 교육 확대
제2 가나안농군학교	일반인 대상 교육 확대

한편, 김용기의 사회교육 활동은 시대의 변화에 따라 다양한 형태와 방식으로 변환되었다. 봉안이상촌의 경우 상대적으로 생활현장 중심의 무형식적 교육이 가장 큰 비중을 차지했었다고 한다면 에덴향과 가나안농군학교를 거치면서 점차 형식성이 높은 교육의 비중이 커졌다고 할 수 있다. 봉안이상촌에서는 주로 삶의 현장에서 무형식적 교육이 주를 이룬 반면, 에덴향 이후에는 이와 별도로 지역주민을 대상으로 학교 형태의 형식성이 높은 교육을 병행하였다. 또한 제1 가나안농군학교 초기까지 지역공동체를 기반으로 현지주민 중심의 비형식적 사회교육이 주로 이루어졌다고 한다면 그 이후부터 제2 가나안농군학교 초기까지는 농군사관학교와 같이 지역공동체 리더를 양성하기 위한 형식성이 높은 교육이 주로 이루어졌다. 특히 농군사관학교의 경우 교육과정상 국가로부터 인가를 받거나 교육결과에 대한 공인을 받는 형식교육은 아니었지만 이전보다 교육생 선발, 교육과정상의 규율, 수료 조건, 교과과정의 짜임새 등에서 더욱 체계적이고 엄격하게 시행되었으며, 수료 후에 사회적으로 공신력을 인정받았다. 그런 점에서 농군사관학교는 일반적인 비형식교육보다는 형식성이 더 강한 '준(準)형식교육의 성격'을 가졌다고 볼 수 있다. 이와 같이 김용기는 무형식교육, 비형식교육, 준(準)형식교육 등 다양한

형태의 사회교육 활동을 모두 중시하였다. 초기에는 주로 무형식적 교육의 비중이 높았으나 그의 생애 후반부로 갈수록 보다 형식성이 강한 준(準)형식교육을 실시했다. 이는 사회운동의 경험이 축적되어 체계적이고 전문적인 교육으로 전환되는 과정에서 나타나는 자연스런 현상이라고 볼 수 있다. 이와 관련하여 김용기의 지역공동체 운동 과정에 나타난 교육형태의 변화를 정리하면 [그림 6-1]과 같다.

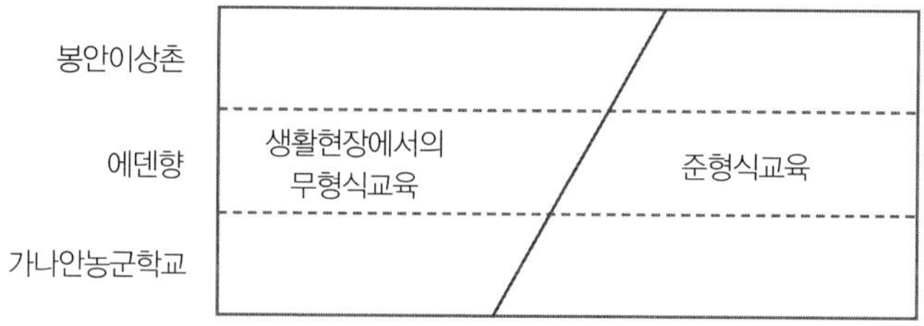

[그림 6-1] 김용기의 지역공동체 운동과정에 나타난 주요 교육형태의 변화

3) 김용기의 삶에 나타난 사회교육 실천의 특성

앞에서 살펴보았듯이 김용기는 일제강점기 봉안이상촌 운동부터 이후 가나안농군학교에 이르기까지 우리나라에서 지역공동체 사회교육을 꾸준히 추구해 온 대표적인 실천가라고 할 수 있다. 여기에서는 김용기의 삶과 사상에 나타난 사회교육 실천의 특성을 살펴보고자 한다.

(1) 활동여건에 따른 사회교육의 접근방식 변환

김용기가 사회교육을 통해 바람직한 지역공동체를 추구하고자 했던 목적은 변함이 없었지만 시대에 따라 그 접근방식은 다르게 적용되었다. 김용기는 평생에 걸쳐 이상촌 운동의 이상을 전국적으로, 더 나아가 전 세계적으로 확산시키기 위하여 노력하였다. 이와 관련하여 김용기는 가나안농군학교의 설립

목적을 다음과 같이 말하고 있다.

> 나 개인의 복지생활을 널리 선전하여 전국적인 가나안복지촌 건설에 정신(挺身)하려는 것이 나의 간절한 마음이다. 이러한 사업을 전개하기 위하여 나는 앞으로 내가 하고 있는 농군학교를 규모 있게 확장하여 본격적인 농군학교를 세워 출중한 지도자를 양성하고 또는 간행물을 발간하여 '가나안복지촌'의 전국적인 건설을 고취할 것이다.…… 전국 방방곡곡에 가나안복지촌을 세우도록 전력을 다할 계획이다(김용기, 1975: 73).

여기서 그가 말하고 있는 '가나안복지촌'이란 곧 봉안이상촌 이후 그가 꿈꿔왔던 이상적인 지역공동체라고 할 수 있다. 이와 같이 제1 가나안농군학교를 비롯한 교육기관의 설립은 이상촌 운동을 점차 전국적으로 확산시키고자 하는 노력에서 비롯되었다. 즉, 고향 중심의 지역공동체 사회교육에서 전국단위의 지역공동체 지도자를 양성하기 위한 사회교육으로 발전한 것이다. 이는 이상적인 지역공동체 형성을 위한 김용기의 비전이 봉안이상촌 이후에도 바뀌지 않았음을 의미한다. 이는 지역공동체 사회교육의 장이 반드시 사회교육자가 직접 거주하고 있는 특정한 지역만이 아닐 수 있음을 보여 준다. 즉, 사회교육자의 여건에 따라 직접 지역공동체 안에서 사회교육이 이루어질 수도 있고 지역 바깥에서 체계적인 교육을 통해 지역공동체 지도자를 양성하는 사회교육이 이루어질 수도 있음을 의미한다. 이는 사회교육자와 지역공동체의 관계에서 지역공동체 사회교육을 수행하는 두 가지 접근방식이라고 할 수 있다. 하나는 '내부 자생형 지역공동체 사회교육'으로서 사회교육자가 자신이 직접 살고 있는 지역 안에서 주민들과 함께 다양한 형태의 사회교육 활동을 통해 지역공동체를 형성·발전시키는 것을 말한다. 다른 하나는 '외부 지원형 지역공동체 사회교육'으로서 사회교육자가 지역의 맥락 밖에 있는 특정한 교육기관에서 지역공동체 예비지도자를 모아 체계적인 교육을 실시한 후 각 지역으로 돌아가

지역공동체의 형성과 발전을 위해 활동하게 하는 방식이다. 김용기의 경우는 생애사적으로 전자에서 후자의 접근방식으로 이행했다. 그러나 현대사회에서 요구되는 지역공동체 사회교육의 전반적인 맥락 속에서 본다면 이 두 가지 접근방식이 동시에 이루어지는 것이 효과적이라 할 수 있다.

(2) 사회교육 접근방식과 무관한 공동체성의 지속적 강조

앞에서 살펴본 지역공동체 사회교육 접근방식의 변화에도 불구하고 그의 지역공동체 사회교육 활동에는 공동체성이 지속적으로 강조되고 있다. 다만 초기에는 실제 지역 안에서 기존의 지역공동체성이 더욱 강화될 수 있도록 사회교육을 활용하였다면 후기에는 비교적 형식성이 높아진 사회교육기관 안에서 공동체 형성을 위한 교육방법을 활용했다고 볼 수 있다. 이를 달리 표현하면, 봉안이상촌의 경우와 같은 내부 자생형 지역공동체 사회교육 접근방식은 '지역공동체'의 형성과 발전 자체가 의도적인 사회교육적 활동보다 더 강조되는 경향

〈표 6-3〉 김용기의 지역공동체 사회교육 접근방식별 성격 비교

시기	접근방식	일차적 관심	지역과 사회교육과의 관계	지역의 위상	공동체성의 형성
초기	내부 자생형 지역공동체 사회교육	지역공동체 형성과 발전	지역 안에서 공동체를 형성하기 위한 수단으로서의 사회교육	실제 지역공동체 사회교육이 이루어지고 있는 곳	지역 안에서 일상적 활동과 학습을 통해 자연스럽게 형성됨
후기	외부 지원형 지역공동체 사회교육	공동체적 사회교육의 실천	공동체적 사회교육의 결과를 적용할 주요 공간으로서의 지역	공동체교육을 마치고 돌아가 학습결과를 활용해야 할 곳 중 하나	사회교육기관 안에서 공동체 생활을 통해 인위적으로 강조됨

이 있었다면, 가나안농군학교 설립 이후와 같은 외부 지원형 지역공동체 사회교육 접근방식의 경우는 실제 지역의 맥락 대신 의도적이고 체계적인 프로그램으로서의 '공동체 사회교육'이 더 부각되었다고도 볼 수 있다. 그렇지만 이와 같은 접근방식의 차이에도 불구하고 양자 모두 공동체성을 최우선의 가치로 강조했다는 점에서 일관성을 갖는다. 이상의 내용을 정리하면 〈표 6-3〉과 같다.

(3) 지역공동체 형성을 위한 전인적 사회교육의 강조

김용기는 이상적인 지역공동체의 형성과 발전을 위해 이론과 실무적인 면, 태도적인 면, 신체적인 면에 모두 걸쳐 지역공동체와 연결된 사회교육을 실시하였다. 그런 면에서 김용기의 지역공동체 사회교육은 전인교육적 성격을 띠고 있다. 특히 그는 가나안농군학교의 교육 프로그램을 통해 지역공동체의 의미와 중요성에 대한 전문적인 지식의 습득, 지역의 발전을 위한 이상촌 건설법, 모범농가 창설법, 각종 농업기술, 민주적인 회의진행법 등과 같은 전문적인 기술의 배양, 지역공동체를 유지·발전시키기 위한 인격과 태도의 형성, 그리고 지역의 지도자로서 활동하는 데 필요한 건강증진과 체력강화 등을 실시했다(김용기, 1975: 55-56; 1998: 252). 이와 같이 김용기는 인간의 전면적인 발달을 추구하는 전인교육적 지역공동체 사회교육을 실시한 것이다. 이를 정리하면 〈표 6-4〉와 같다.

〈표 6-4〉 김용기의 지역공동체 사회교육의 전인교육적 성격

구분	내용
이론과 실무	삼애정신에 입각한 지역공동체의 중요성, 첨단 농업기술, 지역사회개발 방법 등의 지식교육
태도	공동체적 덕목, 남을 배려하는 자세, 근검절약의 자세 등을 기숙제 공동체 생활을 통해 체득
체력	아침구보와 체조, 건강을 위한 영양교육 실시 등

김용기의 사회교육 실천에서 나타나는 이러한 특징은 지역사회 지도자가 이상적인 지역공동체의 중요성만을 강조할 경우 인격적 · 사회적 · 방법적인 면에서의 준비 부족으로 실패할 수 있다는 우려를 불식시키고 있다는 점에 의의가 있다.

(4) 교육형태와 교육방법을 총체적으로 활용한 사회교육 실천

앞에서 살펴보았듯이 김용기는 이미 봉안이상촌을 운영하는 과정에서 각종 연구모임이나 토론회와 같은 무형식적인 교육은 물론 야학, 주부교실과 같은 비형식적 교육, 더 나아가 정규학교 형태의 준형식적인 교육도 실시하였다. 즉, 교육의 형식과 방법을 가리지 않고 학교교육, 지역사회교육, 일터에서의 교육에 이르기까지, 그리고 무형식교육에서 준형식교육에 이르기까지 총체적인 사회교육을 실시했다. 또한 구체적인 교육방법의 측면에서도 개인교수법, 집단교수법, 매체 활용 교수법 등 다양한 방법을 총동원하였다. 이상의 내용을 정리하면 〈표 6-5〉과 같다.

〈표 6-5〉 김용기의 지역공동체 사회교육에 나타난 교육방식의 활용 사례

구분	세부 영역	사회교육 활동 사례
형식 면	무형식	각종 조직 및 모임을 통한 학습활동, 토론
	비형식	강연회, 강습회, 계몽 유세
	준형식	야학, 복음농민학교, 농군사관학교
방법 면	개인	시범 보이기, 대화, 상담
	집단	강의, 분임토론
	매체 활용	신문기고, 방송

이러한 특징은 지역공동체의 형성과 발전을 위해서는 어느 한 가지 형태와 방법에 집중할 것이 아니라 다양한 형태와 방법이 종합적으로 사용되는 것이 바람직함을 보여 주고 있다.

3. 지역공동체 사회교육의 실천원리

지역공동체 사회교육의 궁극적인 목적은 지역학습공동체의 형성과 지역사회의 발전이라고 할 수 있다. 현대사회에서 지역공동체 사회교육이 추구하는 지역학습공동체는 단순히 지역주민들의 개인적인 발전과 지역공동체 의식의 형성만을 추구하는 학습공동체가 아니라 지역공동체의 사회경제적인 발전도 추구하는 학습공동체를 의미한다.

여기에서는 앞에서 살펴본 우리나라 일제강점기 이상촌 운동과 김용기의 지역공동체 사회교육의 역사적 사례를 바탕으로 오늘날의 지역공동체 사회교육이 추구해야 할 실천원리를 구체적으로 살펴보고자 한다.

1) 보편적이고 공동체적 가치에 기초한 사회교육 추구

앞에서 살펴본 지역공동체 사회교육의 사례가 역사적 의미를 갖는 것은 그 운동이 단순한 지역의 경제적 이익만이 아니라 민족과 인류의 보편적이고 공동체적인 가치를 추구했다는 것이다. 안창호의 경우 이상촌 운동의 궁극적인 목적은 한민족의 정치적 암흑에 대한 광휘를 마련해 주기 위한 것이었다(이순형, 1975: 162). 또한 안희제의 발해농장은 토지가 없는 농민들에게 농토를 제공하고 만주를 거점으로 하는 해외 독립운동기지를 건설하기 위함이었다(안상두, 1975: 134). 그가 세운 발해학교는 민족정신을 고취하고 독립투쟁의 기반을 제공하였다(이달우, 1988). 한편 김용기의 봉안이상촌은 기독교 신앙을 기반으로 하여 반일(反日)과 독립의 가치를 추구한 공동체이기도 하였다. 그가 봉안이상촌을 계획하게 된 계기를 살펴보면 다음과 같다.

> 한마디로 암흑, 절망, 좌절의 30년대였다. 이래서는 민족의 장래가 큰일이라고 안창호 선생이 모범 이상촌을 계획했고, 이승훈 선생이 오산학교를 중심으로 자면회를 조직했고, 춘원은 '흙'을 발표함으로써, 심훈은 '상록수'를 발표함으로써 흙에 대한 사상, 곧 잠자는 민족의식을 일깨웠다. 이렇게 각 방면에서 뜻있는 분들이 민족혼을 일깨우자 내 젊은 피도 잠자코 있을 수는 없었다. 이에 자극 받은 나는 춘원의 소설 흙에서처럼, 심훈의 소설, 상록수에서처럼 모범 이상촌을 계획했던 것이다(김용기, 1987: 29).

김용기는 덴마크가 이상촌 국가를 건설할 수 있었던 원동력은 바로 그룬트비히(N. F. S. Grundtvig)의 '흙을 사랑하자. 이웃을 사랑하자. 하나님을 사랑하자'라는 삼애정신(三愛精神)에 있었다고 간파하였다(김용기, 1970: 280-281). 이는 신과 인간과 자연에 대한 인류 보편적 공동체적 가치의 종합이라고 할 수 있다.

이와 같이 이상촌 운동은 단지 지역의 경제적 발전만을 추구한 것이 아니라 궁극적으로 지역 및 국가, 더 나아가 인류의 보편적 가치에 입각한 공동체를 추구하였다. 이상촌 운동에 참여하는 주민들을 하나로 모으고 지속적으로 참여하게 한 동인은 단지 그 지역만 경제적으로 잘살아 보자는 것보다는 독립과 자립, 인격 형성, 공동체 구현과 같은 보다 근본적이고 거시적인 것이었다. 이러한 차원 높은 가치들은 현실적인 제약과 갈등에도 불구하고 그만큼 지역주민들을 뿌리 깊게 통합하는 밑거름이 되었다.

지역공동체 사회교육 활동도 지역학습공동체의 형성과 지역사회의 발전을 지속적으로 추진하기 위해서는 지역주민들이 특정집단이나 그 지역만의 단기적이고 경제적 이익을 넘어 모두가 공감하고 외부로부터도 존중받을 수 있는 인류보편적인 정신적 가치 위에 운영되어야 한다. 현대사회에서 지역이 추구해야 할 보편적 가치 중의 하나는 지역공동체를 기반으로 인류 전체의 공영과 평화, 생태보존에 이바지하는 것이다(한국도시연구소, 2003). 이러한 보편적이고 공동체적인 가치에 기초하지 못할 때 사회교육 활동은 존재의 정당성을 확보하지 못하고 지역 내적 · 외적 갈등으로 인해 추진력을 상실하고 만다. 반면, 사회교육 활동이 이러한 보편적 가치 위에 기초할 때 지역 간의 연계도 보다 원활하게 이루어져 지역공동체의 영역 확장에도 기여할 수 있다.

2) 지역공동체의 경제적 자립을 위한 실무교육 강화

일본의 제국주의적 침탈 속에서 이상촌 운동의 선구자들은 일반적으로 공동체 형성을 위한 정신교육과 더불어 지역공동체의 실질적인 자립능력을 향상시키기 위한 실무교육을 중요시하였다. 즉, 궁극적인 가치는 인류보편적 공동체적 가치에 기초했지만 그 시작은 각 개인과 지역공동체의 경제적 자립에서 시작되었던 것이다. 이는 당시 일본 제국주의에 의해 식민지 지배를 당했던 시대적 배경 속에서 경제적 자립을 추구하는 교육적 과제를 반영한 것이었다. 안창호는 민족의 자립과 발전을 위해 각 사람이 교육받고 훈련받은 직업기능을 가질 것을 강조했으며 그 자신도 이를 몸소 실천하였다. 이를 체계적으로 실시하고 모범을 보이려고 한 것이 곧 이상촌 건설의 목적이었던 것이다(홍사단출판부, 1984: 204). 안희제의 경우에도 교육과 생산노동을 결합시킨 실무교육이 강조되었다(최태호, 1994: 113). 또한, 김용기의 봉안이상촌과 가나안 농군학교의 경우에도 의식개혁 외에 실무능력의 향상이 매우 중시되었다. 이와 같이 지역공동체의 경제적 자립을 위한 노력은 지속적으로 학습에 임하게 하는 현실적이고 실질적인 동력이 되기도 하였다.

이런 맥락에서 오늘날 지역공동체 사회교육 활동이 지속적으로 추진되기 위해서는 지역공동체의 경제적 자립 및 발전과 연계되어야 한다. 학습만을 위한 학습이 아니라 지역공동체의 경제적 자립과 발전을 위해 학습이 이루어질 때 지역공동체 사회교육이 지속성과 탄력을 유지할 수 있는 것이다. 생존과 직결된 문제가 중심이 될 때 교육과 학습은 더욱 강한 추진력을 얻을 수 있기 때문이다. 그러므로 사회교육 활동도 지역공동체의 경제적 자립과 발전을 위한 전체적인 맥락 속에서 이루어질 때 보다 현실적인 추동력을 얻을 수 있다. 그런 의미에서 현재 사회교육 활동이 '평생학습사회 구현'이라는 순수한 교육적 차원을 넘어 '지역인적자원개발' '지역혁신' 등과 같이 지역의 경제적 자립을 위한 지역사회개발의 성격도 갖게 되는 것은 피할 수 없는 현실이라고 할 수 있다.

그러나 이러한 경제적 자립은 앞에서 다룬 인류보편적 · 공동체적 가치와 상응하는 것이어야 한다. 당시 이상촌 운동의 지도자들은 일본의 제국주의적 침탈에 맞서 지역공동체의 경제적 자립을 이루기 위해 사회교육에 많은 노력을 기울였다. 그때의 경제적 자립은 단지 양적인 면에서 경제발전을 추구하는 것도 아니었고 경제발전의 성과가 특정집단에게만 차별적으로 돌아가는 것도 아니었다. 그것은 지역공동체가 함께 자립하고 함께 성과를 공유하는 공동체적 성격의 경제적 발전이었다. 그러한 지역의 자립은 진정한 세계 평화를 위한 조건이기도 하였다. 그런 점에서 오늘날 세계화 시대의 사회교육 활동도 단지 지역혁신이나 지역 엘리트 중심의 경제발전을 위한 교육이 아니라 지역공동체의 진정한 경제적 자립을 추구하기 위한 교육사업에 최선을 다해야 할 것이다.

3) 주민의 공동체적 삶 속에서의 학습활동 강조

지역학습공동체가 이루어지기 위해서는 학습이 학교나 사회교육기관을 비롯한 특정한 곳에서만 이루어지는 것이 아니라 지역주민의 공동체적 일상생활 속에서 다양한 형태로 이루어져야 한다. 즉, 학습의 장소도 지역 내 모든 주민들의 현장이 되어야 하며, 학습의 형태도 공식적인 교육기관에서의 형식적 학습뿐만 아니라 무형식적 학습도 포함해야 한다. 이상촌에서는 학교를 통한 형식적인 교육도 중시되었으나 이상촌을 지탱하는 실질적인 힘은 공동체적 생활 속에서의 무형식적 학습이었다고 볼 수 있다. 안창호는 집단생활과 사교생활의 훈련을 강조하였으며 이상촌 안에 있는 모든 설비는 이웃이 함께 모여 생활하며 의논하는 가운데 공동체 정신과 애국애족의 정신, 사회적인 습관을 형성하기 위한 기초라고 생각하였다(홍사단출판부, 1984: 200). 이승훈은 이상촌의 협동조합 활동을 통해 오산주민들이 자치훈련과 협동의 덕목을 쌓도록 하기에 힘썼다(김기석, 2005: 316). 발해농장과 봉안이상촌에서도 각종 공동체 조직과 회합을 통해 다양한 학습활동이 이루어졌다. 이와 같이 이상촌에서는 주민들의 일상생활의 공동체적 활동 속에서 다양한 내용과 형태의 학습이 활성화되었던 것이다.

이런 맥락에서 사회교육 활동이 지역학습공동체를 지향하기 위해서는 이상촌 운동의 전통을 계승하여 공동체적 삶이 이루어지는 일상생활 속에서 학습이 활성화되도록 지원해야 한다. 그러나 현실로서의 사회교육은 점차 형식화 · 제도화의 경향이 강해지고 있음을 부인하기 어렵다(박성정, 2001; 손준종, 2001). 즉, 공동체적 삶이 이루어지는 일상생활과 분리되어 교육활동만이 배타적으로 이루어지는 시간과 공간의 확보, 공인자격증을 가진 사회교육 전문가의 배치, 학습결과의 활용 증대를 위한 인증제도의 확대 등이 사회교육 발전의 주요 지표로 인식되는 것이 그 예다(오혁진, 2006: 162). 반면, 지역주민들의 공동체적 일상생활 속에서 무형식적으로 이루어지는 학습은 상대적으로 그 존재성과 의의를 제대로 인정받지 못하고 있다. 이것은 오늘날의 사회교육 또는 '평생교육'이 제도권 중심, 공식적 교육시설 중심으로 이루어지는 학교교육의 전철을 밟아 가고 있음을 의미한다. 그러나 진정한 지역학습공동체가 구현되기 위해서는 학습이 일상생활과 분리되어 특정한 시간과 장소에서 추상적이고 형식적으로 이루어지는 것이 아니라 공동체적 삶의 현장 속에서 다양한 문제를 중심으로 이루어져야 한다. 따라서 사회교육 활동을 추진하는 지방자치단체는 주민들로 하여금 일상생활 속에서 다양한 주제로 학습동아리 활동을 할 수 있도록 적극적으로 지원해야 한다. 지역주민들이 일상생활 속에서 자연스럽게 만나 학습하는 과정에서 학습공동체가 형성되고 지역의 문제도 함께 풀어 갈 수 있는 기회를 갖게 되는 것이다.

이와 관련하여 특히 유의해야 할 점은 사회교육 활동이 지방자치단체의 특정 부서나 기관만의 전유물이 되어서는 안 된다는 것이다. 현대사회에서 주민들은 지역사회의 정치, 경제, 사회, 문화, 복지 등 삶의 모든 영역에서 해결해야 할 복잡한 문제들을 갖고 있다. 이러한 문제들은 결국 지방자치단체의 모든 부서 및 기관과 연관되어 있다. 현대사회에서 이러한 문제를 효과적으로 해결하기 위해서는 지역주민들의 대안 제시가 필수적이다(한국도시연구소, 2003: 93). 이는 결국 지역주민들의 학습활동을 통해서만 가능하다. 따라서 지역사회의 문제해결을 위해서는 지방자치단체의 모든 부서가 사회교육 활동을 매개로 지역주민이 주도적으로 학습에 참여할 수 있도록 지원해야 한다. 그런 의미에서 사회교육 활동의 성패는 사회교육전담 부서의 인원이나 예산 규모보다는 지방자치단체 내의 모든 부서 및 유관기관들의 적극적인 참여와 유기적인 협력 정도와 더 밀접한 관계를 갖고 있다고 할 수 있다.

4) 일반 지역주민 주도의 사회교육 전개

역사상 이상촌 운동이나 성공적인 지역공동체 사회교육 활동은 외부에서 제도적으로 투입된 전문가에 의해서가 아니라 지역주민 스스로에 의해 운영될 때 성공적으로 이루어질 수 있었다. 앞에서 살펴보았듯이 이상촌 운동의 지도자인 이승훈, 최용신, 김용기 등은 모두 자발적으로 지역에 뿌리를 내린 지식인이거나 그 지역에 살고 있는 지역주민들이었다. 오산의 경우 지역을 구성하고 있던 일곱 개 마을별로 지역주민들의 주도로 동회가 조직되었고, 그 위에 소비조합이 결성되었다. 조합의 회원은 오산의 주민, 교사, 학생들이었고 그들의 대표가 상임위원으로 조합회의에 참여했다. 또한 청년모임인 '자면회' 도 농지개량, 연료개량, 협동생산, 협동노동 등의 활동을 통해 이상촌 운동의 핵심적인 위치를 차지하였다(백승종, 2002: 132-135). 이는 봉안이상촌의 경우도 마찬가지다(김용기, 1998: 100). 특히 김용기의 봉안이상촌 운동은 당시 일시적인 귀농 운동을 벌인 지식인이 아닌 농민들 스스로의 주체적 운동이었다는 점에서 의미가 크다(조동걸, 1983: 308).

이러한 성격의 이상촌 운동은 당시 일본 총독부에 의해 추진되었던 '농촌진흥 운동' 의 경우와 대비된다. 당시 '농본주의' 의 명목으로 일본 총독부에 의해 실시된 농촌진흥 운동은 오히려 민족진영의 농촌사업을 방해하고 일본 정신과 일본 풍습을 익혀야 함을 강조하는 황국신민화의 수단으로 활용되었다(망원한국사연구실, 1996: 415-416; 한규무, 1997: 217). 이와 같은 이상촌 운동의 경우를 볼 때 지역공동체 사회교육을 추진하기 위해서는 국가에 의해 투입된 공무원이나 사회교육 전문가보다는 지역공동체 구성원의 자발적인 참여와 주도가 필요함을 알 수 있다. 그러나 현재 우리나라에서 평생학습도시 사업과 같은 주요 지역 관련 사회교육 사업들은 주로 중앙정부나 지방자치단체 주도로 이루어지고 있는 것이 일반적인 현상이다. 그러나 지역공동체 사회교육을 성공적으로 추진하기 위해서는 진정한 의미에서 지역주민에 의해 주도되어야 한다.

현재 우리나라의 지역사회에서는 주민들에 의한 자생적인 사회교육 관련 조직들과 사업들이 많이 생성되고 있다. 각종 교육 관련 지역시민단체, 작은 도서관, 각종 생활협동조합, 주민주도의 지역학습동아리, 지역축제, 지역소출력방송 등이 그것이다(한국청년연합회 외, 2005; 오혁진, 2006). 지역사회에서 발생하는 새로운 교육적 요구들을 민감하게 파악하고 이를 충족시키기 위해 우선적으로 노력하는 이들이 바로 이러한 주민주도적 사회교육조직들이라고 할 수 있다. 이러한 조직들은 지역주민들의 삶과 밀접한 관계를 형성하며 그들의 삶을 교육적으로 돕기 위한 방법을 모색한다. 이러한 과정을 거쳐 자연스럽게 학습공동체가 형성된다. 그러므로 지역공동체 사회교육을 성공적으로 추진하기 위해서는 이러한 주민주도의 사회교육 관련 조직들이 사회교육 활동의 기획과 운영에 실질적으로 참여할 수 있도록 최대한 보장해 주어야 한다.

5) 작은 지역 차원의 미시적 접근 강화

사회교육자들은 지역공동체 사회교육 활동에 대해 거시적인 관점으로만 접근하는 것을 경계할 필요가 있다. 이러한 거시적인 관점은 지역의 경우 지방자치단체의 수뇌부만 설득하면 지역 전체에 일사천리로 영향을 미칠 수 있다는 낙관적인 관점과도 연결될 수 있다. 즉, 기초자치단체의 행정력만 동원하면 쉽게 전 지역적 차원에서 지역공동체 사회교육 사업을 실시할 수 있다는 생각을 가지기 쉽다. 그러나 이상촌 운동의 지리적 범위나 인구의 규모는 대체로 오늘날의 기초자치단체보다는 훨씬 작은 것이었다. 그러므로 이보다 규모가 큰 지역을 기반으로 하는 지역학습공동체의 구현과 지역사회발전은 더 어렵다고 볼 수 있다. 따라서 기초자치단체 차원에서 지역학습공동체의 형성과 지역사회발전을 추진하기 위해서는 우선 작은 단위에서부터 시작하는 것이 필요하다. 그러기 위해 먼저 근접지역에 있는 다양한 학습공동체들이 서로 연계함으로써 '평생학습 골목' '평생학습 동네' '평생학습 아파트 단지' '평생학습 일터' 등의 형태로 지역학습공동체를 구현해야 한다. 이러한 작은 규모의 지역학습공동체들이 활성화되고 서로 지속적으로 연계될 때 비로소 기초자치단체 차원의 지역학습공동체도 이루어질 수 있는 것이다.

이런 맥락에서 사회교육자들은 지역공동체 사회교육의 실천을 위해 주변의 다양한 집단이나 조직들에 대해 관심을 기울여야 한다. 이러한 집단이나 조직들은 공식적으로 교육과의 관련성을 표방하고 있지 않음에도 불구하고 실질적으로 학습이 매우 중요한 비중을 차지하고 있는 경우가 많다. 이런 조직들은 주민들의 일상생활에서 지역공동체 사회교육의 실질적인 기초 단위가 될 수 있다. 그러므로 이러한 조직들을 찾아 그 가치를 파악하고 발전방안을 모색하는 것도 사회교육자들의 주요한 과제다.

제3부

사회교육의 사회적 과제

제 7 장

사회교육을 통한 교육적 가치와 사회적 가치의 통합

교육이 추구해야 할 가치는 무엇인가? 이 문제는 근본적인 교육철학의 문제라고 할 수 있다. 전통적으로 교육이 추구해야 할 가치에 대해 교육을 통한 개인의 발전 그 자체를 추구해야 한다는 내재적 관점과 교육은 다른 가치를 달성하기 위한 수단이라는 외재적 관점이 혼재하고 있다.

이러한 문제는 현대 사회교육의 경우에도 예외가 아니다. 전통적으로 사회교육은 학교교육에 비해 학습자의 주체적인 참여와 성장, 학습권의 존중 등을 더 강조한다. 사회교육은 사회적 맥락 속에서 개인의 교육적인 성장을 지향한다. 이것은 곧 사회교육을 일차적으로 교육적인 맥락 속에서 봐야 한다는 것을 의미한다. 또한 사회교육이 실생활의 절실한 필요를 충족시키기 위한 수단으로 사용된다고 하더라도 궁극적으로는 그러한 활동을 통해 학습자가 성장해야 한다는 것이 중요하다. 이러한 측면은 교육적 가치의 실현을 적극적으로 반영하고 있다. 그런 점에서 사회교육은 전통적인 학교교육보다 오히려 더 교육적 가치를 강조하고 있다고도 볼 수 있다. 그러나 전통적으로 사회교육은 교육의 내재적 가치뿐만 아니라 다양한 사회적 가치를 함께 추구하여 왔다. 삶을 위한 교육, 공동체의 실현, 사회변화의 추구 등은 모두 사회교육이 사회적 가치의 실현과 밀접한 관련이 있음을 보여 준다. 이러한 성격은 오늘날에도 여전히 요구되는 가치다. 그런 점에서 사회교육은 태생적으로 교육적 가치와 사회적 가치라는 두 마리의 토끼를 잡아야 하는 과제를 안고 있다. 어쩌면 이 두 마리 토끼를 모두 잡는 것이 사회교육의 원형이자 현대사회에서 사회교육이 다시 해결해야 할 과제라고 볼 수 있다.

그러나 현실적으로 교육적 가치와 사회적 가치를 모두 추구하는 것은 쉬운 일이 아니다. 많은 경우 이 둘은 외견상 이율배반적인 성격을 가지고 있어서 어느 한쪽에 치우칠 수밖에 없는 경우가 많기 때문이다. 그러므로 이 두 가치를 어떻게 조화롭게 추구하느냐 하는 것이 오늘날 사회교육학의 주된 연구 과제다. 여기서는 이 문제와 관련하여 사회교육에 있어 교육적 가치와 사회적 가치가 어떻게 통합적으로 추구될 수 있는지에 대해 탐색해 보고자 한다.

1. 사회교육의 교육적 가치와 사회적 가치의 관계

1) 사회교육에 있어서 교육적 가치의 의미

사회교육은 전통적으로 실생활적인 가치와 밀접한 관련을 맺어 왔다. 사실, 역사적으로 사회교육은 사회문제를 해결하거나 사회적 가치를 실현하기 위한 수단적인 성격이 강하게 부각되어 왔다. 그러나 사회교육이 인간의 생계유지나 삶의 불편을 해소하는 즉각적이고 도구적인 교육만을 의미하는 것은 아니다. 사회교육에 대한 편향된 인식은 사회교육이 갖고 있는 교육 본연의 가치보다는 정치적 · 경제적 · 사회적 가치를 실현하기 위한 수단적 가치에만 주목한 결과다.

교육의 내재적 가치에 비추어 볼 때 교육의 한 분야라고 할 수 있는 사회교육은 문제해결을 위한 수단적인 가치뿐만 아니라 그 과정 속에 내재해 있는 교육적 가치에도 주의를 기울여야 한다. 즉, 사회교육이 사회적 가치를 실현하기 위한 수단으로서만 사용되어서는 안 된다는 것이다. 왜냐하면 사회적 가치라는 것은 경우에 따라서는 개인의 교육적 요구와 상치되는 경우도 있기 때문이다. 그러므로 사회교육은 사회적 가치를 중요시하되 그것이 각 개인학습자에게 유의미한 내용으로 인정되고 동시에 자발적인 참여에 의해 획득되어야 한다. 이 말은 곧 사회교육이 단순히 사회적 · 경제적인 욕구를 충족시켜 주기 위한 실용적 차원에 머물러 있기보다는 그것을 초월한 자기성장을 위한 교육적 차원으로 연결되어야 한다는 것을 의미한다. 이러한 입장은 사회교육의 이념적 기초를 제공했던 린드만의 언급에서도 잘 나타나 있다.

> 사회교육(adult education)은 생계유지를 위한 단계를 충분히 지난 경우는 어느 경우나 예외 없이 문화적 목표를 향해 나아간다. 덴마크, 독일, 영국의 경

> 우가 모두 이러한 방향을 따랐다. 각 강의는 경제적인 문제를 가지고 시작될 수 있다. 그러나 학습과정이 많이 진행되기 전에 사람은 빵으로만 사는 것이 아니라는 희미한 의식이 명확해지게 된다. 학습은 '보다 질 높은 삶'을 지향해야 한다는 요구는 그들 자신의 삶을 향상시켜야 한다는 필요를 의식하지 못하는 매우 진지한 사람들(사회운동가)에게서도 완전히 억제될 수 있는 것이 아니다(Lindeman, 1961: 64-65).

이 말은 사회교육은 직업교육이 그 작용을 멈춘 곳에서 시작된다는 그의 표현과 맥을 같이한다(Lindeman, 1961: 5). 그에 의하면 직업교육이란 학습자들로 하여금 그들의 특수한 목적에 도달하도록 적절한 도구를 갖추게 하는 것이다. 그에 의하면 사회교육은 그러한 도구의 차원을 넘어서 새로운 목적을 추구하는 것이다(Lindeman, 1961: 33). 여기서 그가 말하고 있는 새로운 목적이란 바로 질 높은 삶의 의미를 깨닫고 창조하는 것이다. 이와 같이 학습자들이 삶의 의미를 깨닫고 창조하도록 하는 것이 곧 교육적 가치라고 할 수 있다.

이러한 관점은 결국 사회교육이 전통적인 평생교육의 이념에 입각해 있음을 상기시킨다. UNESCO에 반영된 평생교육의 전통적 이념은 자아실현을 목적으로 하고, 생활교육을 내용으로 하며, 민주주의에 근거하며, 자율적 학습을 그 방법으로 한다(윤복남, 1990: 11). 그러므로 평생교육의 관심은 성인학습자에 대한 관심, 다시 말해 성인의 심리, 학습권 등을 주로 다루게 된다. 평생교육의 이념에 따르면, 인간이 평생의 삶을 살아가는 데 있어서 가장 원초적인 힘이 되어 주는 것은 삶의 의미를 발견하고 성장해 가려는 욕구라고 할 수 있다. 사람이 평생의 삶에서 끝없이 배움의 열정을 느끼게 되는 것은 바로 그러한 의미를 추구하고자 하기 때문이다. 이 경우 사회교육이 현실문제와 직접 관련된다는 것은 생존적인 문제해결을 위한 교육에만 매달려 있다는 것이 아니라 그 문제의 해결을 발판으로 삼아 보다 질 높은 삶의 체험을 하게 한다는 것이다. 소외된 사람들의 사회적·경제적인 문제의 해결도 그 자체로 의미가 있지만 사회교육은 그러한 문제의 해결과정과 그 결과를 통해 학습자가 반드시 주체적으로 성장해야 한다는 것을 전제해야 한다. 그러므로 사회교육이란 사회의 발전을 위해서 일하는 과정에서 교육적인 체험을 하는 것이라고 할 수 있다.

이런 점에서 대표적인 교육학자 중의 하나인 듀이(J. Dewey)도 한편으로 사회교육학자라고 할 수 있다. 듀이에게 있어서 학습의 장은 학교에 국한되지 않는다. 그의 표현을 빌리면 공장의 학교화, 학교의 공장화, 또는 농장의 학교화, 학교의 농장화를 주장함으로써 사회를 학습의 장으로 간주하게 되는 학습사회라는 개념의 기초를 제시한 바 있다. 그러나 듀이는 교육이란 개개인의 최대한의 성장발달을 추구하는 것이고, 특히 교육에 있어서 개인은 결코 수단이 아닌 목적이라고 보았다. 또한 개인이 자유롭게 특유한 방식으로 변화되고 새로워지는 것의 중요성을 강조했다. 듀이는 교육을 통해 사회의 발전도 추구했지만 그보다 우선 그 과정 속에서 개인의 교육적 성장을 기본 전제로 했던 것이다.

교육의 가치는 우선적으로 교육 그 자체의 본질에서 찾아야 한다. 교육은 이전에 종교와 정치, 경제와의 타협을 통해 존재 가치를 인정받으려고 하다가 이제는 복지와 타협하고 문화와 타협함으로써 그 존재 가치를 유지하려는 경향이 있다. 교육이 그러한 가치를 위한 수단으로 활용됐다는 것 자체를 문제 삼을 수는 없다. 그러나 교육이 그 본질을 회복하기 위해서는 다른 것의 수단으로서의 가치가 아닌 궁극적으로 교육 그 자체만의 가치를 우선적으로 인정받아야 한다. 이는 사회교육의 경우도 마찬가지다. 전통적으로 사회교육이 소외된 사람들에게 보다 관심을 기울여 온 것은 곧 그들이 열악한 사회 조건 속에서 자기성장을 할 기회를 상대적으로 박탈당해 온 것에 대한 보상을 위한 것이다. 그것이 곧 진정한 의미의 교육평등이기 때문이다. 사회교육의 관점에서 볼 때 사회변화를 위한 혁명도 이와 같은 관점에서 파악할 수 있다. 혁명은 진정한 학습의 과정이 좌절되고 실패했을 때만 필요한 것이다(Lindeman, 1961: 49). 사회변화와 사회혁명도 교육적인 관점에서는 학습할 수 있는 자유의 확장에 도움이 될 때 의미가 있다. 여러 가지 제약으로부터 해방될수록 자유로운 학습을 할 수 있기 때문이다. 자유를 추구하기 위해 시도된 혁명도 결과적으로 학습자의 요구를 제한한다면 사회교육의 이념은 실현될 수 없는 것이다. 그러므로 사회교육이 사회발전이라는 미명하에 개인의 주체성을 소홀히 할 때 그것은 하나의 '운동'은 될 수 있을지 몰라도 '교육'이라고 볼 수는 없는 것이다. 교육이 본위가 되는 사회, 다시 말해 교육발전이 이루어지고 있는 사회는 교육적 가치가 존중되고 활성화되는 사회다. 교육 본위의 교육학 성립을 추구했던 장상호(1993: 62-63)는 그와 같이 교육발전이 이루어지고 있음을 알 수 있는 지표로 내재성, 만연성, 심도성을 제시하였다. 첫째, 내재성은 교육자체가 다른 것을 얻기 위한 수단이 아니라 그 자체로서 목적으로 추구되는 것을 의미한다. 둘째, 만연성은 교육과 학습이 보편적인 생활양식의 하나로서 학교나 특정한 기관뿐만 아니라 삶의 다양한 영역에서 활발하게 이루어지는 것을 의미한다. 한편 심도성은 한 사회에서 이루어지는 가르침과 배움 자체의 품위가 상당히 높은 것을 의미한다. 이와 같은 교육발전의 지표는 기본적으로 사회교육의 경우에도 예외는 아니다. 오히려 학교교육의 좁은 울타리를 벗어나 평생학습의 차원에서 학습의 편재성과 계속성, 학습기회의 평등과 확장을 강조했던 사회교육은 이러한 교육발전의 지표가 현실화될 수 있도록 역사적으로 크게 기여해 왔다고 할 수 있다. 이와 같이 교육발전을 추구했던 사회교육의 성격은 이후 어떠한 실천 맥락에서도 계속적으로 강조되어야 할 것이다.

2) 교육적 가치와 사회적 가치의 갈등

앞에서 살펴본 교육적 이상은 그 중요성에도 불구하고 현실에서 이를 구현하기 위해서는 여러 가지 난관에 부딪치게 되는 것이 사실이다. 교육은 정치, 경제, 사회, 문화, 종교 등의 삶의 다양한 영역과 관계를 맺고 있다. 이와 같은 삶의 다양한 영역에서 추구되는 가치를 통틀어서 사회적 가치라고 할 수 있다. 교육을 중심으로 본다면 이러한 삶의 각 영역에서 교육적 가치가 최우선적으로 고려되어야 하나, 반대로 그러한 삶의 영역을 중심으로 본다면 교육은 그 영역에서 중시하는 가치를 구현하기 위한 주요 수단이 된다. 따라서 삶의 각 영역에서 교육적 가치를 강조하는 것과 그 영역의 사회적 가치를 강조하는 것 사이에 갈등이 발생할 수 있다. 그리고 각 영역별로 교육이 주된 가치로 추구되는 경우와 반대로 교육이 그 영역의 사회적 가치를 충족시키기 위한 주된 수단으로 활용되는 경우에 따라 표현양식이나 용어가 다르다. 이를 표로 정리하면 다음과 같다.

〈표 7-1〉 사회의 각 영역별 교육의 성격 비교

영역	교육이 본위가 되는 경우	교육이 수단이 되는 경우
정치	이데올로기 비판교육	이데올로기 형성교육
경제	노작교육, 학습조직	직업훈련, 인적자원개발
사회	사회의 이해	사회화
문화	자유교육	문화화
종교	자기성찰 및 수양	교조화

정치와 교육의 관계를 예로 들어 볼 때 전통적으로 정치를 위한 수단으로서의 교육이 많이 강조되었던 것이 사실이다. 이는 국가주도의 교육이나 민중주도의 교육 모두 마찬가지다. 그러나 최근에는 이러한 정치활동 자체의 교육적 의미를 중시하는 움직임이 나타나고 있다. 그 예를 제시하면 다음과 같다.

> 민중교육에서 교육과 정치의 결합은 대체로 정치적 목적을 위한 교육의 도구화로 이해되어 왔다. 그러나 민중교육은 정치적 영역과 활동(갈등, 투쟁, 저항, 헤게모니, 지도력 등)을 교육의 장으로 드러내는 '정치의 교육화'에 토대를 두고 있다. 이러한 개념화된 정치는 당파주의의 영역이나 특정 집단의 이익

> 을 위한 집단적인 행동을 넘어서서 정의, 평화, 인종적/도덕적 관점 등과 같은 인본주의적인 목적을 추구한다. (중략) 지금까지 민중교육자들은 교육의 정치적 측면에만 관심을 가졌던 반면, 정치의 교육적 측면을 그들의 관심에서 배제하여 왔다(한숭희, 2001a: 147).

이러한 언급들은 교육의 논리를 정치 영역에까지 확장하였다는 점에서 의의가 있다. 이러한 예는 정치 영역만이 아니라 다른 영역에도 나타날 수 있다. 경제 영역의 경우도 단지 교육을 경제발전의 수단으로만 활용하는 것이 아니라 직장이나 일터와 같은 경제 영역에서 이루어지는 다양한 활동의 교육적 의미를 강조하는 움직임이 나타나고 있다. 일찍이 듀이 등에 의해 강조된 노작교육 사상이나 최근 학습공동체 차원에서 논의되는 기업의 학습조직화와 같은 것도 그 예라고 할 수 있다.

위와 같이 삶의 각 영역에서 교육의 본질적 가치를 강조하는 측면과 교육의 수단적 가치를 강조하는 측면이 서로 대립할 수 있다. 인간세계의 각 영역은 모두 교육적 체험을 하기 위한 중요한 수단이 될 수 있다. 한 인간이 성장하는 과정에서 각 영역에서의 체험은 매우 중요하고 요긴한 교육적 성장의 소재가 될 수 있는 것이다. 그러나 교육은 그러한 영역을 위한 수단이 될 수도 있다. 특히 교육은 그 영역에서 주도권을 쥐고 있는 이들에 의해 편향적으로 사용되는 경우가 많다. 교육이 정치적 · 경제적 · 사회적 · 문화적 · 종교적인 면에서 권력자들에게 주도됨에 따라 교육 본연의 가치를 순수하게 추구하기보다는 권력자의 이익을 우선적으로 고려하는 현상이 나타날 수 있다. 역사적으로 교육은 계급권력, 종교권력, 군사권력에 이어 최근에는 자본권력에 의해 주도되는 현상이 나타나고 있다. 따라서 현대사회에서 교육을 통해 순수한 교육적 가치를 우선적으로 추구하는 것은 지속적으로 어려운 과제가 될 것임을 알 수 있다. 그러나 교육이 특정한 권력 집단에 의해 주도되고 왜곡되는 것을 막기 위해서라도 삶의 각 영역에서 교육의 본질적 가치가 구현되도록 하기 위한 교육자의 투철한 사명감과 지속적인 노력이 더 요구된다.

2. 노동의 교육적 가치와 경제적 가치에 대한 논의

1) 사회교육에서 노동의 교육적 가치에 대한 주장

현대사회에서 '평생교육' 이 더욱 강조되기 시작한 배경 중의 하나는 지식기반사회, 정보화사회의 도래와 같은 경제적 배경 때문이라고 할 수 있다. 지식기반사회, 정보화사회에서 경제적 성장을 위해 평생교육이 매우 중요한 수단으로서의 의미를 갖게 되었던 것이다. 인적자원개발은 이와 맥을 같이하여 지식기반사회에서 지식과 기술이 중요한 인적자본임을 전제한다. 우리나라에서 평생교육과 인적자원개발이 비슷한 시기에 국가적인 관심하에서 서로 밀접한 관련을 맺고 발전하는 것도 이러한 경제적 배경과 무관하지 않다. 평생교육과 인적자원개발은 그 개념의 차이에도 불구하고 현실적으로 지식기반사회에서 경제적 가치의 추구를 강조한다는 점에서 서로 밀접한 관련을 갖고 있다.

경제적인 측면에서 직업의 문제는 매우 중요하기 때문에 평생교육 또는 인적자원개발에서 핵심적인 주제로 다루어질 수밖에 없다. 그러나 경제를 지나치게 강조함에 따라 다른 영역에서의 교육이 상대적으로 위축되거나 경제적 가치에 눌려 교육적 가치는 무시되는 현상이 강해지고 있는 것이 오늘날 인적자원개발 중심 평생교육체제의 문제라고 할 수 있다. 이런 맥락에서 사회교육의 전통은 이에 대한 균형잡힌 시각을 제공한다. 전통적인 사회교육의 경우에도 직업교육은 매우 중요한 부분을 차지한다. 직업교육은 교양교육, 시민교육 등과 더불어 사회교육의 주요한 영역 중의 하나였던 것이다. 그러나 사회교육의 전통은 직업교육이 경제적 가치에만 치우치지 않고 교육적 가치와 조화를 이루는 특징을 나타내고 있다.

사회교육의 주요 영역으로서의 직업교육은 전통적인 노작교육의 흐름과 맥을 같이한다. 이러한 전통에 의하면 노작교육의 본질은 노동을 통한 학습자의 전면적인 발달이다. 이는 페스탈로치의 노이호프, 오언의 뉴 라나크 운동, 김용기의 가나안농군학교, 간디의 사티아그라하 아쉬람으로 연결된다. 서구에서 페스탈로치나 오언 등에 의해 추구된 노작교육은 산업혁명이 일어나던 시기에 점차 공장제 수공업이 발달하는 가운데 빈민에게 인간성의 기초도야라는 이상을 전파하고 그들이 자활할 수 있도록 돕기 위한 것이었다. 그들에 의하면 산업노동과 결부되어 이루어지는 교육은 인간성의 전면적 · 조화적 발달을 추구해야 하는 것이다.

페스탈로치는 생산노동을 교육의 기초로 삼고 있다. 그의 사상은 현실적으로 일하지 않으면 살아갈 수 없다는 빈민의 절실한 필요도 반영하는 것이었다. 즉, 교육과 관련된 생산노동의 강조는 수공업 공장제도의 확산에 따른 농민생활의 붕괴에 대응하여 빈민을 직접 구제하기 위한 목적도 가지고 있었다. 그러나 그는 노동이 인간 형성적 측면도 가지고 있다고 주장하였다(柳 久雄, 1985: 97). 그는 단순한 신체적 노동, 그러면서도 생산적인 노동은 정신적 · 교양적 발달을 위하여 필요한 것이며 이지적인 성장과 사고력의 훈련도 육체적 노동과 관련이 있다고 생각하였다(이돈희, 1992: 153). 이와 같이 그는 생산노동과 교육을 결합함으로써 노동교육을 통해 빈민의 생활능력을 향상시키기 위한 경제적 측면과 지식 · 도덕성 · 생활태도의 발달과 같은 인간 형성적 측면을 통일적으로 추구하였던 것이다.

로버트 오언도 뉴 라나크 공장 공동체에서의 교육실천을 통해 생산노동과 교육의 결합이 중요함을 역설하였다. 그는 훈련과 교육은 공동체의 일과 긴밀하게 결합되어 있어야 한다고 하였다. 그는 아동들이 각자의 발달단계에 따라 매일 농업, 공업, 어업, 임업 등의 공동체 생산활동과 사회적으로 유용한 노동에 참가하면서 필요한 지식이나 기술을 습득하도록 했다. 물론 이러한 생산노동과 더불어 읽기 · 쓰기 · 셈하기를 비롯한 역사, 지리, 과학, 수학, 경제 등의 여러 교과가 교수되었고 과학적 지식과 생산노동의 밀접한 결합이 강조되었다(柳 久雄, 1985: 182).

마르크스에 의하면 교육은 본질적으로 생산력의 구성요소인 노동능력을 형성하고 생산관계 및 사회적 제 관계를 유지시키기 위한 의식 형성을 임무로 하는 사회적 기능을 갖고 있다(柳 久雄, 1985: 231). 이는 곧 노동에는 행위를 통한 배움이라는 교육적 가치, 생산능력 함양이라는 경제적 가치, 인간집단 속에서의 협동이라는 사회적 가치가 함유되어 있다는 것을 의미한다. 그에 의하면 노동과 교육의 결합은 먼저 대공업제도에서 기술의 변화에 따르는 종합적인 기술을 소유하게 하고, 지적 · 육체적 능력의 발전에 의해 전면적 발달을 이루며, 노동자의 집단주의를 그 모든 생활 가운데 몸에 익히게 하는 것을 말한다. 그리고 자연발생적인 종합기술학교 및 직업학교는 생산의 과학적 · 기술적 지식을 가르치거나 생산용구의 실제적인 사용방법을 습득시킨다고 하였다. 즉, 종합기술학교 또는 직업학교는 모든 생산과정의 일반적인 과학적 원칙을 가르치고 모든 생산에 필요한 이론적 · 실천적인 기초를 길러 준다는 것이다.

듀이도 일(occupation)은 단순히 개인에게 학습동기를 부여하여 현실경험과 접촉시킬 뿐 아니라 인식의 발전이나 이해의 매체, 도구로서의 위치를 차지한다고 하였다. 그러기 위해 그는 학교를 학습공동체로서의 축도사회(miniature community)로 만들 필요가 있다고 하였다(Dewey, 1949: 15). 축도사회란 생생한 사회생활을 그대로 반영한 소형사회를 말한다. 학교가 축도사회가 되기 위해 가장 중요한 것은 일이 교육과정 안에 핵심으로 도입되는 것이다. 학교에서 일은 교육적인 면에서 크게 사회적 의의와 인식론적 의의를 갖는다. 먼저 사회적인 측면에서 학교에서의 일은 아동에게 직접적인 경험을 하게 하고 아동을 현실과 접촉시킴으로써 아동들로 하여금 사회생활의 기본적인 활동들을 알게 하며, 더 나아가 더 큰 사회생활의 구조, 재료, 통찰양식을 습득하게 한다. 또한 인식론적인 측면에서 학교에서의 일은 아동들의 지력을 성장시키고 여러 가지 지식을 습득하게 한다. 듀이에 의하면 일은 목적이 있는 연속적인 활동이기 때문에 일을 통한 교육은 그 속에 학습으로 연결되는 요인들을 그 어떤 교육방법보다 많이 가지고 있다. 일을 통한 교육은 본능과 습관을 가동하며 수동적으로 받아들이는 학습을 용납하지 않기에 교육적 의의가 크다는 것이다. 그런 면에서 듀이가 주장한 일은 교육적인 면에서 아동의 지력을 성장시키고 사회를 이해하는 데 도움이 되는 사회적 활동이라고 할 수 있다.

이와 같이 교육사적인 면에서 많은 교육사상가들이 노동이 갖는 교육적 의의에 대해 주장하였다. 이들의 교육사상에 의하면 노동과 교육의 결합은 지적 · 인격적 · 도덕적 · 경제적 · 사회적인 가치를 통합하는 중요한 교육적 원리다. 사회교육의 차원에서 노동이 갖는 교육적 가치는 일차적으로 직업현장에서 이루어지는 교육을 통해 실현되어야 한다. 직업근로자들이 자신이 하고 있는 일을 통해 교육적으로 성장해야 하기 때문이다. 그러나 노동의 교육적 가치는 단지 현직에 있는 직업근로자에게만 필요한 것은 아니다. 직업준비를 위한 사회교육의 현장에서도 노동의 교육적 의의가 강조되어야 한다. 즉, 노동의 경제적 의의만이 아니라 인식론적 · 사회적 의의도 함께 중요하게 다루어져야 하는 것이다. 또한 직업준비와 직접 관련이 없는 사회교육에 있어서도 노동을 통한 학습은 인간과 사회를 깊이 있게 이해할 수 있는 통로가 됨은 물론 필요한 지식을 흥미롭고 효과적으로 학습할 수 있게 하는 교육방법이기도 하다. 그런 의미에서 인간의 실생활과 밀접한 관련을 갖는 사회교육의 실천가들은 노동이 갖는 교육적 의의에 대해 깊은 관심을 기울일 필요가 있다.

2) 노동의 교육적 가치 인식에 대한 두 가지 역사적 전통

앞에서 살펴본 바와 같이 노동을 통해 지적 · 사회적 · 경제적 능력을 제고하기 위한 노작교육의 전통이 많은 교육사상가들에 의해 중요하게 인식되었다. 그러나 현실적으로 노동이 갖는 교육적 가치와 경제적 가치가 항상 조화롭게 추구된 것만은 아니었다. 많은 경우 노동과 관련된 교육은 학습자를 위한 교육적 가치보다 특정 집단이나 국가의 경제적 가치를 추구하기 위한 수단으로 활용되는 경우가 많았다. 따라서 노동과 관련된 교육의 영역에서는 노동의 교육적 가치와 경제적 가치 중에서 어느 것이 우선적으로 추구되느냐를 두고 심각한 갈등이 벌어지기도 하였다.

이와 같은 노동의 교육적 가치와 경제적 가치의 갈등과 관련된 전형적인 사례로 영국의 교육사에 나타난 오언과 랭카스터의 입장을 들 수 있다. 앞에서 살펴보았듯이 오언은 이상적인 공장 공동체 안에서 이루어지는 노작교육을 통해 우선적으로 교육적 가치를 추구하였다. 그는 노작교육의 과정 속에서 결합과 상호협동의 원리를 강조하였으며 효율성의 추구보다 새로운 인간 형성을 위한 교육학에 더 많은 관심을 기울였다. 그리고 이를 위해 교수방법상 경쟁과 상벌 제도를 배제하였다. 한편, 이와 대조적으로 비슷한 시기에 활동했던 랭카스터(J. Lancaster, 1778~1838)는 조교를 활용한 일제식 집단수업 방법을 고안하였다. 그는 조교를 활용한 집단적 수업을 진행하는 과정에서 경쟁과 상벌을 중요한 교수방법으로 활용하였다. 이는 최소한의 투입으로 최대의 효과를 추구하기 위한 것으로서 당시 활성화되기 시작한 자본주의적 방식에 부응하기 위한 교육방법이었다(梅根悟, 1988: 102). 애초 당시의 자본가들은 아동들의 값싼 노동력을 잃지 않기 위해 아동들의 노동금지와 학교교육에 반대하였다. 그러나 그들은 점차적으로 교육을 통해 순종하는 노동력을 얻는 것이 아동을 학교에 빼앗겨 일시적으로 노동력을 잃는 손실에도 불구하고 훨씬 이익이라는 생각을 가지게 되었다. 이를 위한 방법으로 활용된 것이 최소한의 투입으로 교육적 성과를 올리기 위해 고안된 랭카스터의 조교법이었다. 그런 점에서 랭카스터의 조교법은 교육을 자본주의를 위한 효율적인 수단으로 사용하고자 하는 경제적 가치 우선적인 노동교육의 원조가 되었다고 볼 수 있다.

이와 같이 현대사회에서 노동을 둘러싼 교육의 두 흐름은 랭카스터의 관점과 오언의 관점으로 대별된다. 현대사회가 자본주의 경제체제를 따르는 이상 거기에는 항상 랭카스터적인 교육의 관점이 내재하고 있다. 이는 공교육에 끊임없이 기업 영역의 특성을 반영하는 것으로 나타난다. 그 구체적인 양상으로 학교교육 안에 자유시장 이데올로기, 신자유주의적 기업관이 형성되고 있다. 또한 사회적으로 지식과 기술의 상품화가 가속화되고 교육산업시장이 확대되고 있는 현상도 무관하지 않다. 신자유주의와 세계화의 확산으로 인해 학교가 초국가적인 기업의 필요에 적합한 노동력을 생산하는 훈련센터로 변형되고 있는 것도 마찬가지 현상이다(Norberg-Hodge & ISEC, 2004: 108). 랭카스터의 경우와 같이 노동이 갖고 있는 교육 본연의 가치보다 경제적 수단으로서의 가치를 중시하는 전통은 오늘날 인적자원개발 중심의 교육으로 이어진다. 반면, 노동이 갖는 교육적 가치를 강조하며 교육을 통해 사회변화를 지향하는 움직임은 오언식의 교육적 관점을 계승한다고 볼 수 있다.

이를 미국의 현대 사회교육자인 린드만(E. Lindeman)의 독특한 직업교육관과 비교하여 살펴볼 수 있다. 린드만이 주장하는 사회교육의 주된 특성은 비직업적인 것이다. 이것은 당시 미국의 대부분의 사회교육론자들이 사회교육 부문의 가장 중요한 내용을 직업교육으로 간주하고 있는 것과는 대조적이다. 린드만의 사회교육론에서 직업교육은 인간의 성장을 저해하는 대표적인 것으로서 비판받고 있다(Lindeman, 1961: 5). 린드만에 의하면 인간은 경험을 통하여 성장하며 참된 경험이란 인간의 성장을 도모하는 것이다. 그런데 직업교육은 학생들로 하여금 특수한 산업, 직업 및 전문 분야에 관한 지식만을 학습하도록 한다는 점에서 총체적인 성장과 반대되는 의미의 편파적인 발달이 이루어지게 한다. 직업교육에서 이러한 현상이 나타나는 원인은 직업적인 조직체에서 전문화되며 부분적인 기능만을 필요로 하기 때문이다. 따라서 개인은 직업교육, 그리고 직업을 통하여 지력의 발달이 정체되는 경험을 하게 된다는 것이다. 이와 같은 린드만의 주장은 당시 미국의 직업교육이 자본주의와 유착한 채 이주민의 미국화에만 기여하고 있다는 비판적 인식에 바탕을 두고 있다

(Lindeman, 1961). 당시 미국의 산업 노동자 계층으로서 사회의 하층구조를 형성하고 있었던 이주민들은 직업기술을 획득함으로써 사회의 주변부로부터 탈출하고자 하였다. 그러나 린드만은 이주민이 직업교육을 통하여 오히려 경제적인 측면에서 사회의 주변부에 위치하게 됨을 지적하였다. 린드만은 외국태생의 이주민에 대한 직업교육이 미국 사회에서 지배와 복종의 관계를 생산하기 위한 목적에서 비롯되었음을 날카롭게 지적했던 것이다. 그런 점에서 린드만이 비판했던 것은 직업이나 노동이 갖는 교육적인 가치 자체라기보다는 기득권 세력의 이익을 유지하기 위해 직업교육을 활용하려는 접근방식이라고 할 수 있다.

이와 같이 노동이 갖는 교육적 가치와 경제적 가치를 관계 짓는 데 있어 오언과 랭카스터의 대립은 끊임없이 계속될 것이다. 한쪽은 교육적 가치를 우선시하는 데 비해 한쪽은 경제적 가치를 우선시한다. 직업교육의 성격을 둘러싼 역사적 논쟁은 오늘날 직업훈련이나 인적자원개발에 대한 평가와도 무관하지 않다. 과거 산업혁명이 추진되던 시기에 자본가들이 교육에 의해 순종하는 노동력을 확보해서 얻는 이익이 아동을 학교에 빼앗겨 일시적으로 노동력을 잃는 손실보다도 훨씬 크다는 생각을 가진 것처럼 최근 인적자원개발에 대한 논의도 그 연장선상에 서 있다고 볼 수 있기 때문이다. 즉, 성인들에게 인적자원개발의 기회를 제공하는 것이 그 비용에도 불구하고 그렇지 않은 경우보다 경제적으로 더 이익이라는 판단하에 직업교육이 이루어질 수 있는 것이다. 반면, 오언과 맥을 같이하는 전통적인 사회교육자들은 경제적 효용성보다는 노동의 인간적 · 교육적 가치를 보다 중시하여 그 가치를 평등하게 나누고자 하는 노력을 계속할 것이다.

3) 노동의 교육적 가치와 경제적 가치에 대한 사회교육의 지향점

과거 노동교육의 역사 속에 나타난 교육적 가치와 경제적 가치 간의 갈등을 현대의 맥락에 적용하면 노작교육과 인적자원개발 사이의 갈등으로 파악할 수 있다. 노작교육은 노동활동이 갖는 인지적 · 사회적 의의를 중시하는 교육이다. 지적 · 사회적인 덕목과 더불어 실제 경제적인 실무능력을 강조하는 경우도 있지만 필수적인 것은 아니다. 교육자들의 입장에서 노작교육을 통한 경제적인 능력의 배양은 다른 것들에 비해 부차적인 것이기 때문이다. 그리고 노작교육을 통해 국가의 경제발전을 추구하려고 하는 것도 일차적인 목적이 아니었다. 노작교육은 경제발전을 위한 수단이 아니라 우선적으로 개인의 전면적인 성장을 위해 추진되었기 때문이다. 한편, 인적자원개발은 경제적 능력의 배양을 일차적인 목적으로 한다. 여기서 인적자원이란 조직이 고용한 사람을 말한다. 조직이 고용한 사람이 해당 업무를 성공적으로 수행하여 모종의 성과를 창출하기 위해서는 이들로 하여금 해당 업무에 필요한 지식, 기술 그리고 태도를 습득시켜 일정 기대수준 이상의 사고나 행동의 변화를 이끌어 내야 한다. 인적자원개발은 개인의 지식이나 기술수준을 단순히 끌어올리는 데 목적이 있는 것이 아니라 궁극적으로 개인이나 조직의 업무성과나 개인의 성장기회를 제공하는 데 목적이 있다. 국가적인 차원에서 보면 이는 국가의 경제발전을 위한 수단이 된다. 이와 같이 인적자원개발은 궁극적으로 조직의 경쟁력을 향상시키기 위해 개인의 업무성과를 극대화시킬 수 있는 특정한 변화를 유도하는 활동이라고 할 수 있다.

사회교육은 전통적으로 노작교육의 전통을 계승한다. 그러므로 사회교육의 원리를 논하는 과정에서 피치 못하게 인적자원개발을 비판하게 되는 이유는 결코 인적자원개발의 경제적 필요성과 의의를 무시하기 때문이 아니다. 사회적인 면에서 교육적 가치뿐만 아니라 경제적 가치도 매우 중요하다. 이 양자가 각각의 영역에서 제 할 일을 잘 수행하고 있다면 원칙상 아무 문제가 없다. 그러나 교육의 영역과 경제의 영역은 현실 속에서 서로 분리되어 있지 않다. 따라서 교육적 가치와 경제적 가치는 구체적인 현실 속에서 항상 부딪치게 마련이다. 이렇게 노동을 통해 교육적 가치와 경제적 가치가 실현되는 방식을

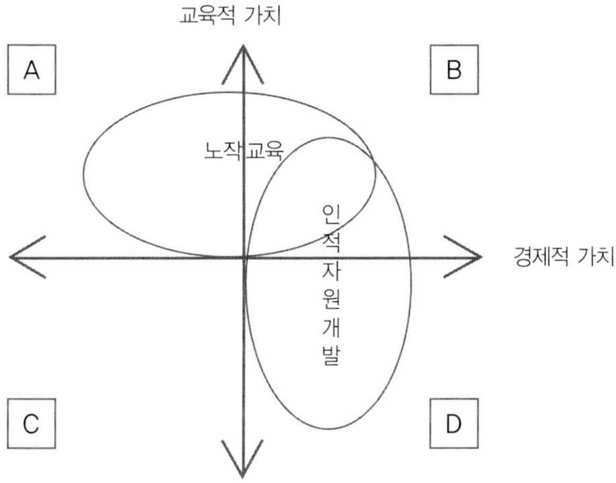

[그림 7-1] 노작교육과 인적자원개발의 관계

유형화하면 다음과 같다.

먼저, A의 유형은 노작교육을 통해 교육적 가치는 실현되지만 경제적 가치는 실현되지 않는 경우다. 그런데 교육적인 측면에서는 이런 양상이 나타난다고 해서 바람직하지 않다고 할 수는 없다. 교육 본연의 가치를 구현하는 것으로 교육활동으로서의 일차적 소임은 다했다고 볼 수 있기 때문이다. 그러나 이와 같은 상황은 실제 사회에서 교육 외적 가치의 중요성이 교육활동에 대한 압력으로 강하게 작용함에 따라 수용되기 어려운 실정이다.

한편, D의 유형은 노동의 교육적 가치는 소홀한 반면 경제적 가치가 중시되는 경우다. 인적자원개발의 경우 교육 본연의 가치보다는 경제적 가치가 중시되는 경우가 많다. 그런데 문제는 D의 유형이 사회적으로 더 많이 수용되고 있다는 것이다. 즉, A의 경우보다 D의 경우가 경제적인 면에서 더 효율적이기에 더 보편적으로 나타나고 있다고 볼 수 있다. 그러나 D의 유형은 교육 본위의 입장에서는 도저히 수용할 수 없는 상황이다. 교육의 본질적 기능이 전혀 실현되지 않는 상태에서 비본질적 기능만 실현되고 있다면 그것을 교육이라고 하기 어렵기 때문이다.

따라서 현실 속에서 가장 바람직한 상황은 B의 유형과 같이 교육적 가치와 경제적 가치가 조화롭게 실현되는 것이다. 교육은 그 자체의 본질적 기능의 실현을 위하여, 그리고 그것과 더불어 다른 가치의 실현에 봉사할 수도 있다. 교육을 통해 교육의 본질적 가치는 물론 사회적 · 경제적 가치도 함께 충족될 수 있다면 이보다 더 바람직한 상황은 없다. 따라서 이 둘을 어떻게 효과적으로 통합하느냐 하는 것이 모든 교육에서 고려해야 할 과제다. 그러나 무엇보다도 이 두 가지 가치를 조화롭게 추진하는 것 자체를 목적으로 하는 교육이 곧 사회교육이라고 할 수 있다.

복지와 교육의 차이를 설명할 때 복지는 물고기를 주는 것이고, 교육은 물고기 잡는 법을 가르쳐 주는 것이라고 말할 수 있다. 그러나 교육의 관점에서 이는 더 세분화될 필요가 있다. 단순히 물고기 잡는 법을 가르쳐 주는 것은 인적자원개발에 가깝다. 경제적 활동을 돕기 위해 인적자원개발은 반드시 필요하다. 그러나 교육은 이보다 더 나아가는 것이다. 더 근본적인 교육은 물고기란 무엇인가, 물고기가 나에게 어떤 의미를 주는가, 물고기를 잡으면 어떠한 일이 생기는가, 왜 물고기를 잡아야 하는가, 물고기를 왜 이웃과 나누어야 하는가 등을 깨닫고 이해하도록 돕는 것이다. 사회교육은 결국 물고기 잡는 법을 익히는 것과 더불어 물고기와 관련된 종합적인 의미까지 깨닫도록 하는 교육인 것이다.

3. 사회교육에 있어서 교육적 가치와 사회적 가치의 통합

1) 교육적 가치와 사회적 가치 통합의 의의와 원리

앞에서 사회교육은 노동과 관련하여 교육적 가치와 경제적 가치를 조화롭게 추구하는 것을 과제로 삼는다고 하였다. 이와 같이 사회교육이 교육적 가치와 더불어 추구해야 할 교육 외적 가치에는 경제적 가치만이 아니라 넓은 의미의 사회적 가치가 모두 포함될 수 있다. 그런 의미에서 사회교육은 실생활 속에서의 문제해결을 통한 성장이라고도 할 수 있다.

교육적 가치와 사회적 가치를 통합하려는 입장은 사회교육의 일반적인 전통이라고 할 수 있다. 즉, 사회교육은 교육적 가치와 사회적 가치를 통합시키려는 실제적 목표를 위해 실시되었던 것이다. 각국의 대표적인 사회교육을 비교 연구했던 티트무스(C. Titmus)는 다음과 같이 사회교육의 일반적인 원리를 말하고 있다.

> 모든 성인은 적절한 교육의 기회를 가질 권리가 있고 사회 또한 성인이 그렇게 하는 것을 필요로 할 뿐만 아니라, 할 수 있도록 보장해 주어야 한다. 학습기회들은 학습자의 소망들과 사회의 소망 양자 모두를 충족시켜 줄 수 있도록 조직되어야만 한다. … 사회교육의 목적과 실제는 그 사회가 기초하고 있는 기본 원칙들에 일치하거나 그것에 의해 활성화되어야 한다(Titmus, 1981: 6).

이와 같이 개인을 위한 교육적 가치와 사회가 요구하는 사회적 가치를 동시에 충족시키려는 것이 사회교육의 전통적인 이상이라고 할 수 있다.

사회교육의 정체성 확립에 대한 이러한 접근방식은 개인학습자와 사회는 분리될 수 없다는 전제를 가지고 있다. 사회교육은 현실의 실존적인 문제의 해결이 우선시되는 교육이다. 그런 의미에서 사회교육은 교육적 가치와 사회적 가치의 만남을 전제로 한다. 즉, 사회교육이 개인의 교육적 성장과 발달을 돕는 데 관심을 두어야 하지만, 학습자가 배우고자 하는 것과 배워야 하는 것은 그들이 살고 있는 사회적 환경과 사회의 필요에 의해 결정된다는 것이다. 이때의 사회적 필요는 단순히 기존 사회의 유지를 위한 것만이 아니라 기존 사회체제의 변화를 추구하는 것도 포함된다. 그러므로 이러한 사회교육관을 가지고 있는 사람들은 개인의 교육적 성장과 사회의식 발달과의 연관성을 강조하고 있다. 이런 관점에서 사회교육의 목적은 다음과 같이 진술될 수 있다(김승한, 1991: 127).

1. 사람들로 하여금 물질적 · 심리적 · 사회적 생존의 수단을 획득하도록 돕는 것
2. 사람들로 하여금 그들 생활의 의미에 대한 감각을 발견하도록 돕는 것
3. 사람들로 하여금 학습하는 방법을 학습하도록 돕는 것
4. 사회가 그 구성원들에게 보다 인도적인 사회적 · 심리적 · 물리적 환경을 제공하도록 돕는 것

그러나 사회교육이 항상 교육적 가치와 사회적 가치의 조화를 전제로 하지는 않는다. 즉, 개인을 위한 교육적 가치와 사회가 요구하는 사회적 가치가 때로는 심각하게 상충할 수도 있는 것이다. 이러한 상충은 특히 현재의 사회구조의 유지나 변화를 위해 교육을 수단으로 활용하려는 과정에서 발생하기 쉽다. 여기에서 '바람직한 사회'라는 이상을 위해 개인을 위한 교육적 가치를 억압하느냐, 아니면 사회적인 가치보다 개인의 교육적 가치를 더 존중해야 하는가라는 문제가 제기된다. 또한 개인의 교육적 가치를 존중하면서도 사회적 변화를 추진하는 것이 과연 가능한가라는 회의도 뒤따를 수 있다. 이러한 문제의식과 회의는 교육학적인 맥락에서 어떤 식으로든 개인을 위한 교육적인 가치와 사회가 요구하는 가치와의 괴리가 발생할 수 있음을 보여 준다. 사회유지나 변화만을 목적으로 한다면 개인의 교화나 선동을 통해서라도 추진하려 하겠지만 이것은 이미 사실상 교육이 아니다. 반면, 바람직한 방식으로 교육이 이루어졌다고 해서 곧바로 사회질서가 잘 유지되거나 사회가 변화하는 것도 아니다. 그러므로 교육적 가치와 사회적 가치를 조화롭게 추구하는 것이 사회교육의 주된 과제라고 할 수 있다. 특히 교육적 본질적 가치를 지향하면

서도 사회변화를 추구하는 것이 원형적 사회교육의 전통이었다. 이러한 관계를 그림으로 표현하면 다음과 같다.

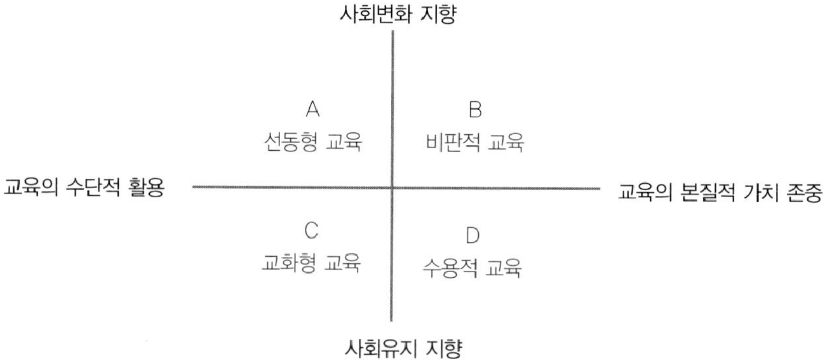

[그림 7-2] 교육적 가치와 사회적 가치의 관계에 따른 유형화

그림에서 세로축에 해당하는 사회적 가치는 사회변화를 지향하는 방향과 사회유지를 지향하는 방향으로 대별된다. 일반적으로 사회변화를 지향하는 방향은 갈등론적 입장을 취하고 사회유지를 지향하는 방향은 기능론적 입장을 취한다고 볼 수 있다. 한편 가로축에 해당하는 교육적 가치는 교육의 본질적 가치와 원리를 존중하는 방향과 교육을 수단으로만 사용하는 방향으로 대별된다. 교육의 본질적 가치를 존중하는 방향은 '안드라고지' '경험학습' '문제제기식 교육' '교육의 내재적 가치 추구' 등의 원리가 포함되며, 교육을 수단으로만 사용하는 방향은 '페다고지' '주입식 교육' '은행저금식 교육' 등의 원리가 포함된다.

여기서 A는 사회변화를 위해 선동적인 교육을 하는 경우다. 사회변혁에 참여할 인원 동원을 위해 이데올로기를 주입하거나 주체적인 학습을 금지하는 경우에 해당한다. C의 경우는 사회의 기득권 유지를 위한 목적으로 교육을 활용하는 경우다. '교화' '은행저금식 교육' '길들이기 교육' 등이 이러한 유형과 관련된다. 이 두 가지 경우는 현실적으로는 교육과 관련된 현장에서 많이 나타나고 있으나 사회교육의 원형과는 거리가 멀다. 한편, B는 교육적 가치를 지향하면서 사회변화를 추구한다는 점에서 의식화 교육 또는 비판적 교육이라고 할 수 있다. 프레이리나 호튼의 교육원리가 여기에 해당한다. 한편, D의 경우는 교육적 가치를 존중하면서 교육이 이루어졌지만 사회적으로는 기존 사회질서의 유지와 조화를 지향한다는 점에서 수용적 교육 또는 사회적응 교육이라고 할 수 있다. 특별히 사회변화를 지향하는 의도 없이 개인의 교육적 성장에 목적을 두는 교양 중심 교육이나 직업기술교육이 결과적으로 이런 경향을 나타내는 경우가 많다. 넓은 의미에서 이 두 가지 유형은 모두 사회교육에 포함된다. 그러나 전통적인 면에서 사회교육의 원형에 해당되는 유형은 B에 해당한다. 사회교육은 역사적으로 기득권의 유지보다는 사회평등과 사회정의를 추구하는 사회운동적 차원에서 비롯되었기 때문이다. 이러한 원형적 사회교육의 성격이 다시 회복되도록 하는 것이 오늘날 사회교육의 과제라고 할 수 있다.

2) 통합적 가치 실현을 위한 학습공동체의 의의

교육적 가치와 사회적 가치를 통합하는 과제는 매우 복잡하고 어려운 논의를 필요로 한다. 그러나 우리는 사회교육의 역사를 통해 많은 사회교육자들이 이러한 문제를 해결하기 위해 토론집단이나 스터디 서클(study circle)과 같은 소집단을 형성해 왔다는 것에서 그에 대한 단서를 얻을 수 있다(Long, 1991; Jarvis, 1987; 황주석; 1993, 2007). 사회교육의 역사에 따르면 '준토(Junto)' '리세움(Lyceum)' '하이랜더(Highlander)' '안티고니쉬 운동(Antigonish Movement)', 부천 YMCA의 '등대 운동' 등과 같은 사회운동 지향적 교육활동들이 모두 소집단 활동을 중심으로 이루어졌다는 것을 알 수 있다. 이러한 소집단들은 사회교육의 관점에서 학습공동체라고 이해할 수 있다.

앞에서 살펴본 역사적 사례들은 학습공동체가 개인을 위한 교육적 가치와 사회가 필요로 하는 가치를 통합시키기 위한 가장 적절한 방법이라는 사실을 보여 준다. 학습공동체를 통해 교육적 가치와 사회적 가치가 추구될 수 있도록 하는 방법은 그 자신과 그의 가족의 학습에서부터 시작하여 그 결과를 점차 주변으로 확산시켜 나아가는 것이다. 이러한 입장은 자기 자신의 교육적 체험에만 관심을 갖고 사회정의에 무관심한 개인주의적 입장이나 사회정의를 위해서는 사회구조 자체를 폭력으로 변혁시켜야 된다는 급진주의의 주장과 구별된다. 사회교육에 입각한 실천방법은 개인인격의 완성과 사회의 개혁이 세계관적인 차원에서 논리적인 관련을 맺고 있으며 동시에 이루어진다는 것에 근거한다. 그것은 곧 내가 먼저 교육적인 체험을 통해 세계관을 바꿈으로써 사회의 개혁도 이룩하자는 것을 의미한다. 학습공동체는 이러한 개인적 성숙과 사회적 실천이 이루어지는 매개물이 될 수 있다. 즉, 학습공동체 안에서 개인과 사회가 만나는 것이다.

학습공동체를 통한 사회적 가치의 추구에는 '사회적 자본'의 형성이 중요한 역할을 차지한다. 사회적 자본이란 협력적 행위를 촉진시켜 사회적 효율성을 향상시킬 수 있는 사회조직의 속성(신뢰, 규범, 네트워크 등)을 말한다(Putnam, 2000). 사회적 자본은 포괄적 호혜성과 시민적 네트워크에 기초한다. 먼저 '포괄적 호혜성'이란 사회적 신뢰를 유지하기 위한 각 개인의 행동들이 즉시적으로 보상을 받지 못한다 하더라도 이로 인해 미래에 사회로부터 혜택을 받을 수 있을 것이라 믿으며 교환의 지속적인 관계를 유지시켜 가는 것을 말한다. 이에 비해 구체적 호혜성은 등가의 항목을 동시에 교환하는 것을 말한다. 신뢰가 없는 사회에서는 구체적 호혜성만 인정된다. 다음으로 '시민적 네트워크'는 이웃 간의 모임, 취미 클럽, 협동조합, 운동클럽, 대중정당 등을 말한다. 공동체에서 이러한 네트워크가 조밀하게 형성될수록 시민들이 상호 이익을 위해 협력할 가능성이 높아지게 된다. 학습공동체는 포괄적 호혜성을 직접적으로 체험하는 대표적인 시민적 네트워크라고 할 수 있다. 따라서 학습공동체 안에서의 학습활동과 교류를 통해 개인이 교육적인 차원에서 성장함은 물론 사회적으로는 사회적 자본의 형성을 통해 사회발전에도 기여하게 되는 것이다. 이를 그림으로 표현하면 다음과 같다.

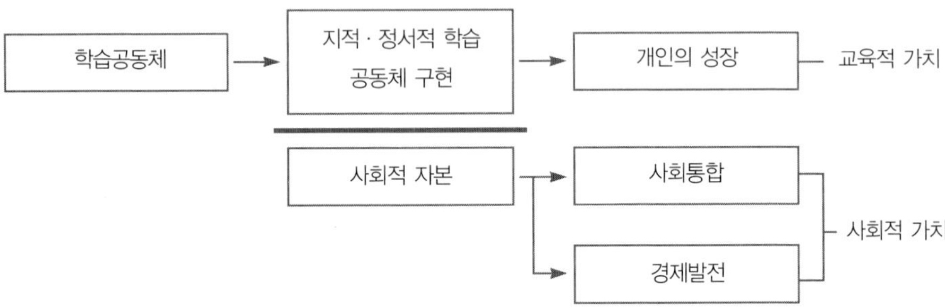

[그림 7-3] 학습공동체를 통한 통합적 가치의 실현원리

이와 같이 사회교육은 학습공동체 활동을 통해 교육적 가치와 사회적 가치를 통합적으로 추구하게 된다. 따라서 학습공동체를 구현하기 위한 사회교육의 노력이 지속되어야 할 것이다.

제 8 장
사회교육을 통한 사회의 변화

역사적으로 사회교육은 사회변화를 위한 유용한 수단으로 활용되어 왔다. 물론 사회교육은 단순히 사회변화의 수단만은 아니다. 교육의 한 영역으로서 사회교육은 교육의 본질적 가치도 추구해야 한다. 그러나 사회교육은 교육 자체의 발전만이 아니라 사회의 건전한 변화도 동시에 추구해야 하는 과제를 안고 있었던 것도 부인할 수 없는 역사적 사실이다.

특히 사회교육은 인간의 자유와 사회변혁의 과제를 수행하기 위해 많은 노력을 기울여 왔다. 역사적으로 학교교육이 주로 사회의 기득권층을 대상으로 국가관료나 사회지도층을 재생산하기 위한 보수적인 기능을 수행했던 반면, 사회교육은 주로 일반 민중들과 소외계층을 대상으로 기존 사회구조의 변화나 보다 평등한 사회를 만들기 위한 개혁적인 기능을 수행해 왔다. 그런 면에서 사회교육과 사회운동 또는 시민운동은 밀접한 관계를 유지해 왔다.

이와 같이 사회교육이 과거뿐만 아니라 미래에도 단순히 개인의 발전만이 아니라 사회의 건전한 발전에도 이바지할 수 있다면 이는 매우 유익하고 보람 있는 일이 아닐 수 없다. 교육발전과 사회발전, 의식화와 조직화, 개인의 성장과 사회발전 등의 대립적인 가치를 통합적으로 추구하는 것은 향후 지속적으로 수행해야 할 사회교육의 과제인 것이다. 그러나 사회교육이 잘못 이용된다면 오히려 사회의 기득권을 유지하도록 하는 도구로 전락할 가능성도 매우 크다. 그러므로 사회교육은 항상 사회변화를 위한 사회교육의 목적과 가치, 그리고 사회변화와 관련된 사회교육의 실제 기능과 결과에 대해 비판적인 입장을 취해야 한다.

이 장에서는 사회교육과 사회변화와의 관계, 사회교육을 통한 사회변화의 방향성, 사회교육을 통한 사회변화의 가능성과 한계에 대한 이론적 근거, 사회교육과 시민사회와의 관계, 사회교육을 통한 사회변화의 기본 원리 등에 대해 종합적으로 살펴보고자 한다.

1. 사회변화와 사회교육의 관계

1) 사회교육과 권력의 관계

사회교육과 사회변화의 관계에서 우선적으로 고려해야 할 사항이 정치권력에 대한 접근방식이다. 왜냐하면 한 사회체제의 유지와 변화에 직접적이면서도 가장 큰 영향을 미치는 것이 곧 정치권력이기 때문이다. 그러므로 사회교육을 통해 사회변화를 이루기 위해서는 어떻게든 정치권력에 대한 대응이 있어야 한다. 이와 관련하여 써비로와 윌슨(Cevero & Wilson, 2001)은 사회교육 실천을 지식과 권력의 획득을 위한 투쟁의 관점에서 분석하였다. 그들에 의하면 사회교육의 분야에서 정치권력을 이해하는 관점으로 다음의 세 가지가 존재한다고 하였다.

첫째, 정치적인 것은 사적인 것으로서 사회교육은 단지 개인학습자를 애정으로 돕는 활동이라는 관점이다. 즉, 정치적인 문제는 각 개별학습자가 판단할 문제이므로 사회교육은 학습자 지향적인 관점에서 중립적으로 일반적 학습자(generic learner)의 필요를 충족시키기 위한 순수한 노력을 하면 된다는 입장이다. 이것을 위한 가장 전문적이고 도덕적인 과제는 학습자들이 스스로의 필요를 검증하고 그 필요의 충족을 통해 성장할 수 있도록 돕는 것이다. 이를 위해서는 비판적 사고이든 관점전환이든, 안드라고지이든 무엇이라도 사회적 맥락과 관계없이 보편적으로 사용될 수 있다는 것이다.

그러나 이러한 입장은 사회적인 맥락과 사회구조, 사회계층이 교육의 과정에 아무런 영향을 미치지 않고 학습자도 사회적으로 아무런 영향을 받지 않는 사람처럼 전제한다는 점에서 비판을 받는다. 이러한 비판에 의하면 학습자 중심이라는 것은 그 자체로 매우 애매한 의미를 가진다. 사회교육의 맥락은 단지 성인학습자가 지원을 받고 있는 좁은 의미의 배경만을 의미하는 것이 아니라 오히려 노조, 대학, 민중교육 프로그램, 기업의 사회적 지위와 같은 더 넓은 맥락을 고려해야 한다는 것이다. 즉, 교육은 일반적 학습자가 아닌 사회적으로 규정된 구체적인 학습자를 고려해야 한다는 것이다. 같은 노동자라도 노조와 인적자원개발 기관 중 어느 기관에서 제공하는 사회교육에 참여하느냐에 따라 전혀 다른 성격을 가진 구체적인 학습자로 규정된다. 교육 프로그램 자체는 사회경제적인 권력 관계에서 중립적일 수 없으며 필수적으로 사회적인 비전을 내포한다. 사회교육은 사회적 · 경제적 · 문화적인 권력 관계를 반영하는 사회적 맥락 속에서 이루어진다는 것이다.

둘째, 정치적인 것은 실천과 관련된 것으로서 사회교육이 보다 성공적으로 이루어질 수 있도록 하는 능력이라는 관점이다. 이러한 관점에 의하면 현존하는 정치적인 관계 속에서 어떻게 사회교육의 과업을 성공적으로 수행할 것인가에 관한 방법에 초점을 맞춘다. 학교교육에 비해 열악한 환경에 놓인 사회교육을 국가적인 차원에서 더 체계적으로 시행하기 위한 방법을 찾는 과정에서 이러한 관점이 중요한 의미를 가지게 되었다. 따라서 이러한 관점을 가진 사회교육자들은 국가적인 차원에서 사회교육과 관련된 정책을 어떻게 수립하여 집행할 수 있도록 할 것인가에 관심을 갖는다. 그러나 이러한 관점은 주로 실천가가 사회교육을 위해 어떻게 권력을 획득할 것인가를 다루는 개인적인 차원에 머무르고 있다는 점에서 비판을 받는다. 즉, 이러한 관점은 개인이 사회교육을 위해 권력을 어떻게 획득하고 활용할 것인가라는 방법적인 차원에서 다룰 뿐 사회구조적인 차원에서 다루지 않는다는 것이다. 그런 점에서 이러한 관점은 여전히 사회적 비전에 대한 관심이 부족하다고 볼 수 있다.

셋째, 정치적인 것은 구조적인 성격을 가지며 권력을 유지하고자 하는 것이기에 사회교육은 정치권력의 변화에 기여해야 한다는 관점이다. 이러한 관점에 의하면 정치적인 것은 사회구조 속에서 권력을 얻기 위한 경쟁과 투쟁이다. 각 사회에는 물적인 부, 지식, 기능, 권력과 같이 필수적인 것으로 여겨지는 희소가치들이 있다. 정치가 권력을 형성하고 공유하는 것인 데 반해 교육은 지식과 기술을 형성하고 공유하는 것이다. 현대사회에서는 지식이 권력이 될 수 있고 교육이 세력화(empowerment)를 위한 수단이 될 수도 있다. 따라서 이러한 관점에 의하면 사회교육의 기본적인 동인은 세력화를 통해 사회구조적인 권력관계에 의해 억압당하고 있는 학습자를 돕는 것이다. 즉, 사회교육의 주요한 목적은 인종, 계급, 성 등의 차원에서 기존의 권력 구조를 변화시켜 모든 사람을 위해 보다 정의롭고 평등하게 만드는 데 기여하는 것이다. 결론적으로 이 관점에 의하면 사회교육을 통해 사회변화를 추구하기 위해서는 비판적 의식의 확립과 세력화가 필요하다.

이와 같이 사회교육과 정치권력의 관계에 대한 여러 가지 관점을 검토해 볼 때 현대사회에서 정치권력의 교육적 통제에 대한 비판적인 관점이 점차 중요한 의미를 갖는다. 현대사회에서 학교교육은 물론 사회교육도 권력과 무관하지 않음이 점차 강조되고 있는 것이다. 사회교육에 대한 정치경제학적 관점, 비판이론에 근거한 사회교육 및 성인학습에 관한 연구, 세계화와 관련된 사회교육의 비판적 접근 등이 이러한 점을 보여 주고 있다. 이러한 관점에 의하면 사회교육은 사회적인 진공관 속에서 이루어지는 것이 아니라 실제 사회 속에서 권력과 밀접한 관계를 가지고 있는 것이다. 이와 관련하여 써비로와 윌슨(Cevero & Wilson, 2001: 10-12)은 사회교육이 권력과 관련하여 다음과 같은 특징을 가지고 있다고 하였다.

첫째, 권력과 사회교육 사이에는 순환적인 상호관계가 있다. 즉, 권력과 사회교육은 서로 쌍방향적 영향을 미칠 수 있으며, 반복적으로 이어진다는 것이다. 많은 경우 사회교육은 권력의 영향을 받아 권력 유지를 위한 수단으로 활용될 수도 있지만 반대로 사회교육을 통해 현재의 권력을 변화시키는 기제로도 활용할 수 있다.

둘째, 사회교육은 지식과 권력 투쟁의 장이다. 사회교육이 학교교육 이상으로 중요해짐에 따라 사회교육을 통해 지식과 권력을 획득하기 위한 경쟁과 투쟁이 심화되고 있다. 특히 현대사회와 같은 정보화사회에서는 지식 자체가 권력의 형태를 띠기도 한다. 사회교육을 통해 경제, 사회, 정치생활에 필요한 정보와 지식을 획득하여 더 많은 권력을 획득코자 하는 수요자의 입장과, 사회교육을 통해 자신들에게 유리한 지식을 전달함으로써 권력을 유지 · 강화하려는 제공자의 입장이 혼재되어 있다.

셋째, 모든 사회교육자는 실천에 있어 사회활동가다. 정치권력의 관점에서 볼 때 사회교육은 중립적일 수 없다. 사회교육은 의도하든 의도하지 않든 궁극적으로 기존의 지배적인 권력을 유지 · 강화하든지, 아니면 권력을 변화 · 교체하는 데 기여한다. 그러므로 사회교육자는 그러한 권력에 영향을 미치는 사회활동가의 역할을 수행한다고 볼 수 있다.

이와 같이 권력과의 관계에서 사회교육의 특징을 이해하고 그것에 맞는 사회교육의 역할과 방법을 올바르게 모색하는 것이 사회교육의 발전을 위한 지속적인 과제다.

2) 사회교육의 사회적 기능에 따른 유형화

앞에서 살펴보았듯이 현대사회에서 사회교육은 권력의 유지에도 기여할 수 있고 권력의 변화에도 영향을 미칠 수 있다. 이에 따라 사회교육의 사회적 기능의 양상도 달라질 수 있는 것이다. 여기서는 이러한 점을 바탕으로 사회교육의 사회적 기능에 따른 유형화에 대해 보다 구체적으로 살펴보고자 한다.

이와 관련하여 권두승(1991)은 사회교육을 사회변화에 관련된 사회교육의 기능과 대상에 따른 접근방식에 따라 유형화하였다.

먼저 사회교육은 사회변화와 관련하여 사회안정 지향성과 사회변혁 지향성으로 구분된다. 사회안정 지향성이란 사회안정, 사회질서유지, 합의, 사회통합과 응집성을 중시하며 전반적으로 사회교육을 통해 현대사회 기득권층에 유리하게 작용하는 가치관을 유지하려는 입장을 말한다. 반면, 사회변혁 지향성이란 사회의 급진적 변동, 구조적 갈등, 지배양식, 사회모순, 해방, 상대적

박탈 등에 주의를 기울이며 사회교육을 통해 현대의 기득권층에게 유리한 가치관과 사회구조를 변화시키고자 하는 입장을 의미한다. 현실적으로 사회교육은 사회안정 지향성과 사회변혁 지향성을 양극으로 하는 연속선상에 존재한다.

또한 사회교육의 접근방법은 주 관심 대상에 따라 개인 지향적인 것과 사회 지향적인 것으로 구별된다. 개인 지향적 접근방법이란 사회교육이 사회체계와의 결합을 위한 어떤 체계적인 노력이 없이 단지 개인의 행동변화를 그 주된 목적으로 하는 경우를 말한다. 반면 사회 지향적 접근방법이란 주로 개인적인 측면보다 특정 집단 또는 사회의 목적을 중시하는 입장을 의미한다. 따라서 개인 지향적인 차원에서는 자율적인 인간의 형성을 주된 목표로 하는 것에 비해 사회 지향적 차원에서는 사회에의 공헌 또는 참여를 강조한다. 사회교육의 목표와 마찬가지로 사회교육의 접근방법도 현실적으로 사회 지향적 접근방법과 개인 지향적 접근방법을 양극으로 하는 연속선상에 존재한다.

권두승(1991: 23)은 이러한 두 가지 기준을 결합하여 다음과 같이 4가지 유형의 사회교육의 모델을 제시하였다.

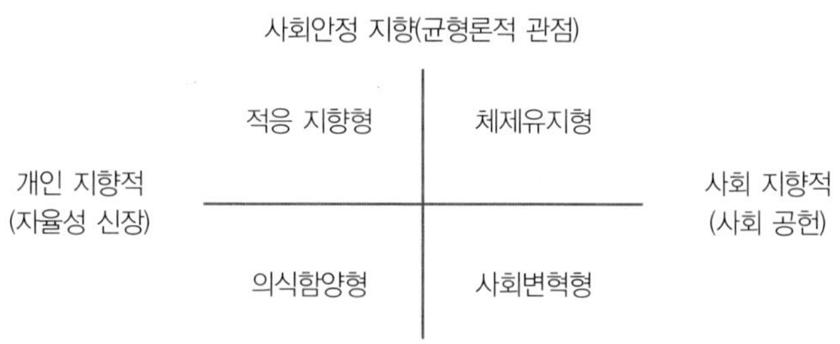

[그림 8-1] 사회교육의 목표와 주 대상에 따른 유형화

첫째, 적응 지향형 사회교육이다. 이는 사회의 구성원들이 사회의 요구나 가치관을 자발적으로 받아들이고 사회적 적응을 할 수 있도록 하는 사회교육

을 말한다. 그런 면에서 정신계몽적인 성격을 강하게 띤다. 이러한 모델의 사회교육은 사회구성원이 기존의 체제 속에서 효과적으로 적응하며 사회교육을 통해 사회적 상승을 할 수 있도록 유도하는 기능을 한다.

둘째, 체제유지형 사회교육이다. 이 유형은 사회학의 주요 이론인 균형론적 관점에 확고한 근거를 갖고 있으며 개인보다 집단적 · 사회적 차원을 강조하는 사회교육을 지지한다. 이러한 유형의 사회교육은 기존의 체제를 발전시키기 위한 인력양성의 성격을 띤다.

셋째, 의식함양형 사회교육이다. 이 유형은 개인 지향적인 입장에서 사회변화를 지향하는 사회교육을 의미한다. 이는 사회교육을 통해 기존의 지배적인 가치관을 극복하고 새로운 가치체계의 교육을 통해 개인의 정체감의 변화를 도모하는 유형이다.

넷째, 사회변혁형 사회교육이다. 이는 교육의 사회적 측면을 중시하면서 의식의 변화를 넘어 사회변화를 사회교육의 중요한 목표로 삼는 입장을 지지한다. 이는 집단의식화와 관련되며 집단적 해방과 사회제도 및 구조의 변화를 꾀하는 사회교육이다.

이와 같이 사회교육은 다양한 형태로 나타날 수 있다. 사회교육은 전반적으로 기존의 사회체제를 존속시키기 위한 수단으로 활용될 수도 있고 반대로 사회변화를 선도하기 위한 수단으로 활용될 수도 있다. 주로 제도적인 차원의 영역에서 사회안정 지향적인 사회교육을 추구했다면 시민사회 영역이나 평민 지향적인 입장을 취하는 영역에서는 사회변화 지향적인 사회교육을 실시했다고 볼 수 있다.

우리나라의 경우 일제강점기나 권위주의 정부 시절에 정부 차원에서는 사회안정 지향적 사회교육이 실시된 반면, 민간 차원에서는 민족 독립운동이나 민주화 운동과 같은 사회변화 지향적 사회교육이 추진됐음을 알 수 있다. 최근 사회교육이 평생교육 차원에서 제도화됨에 따라 학교교육의 연장선상에서 적응 지향적, 체제유지적 성격이 짙어지고 있는 실정이다. 인적자원개발 중심의 교육, 교육기회의 빈익부 부익부 현상이 그 예다. 그러나 건전한 시민사회를 만들기 위한 비판적 사회교육, 세계적인 양극화 해소와 생태환경을 보호하기 위한 시민운동 차원에서의 사회교육은 여전히 사회변화 지향적 사회교육을 추구하고 있다.

2. 사회교육을 통한 사회변화 가능성의 탐색

1) 사회변화에 관한 사회교육의 관점

교육을 통해 사회변화, 특히 사회구조의 변화를 가져올 수 있는가는 교육학, 특히 교육사회학의 영역에서 전통적으로 다루었던 매우 중요한 논의주제 중의 하나였다. 현실적으로 사회교육이 어떠한 사회적 기능을 하고 있는가에 대해서는 냉철하고 엄격한 교육사회학적 분석이 요구된다. 이와 관련하여 사회교육의 사회적 기능이 무엇인가에 대한 입장들을 정리하면 다음과 같다.

먼저, 사회교육은 학교교육과 더불어 그 자체로 사회평등에 이바지한다는 입장이다. 전통적으로 자유주의적 입장을 취하는 교육학자들은 공교육제도의 보편화를 통해 사회변화와 평등에 이바지할 수 있다는 낙관적인 입장을 취하고 있다. 이들에 의하면 학교교육의 보편화야말로 사회평등에 가장 크게 이바지했다는 것이다(김신일, 2003: 272). 이러한 입장을 사회교육에 적용하다면, 사회교육은 학교교육의 연장선상에서 교육을 통한 사회의 평등에 이바지할 수 있는 효과적인 수단이 된다. 현대사회에서 학교교육 자체가 사회평등에 이바지하고 있지만 미진한 부분이 있다면 사회교육이 이를 보완해 준다고 생각할 수 있기 때문이다. 그러므로 이들에 의하면 사회교육은 학교교육와 더불어 교육을 통한 사회평등 강화의 중요한 매개라고 할 수 있다.

둘째, 사회교육은 사실상 사회의 불평등구조를 재생산하는 데 기여한다는 입장이다. 이는 학교교육의 사회적 기능에 대한 마르크스주의 및 네오마르크스주의 교육학자들의 입장과 맥을 같이한다(김신일, 2003: 282-283). 그들은 학교교육의 보편화가 사회의 불평등에 이바지한다는 비판적, 또는 비관적인 입장을 취하고 있다. 예를 들어, 볼스(Samuel Bowles)와 진티스(Hebert Gintis)의 대응이론에 따르면 학교는 자본주의적 재생산에 필요한 사회적 관계를 재생산한다. 그들은 자본주의 생산양식이 만들어 낸 다양한 책략이나 요구와 학교교육 안에서, 그리고 학교를 매개로 만들어진 계급격차 사이에 거시적 수준의 대응원리가 작동하고 있음을 지적했다. 그러나 이 대응원리는 다분히 기계적인 것으로 학교 구조나 학교가 만들어 낸 것이 자본주의 경제와 임노동 관계에 의해 거의 무매개적으로 결정된다고 보았다는 점에서 비판받고 있다(Apple et al., 2011). 또한 부르디외(Pierre Bourdieu)의 문화재생산론에 따르면 학교교육은 사회적 · 문화적 자본에의 접근 또는 활용을 구조화함으로써 특혜층의 이익에 봉사한다(김기석, 1987: 23). 이러한 입장은 볼스와 진티스의 이론처럼 학교교육과 자본주의 사회가 기계적으로 대응하는 것은 아니지만 문화재생산의 형성이라는 간접 경로를 통해 결과적으로 학교교육이 현재의 사회적 불평등구조를 재생산하는 데 기여한다고 보고 있다. 따라서 볼스와 진티스의 대응이론은 물론 부르디외의 문화재생산론도 학교의 기능을 본질상 재생산기능적인 것이라고 파악하였다. 그 결과 교육을 통한 사회변화가 불가능하다는 비관론에서 벗어나기 어려웠던 것이다.

한편, 알튀세르(Louis Pierre Althusser)는 국가와 이데올로기의 관계 속에서 국가권력의 재생산에 기여하는 교육의 기능을 다루었다(김신일, 2003: 95-96). 그에 의하면 지배계급은 억압적 국가기구와 이데올로기적 국가기구(ideological state apparatuses: ISA)를 통해 민중을 지배한다. 억압적 국가기구란 법률제도, 경찰, 군대를 의미하며 이데올로기적 국가기구는 교육기관, 교회, 대중매체, 지역단체 등을 의미한다. 이데올로기적 국가기구는 시민사회 속에 존재하며 국가가 시민의 삶을 통제하고 자본주의 사회의 생산관계를 재생산하는 데 기여한다. 그에 따르면 어떤 계급도 이데올로기적 국가기구에 대한 헤게모니를 행사하지 않으면 국가 권력을 장악할 수 없다. 그리고 이데올로기적 국가기구 중에서 가장 계획적이고 장기적인 장치는 제도적 학교교육이다. 학교교육은 아동들에게 그들이 계급사회 속에서 성취해야 할 알맞은 가치를 가르침으로써 이데올로기를 영속시킨다. 이와 같이 알튀세르의 이론은 교육이 은연중에 기존의 계급구조를 영속시키는 데 이바지하고 있음을 설명하고 있다. 이러한 이론은 현재의 교육이 사회변화를 추구하는 데 일정한 한계를 가지고 있음을 보여 줌과 동시에 사회변화를 위해 보다 진지한 교육적 접근이 필요함을 시사하고 있다.

이러한 관점을 사회교육에 적용한다면 사회교육도 학교교육의 연장선상에서 자본주의적 재생산에 필요한 사회적 관계를 확대재생산한다고 볼 수 있다. 사회교육이 평생교육 차원에서 국가적으로 제도화됨에 따라 사회교육은 학교교육의 연장선상에서 자기보존과 자기영속화에 관심을 가진 지배엘리트에 의해 점차 더 많은 영향을 받을 가능성이 커지고 있다. 국가통합과 경제발전이라는 국가의 필요성을 위해 사회교육이 학교교육의 연장선상에서 효율적인 수단으로 활용될 수 있는 것이다. 우리나라의 경우는 '평생교육'이라는 용어로 지칭되고 있지만 사회변화보다는 체제유지적 기능을 하는 사회교육의 비중이 커지고 있다. 이러한 과정 속에 사회교육의 기회가 학교교육의 불평등을 해소하는 방식으로 이루어지는 것이 아니라 국가의 필요와 경제적 효율성 중심으로 배분됨에 따라 학교교육에서 상대적으로 성공한 사람들이 이른바 '성인계속교육' 의 차원에서도 더 많은 기회를 누리게 되는 것이 일반적이다. 따라서 학교교육을 통한 불평등이 사회교육을 통해서 확대재생산되는 결과를 가져올 수 있다. 그 결과 학교교육을 통해 실제적으로 사회평등을 이룰 수 없다는 절망감이 사회교육에 대해서도 똑같이 적용될 수 있다. 사회교육이 학교교육으로 인한 불평등을 해소하기 위해 시작되었다는 역사적 기원을 돌이켜 볼 때 현대사회에서 사회교육이 오히려 사회불평등 유지에 기여하고 있다고 인식하게 되는 것은 더 큰 절망감을 안겨 준다고 볼 수 있다.

셋째, 사회교육을 통한 사회변화 가능성이 부분적으로 가능하다는 비판적 낙관론의 입장이다. 비판적 관점에서 사회변화와 사회정의를 추구하는 사회교육의 관심은 매우 오래된 전통을 갖고 있다. 사회교육이 편견과 선동을 종식시키는 해결책이라고 믿었던 린드만(Eduard Lindeman)은 사회교육이 지배, 독재, 폭력에 대한 대안이 될 수 있음을 증명하기 위해 모든 생애를 바쳤다. 그는 미국사회가 전체주의로 빠지는 위험을 막기 위한 가장 효율적인 방지책으로 지역주민 토론집단의 정보망을 주장했다(Jarvis, 2011: 141).

또한 파울로 프레이리(Paulo Freire)는 교육이 사회구조의 영향하에 있으며 동시에 교육이 사회구조를 변혁시킬 가능성이 있다고 주장하였다. 그에 의하면 비록 지배계급의 사상과 경험, 그리고 역사가 유지되는 한계 내에서나마 재생산은 교란되고 도전받고 변형될 수 있다. 해방신학을 통해 프레이리는 비판적 교육자들이 회의주의와 비관론에서 벗어날 수 있는 이론적 수단을 만들어 냈다. 이와 관련하여 지루(H. Giroux)는 다음과 같이 말하고 있다.

> 프레이리의 분석이 유토피아적이라면 그 말의 뜻은 그의 사상이 지배권력에 대항하여 도전할 때의 모든 인간이 직면하는 위협과 공포에의 굴복을 극복했다는 의미에서이다. 또한 그의 사상이 예언자적이라고 말한다면, 그것은 그의 사상이 신의 왕국이 지상에서 실현될 수 있는 것은 오로지 인간에 대한 그리고 영원한 투쟁의 필요성에 대한 확고한 믿음을 통해서 뿐이라고 생각하기 때문이다(Freire, 1986: 17).

프레이리와 같은 비판적 교육사상가들은 일반적으로 학교교육과 사회교육이 사회불평등에 기여하고 있는 것이 사실이지만 이에 적절하게 대응하면 교육을 통한 사회변화가 가능하다고 주장한다. 문해교육의 성격을 띠고 있는 프

〈표 8-1〉 교육과 사회변화의 관계에 대한 관점 비교

구분	봉건주의적 관점	자유주의적 관점	마르크스주의적 관점	비판적 사회교육의 관점
교육의 성격	교육기회 제공은 지배자의 시혜	교육은 사회평등의 매개	교육은 재생산 합리화의 도구	교육은 반(反) 헤게모니 수단
교육을 통한 사회변화 가능성	운명론 (기대하지 않음)	낭만적 낙관론	비판적 비관론	비판적 낙관론

레이리의 의식화 교육은 사회변화를 가능하게 하는 새로운 모델로서 제시되기도 하였다. 공교육제도에 의한 학교교육이 재생산의 기능을 주로 수행하는 것에 비해 프레이리는 비판적 사회교육이 그 대안이 될 수 있음을 보여 주었다. 미국사회에서 린드만과 호튼이 추구했던 사회교육이나 남미에서 프레이리가 실시했던 비판적 문해교육, 그리고 우리나라에서 일제강점기 이후 지속된 비판적 사회교육은 당시 보수적인 기능을 담당했던 대다수의 학교교육과 관제화된 사회교육(성인교육)에 대한 비판적인 대안이었다고 볼 수 있다. 이러한 입장에 의하면 사회교육을 통해 사회평등과 사회변화에 이바지한다는 것이 결코 쉬운 일은 아니지만 비판적인 입장에서 꾸준하게 노력하면 성공할 가능성도 높다는 것이다.

이와 같이 사회교육 분야에서는 교육을 통한 사회변화의 가능성에 관한 논의들과 반대로 교육을 통한 사회체제의 유지와 통제와 관련된 논의들이 서로 각축을 벌이고 있다. 사회적으로 보면 교육은 기존 사회체제를 유지 · 강화하는 쪽으로 기능하든지, 아니면 사람들로 하여금 기존의 사회체제를 비판적으로 다루고 변화시키도록 기능할 가능성을 모두 가지고 있다. 그런 면에서 사회교육은 양날의 검과 같은 성격을 갖는다. 하나는 지배수단인 학교교육 연장으로서의 교육이다. 이는 사회교육이 학점과 학위를 통한 평생에 걸친 위계질

서적 감시, 지속적인 통제, 영구적 평가와 구분을 위한 수단으로서 활용되는 것이다. 반면, 사회교육은 비판적 성격의 시민교육으로도 활용될 수 있다. 즉, 권력관계를 비판하고 대안을 제시하고, 학습자들의 경험을 존중하고 학습자들이 자신의 목소리를 발전시키도록 도우며, 학습자들에게 자신의 학습을 선택하고 구성하고 평가하도록 권한을 부여할 수도 있다. 사회교육은 단순히 국가 혹은 통치력에 순순히 복종하기만 하는 양순한 국민을 양성하는 것이 아니라 오히려 새롭게 의식화된 집단을 양성하고 사회를 변화시키는 힘의 원천이 될 수 있는 것이다.

이상과 같이 사회교육과 사회변화의 관계를 종합해 볼 때 현대사회에서 사회변화의 가능성과 관련하여 사회교육 실천가가 가져야 할 관점은 비판적 낙관론의 관점이라고 할 수 있다. 먼저 현실에 대한 순진한 시각을 버리고 현실 자체를 비판적으로 인식하는 것이 필요하다. 또한 비판적인 현실에도 불구하고 사회교육을 통해 사회현실을 변화시켜 나갈 수 있다는 희망을 갖는 것이 매우 중요하다. 즉, 사회교육 실천을 위해서는 개인으로 하여금 기존의 낭만적 낙관론과 비판적 비관론을 모두 극복하고 사회의 근본적 변화를 향한 비판적인 낙관론을 갖는 것이 절실하게 요구된다.

또한 여기서 주의할 것은 교육이 단지 사회변화를 위한 효율적인 수단으로만 인식되어서는 안 된다는 것이다. 더 중요한 것은 교육을 통해 사회변화에 참여하는 사람들이 개인적으로나 집단적으로 성장해야 한다는 것이다. 즉, 교육이 사회변화를 위해 기여할 수 있는 것은 단지 결과를 가져오는 것만이 아니라 사회운동, 사회변화의 과정 자체가 건전하게 개선되고 모두가 이런 과정을 통해 성장할 수 있도록 돕는 것이다. 이것이 곧 사회변화의 과정 속에서도 잃어버려서는 안 되는 교육의 본질적인 가치다.

2) 사회교육을 통한 사회변화 가능성에 대한 이론적 근거

여기서는 사회교육을 통한 사회변화의 가능성에 대해 이론적 기초가 될 만한 학자들의 이론을 보다 구체적으로 살펴보고자 한다.

(1) 그람시의 헤게모니 이론

이탈리아의 대표적인 사회학자인 안토니오 그람시(Antonio Gramsci)는 헤게모니의 개념을 통해 사회변화의 양상을 설명하였다. 그에 의하면 헤게모니란 특정한 집단의 이익에 기여하는 이데올로기 신념과 관행 체제를 자발적으로 수용하도록 하는 일련의 과정을 의미한다(Mayo, 1999: 35). 그에 의하면 헤게모니는 합의에 의해 작용한다. 헤게모니가 작용하는 과정에서 사람들은 자신들이 지배 이데올로기에 동화되도록 강요받는 것이 아니라 스스로 그 이데올로기를 수용하는 것이라고 믿는다. 이는 국가나 지배계급이 질서를 유지하기 위해 폭력이나 강압에 호소할 필요가 없음을 의미한다.

이와 같이 그람시는 헤게모니 개념을 통해 자본주의 사회의 구조적 모순이 순탄하게 지속되는 원리를 설명하였다. 그러나 그는 이러한 구조적 모순의 원리를 비판적으로 설명하는 것보다 이러한 모순을 극복하기 위한 대안을 제시하는 데 더 큰 관심을 기울였다. 그람시는 역사가 경제구조에 의해 숙명적으로 규정되는 역사관을 배제하고 대신 인간의 의지를 역사의 최대요인으로 인식했다. 즉, 그의 연구과제는 인간의 의지를 통해 소수가 아닌 다수를 위하여 새로운 헤게모니를 창출하는 것이었다. 그가 생각한 새로운 헤게모니의 창출은 기존 사회체제의 세계관을 변화시키고 새로운 세계관을 확립하는 것이었다(Gramsci, 2005).

그는 노동자 계급에서 자생한 유기적 지식인이 이러한 역할을 담당할 수 있다고 주장하였다. 유기적 지식인은 노동자 계급에게 그들에게 적합한 이데올로기를 전파하여 공유케 함으로써 사회의 주도적 이데올로기로 자리 잡게 할 수 있는 존재라는 것이다. 그에 의하면 유기적 지식인은 특권계층이 아니라 사회관계 속에서 지식인의 기능을 담당하는 계층으로서 궁극적으로 대중도 교육과 훈련을 통해 지식인이 될 수 있다. 그런 면에서 그가 제시하는 지식인은 사회현실과 계급에 밀접히 연계된 철학적이며 정치적인 지식인이다(주진호, 2005: 46). 그들은 역사적 인식과 역사적 분석, 그리고 역사적 환경을 이해하고 실천을 통해 자신과 자신의 환경을 바꾸어 나갈 수 있는 존재다. 그들은 자신들이 체득한 세계관을 체계화하고 대중들에게 확산시켜 그들의 세력을 조직하고 지도할 수 있는 지식인이다. 유기적 지식인이란 명확한 세계관을 가지고 있으면서 실천적인 활동에 적극적으로 참여하는 '항상적인 설득자' 이자 노동계급 내에서 조직의 구성원이 되는 이들을 의미한다. 그람시는 교육의 확대와 민주주의 확대를 통하여 궁극적으로는 대중의 지식인화가 이루어져야 한다고 주장하였다. 그람시가 제시한 유기적 지식인을 기존의 지식인 개념들과 비교하면 다음과 같다.

〈표 8-2〉 지식인의 유형별 특징

유형	전통적 지식인	신 지식인 (직업적 지식인)	유기적 지식인
특징	엘리트주의적 이론적(진리탐구) 관조적	대중적 도구적 이성 실용주의적	민중적 비판적 이성 실천적

이런 맥락에서 유기적 지식인의 역할은 곧 교육자의 역할이라고 할 수 있다. 유기적 지식인의 존재양식은 이제 더 이상 학습자의 삶의 외부에서 지식만 전달하는 것이 아니라 건설자, 조직가, 상담자로서 실제 생활에 능동적으로 참여하는 것이다. 그람시는 교육이 부르주아 헤게모니를 형성할 뿐만 아니라 대항 헤게모니도 만들 수 있음을 주장하였다.

그람시는 기존의 국가주도의 학교교육은 계급구조적이며 이데올로기적 장치의 하나로서 부르주아 헤게모니에 공헌하고 있다고 보았다. 그 대안은 곧 대중들에게 새로운 교육을 제공하는 것이다. 정치적 혁명을 성취하기 위해서는 새로운 문화적 풍토가 조성되어야 하며 이를 위한 실제적 작업은 노동자들에게 넓은 의미에서의 교육을 제공하는 것이다. 이러한 교육은 일반적으로 사회교육을 의미한다. 그에 의하면 비판적 의식을 가진 지식인들을 양성하여 궁극적으로 사회변화를 실현하는 것이 새로운 교육의 목적이라고 할 수 있다.

이와 같이 그람시는 교육의 기능을 헤게모니의 형성이라는 차원에서 분석하였다. 그는 기존의 지배적 헤게모니 형성에 대해 새로운 교육을 통한 대항적 헤게모니의 형성 가능성을 이론적으로 제시하였다. 이러한 주장들은 교육이 서로 상반되는 목적을 위해 활용될 수 있다는 사실을 인식시켜 줌과 동시에 사회변화를 위한 사회교육의 역할과 가능성에 대해 시사하는 바가 크다.

(2) 푸코의 권력이론

프랑스의 사회학자인 푸코(M. P. Foucault)에 의하면 인간실천의 자원으로서의 지식은 특정한 담론을 형성케 하여 인간의 행위에 영향을 미친다. 일상의 지식체계에 근거한 담론은 인간의 실천 및 인식을 '진실' 이라는 이름하에 구조적으로 또는 무의식적으로 선택하거나 배제하게 한다.

푸코는 이와 같이 지식을 통해 인간의 행위를 규제하는 힘을 권력이라 정의한다. 푸코는 권력을 주권적 권력과 규율적 권력으로 구분하였다. 주권적 권력(sovereign power)은 군주나 대통령과 같은 명확한 권위적 주체가 위에서 아래로 행사하는 힘을 의미한다. 반면, 규율적 권력(disciplinary power)은 일상생활에서 사람들 스스로가 자신에게 행사하는 자율적 권력을 말한다(Brookfield, 2009: 155). 푸코가 관심을 기울였던 권력은 물리적 · 폭력적 힘이라기보다는 당연하거나 자연스러운 것으로서 인간에게 헤게모니적인 힘으로 작용하는 규율적 권력이었다. 그에 의하면 규율적 권력은 개인의 모든 생각과 신체에 깊

숙이 침투하여 행동, 태도, 말, 학습과정, 일상생활 모두에 반영된다.

푸코에 의하면 현대사회에서는 주권적 권력이 규율적 권력으로 대체되고 있다. 다시 말해 현대사회는 '육체적 고통에서 정신적 고통으로'라는 통제방식의 전환으로 인간을 더욱 엄격하고 효과적으로 복종시키고 있다. 정신적 고통이라는 신기술은 교도관, 의사, 정신병리학자 그리고 교사라는 새로운 기술자를 창출하여 이들로 하여금 자본주의 사회를 유지하고 재생산하는 데 중요한 역할을 담당하게 하고 있다는 것이다. 푸코는 개인 특유의 구체적 일상 행동이 위로부터의 권력 없이도 체제를 유지할 수 있는 것은 '감시' 때문이라고 하였다(Foucault, 2003). 규율적 권력은 '감시'라는 도구를 통해 행사되는 권력인 것이다. 자기감시는 규율적 권력의 핵심 요소다. 감시를 통해 규율적 권력의 영향을 받는 사회에서 인간은 스스로의 행동을 통제한다. 따라서 국가의 입장에서는 많은 비용과 시간을 들여 억압적인 국가 통제기관을 만들 필요가 없는 것이다.

규율적 권력은 감옥에서 가장 잘 드러나지만 학교, 공장, 사회복지기관, 사회교육기관에서도 발견된다. 또한 규율적 권력은 평생교육을 위계질서적 감시, 지속적인 통제, 영구적 평가와 구분이라는 장치를 통하여 평생의 악몽으로 변모시킬 수 있다(Brookfield, 2009: 167). 교육의 차원에서 볼 때 규율적 권력은 각 학습자의 행동을 감시, 평가, 판단하며 그 질이나 장점을 가늠하기 위해 공간을 필요한 만큼의 세부적 주체와 요소로 나눈다. 또한, 규율적 권력은 학습을 단계별로 구분하며, 시간도 각 단계별로 조정하고 세분화한다. 시험은 규율적 권력의 핵심 장치가 된다. 시험은 시험 대상이 특정 수준에 도달하였는지, 모든 대상이 동일한 학습과정을 거쳤는지, 각 개인의 실력은 어떠한지 알려 주는 역할을 한다. 학습자들은 시험을 통해 분류되고 구분된다. 시험은 모든 사람을 정상적인 기준에 맞추려고 하는 감시의 일종으로 자격의 부여, 분류, 처벌을 가능하게 하는 도구인 것이다(Foucault, 2003: 289).

이와 같이 권력의 행사는 끊임없이 지식을 창조하고, 반대로 지식은 끊임없이 권력의 효과를 강화한다. 지식 없이는 권력 행사가 불가능하며, 지식은 반드시 권력을 창출해 낸다(Brookfield, 2009: 172). 교육은 지식과 진리를 창조하는 가장 중요한 기능을 가진 사회장치 중의 하나다. 지배계층은 교육을 통해 지배적 담론을 구성하고 유지한다. 비판이론에 따르면 권력과 기술, 이데올로기가 함께 모여 인간을 적극적으로 침묵시키는 문화를 만들어 내는 방법을 통해서도 지배가 효과적으로 이루어지는 것이다. 피압박자가 지배를 스스로 체질화하고 내면화함으로써 자기 자신에 대한 지배에 스스로 적극적으로 참여한다는 사실이 간과되어서는 안 된다.

그럼에도 불구하고 푸코는 권력이 존재하는 곳에서는 항상 저항의 가능성이 자리 잡고 있다고 보았다. 푸코의 이론은 포착하기 어려운 규율적 권력이 작용하는 메커니즘을 드러냄으로써 그에 대한 적절한 대응을 가능하게 하였다. 특히 현대사회에서 통합적인 주권적 권력에서 분산된 규율적 권력으로의 이동은 특정 프로젝트를 다루는 지역적인 사안에 대해 저항의 가능성을 한층 높여 준다고 보았다. 이 점에서 비판적 사회교육은 지배적인 담론에 대항하는 대안적 담론과 지식을 형성하는 매개가 될 수 있다.

(3) 기든스의 구조화 이론

사회교육과 사회변화의 관계를 논의하기 위해 참조해야 할 이론 중의 하나로 앤서니 기든스(A. Giddens)의 구조화 이론을 들 수 있다. 기든스는 인간의 행위와 사회구조의 관계에 대해 논의하는 과정에서 기존의 구조주의적 관점이나 기능론적 관점, 방법론적 개인주의를 비판하면서 그 대안으로 구조화 이론을 제시하였다(Giddens, 1982; 김용학, 1991). 먼저 기존의 관점들을 살펴보면 다음과 같다.

첫째, 구조주의적 관점에 의하면 사회변화를 위한 혁명은 인간에 의해 만들어지는 것이 아니라 구조적 조건이 성숙할 때 오는 것이다. 구조주의는 인간이 언어구조, 무의식 등에 의해 지배받는 존재임을 밝힘으로써 인간의 행위에 대한 구조의 우월성을 강조한다. 그러므로 이 입장에 의하면 교육은 개인을 구조에 편입시키는 기능을 할 뿐 개인의 행위를 통해 구조를 변화시키기는 것은 불가능하다고 볼 수 있다.

둘째, 기능론적 관점에 의하면 인간의 행위는 본질적인 목적과 무관하게 사회 유지를 위한 특별한 기능을 수행할 때 의미를 부여받는다고 보았다. 예를 들어 호피 인디언들의 기우제는 본래 비를 오게 하려는 목적으로 수행되었지만 사실상 사회적 결속력을 증진시키기 때문에 존속한다. 즉, 기능론자에 의하면 기우제에 참여하는 행위자는 기우제가 단결을 증진시킨다는 사실을 모르지만 마치 생존 가능성이 높은 생물체가 진화의 과정에서 살아남듯이 사회에 기능적으로 우호적인 결과를 내는 제도가 선택되어 존속한다는 것이다. 이러한 입장에 의하면 교육은 그 본질적 가치의 실현 여부와 관계없이 기존의 사회질서를 유지하는 데 기여하는 기능을 한다는 것이다. 그러므로 기본적으로 교육을 통한 기존 질서나 구조의 변화는 기대하기 어렵다고 볼 수 있다.

셋째, 방법론적 개인주의 관점에 의하면 사회현상의 법칙이란 개개 인간의 행위에 기반한 것이기 때문에 각 구성원의 행위를 넘어선 어떤 사회적 집합체의 존재나 그 실재성을 인정할 수 없다. 이러한 입장은 인간 행위가 근본적으로 의도적이며 목표 지향적이라는 전제에서 출발한다. 이때 개인의 의도성은 비록 직접적인 경험적 검증이 어렵다고 하더라도 사회적 행위로 구성되는 사회현상을 설명하는 인과적 요인으로 간주된다. 이러한 관점에서 제도나 집합체는 구성원들의 다양한 의도의 집합이라고만 여겨질 뿐 그 자체가 독립적이고 자율적인 의도성을 지니고 있다고 보지 않는다. 즉, 집합체 나름의 집단합리성은 부정되고 오로지 개인적 수준의 의도성만이 설명의 인과변수가 되는 것이다. 또한 방법론적 개인주의는 사회의 기본적 구성 인자로서의 개인을 인정하고 그 개인이 하나하나 독립적 인격과 우주를 갖는 주체로서 자신의 복지를 극대화하는 합리적 인간이라고 상정한다. 이러한 입장에 의하면 교육은 각 개인의 합리적인 인식변화와 타인과의 합의를 통해 얼마든지 사회변화를 주체적으로 이룰 수 있는 매개가 될 수 있다. 이러한 입장은, 사회는 개인들의 합의에 의해 구성된 것이기 때문에, 개인들이 합의만 하면 쉽게 사회변화를 추구할 수 있다는 낙관적인 입장을 취한다.

그러나 기든스는 이러한 관점들이 모두 극복해야 할 한계를 가지고 있다고 하였다. 먼저, 구조주의는 인간행위의 동기나 목적 그리고 의식 등을 모두 간과한 채, 인간행위자 등 뒤에서 작용하는 구조적 힘들의 관계로서 사회현상의 변동을 인식한다. 이에 대해 기든스는 인간이 구조에 의해 일방적으로 결정되는 존재가 아니라 언제나 다르게 행동할 개연성을 갖고 있다고 반론한다. 인간은 늘 구조적인 법칙에 순응하는 것이 아니라는 것이다. 한편, 기능주의적 관점에는 사회적 기능에 무의식적으로 순응하는 인간이 아닌 주체적 행위자로서의 인간의 가능성이 빠져 버렸다고 비판한다. 반면, 방법론적 개인주의에 입각한 사고방식은 인간의 행위를 매우 중요하게 다루나 '사회제도' 가 간과되었다고 비판한다. 다시 말해 기든스에 의하면 기능주의와 구조주의 모두 인간행위를 배격하고 오직 구조나 기능이라는 사회적 관계와 사회적 힘만을 중시하는 반면, 방법론적 개인주의는 사회의 전체적인 구조적 특징을 정교히 다루지 못했다는 점에서 문제가 있다는 것이다.

기든스는 그 대안으로 인간의 행위와 사회구조와의 상호작용을 다루는 구조화 이론을 제시한다. 구조화 이론은 구조주의와 해석학의 결합적인 성격을 갖는다. 즉, 거시적 현상을 주체적 행위자의 행위를 통하여 설명하려는 시도다. 행위란 인간행동의 두 가지 구성부분인 '능력(capability)' 과 '앎(knowledgeability)' 으로 이루어진다. '능력' 이란 인간행위자가 '다르게 행동할 수도 있다' 는 가능성을 내포하는 것이다. 그에 의하면 구조란 행위를 완전히 결정하는 것이 아니라 선택 가능한 대안들의 범위를 결정해 줄 뿐이기 때문에 행위자의 능력이 중요하게 부각될 수 있다. 한편, '앎' 이란 사회구성원들이 그 사회가 어떻게 돌아가고 있는지에 대해서 상당한 정도로 인식하고 있음을 뜻한다. 즉, 행위자가 사회관습이나 사회제도에 대해 명백히는 아니더라도 많은 것을 알고 있다는 것을 의미한다. 그러므로 인간은 끊임없는 성찰과 관망을 통해 '앎' 을 바탕으로 '능력' 을 갖고 의도적 행위를 통해 사회구조를 내면화하며 동시에 사회구조를 변화시킨다(Giddens, 1982: 91).

이는 구조의 이중성과 관련된다. 기든스는 구조를 행위에 의해서 계속해서 재조직되는 규칙과 자원으로 개념화한다. 구조는 그 구조를 지속적으로 조직하고 재조직하는 사회적 실천의 매개물이자 결과다. 그에 따르면 사회구조는 행위자의 실천을 통해서만 재생산되고 변형된다. 즉, 구조는 개인의 행동을 제약하는 동시에 가능하게 한다는 점에서 행동을 매개하는 동시에 행동의 결과인 것이다. 인간은 앎을 통해 기존의 사회구조를 재생산한다. 그러나 재생산의 매 순간마다 인간의 행위를 통해 구조적 규칙이 변화할 가능성은 항상 존재한다. 그것은 인간이 가진 '능력' 때문이라고 볼 수 있다. 구조화 이론에 의하면 인간이 사회구조를 무시하거나 대체하거나, 다르게 재생산하려고 시도한다면 사회구조는 변화할 수 있다고 여겨진다(Giddens, 1982: 37-38).

이러한 기든스의 이론은 사회교육을 통한 사회변화의 비판적 낙관론에 대한 이론적 기초를 제공한다. 사회교육은 사회구조와 개인의 행위를 매개하는 역할을 한다. 사회교육은 사회의 구조 속에서 이루어진다는 점에서 학습자를 구조 속에 자리 잡게 한다. 사회교육 자체가 구조적인 제약 속에서 이루어지기에 학습자에게 그 영향이 그대로 전달되는 것이다. 즉, 사회교육을 통해 '앎' 이 이루어지도록 하는 것이다. 반면, 사회교육은 '능력' 을 통해 구조를 변화시키고 다르게 재생산하는 매개가 될 수도 있다. 교수자와 학습자는 사회교육이라는 행위를 통해 구조를 변화시킬 수도 있는 것이다. 다만 기존의 학교교육이 '앎' 의 기능을 보다 중시했다면 전통적인 사회교육의 경우는 '능력' 의 기능에 초점을 두고 사회변화를 추구했다고 볼 수 있다. 이는 향후에도 꾸준히 강조되어야 할 과제다.

3) 시민교육을 통한 사회변화의 추구

초창기 사회교육의 역사는 시민사회의 확장과 더불어 시작되었다. 시민사회라는 용어는 본래 마르크스가 자본주의 사회에서 행해지는 정치투쟁의 복잡성과 주요한 정치행위자인 국가의 상대적 자율성, 그리고 정치변동의 역동성을 설명하기 위한 근거로 사용하였다. 여기서 시민이란 참여와 자율의 권리를 획득한 국민대중을 말하고, 시민사회란 기존의 정치사회 영역(상부구조, 국가), 경제사회 영역(하부구조, 시장)과 별도로 독립적으로 존재하는 제3의 영역이다. 즉, 자본주의 사회를 지탱하는 두 축인 자본과 노동이 시민적 관계망을 구축함으로써 형성되는 일종의 정치적 사회관계망을 말한다. 시민사회는 계급적으로는 자본과 노동 양측에 포섭되는, 그러나 정치적으로는 자본과 노동 어느 쪽으로도 해소되지 않고 상대적으로 자율성을 갖는 수많은 사회적 · 정치적 계층, 집단들이 중층적으로 연결되어 있다(유팔무, 김호기, 1995).

이와 같이 시민사회는 경제사회와 정치사회를 연결하는 중간적 매개 영역이지만, 양자의 관계를 기계적으로 반영하지는 않는 중층적 매개 영역이다. 대립과 투쟁의 장이라기보다는 타협과 절충의 장인 것이다. 시민사회는 단순히 고정적인 공간이 아니라 정치력과 사회적 동원력을 갖고 있는 각 사회 · 정치집단들이 타협과 절충의 게임을 통해 유지 · 확장시켜 나가는 살아 있는 유기적 공간이다. 소수의 권력자에 의해 국가의 방향이 정해지던 초기와는 달리, 점차 사회가 다양해지고, 시민사회의 영역이 확대 · 분화됨에 따라 사회변화의 핵심주체가 점차 정부에서 시민단체로 이양되었다.

시민단체는 시민운동을 통해 시민사회의 확장과 성숙에 매진하였다. 시민운동은 시민의 권리를 공유한 현대사회의 시민들이 공적인 관심사와 현안에 대해 공동으로 대처하고 공동으로 해결해 가려는 모든 형태의 운동을 말한다. 이전의 사회운동이 대개 사회의 구조적 문제를 분석하여 사람들을 동원하는 방식이었던 데 비해, 새로운 사회운동으로서의 시민운동은 생활의 문제에서 출발해서 구조적 모순으로 접근하는 방식으로 변화하였다. 즉, 계급 · 계층을 뛰어넘어 국민 전체가 관심을 갖는 생활 조건과 관심사(즉, 범죄, 공해, 교육, 물가고, 교통문제, 청소년 문제 등의 사회문제)에 부합하는 운동으로 확산되고 있는 것이다. 사회가 분화되고 전문화된 만큼 시민운동도 분화되고 전문화되어 사회문제의 각 전선을 맡아 총체적으로 대응하는 양상을 나타낸다.

이러한 시민운동은 자연스럽게 사회교육과 연결된다. 시민사회 확장의 기초가 되었던 시민운동과 사회교육의 동반자 관계는 사회교육의 역사를 거쳐 꾸준히 진행되어 왔다. 20세기를 전후하여 많은 나라에서 사회교육을 국가정책의 일환으로 시행하기 전까지 사회교육의 역사는 시민사회 속에서의 자원활동과 자원단체의 역사라고 해도 결코 과장이 아니다(Jarvis, 1993). 즉, 사회교육은 성인학습자들로 하여금 시민사회의 주체적인 시민으로서 인간답게 살아갈 수 있도록 앞장섰던 것이다. 이는 인간적인 안목을 갖게 하는 교양교육, 생활인으로서 자립적으로 살아가게 하기 위한 직업교육, 공동체의 구성원으로서 더불어 살아가기 위한 시민교육의 형태로 실현되었다.

특히, 시민사회의 성숙과 더불어 환경, 소비자 보호, 농촌개발, 노동자 인권, 성차별, 다문화, 지역공동체 형성 등 사회적 모순이나 문제를 해결하는 사회운동, 시민운동의 성격을 강하게 지향하는 사회교육이 대두되고 있다.

사회운동의 성격이 변화함에 따라 사회운동에서 요구하는 교육의 성격도 바뀌고 있다. 과거의 사회운동은 선점형 운동으로서 이슈 중심으로 반대하고 폭로하고 대안을 제시하는 것이었으나 이제는 성취형 운동이 강조되고 있다(황주석, 2007: 26-27). 마르크스주의와 같은 '구' 사회운동의 골격하에서 민중교육은 '허위의식' 비판과 같은 기존 사회의 근본적 모순을 비판하고자 하였다. 그러나 새로운 사회운동의 경향이 나타난 이후 민중교육의 주된 흐름은 지배 이데올로기의 비판에서 대안적 이데올로기의 건설로 이동하였다. 시민운동은 시민들이 주체로 나서는 운동이기 때문에 소수의 지도자들이 이끌어가는 정부주도 운동이나 일부 관변단체의 운동과는 달리 시민들이 운동의 주체로서 필요한 역량을 갖추어야 한다. 성공적 시민운동을 위하여 구비하여야 할 시민의식, 관련 분야에 관한 사회과학적 지식, 진보적 자세, 공동선에 대한 신념은 학습과 실천을 통하여 체득할 수 있다. 이러한 학습은 수동적 교육이 아닌 주체적 참여에 의한 교육이어야 한다. 이와 관련하여 한국의 대표적인 시민교육 운동가인 황주석은 사회운동에 있어서 교육이 갖는 중요성을 다음과 같이 주장한다.

> 사회운동 안에서 다양성과 민주적 원칙은 약해지고 대중은 동원되고 관람객으로 전락했습니다. 사회운동은 운동의 가장 중요한 핵심인 사람의 성장과 변화에 별 관심을 두지 않았으며, 시급한 이슈를 중심으로 제도 개선과 상부구조를 개혁해 나가는 데 주안점을 두었습니다. 국가의 운영이나 사회운동도 반석 위에 집을 지을 준비를 전혀 하지 않았던 것입니다. 이것이 역사의 비극을 되풀이하게 만든 중요한 원인입니다. 우리 시대 사회운동의 가장 중요한 과제는 진정한 대중성을 회복하는 것, 시민이 주체가 되는 운동으로 거듭나는 것입니다. 즉, 사회운동은 인간성장 중심의 운동, 사회교육적 운동이 될 때 그 진정성을 확보하게 될 것입니다(황주석, 2007: 23-24).

이와 같이 새로운 사회운동이 요구하는 교육은 교육의 계획과 진행과정에 시민이 적극적이고 주체적 학습자로 참여하도록 촉진하는 교육이어야 한다. 이러한 '참여교육'이 없이 시민운동을 한다면 그것은 시민운동을 가장한 대중조작에 불과하다. 사회운동에 있어 사회교육은 일차적으로 학습자 개인에게 자기 자신을 깨닫게 하는 것이다. 즉, 학습자 개인에게 자기가 처한 사회, 경제, 정치 환경을 냉철하게 파악 · 분석하도록 만드는 과정이 사회운동에서 사회교육이 갖는 특성이다. 사회운동은 인간성장 중심의 운동, 사회교육적 운동이 될 때 그 진정성을 확보하게 된다. 황주석은 이를 성취형 운동의 핵심 조건으로 보았다. 진정한 사회운동은 곧 교육과 같다는 것이다. 이와 같이 현대의 시민운동은 시민의 교육적 성장과 사회의 변화를 함께 추진하는 방향으로 나아가고 있다.

3. 사회변화를 위한 의식화와 조직화의 원리

1) 사회교육에 있어서 의식화와 조직화의 관계

사회교육을 통한 사회변화의 가능성에 대한 논의는 '의식화'와 '조직화'에 관한 논의를 통해서도 살펴볼 수 있다. 의식화와 조직화 간의 대비는 사회교육이라는 동전의 양면으로서 사실상 교육과 정치 간의 대비를 나타낸다(한숭희, 2001a: 131). 의식화가 학습자의 의식을 함양하는 교육적 활동을 의미한다면 조직화란 사회변화의 힘을 동원하기 위한 정치적 활동의 하나라고 볼 수 있다. 이런 면에서 사회교육을 통한 사회변화는 곧 의식화와 조직화의 구체적인 관계 속에서 이루어진다.

정치적 관점에서 사회운동은 정치적 동맹, 즉 조직화를 추구하기 위한 것이며 교육은 그 같은 조직화를 달성하기 위한 방법이다. 반면 교육적 관점에서 교육은 조직화와 독립적으로 존재하며 조직화는 단지 학습의 결과나 효과일 뿐이다. 한숭희에 의하면 사회교육을 통한 사회변화 추구에 있어 의식화와 조직화는 모두 중요한 의미를 가지고 있으며 이 양자가 서로 조화롭게 결합되어야 한다.

> 표면적으로 볼 때 민중교육이 의식화에 치중한다면 민중운동은 그 조직화를 중심으로 이루어진다고 할 수 있다. 그러나 이러한 이분법이 전혀 실제 의미를 가지지 못하는 것은 결국 의식화 없는 조직화는 또 하나의 상명하달식 폭력에 불과하며, 반대로 조직화 없는 의식화는 유토피아적 희망의 공유에 그칠 따름

이기 때문에 결국 이 두 가지는 어떠한 방식으로든지 연계되지 않으면 안 된다. 이러한 점에서 민중교육이 교육과 정치라는 양날의 칼인 것은 그 안에 의식화와 조직화라는 두 가지 측면에 함께 조합되어 있기 때문이다(한숭희, 2001a: 129).

이와 같이 사회교육을 통해 사회변화를 효과적으로 추구하기 위해서는 의식화와 조직화가 통합적으로 자연스럽게 연결되어야 한다. 그 구체적인 방법을 찾는 것이 현대 사회교육학의 과제라고 할 수 있다. 이와 관련하여 의식화와 조직화의 관점에서 우리나라 역사상 주요 사회교육자의 활동의 위상을 그림으로 표시하면 다음과 같다.

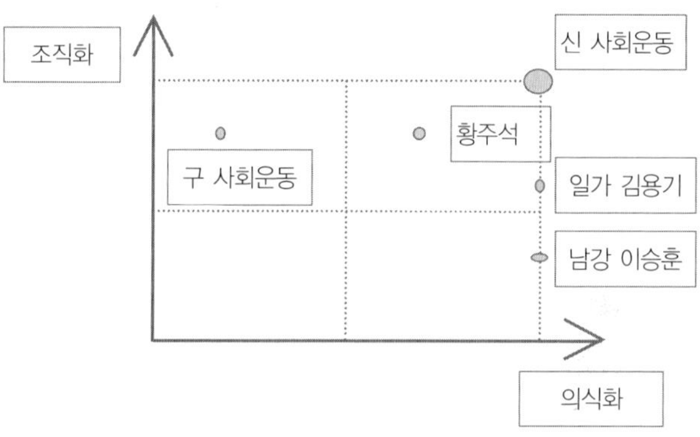

[그림 8-2] 한국 사회교육사에 나타난 의식화와 조직화의 위상

2) 사회교육 과정에서 의식화와 조직화의 통합방법

한국 사회교육사에 있어 의식화와 조직화의 조화를 가장 잘 보여 주는 예가 황주석의 시민교육 운동이라고 할 수 있다. 다른 사회교육 선각자들이 주로 사회교육기관에서 사회변화에 앞장설 지도자 양성을 위해 일정 기간 '의식화' 를 실시한 후 개인별로 사회로 진출시킨 것에 머물렀다면, 황주석은 사회

교육기관의 교육 프로그램을 통한 의식화 이후에도 일상생활에 돌아가 학습모임과 사회변화를 위한 활동을 지속적 · 체계적으로 할 수 있도록 조직화를 병행했다는 점에서 의의가 크다(황주석, 1993; 2007).

그는 지역 YMCA 시민운동 과정에서 정규 교육 프로그램의 운영과 회원들의 소집단 활동의 연계를 매우 강조하였다. 정규 교육 프로그램이 의식화에 치중한 활동이라면 이러한 프로그램이 진행되는 도중에 이루어지는 소집단의 결성은 교육이 끝난 이후에 사회변화를 실천하기 위한 조직화 작업의 일환이라고 할 수 있다. 그런데 이 소집단이 더 의미가 있는 것은 그 구성원들이 자발적이고 지속적인 독서모임과 토론을 통해 의식화를 스스로 계속함은 물론 지역사회변화를 추구하기 위한 기초조직으로서의 활동도 수행한다는 것이다. 즉, 이 소집단은 사회교육 차원에서 의식화와 조직화가 동시에 이루어지는 조직이라고 할 수 있다. 그는 이러한 소집단의 형성을 의식화와 조직화의 통합 차원에서 정규 교육 프로그램이 시행되기 이전부터 의도적이면서도 체계적으로 기획하고 추진하였다. 그 의도를 구체적으로 살펴보면 다음과 같다.

> 개강식 때 우선 자치소모임을 구성해야 합니다. 참가자가 확정되면 소모임이 이미 구상되고 그 분들끼리 따로따로 모여 이미 등대모임을 시작할 수 있도록 하는 것입니다. 소모임은 의도적으로 나눠야 합니다. 즉, 수료 후에 구성될 등대지역을 지도로 보면서 미리 예상하고 짜야 하는 것입니다. 또 지금까지 확인한 바대로 등대지기(소모임 리더) 할 만한 분을 확보했다면 그 분이 중심이 돼서 소모임을 짜게 하고 그 분이 소모임 리더가 되도록 작업을 해 놓는 것도 좋습니다. 그래서 소모임별로 스스로를 소개하게 하고 리더도 뽑게 하여 그 모임들이 돌아가면서 교육준비를 하도록 훈련해야 합니다. 그래야 별도로 따로 모이더라도 모임을 준비하는 공식적 훈련을 하게 되는 것입니다. … 어머니들이 함께 준비해 가며 자발적인 것을 키워 나가는 교육과정이 없으면 아무리 양질의 서비스를 해도 백화점에 불과합니다(황주석, 2007: 137).

그에 의하면 정규 교육 프로그램이 실시되는 기간은 소집단 모임을 조직하고 운영할 수 있도록 하기 위한 일종의 준비 기간이라고 할 수 있다. 노래 배우기, 의식에 대한 이해와 훈련, 독서의 중요성, 독서토론방법 등이 이 기간 동안 자연스럽게 형성되어야 한다는 것이다. 어떤 면에서 보면 정규 교육 프로그램보다 이후에 만들어지는 소집단이 더 큰 의미를 갖는다. 이 소집단은 의식화와 조직화를 동시에 수반하기 때문이다. 이렇게 형성된 소집단은 이후에도 지역사회에서 지속적인 모임을 갖고 지역공동체 형성과 지역사회발전을 위한 여러 가지 활동을 수행한다. 그 구체적인 운영방식을 보면 다음과 같다.

> 독서등대가 발전하기 위해서 필요한 모델 운영의 원칙을 1 · 2 · 3이라고 달아 봤습니다. 이것은 1 · 2 · 3 원칙이라고 부를 수 있는데 우선 매주 독서등대가 모이게 됩니다. 흔히 주부교양강좌 같은 것이 끝난 다음에 후속모임이 열리는데 대개 격주에 한 번, 또는 한 달에 한 번 정도 모이는 계획을 세우지요. 그리고 한 번 모이면 2시간은 소요해야 한다고 생각합니다. … 모이면 2시간 정도 느긋하게 모여 앉아서 이야기하며 충분히 좋은 시간을 가질 수 있어야 하고 다른 일 때문에 바빴던 사람들이 오히려 그 YMCA 독서 등대에 갔더니 너무 좋다고 하면서 다른 일을 포기하고 오도록 만들어야 됩니다. 그리고 두 시간 동안 모이면 3부 순서를 갖는 것을 권장합니다. 1 · 2 · 3의 세 번째입니다. 의식은 상징이기 때문에 1부에 넣은 의식 순서는 프로그램의 처음부터 끝까지 3개월 동안 계속 되풀이되어야 합니다(황주석, 2007: 144).

이와 같이 황주석의 활동은 사회교육에 있어 의식화와 조직화의 조화를 잘 보여 주고 있다는 점에서 의의가 크다. 앞으로 이러한 사례들을 더 많이 발굴하고 검토하여 의식화와 조직화의 효과적인 통합을 위한 구체적인 방법을 도출하는 것이 필요하다.

제 9 장
사회교육의 제도화와 교육정의의 추구

인간사회에서 정의(justice)의 개념은 모든 제도가 지향해야 할 기본적인 규범이다. 교육을 정의의 문제와 관련하여 논한다면 이때 교육이란 사회적 제도로서의 교육을 뜻한다. 또한 교육 역시 사회적 제도의 한 형태이므로 어떤 의미에서든지 정의롭게 운영되어야 한다. 교육적 정의의 문제는 교육여건의 전반을 관리하는 규칙의 체제에 관한 것이다. 이러한 규칙의 체제는 결국 교육제도를 통해 나타난다.

교육적 가치가 제도화되었을 때의 장점은 교육기회 보편화에 기여하고 일정 수준의 교육의 질을 보증하며 자격기준을 보장할 수 있다는 것 등이다. 그 결과로 문해율이 향상되고 국민의식이 증대되는 효과도 있다. 반면 단점으로는 교육의 획일화, 교육내용이나 방법의 통제를 통한 교육의 정치적 활용, 사교육 시 교육비용 이중부담, 중도탈락자에 대한 사회적 낙인 등을 들 수 있다. 따라서 특정한 교육제도가 정의로운가를 평가하기 위해서는 제도의 부정적인 면을 최소화하면서 교육적 가치를 학습자들에게 제대로 분배하고 있는가를 살펴보아야 한다.

정의의 문제는 이제 사회교육과도 밀접한 관계를 갖게 되었다. 사회교육은 전통적으로 사회정의의 실현을 중요한 과제로 삼아 왔으나 이제는 사회교육 자체의 정의도 함께 논의해야 하는 시점에 이른 것이다. 사회교육은 전통적으로 '비형식교육'이라고 불려왔으나 거기에도 분명히 형식성과 더불어 제도성이 전제되어 있다. 따라서 사회교육 분야에서도 제도의 정의 문제가 다루어지지 않을 수 없다. 특히 최근에 사회교육은 국가적인 차원에서 매우 빠른 속도로 제도화되고 있다. 이러한 제도화의 과정 속에서 사회교육의 정의로운 제도화는 그 중요성이 더욱 커지고 있다. 여기서는 사회교육의 제도화와 관련하여 사회교육이 지향해야 할 교육정의의 구체적인 의미와 조건이 무엇인가를 살펴보고자 한다.

1. 교육정의의 개념과 지향점

1) 교육정의의 개념과 교육평등의 관계

인간 사회에 있어 정의(正義, justice)는 가장 중요한 가치 중의 하나다. 인간이 사는 모든 곳에서 정의가 이루어져야 하는 것은 물론이다. 특히 국가에 의해 제도화가 이루어지는 모든 영역에서 정의는 더욱 중요한 문제가 되고 있다. 국가의 주요 역할 중에 가장 중요한 것이 결국 국민을 위해 정의가 올바르게 실현되도록 하는 것이기 때문이다.

교육도 하나의 사회적 영역으로서 정의의 문제를 피해 갈 수 없다. 특히 교육이 제도화됨에 따라 교육을 어떻게 정의롭게 실시할 것인가가 중요한 문제로 떠오르게 되었다. 이것이 곧 '교육정의'의 문제라고 할 수 있다(이돈희, 1992).

원론적으로 교육제도의 가장 중요한 요건은 그것이 얼마나 교육적인 가치를 잘 드러내고 있는가라는 점이다. 교육의 제도화는 이러한 교육적 가치가 잘 구현되도록 하는 것을 일차적인 목적으로 해야 한다. 그런데 제도화된 교육의 영역에서 정의의 문제는 일차적으로 교육제도가 창출하는 가치를 어떻게 배분해야 하느냐에 관한 것이다. 교육적 가치 자체가 무엇인가는 매우 이론적이고 전문적인 논의가 필요한 주제이지만, 그 배분방식에 관한 문제는 모든 국민들이 비교적 쉽게 인식하고 접근할 수 있으며, 국민들의 삶에 직접적인 영향을 미치는 현실적인 문제이기 때문이다. 이런 점에서 교육정의에 관한 기본적인 질문은 다음과 같다. 즉, 어떤 사태에서 이루어지는 교육행위 혹은 교육활동이든지간에 그것이 실현하려는 이상은 교육이라는 사회적 가치의 수혜를 요구하는 모든 대상에게 정의롭게 적용될 수 있는 것인가, 그 체제와 조직은 교육가치의 정의로운 배분이 가능하도록 되어 있는가 등이다(이돈희, 1992: 21).

현대 민주주의 사회에서 교육가치의 정의로운 배분은 곧 교육의 평등과도 직결된다. 또한 교육가치의 배분과 관련하여 가장 기본적인 문제가 교육기회의 배분이다. 일단 교육의 기회가 정의롭게 배분되어야 그 결과도 어느 정도 보장될 수 있기 때문이다. 이와 같이 교육정의에 관한 논의는 어떻게 교육의 가치를 정의롭게 배분할 것인가와 관련되고, 이는 다시 어떻게 교육기회를 평등하게 배분할 수 있는가와 연관된다.

그러나 현실적으로 교육정의의 실현은 매우 어려운 문제다. 실제로 교육정의의 문제는 교육논리 그 자체보다는 오히려 교육 외적인 사회적 영향을 더 많이 받기 때문이다. 많은 경우 교육제도는 국가나 자본, 종교기구 등과 같은 권력기구의 영향력하에서 성립되고 운영된다. 따라서 무엇이 교육적으로 정의로운 것인가의 문제는 판단하는 주체의 가치관과 이념에 따라 그 입장이 달라지기 마련이다.

이러한 관점들의 경쟁 속에서 교육정의를 올바르게 구현하기 위한 첫째 조건은 우선 교육 본위의 입장을 확립하는 것이다. 교육이 사회의 평등이나 사회정의 구현에 기여할 수 있느냐의 문제도 매우 중요하지만 이는 교육 본연의 가치와는 무관하게 진행될 수 있는 여지가 많다. 교육을 통해 사회정의가 실현될 수 있도록 노력해야 하지만 반드시 의도했던 대로 결과가 이루어지는 것은 아니다. 그럴 경우 의도했던 사회정의가 이루어지지 않았다고 해서 교육 자체가 무익했다고 말할 수는 없는 것이다. 그리고 무엇이 사회평등이고 사회정의인가를 합의하는 것은 사회적으로 쉬운 문제가 아니다. 이렇게 교육정의를 교육 외적인 사회적인 의도나 결과와 연결하여 판단하는 것은 교육의 본질적인 가치를 매우 소홀히 여기는 것이다. 교육정의를 논의할 때 우선적으로 고려할 것은 교육을 통해 다른 사회적 가치를 추구할 수 있었느냐보다 교육 그 자체가 정의롭게 배분되었느냐다. '정치적 정의' '경제적 정의' 등이 각 분야에서 그러하듯 교육적 정의도 교육의 가치가 그 자체로 국민들에게 올바르게 배분되고 있는가를 살피는 것이 가장 중요한 것이다. 그 결과 교육이 정치나 경제 등의 평등과 발전에 이바지했는가는 그다음의 문제라고 할 수 있다. 물론 교육이 정치나 경제 등의 정의 구현에도 이바지한다면 가장 바람직하겠지만 그렇지 못한다 하더라도 교육의 입장에서 교육정의 자체의 구현을 포기할 수는 없는 것이다. 따라서 교육의 영역에서 우선적으로 추구해야 할 교육정의의 관점은 교육자체의 평등이라고 할 수 있다.

2) 교육정의 실현을 위한 교육평등의 발달단계

앞에서 살펴보았듯이 교육정의는 민주적인 사회에서는 교육평등과 밀접한 관련을 갖는다. 그렇다면 이러한 교육평등이 어떻게 이루어질 수 있는가가 문제가 된다. 그러나 이러한 교육평등은 구체적인 현실 속에서 그 내용이 달리 나타날 수밖에 없다. 그리고 교육평등의 새로운 의미들은 보다 더 평등한 조건을 만들기 위한 노력을 통해 발전하여 왔다. 이와 관련하여 김신일(2003: 243-250)은 교육평등론의 발달단계를 교육기회의 허용적 평등, 교육기회의 보장적 평등, 교육조건의 평등, 교육결과의 평등, 사회개혁에 의한 교육평등 등으로 제시하고 있다. 이를 바탕으로 교육평등의 의미변화를 구체적으로 살펴보면 다음과 같다.

첫째, 교육기회의 허용적 평등이다. 이는 모든 사람들에게 법적인 면에서 동등한 기회가 주어져야 한다는 입장이다. 이러한 의미의 평등은 기존에 교육기회가 신분에 의해 제한받는 것을 극복하기 위한 첫 단계라고 할 수 있다. 그러나 이 입장의 경우도 고등교육 수준으로 올라갈수록 능력에 따라 교육기회는 엄격한 기준에 의한 선발을 통해 주어져야 한다는 입장을 취한다(이돈희, 1992: 383). 그러나 이러한 법적인 허용만으로는 여러 가지 사회구조적 요인으로 인해 생긴 불평등을 근본적으로 해결할 수는 없는 것으로 인식되어 더 강화된 평등관을 요구하게 되었다.

둘째, 교육기회의 보장적 평등이다. 이는 실질적인 교육평등을 실현하기 위해서는 법적인 허용뿐만이 아니라 학습참여를 가로막는 경제적 · 지리적 · 사회적 제반 장애를 제거해 주어야 한다는 입장이다. 그러나 이러한 입장이 반영되어 학습참여 인구가 보다 늘게 되었지만 교육기회의 분배구조 자체가 바뀌는 것은 아닌 것으로 나타난다. 교육기회의 새로운 증가분이 각 계층에 고르게 또는 하위계층에 집중적으로 분배되는 것이 아니라 상위계층부터 채워져 내려가기 때문이다. 따라서 이에 대한 보완이 요구되었다.

셋째, 교육조건의 평등이다. 교육기회가 골고루 전해진다 하더라도 진정한 교육평등이 이루어지기 위해서는 각 교육기관에서 제공하는 교육의 질이 균등해야 한다는 것이다. 지역, 계층에 따라 교육시설이나 교육자의 질이 달라서는 안 된다는 것이다.

넷째, 교육결과의 평등이다. 이는 실질적인 교육평등을 위해서는 교육의 결과가 평등해야 한다는 입장이다. 이를 실현하기 위해서는 불리한 계층에게 오히려 더 좋은 교육조건과 더 많은 교육기회를 제공해야 한다는 입장이다. 일종의 역차별과 보상교육이 있어야 한다는 입장이다.

이와 같이 교육평등 자체를 추구하기 위한 노력은 보다 발전적으로 이루어져 왔다. 그러나 교육적인 측면에서 교육의 평등은 궁극적으로 모든 사람에게 기계적으로 교육의 양을 균등하게 배분하는 것이 아니라 사람들이 가진 각각의 잠재력, 개성, 취향에 따라서 각기의 성장을 가능하게 하는 것을 의미한다. 즉, 모두에게 똑같이 유의미한 경험을 가지게 하는 것이라고 할 수 있다(이돈희, 1992). 이것은 현실적으로 쉬운 일이 아니며 사회적 · 경제적인 측면에서 그 효율성이 의심받고 도전받을 가능성도 존재한다. 그리고 교육평등이 보다 수준 높게 이루어진다고 해서 사회평등이나 사회정의가 곧바로 실현된다는 보장도 없다. 그러나 교육정의의 관점에서 이러한 교육기회의 평등 자체가 매우 중요한 의미를 가진다. 그러므로 사회교육에서도 보다 완벽한 교육기회의 평등이 이루어질 수 있도록 하기 위한 노력이 계속 이루어져야 한다.

3) 교육정의와 학습권의 관계

이러한 현실적인 교육평등의 구현은 인간의 행복추구권, 보다 구체적으로는 학습권 보장 차원에서 큰 의미를 갖는다. 즉, 궁극적으로 사회평등에 기여하는 것의 유무와 무관하게 인간의 기본권인 학습권을 보장하는 차원으로서의 교육평등이 중요하다는 것이다. 현대 평생학습사회에서 학습권은 단지 교육을 받을 권리를 의미하는 것이 아니라 주체적으로 학습하고 교육의 도움을 받을 수 있는 권리를 의미한다. 이와 관련하여 김신일(1995: 19-32)은 학습권의 구체적인 요소를 다음의 다섯 가지로 제시한다.

첫째, 학습활동의 자유다. 이는 개인이나 집단의 학습활동이 금지되거나 제한받지 않을 권리를 의미한다. 학습활동의 자유에 대한 통제에는 학습의 제한과 동시에 학습의 강요도 포함된다. 금서목록이나 강제독서목록이 그 예다. 따라서 학습활동은 자유화되어야 하며, 그 자유로 인해 혹시 어떤 부작용이 발생한다고 하면 그 문제만을 특정적으로 해결해야 한다.

둘째, 학습기회의 보장이다. 사회와 국가가 실질적으로 참여가 가능한 학습기회를 풍부하게 제공하느냐가 학습기회의 양과 질을 결정한다. 지금까지는 학교가 학습기회의 제공에 있어 절대적인 영향을 미쳤으나 이제는 학교 외의 학습장이 중요성 면에서 학교를 앞지르는 시대에 들어서고 있다. 특히 성인을 위한 학습기회에 대해서는 전통적인 학교와 대학보다 오히려 사회교육기관, 기업, 학원, 대학의 평생교육센터, 대중매체, 최근에는 종합정보망을 활용한 원격교육망 등이 더욱 중시된다. 또한 모든 사람들이 각기 필요하고 원하는 것을 학습할 수 있는 기회를 마련하기 위해서는 교육비지원제도, 유급학습휴가제와 같은 재정적인 지원 장치가 필요하다.

셋째, 교육선택의 권리다. 학교교육의 경우 학교선택권이나 교과선택권이 중시되는 것과 같이 사회교육에 있어서도 학습자 선택의 폭이 확대되어야 한다. 즉, 사회교육기관과 교육 프로그램에 대한 선택권이 보장되어야 한다.

넷째, 교육에 관한 결정과정에의 참여권이다. 교육에 관한 주요 결정과정에 학습자들이 적극적으로 참여하여, 교육에 관한 논의의 초기단계부터 의견을 반영할 수 있어야 한다. 특히 성인들의 교육에 있어서는 학습자가 주도하는 교육이 점점 더 많이 나타나고 있으며, 국가 전체의 교육정책 결정에 있어서도 학습자 또는 교육수요자인 일반 시민의 참여가 점점 더 많이 나타나고 있다.

다섯째, 지식과 사상 창출의 자유다. 기존의 지식, 미리 선정된 지식만 배우는 것은 창조적 학습을 가로막을 수 있다. 따라서 기존의 지식과 사상의 한계를 극복할 수 있는 창조적 학습을 지향할 수 있는 자유가 보장되어야 한다.

평생학습사회에서 교육정의는 이러한 학습권을 평등하게 보장하는 것에서 시작된다고 볼 수 있다.

4) 교육정의와 교육복지의 관계

교육기회가 제도적으로 정해지는 방식은 크게 '사회투자적 동기'와 '사회복지적 동기'의 어느 하나 또는 양쪽의 편향 또는 균형에 의해서 계획된다(이돈희, 1992: 336-338). 교육의 투자적 동기는 국가 혹은 사회적 조직체가 그 자체의 존속과 발전에 필요한 사회적 힘을 생산하기 위하여 공적인 사업으로 교육을 계획하고 운영할 때의 동기를 뜻한다. 다시 말해 사회 각 부문의 역할을 분담할 인력을 충원하는 것을 일차적인 특징으로 하는 동기다. 반면, 교육의 복지적 동기는 국가 혹은 조직체가 구성원들의 삶의 질 자체를 향상시키는 데에 진력하기 위하여 교육을 계획하고 운영할 때의 동기를 뜻한다.

교육정의와 교육평등의 실현은 일차적으로 복지적 동기에 의해 교육제도가 운영되는 것과 밀접한 관련을 가지고 있다. 그동안 교육은 다른 것을 이루기 위한 수단으로 인식되었다. 따라서 교육에 대한 지원은 투자의 개념을 갖게 되었던 것이다. 그러나 교육이 그 자체로 가치가 있다는 내재적 관점에 의하면 교육에 대한 지원은 다른 가치를 위한 수단이 아니라 그 자체를 구현하기 위한 복지적 동기로 이해되어야 한다. 이를 비교하면 〈표 9-1〉과 같다.

〈표 9-1〉 투자로서의 교육과 복지로서의 교육 비교

구분	투자로서의 교육	복지로서의 교육
목적	교육을 통하여 사회적 · 정치적 체제를 유지하고 경제적 생산성을 높이며 도덕적 질서를 회복할 수 있는 인력 배양	교육을 통해 학습자 자신의 삶의 질을 향상시키기
교육적 가치의 원천	교육의 수단적 가치 중시	교육의 내재적 가치 중시
교육기회 배분의 원리	능력주의의 원리, 효용성 중시	평등주의의 원리
전형적 국가 유형	전체주의 국가, 자본주의 국가	공상적 사회주의, 사회복지국가

이를 사회교육의 맥락에서 살펴볼 때 사회교육의 제도화를 통해 추구하고자 하는 교육정의는 결국 학습공동체, 즉 공동체적 학습사회를 만드는 것이다. 그것은 소외계층까지도 포함하여 모두가 함께 교육의 가치를 느끼면서 평등하게 학습의 기회를 갖도록 하는 것이다. 그것은 결국 학습자의 학습권을 보장하는 것이고 가장 적극적인 의미에서 교육평등을 보장하는 것이라고 볼 수 있다.

2. 사회교육의 제도화를 통한 교육정의 실현의 노력과 한계

1) 교육의 제도화와 교육정의 실현의 메커니즘

앞에서 살펴보았듯이 교육정의는 교육의 제도화와 밀접한 관련을 갖는다.

그러므로 교육제도를 통해 교육정의를 구현하는 구체적인 원리를 찾기 위해서는 우선 교육제도가 실제로 어떻게 구성되는지에 대해 깊이 이해할 필요가 있다.

역사적으로 본래 인간사회의 사적인 영역에서 시작된 교육은 점차 국가적인 차원에서 제도화의 길을 걸어오고 있다. 공교육을 위한 제도화는 교육을 보다 효과적 · 체계적으로 실시하기 위한 국가적인 의도에서 비롯되었다. 역사적으로 공교육제도 논의의 기원은 플라톤의 『국가론』이라고 할 수 있다. 플라톤은 국가 중심의 교육 실시를 주장하였고 국민교육제도의 사상적 기초를 세웠다. 그에 의하면, 사회의 주된 관심과 책무는 구성원들로 하여금 일의 전체 조직 속에서 자기에게 적합한 일을 만나도록 해 주는 것이다. 그리고 국가의 각 계급은 욕망, 기개, 이성 등의 품성 중 그 계급에 가장 필요한 부분이 특별히 발달한 사람들로 구성되어야 한다고 했다. 각 계급은 국가의 복지를 위해 각각 ① 생활필수품으로서의 물자를 생산하는 일(경제활동 종사자), ② 외부의 적으로부터 국가를 수호하고 내부의 질서를 유지하는 일(군인), ③ 법을 만들고 통치하는 일(철인정치가)에 종사해야 한다. 따라서 이들을 선별하고 엘리트를 양성하기 위해 국민교육제도가 필요하다는 것이다. 이러한 관점에 의하면 개인 특성의 '차이' 에 의해 교육과 계급의 '차등' 이 정당화된다.

반면, 보다 평등하고 보편적인 차원에서 국가에 의한 교육이 주장되기도 하였다. 코메니우스(John Amos Comenius, 1592~1670)는 보편적인 지식(Pansophia)을 보편적인 언어(Panglottia)에 의해 보편적인 교육(Panpaedia)을 통해서 모든 평민에게 가르치는 교육이야말로 이상세계를 실현하는 길이라고 믿었다(梅根悟, 1990: 256). 그리고 그는 이를 실현하기 위해 집필한 『대 교수학(*Didactica Magna*)』(1632)에서 '부귀한 자나 고귀한 지위에 있는 사람의 아이들만이 학교에 다닐 수 있는 것은 아니다. 명문의 아이들도 그렇지 못한 아이들도, 돈 많은 아이들도 가난한 사람의 아이들도, 남자도 여자도, 모든 사람이 모든 시 · 군 · 읍 · 면 어느 곳에서도 학교에 다닐 수 있어야 한다.' 고 주장했다.

이와 같이 교육이 제도화되는 과정에서는 여러 가지 교육철학이 작용하게 된다. 그런데 전반적으로는 교육적 가치를 구현하려는 움직임과 국가적 가치를 구현하려는 움직임이 함께 작용하고 있다고 볼 수 있다. 일반적으로 개인이나 민간단체 등에 의해 소규모적 · 자발적 운동 차원에서 구현되었던 가치들은 일정 기간이 지나 그 가치가 점차 사회적 · 국가적으로 인정됨에 따라 제도화의 과정을 거치게 된다. 이는 교육의 경우도 예외는 아니다. 교육의 제도화도 처음 교육사상가나 실천가에 의해 주장되거나 부분적으로 시도되다가 점차 국가적인 차원으로 확대되었다. 이는 학교교육이나 사회교육 모두 마찬가지다. 그 과정을 보다 구체적으로 살펴보면 다음과 같다.

먼저, 학교교육의 제도화 부분을 살펴보면 다음과 같다. 17세기 영국에서 하틀립(Samuel Hartlib, 1600?~1670), 듀리(John Dury, 1598~1680), 페티(William Petty, 1623~1687) 등은 7세 이상의 모든 아이들이 양친의 빈곤이나 무능력으로 인해 교육받을 기회를 제한받지 않고 학습하도록 하기 위한 교육시설을 설치해야 한다고 주장하였다(Kelly, 1992: 47). 또한 스위스의 페스탈로치(Johann Heinrich Pestalozzi, 1746~1827)나 영국의 오언, 미국의 호레이스 만(Horace Mann, 1796~1859) 등과 같은 교육운동가들도 귀족이나 중산층뿐만 아니라 일반 평민의 자녀들에게도 무상교육의 기회를 제공해야 한다고 주장하였다. 페스탈로치는 모든 인간은 다 같이 인간적 소질을 가지고 태어난다고 생각하여 그 당시 학교교육의 혜택을 받지 못하고 있었던 대부분의 빈민자녀에게 교육의 기회를 제공해야 한다고 주장하며 이를 몸소 실천하였다. 호레이스 만은 미국 공립학교 교육의 근간이 된 무상 · 보통 · 공립의 학교를 설립하는 데 가장 큰 공로를 끼친 인물이었다. 그는 보통학교 설립을 위해 주도적인 활동을 했으며 만인을 위한 무상의 보편 초등교육이란 이상을 위해 헌신했다. 이러한 교육선구자들의 사상은 각각 유럽과 미국사회에 영향을 미쳐 결국에는 국가적인 차원에서 대중교육체제를 구축하는 밑거름이 되었다. 이와 같이 개인 교육자나 지역사회 차원에서 비형식적 · 자발적으로 이루어졌던 대중교육 운동은 점차 국가적인 필요성에 의해 국민교육제도의 형태로 발전되어 갔다.

현대의 사회교육체제의 구축도 이와 무관하지 않다. 지금 사회교육체제의 구축은 200여 년 전 학교교육체제의 도입과정과 비슷한 양상을 띠고 있다. 즉, 린드만, 코디, 프레이리, 김용기 등과 같은 사회교육 운동가들이 자발적으로 사회교육을 실시한 이후 점차 국가적인 필요성에 의해 사회교육이 제도화되고 있는 추세인 것이다. 이렇게 시기적으로 보면 교육운동가들에 의해 소규모로 영세한 여건 속에서 사회교육이 실현된 후 이후 국가에 의해 대규모적으로 실시되는 과정을 반복하게 된다. 이를 그림으로 표현하면 다음과 같다.

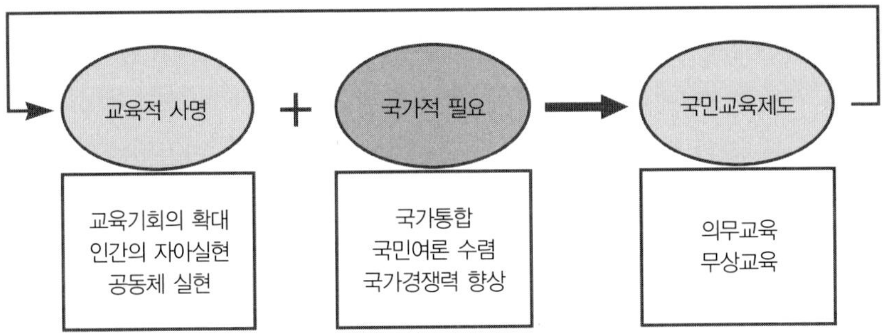

[그림 9-1] 교육적 가치의 제도화 과정

2) 교육정의 실현을 위한 국가권력의 의의와 한계

앞에서 살펴보았듯이 교육의 제도화 과정에는 크게 교육운동가들의 가치와 국가의 필요가 통합적으로 작용한다. 그런데 그 과정에서 교육운동가들의 가치와 국가의 필요 사이에는 모순이 발생할 수 있다. 교육운동가들이 주로 교육 본위의 입장에서 교육복지와 자아실현이라는 입장을 취했다고 한다면 국가는 국가통합과 국가경쟁력 향상이라는 사회적인 목적을 우선적으로 추구하기 때문이다. 그 과정에서 교육적 가치와 교육 외적 가치의 갈등이 발생할 수밖에 없다. 그런 의미에서 교육의 제도화 과정은 역사적으로 교육정의, 교육복지, 교육평등의 추구와 같이 교육적 가치를 확장시키려는 교육운동가들과 국가발전, 사회발전, 경제발전 등 국가적 목적을 교육을 통해 달성하고자 하는 국가와의 협력 또는 갈등의 역사라고 할 수 있다.

그렇다면 이러한 요인들 사이의 관계가 구체적으로 어떻게 작용하는지에 대해 살펴볼 필요가 있다. 즉, 교육운동가와 국가 중 누구의 힘이 더 강하게, 또 어떤 방식으로 작용했는가를 정확히 파악할 필요가 있다. 여기서는 이와 관련하여 역사사회학적 관점에서 사회복지의 제도화 배경을 설명했던 경우를 살펴보고자 한다. 에이브럼스(P. Abrams)는 역사사회학적으로 사회복지제도의 성립을 설명하는 4가지 이론을 제시하고 그 타당성을 검토하였다. 4가지 이론은 사회복지의 계몽이론, 필요이론, 행동이론, 권력이론 등으로 명명할 수 있다. 그 기본 내용과 타당성을 정리하면 다음과 같다(Abrams, 1986: 32-41).

〈표 9-2〉 복지제도의 형성 동인에 관한 이론의 유형

구분	주요 내용
계몽이론	· 복지정책은 일차적으로 지식인의 관심과 선도적인 노력으로 형성된 여론에 의해 도입된다고 주장함 · 정책의 성격을 결정하는 것은 여론의 성격이라고 설명함
필요이론	· 사회개혁을 위해서는 사상과 여론보다 객관적인 사회적 조건이 더 중요함을 강조함 · 복지정책은 산업화, 자본주의의 부작용에 대한 필연적 반응이라고 파악함
행동이론	· 계몽/필요이론의 불균형을 바로잡기 위한 시도로서 제도화는 여론과 사회적 필요의 결합으로 이루어진다고 주장함 · 역사를 의도적인 행동과 객관적인 구조의 연쇄 관계로 이해함
권력이론	· 사회 구조 내에서 주로 특정한 집단의 이익을 위한 행동만이 제도로 선택되는 현상을 권력의 관점에서 설명함 · 복지제도는 개혁자 집단과 개혁을 반대하는 쪽 사이의 권력관계에 의해 영향을 받는다고 파악함

그에 의하면 일반적으로 제도화의 메커니즘을 설명하는 이론 중에서 권력이론이 가장 설명력이 높은 것으로 인식된다. 계몽이론은 사회적 행동만 강조하는 일차원적 입장을 취하고 있고, 필요이론은 사회의 객관적인 조건만 강조하는 입장을 취한다. 반면 행동이론은 제도화를 사회적 조건과 개인의 행위의 종합적인 관계로 파악했다는 점에서 발전했으나 그 과정 중에 권력이 작용한다는 사실을 간과했다는 점에서 한계가 있다. 이에 비해 권력이론은 행동과 사회의 관계를 제도화의 전제로 하면서도 제도가 특정한 방향으로 결정되는 이유를 특정 권력의 관점에서 설명하고 있다는 점에서 설득력이 더 높다는 것이다.

이러한 주장을 교육제도 형성의 원리에 적용할 때 현실적으로 교육제도화의 과정에는 교육정의를 실현하려는 힘보다는 국가의 힘이 더 크게 작용했다고 볼 수 있다. 앞에서 살펴보았듯이 교육기회의 확대는 교육민주화의 측면도 일부 갖고 있다. 그러나 이는 노동자의 교육요구를 순수하게 충족시켰다기보다는 노동계급의 저항을 예방하기 위한 방파제로 기능한 면도 있다(梅根悟, 1990: 273). 다시 말해 국가와 자본가들은 교육기회 확대를 통해 순종하는 노동력을 확보함으로써 얻는 이익이 아동을 학교에 빼앗겨 일시적으로 노동력을 잃는 손실을 상쇄하고도 남는다고 판단했다는 것이다. 여기에서 교육제도화의 과정에서 국가의 권력이 일종의 필요악처럼 작용하고 있음을 알 수 있다. 국가는 교육적 가치가 보편적으로 이루어질 수 있도록 하는 행·재정적 힘을 가지고 있는 반면, 교육적 가치를 제한하고 특정한 권력 집단의 이익추구를 위해 교육제도를 수단으로 활용할 수도 있다. 비록 복지국가의 개념이 한때 널리 사용되어 왔지만 그러한 복지의 개념도 자국이익 우선주의와 국가경쟁력의 향상이라는 기본 토대 위에서 구현되어 왔다. 즉, 기본적으로 국가통합과 국가경쟁력 향상을 포기하면서까지 각 개인의 교육복지를 우선적으로 추구하지는 않는다는 것이다.

학교교육의 경우 페스탈로치와 같은 '인간적인' 교육자들이 국가적 차원에서 고아와 빈민들에게도 교육의 기회를 제공해야 한다고 주장했지만 그 실현은 훨씬 후대에 이르러 국민통합과 국가의 경쟁력 향상이라는 국가적 필요성이 증대됨에 따라 비로소 이루어지게 되었다. 사회교육의 경우도 우리나라를 비롯한 각국에서 비정부조직들이 소외된 사람들과 학교교육의 혜택을 받지 못한 사람들을 위해 비영리적 차원에서 실시해 오다가 국가통합 및 국가경쟁력 향상이라는 필요 때문에 국가적인 차원에서 사회교육에 필요한 교육체제를 구축하게 된 것이다. 즉, 지식과 기술의 폭발적인 증가와 계속적인 발달로 인해 학교교육만으로는 국가경쟁력 향상이 어렵게 됨에 따라 전 생애에 걸친 인적자원개발 체제가 필요하게 된 것이다. 그 결과 복지모형에 입각한 사회교육의 제도화가 교육계의 기대만큼 빠르게 진행되지 못하고 있다고 볼 수 있다.

3. 교육정의를 위한 사회교육 제도화의 모색

1) 사회교육 제도화의 복지모형 지향점

현대사회에서 사회교육도 빠른 속도로 제도화의 과정을 거치고 있다. 이에 따라 사회교육의 제도화는 구체적으로 어떤 모습을 지향하는 것이 바람직한가가 중요한 논의 주제가 된다. 이와 관련하여 먼저 현대 교육제도의 다양한 유형을 살펴보고 이를 비교할 필요가 있다.

국가가 재정적 지원을 충분히 하느냐의 여부와 국가가 교육의 과정을 어느 정도나 통제하느냐의 여부에 따라 교육제도는 다음과 같이 4가지의 유형으로 나누어 볼 수 있다(김종서 외, 2000: 199).

첫째, 통제모형이다. 이는 전체주의 국가, 국가주의 교육체제를 갖춘 국가를 중심으로 교육이 국가의 완전한 지배하에 운영되는 경우를 의미한다. 교육목적, 교육대상, 교육내용을 국가가 직접 결정하고 교육기관의 설치와 운영도

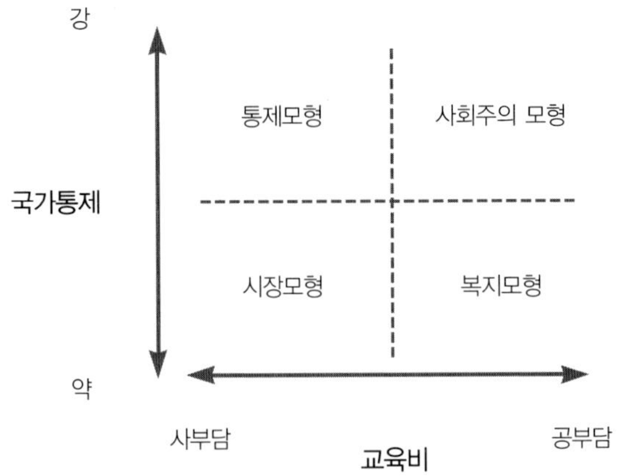

[그림 9-2] 교육비부담주체와 국가통제의 정도에 따른 교육제도의 유형화

국가가 직영하거나 세밀한 부분까지 엄격하게 통제한다. 교육재정은 국가가 어느 정도 부담하지만 교육비의 대부분을 학습자가 부담한다.

둘째, 사회주의 모형이다. 이는 교육이 국가에 의해서만 제공되며 동시에 무상으로 이루어지는 경우로 사립교육이나 상업적 교육은 허용되지 않는다. 교육의 기본 목적이 모든 국민을 사회주의적 인간으로 양성하는 것이므로 교육내용과 교육방법이 엄격하게 관리된다. 최근에는 현재의 일부 사회주의 국가들은 교육제도에 있어서 사회주의 모형으로부터 점진적으로 통제모형으로 접근하는 모습을 보인다.

셋째, 시장모형이다. 시장모형에 따르면 교육이 상품으로 인식되어 교육기관은 공급자로 학습자는 수요자로 규정된다. 그리하여 상품으로서의 교육은 수요공급의 원칙에 따라 공급자와 수요자 간에 거래된다. 국가가 직접 제공하는 교육은 축소되는 반면에 학습자의 선택권은 확대되기 때문에 교육에 대한 국가의 통제력은 전반적으로 약화된다. 교육제도의 핵심은 시장원리에 입각한 교육의 자유로운 수요와 공급을 보호하는 것이다. 최근에는 신자유주의의 여파로 공교육제도에 대해 시장의 원리를 강화하려는 경향이 확산되고 있다.

넷째, 복지모형이다. 이는 국민들이 필요한 교육을 받을 수 있도록 교육기회를 마련하여 국가가 무상으로 제공하는 것이다. 교육기회를 모든 국민이 평등하게 누릴 수 있도록 기본 교육은 무상으로 실시하고 그 이상의 교육에 대하여도 교육비는 가능한 한 국가가 부담한다. 교육의 비용을 국가가 부담하지만 교육의 목적은 국가주의를 지향하지 않고 각 개인의 자아실현에 둔다.

위와 같은 교육제도화의 모형들 중에서 현대 사회교육이 우선적으로 추진해야 할 모형은 복지모형이라고 할 수 있다. 과거 사회교육에 대한 제도화가 이루어지기 이전에도 사회교육은 복지모형을 추구했다고 볼 수 있다. 즉, 공적 부문이 아닌 사적 부문에서 사회교육의 복지모형이 이루어진 것이다. 페스탈로치의 빈민학교, 덴마크 국가의 지원이 이루어지기 이전의 평민대학, 그리고 우리나라의 각종 야학, 한글학교, 일제하의 농업학교, 가나안농군학교 등이 국가의 지원이 없이도 사적인 영역에서 복지적인 성격을 띠고 이루어진 예다. 사회교육 운동가나 독지가들의 지원이 미치지 않는 영역에서는 사회교육이 외견상 시장모형에 의해 운영되기도 하였지만 그것이 교육적으로 최선이 아닌 불가피한 것이라는 공감대가 넓게 형성되어 있었다. 즉, 국가의 재정적인 지원이 없기에 어쩔 수 없이 수혜자 부담의 원칙을 적용하기는 했지만 사회교육 자체를 교육적 가치와 무관하게 영리적인 차원에서 추진하는 것에 대해서는 적어도 비판적인 안목을 공유했던 것이다.

이와 같이 복지모형은 사회교육의 전통이라고 할 수 있다. 최근에는 사회교육 영역에 대한 국가의 지원이 커지면서 공교육 차원에서 사회교육의 복지모형을 기대할 수 있으나 현실적으로는 아직 미흡한 실정이다. 사회교육의 영역에서 일부 복지모형이 구현되고 있으나 유급학습휴가제와 같은 전형적인 복지모형의 지원은 아직 이루어지지 않고 있다. 반대로 국가가 더 많이 투자할수록 평가와 선발 등을 통해 통제와 관리가 강화되는 현상도 나타나고 있다. 예를 들면 평생학습계좌제, 인적자원개발 지원과 같은 것이 그 예다. 또한 학점은행제나 독학사제도와 같이 고등교육과 직접적인 연계를 갖는 영역에서는 학습과정에 대한 재정적 지원은 거의 없이 학습결과만을 인증·관리하는 새로운 통제모형도 나타나고 있다. 그러면서도 사회교육 전반적으로는 여전히 국가적인 지원의 부족으로 인해 시장모형이 대세를 이루고 있다.

이와 같이 전통적으로 복지모형을 지향해 왔던 사회교육은 국가적 차원의 제도화가 이루어지는 과정에서 복지모형을 충분히 실현하지 못하고 있는 실정이다. 사회교육에 대한 국가적 지원과 관심의 증대에도 불구하고 인적자원개발과 같은 투자적 동기에 입각해 이루어지고 있는 부분이 훨씬 크기 때문이다. 또한 이른바 '평생학습체제 구축'이라는 명분하에 사회교육의 영역에도 학교교육에 버금가는 국가적 관여와 개입으로 인해 교육 본연의 가치에 대한 통제가 강화되고 있다. 이러한 한계를 극복하고 교육복지 본연의 가치를 실현하는 것이 현대사회에서 사회교육제도화의 과제라고 할 수 있다.

2) 교육복지 지향적 사회교육 제도화의 조건

그렇다면 사회교육의 제도화 과정에서 교육과 국가권력이 어떤 관계를 형성해야 할 것인가가 문제가 된다. 원론적으로 볼 때 국가는 권력을 통해 교육을 수단화할 수도 있고 교육의 본질을 보호하고 지원할 수도 있다. 그런 면에서 어떻게 교육의 발전을 위해 국가권력을 효과적으로 활용할 수 있을 것인가가 문제가 된다.

이러한 문제의식은 사회교육의 초창기부터 계속적으로 존재해 왔다. 전통적으로 교육사상가들은 교육적 가치의 구현을 위해 권력으로부터의 자유를 강조하였다. 노동교육의 역사에서 강조되는 '전면적·조화적 발달'의 원리는 정치적으로 국가권력의 통제, 경제적으로 공장노동의 인간소외와 대결하여 인간성을 회복하고 그것을 전체적으로 통일시키는 것을 의미한다. 페스탈로치는 사회제도나 정치기구 자체가 아니라 항상 인간에서 출발하여 인간을 목적으로 삼았다. 그는 권력의 지배를 단호히 뿌리치고 인간의 권리를 법적으로 보장하는 힘, 즉 자유의 힘을 형성·도야해야 한다고 주장하였다(柳 久雄, 1985: 110-111).

프랑스 혁명기의 교육사상가인 콩도르세(Condorcet, 1743~1794)는 개인이 국가를 위해서 길러져야 한다기보다는 국가가 개인들의 복리를 위해 봉사해야 한다는 생각을 가지고 있었다(이돈희, 1992: 171). 그는 각 개인에게 자연이 부여한 재능을 최고도로까지 발휘할 수 있도록 편의를 제공함으로써 전 시민 사이에 현실적 평등을 확립하고자 하는 것이 국민교육의 본질이라고 하였다. 그러한 국민교육은 공권력의 '정의에 입각한 의무' 이며 '사회 및 인류의 공동이익에 대한 책무' 라고 하였다. 반면, 공권력이 어떤 특정한 사상을 보통교육의 힘을 빌려 강화하는 것은 절대로 허용할 수 없다고 하였다. 국가가 교육의 장을 마련하여 제공하는 일에 책임을 다해야 하지만 그 기회는 적어도 어느 수준까지는 균등하게 배분되어야 하며, 교육은 그 자체의 원리대로 이루어져야 한다고 주장하였다. 그런 의미에서 그는 교육의 복지적 성격을 강조했다고 볼 수 있다.

콩도르세의 이러한 입장은 국가가 관여하는 공교육제도에 대해 새로운 관점을 열어 준다. 그의 주장은 국가가 교육의 제도화에 관여한다는 것이 반드

〈표 9-3〉 자유주의 공교육제도와 국가주의 공교육제도의 성격 비교

구분	자유주의 공교육제도	국가주의 공교육제도
주창자	콩도르세	루페르세
내용	교육의 자유를 모든 인간의 자연권으로 인정하고 국가가 제도적으로 보장해야 함	모든 국민이 빈부의 차이 없이 무상으로 평등한 교육을 받을 수 있도록 관여해야 함
	국가는 공교육을 지원하되 통제하지 않고 시민들의 자율에 맡김	국가가 교육을 직접 실시하고 감독함
	가르치는 자유와 배우는 자유 모두 강조	가르치는 자유만 주로 강조

시 국가가 교육을 수단으로 활용하여 국가적 목적을 달성하는 것만을 의미하는 것이 아님을 보여 준다. 그런 면에서 프랑스 혁명 이후 콩도르세의 공교육제도에 관한 사상은 이후의 일반적인 공교육제도 사상과 차이가 있다. 프랑스 혁명 당시 학교교육을 제도적으로 공교육화하기 위한 과정에서 2가지 접근방식이 모색되었다. 하나는 콩도르세로 대표되는 자유주의적 공교육제도이고, 다른 하나는 루페르세(Louis-Michel Lepelletier, 1760~1793)로 대표되는 국가주의적 공교육제도다(梅根悟, 1990: 378-379).

콩도르세와 같은 자유주의적 공교육제도의 입장이 국가가 교육을 지원하되 교육의 주체성을 시민에게 부여해야 한다고 주장하는 것에 비해 국가주의적 공교육제도의 입장은 국가가 무상으로 지원하되 국가가 모든 교육을 직접 실시하고 감독해야 한다는 것이다. 자유주의의 영향을 받은 프랑스 혁명 초기에는 자유주의 공교육제도에 대한 지지가 우세했으나 주변국가와의 전쟁, 국가주의의 대두 등으로 인해 점차적으로 국가주의 공교육제도의 입장이 대세를 이루게 되었다(김신일, 2003: 126-127). 특히 전체주의 국가와 같이 국가가 교육에 관한 모든 것을 통제하여 수단으로 활용하고자 할 때 전형적인 국가주의적 공교교육제도의 성격을 띤다. 이러한 국가주의적 공교육제도의 특징은 다음과 같다(김신일, 박부권 외, 2005: 18-19).

- 사람을 개인이기 이전에 국가의 구성원으로 파악하고 강조한다.
- 사람들은 태어날 때부터 특정국가의 국민으로서의 속성을 가지고 태어나는 것이 아니므로 '국민' 으로 만들기 위하여 교육하지 않으면 안 된다.
- 국가가 국민을 교육할 권리를 확보하고 정당화한다.
- 국가는 국민교육의 실천을 위하여 공교육제도를 수립하고, 공교육제도의 핵심으로 학교를 설립 · 운영한다. 사립학교도 공교육제도에 편입시켜 관리한다.
- 일정 기간의 필수적 국민교육을 국가가 정하고 국민들에게 취학을 의무

화한다. 의무교육은 원칙적으로 무상이다.

이러한 역사적 사실을 통해 바람직한 사회교육 제도화의 원리가 무엇인지 모색해 볼 수 있다. 그것은 국가가 지원하되 시민사회가 주도하는 새로운 사회교육 공교육 모형을 형성하는 것이다. 사실 사회교육의 역사 속에서도 이러한 접근의 선례들을 찾아볼 수 있다. 노동자를 위한 교육의 측면에서 근대교육은 ① 지배계급의 자기교육, ② 지배계급에 의한 노동자 계급의 교화, ③ 노동자 계급의 자기교육의 단계로 발전하였다(梅根悟, 1988: 243). 그리고 노동자 일반의 입장에서 교육제도에 대한 입장은 ① 공교육 전면부정론, ② 노동자의 자기교육론, ③ 조직적 자기교육론, ④ 공적 비용에 의한 교육실시, ⑤ 권리로서의 교육의 순서로 변화하였다(梅根悟, 1988: 263-276). 노동자 대중 속에 들어가 노동자교육을 현실적이고 구체적으로 고찰했던 오언이나 라베트(William Lovett, 1800~1877) 등은 노동자들에게 공적 비용으로 교육하는 것이 당연하다는 입장을 취하였다. 그러나 그들은 공적 비용으로 학교를 세우는 것은 노동자의 권리이지만 교육에 대한 국가통제, 교육적 획일주의에는 반대하였다. 특히 라베트는 교육과 관련하여 국가가 할 일은 입법과 그 시행에 한정된다고 보았으며, 교사의 임명권, 교과서 및 교육의 종류에 대한 선택권, 나아가서 각 지역의 학교 관리권을 정부의 손에 넘기는 것에는 반대하였다. 그러한 권한은 남녀의 보통평등선거에 기초하여 학교위원회에 맡겨야 한다고 주장했던 것이다(梅根悟, 1988: 271). 이는 오늘날의 관점에서 보면 교육에 대한 시민통제의 원리를 의미한다. 그리고 이런 원리에 입각해서 이루어지고 있는 공교육제도는 국민교육제도라기보다는 시민주도 공교육제도라고 할 수 있다. 이는 곧 시민주도 복지모형에 입각한 교육제도의 성격을 갖는다.

이런 점을 종합해 볼 때 현대사회에서 사회교육의 제도화는 사회교육 원형의 전통을 이어받아 복지모형을 따르되 시민사회 영역이 주도하는 것이 바람직하다고 볼 수 있다. 즉, 국가의 재정적 지원을 받되 시민사회가 자율적으로 관리하는 체제가 요구된다. 이는 과거에 아동과 청소년을 대상으로 하는 공교육제도가 성립되는 과정에서 시도된 바 있으나 성공하지 못했던 모형이기도 하다. 이는 복지적 동기에 입각한 교육적 가치가 투자적 동기에 입각한 교육외적 가치에 의해 일방적으로 밀려났었기 때문이다. 그에 따라 교육정의가 제대로 이루어지지 못하는 결과를 가져왔다. 현대사회에서 사회교육도 이와 같은 역사를 따르게 될 가능성은 얼마든지 있다. 학교교육체제와 유사하게 교육의 과정에 대한 법적인 관리와 교육결과에 대한 인증을 중시하고 경제적 가치를 우선시하는 '평생교육체제' 의 현대적 추세를 보면 이와 같은 현상이 반복될 가능성이 매우 커지고 있다.

현재 우리나라는 전반적으로 시장모형에 기초한 사회교육이 활성화되는 가운데 정부 차원에서는 인적자원개발과 같이 투자적 동기에 입각한 사회교육이 강화되고 있다. 반면 복지적 동기에 입각한 사회교육은 상대적으로 지원이 미흡한 실정이다. 이에 따라 우리나라의 경제력에 비해 아직 제대로 된 사회교육 복지 인프라를 이루지 못하고 있다. 그러기에 벌써부터 '복지병' 을 운운하는 것은 시기상조라고 볼 수 있다. 우리나라에서 건전한 사회교육 제도화가 이루어지기 위해서는 먼저 시민사회 주도형 복지모형의 튼튼한 토대 위에 효율성을 추구하기 위한 투자 지향적 교육이 자리를 잡아야 할 것이다.

제4부

사회교육의 실천 방법

제 10 장 사회교육자의 요건과 실천원리

사회교육의 이념과 원리를 구체적으로 실천하기 위해서는 여러 가지 상황을 고려해야 한다. 사회교육의 실천은 결국 사회교육자, 사회교육 전문가와 더불어 시작된다. 사회교육자는 현대사회에서 전문성이 강조되는 '평생교육사'나 '평생교육 전문가'의 원형이라고 할 수 있다. 사회교육자는 단순히 자격증과 전문기능뿐만 아니라 사회교육의 이념과 가치, 역사적 전통, 시대적 역할에 대한 깊이 있는 인식과 사명감을 갖추어야 한다. 이러한 사회교육자는 단순히 주어진 교육현장에서 수동적으로 주어진 업무를 수행하는 전문기능인이 아니라 사회현실을 직시하고 학습자의 교육적 성장과 사회의 변화를 위해 노력하는 교육자이자 실천가라고 할 수 있다.

사회교육자는 사회교육의 이념과 원리에 대한 깊이 있는 인식은 물론 이를 효과적으로 실현하기 위한 방법과 기법도 숙지하고 있어야 한다. 학습자의 성장을 도모하고 사회변화를 추구하기 위해 학습자의 적극적인 참여와 협력을 도출하는 것이 사회교육자의 가장 중요한 실천 과제라고 할 수 있다. 이를 위해 토론과 협동탐구, 세력화를 위한 전문성도 갖추어야 한다.

여기서는 사회교육자들이 수행해야 할 구체적인 과제 및 역할과 이를 수행하기 위한 사회교육자의 요건이 무엇인가에 대해 구체적으로 살펴보고자 한다. 또한 사회교육자가 추구해야 할 실천의 기본 원리가 무엇인지를 살펴본 후 이를 효과적으로 실행하기 위해 숙지해야 할 구체적인 방법과 기법이 무엇인가에 대해 살펴보고자 한다.

1. 사회교육자의 요건과 역할

1) 사회교육자의 요건

어느 분야나 마찬가지로 사회교육도 여러 유형의 참여자들에 의해 수행된다. 이같이 사회교육 활동에 참여하는 이들 중에서 학습자들에게 교육적 영향을 미치는 실천가를 통틀어 사회교육자라고 할 수 있다. 다시 말해 사회교육자란 각 사회에서 사회구성원들의 학습을 도와 성장하도록 지원하며, 사회를 학습공동체로 변화시키는 데 적극적인 역할을 수행하는 사람을 의미한다. 그런 의미에서 사회교육자는 현대사회에서 필요로 하는 특정한 분야의 전문 지식 자체를 전달하는 강사의 위치에 있다기보다는 학습자 또는 지역주민들이 스스로 개인의 발전과 공동체 형성을 위해 노력할 수 있도록 지원하는 촉진자의 위치에 있다고 볼 수 있다.

역사상의 위대한 사회교육자들은 시대, 국가, 지식수준, 사회경제적 배경, 교육대상 등에서 모두 차이가 있다. 그러나 이들은 학교교육의 혜택을 받지 못한 많은 사람들에게 교육의 기회를 제공함으로써 그들이 자신들의 문제를 스스로 인식하고 해결해 나가며, 정신적 · 경제적으로 보다 질 높은 삶을 살 수 있도록 이바지했다는 점에서 공통점을 가진다. 원론적으로 사회교육자는 남녀, 직업의 구별이 없으며, 상근직원은 물론 자원봉사자, 전문가 등을 포함한다. 일반적으로 이른바 '평생교육' 분야에서는 '평생교육사' 자격증 취득자를 '평생교육자' 라고 말할 수 있으나 사회교육자가 반드시 그러한 자격증을 취득한 사람으로 제한된다고 볼 수는 없다. 사회교육은 사회 전 영역에서 전 사회구성원의 참여에 의해 이루어지기에 누구나 잠정적인 사회교육자가 될 수 있다. 물론 사회교육지도자는 그중에서 교육철학 및 실천 면에서 보다 지도적인 위치에 있는 사람이라고 할 수 있다.

사회교육자는 사회구성원들의 삶에 들어가서 그들과 함께 활동을 수행하려는 마음자세를 갖추어야 한다. 물론 교육전문성을 갖추고 있는 경우라면 더욱 좋다. 그러나 사회교육의 속성이 삶과의 직접적인 관계를 갖고 새롭게 제기되는 문제에 즉각적으로 대처하는 것이기에 교육전문가가 단독으로 대응하기 어려운 점도 있다. 더욱이 특정한 분야의 자격증을 가진 사람만이 주체가 될 수 있는 것도 아니다. 또한 현재처럼 평생교육사, 사회복지사, 사서, 청소년지도사, 농촌지도사, 교사 등과 같이 특정 기관에 특정 자격증을 갖춘 사람만이 배치되는 식으로는 생활에서 발생하는 여러 가지 복합적인 문제들에 효과적으로 접근하기 어려운 측면도 있다. 따라서 사회교육을 실천하는 조직은 다양한 분야의 전문가로 구성되는 것이 바람직하며, 각 실무자들도 다양한 분야에 대한 폭넓은 이해와 열린 자세가 필요하다. 이와 관련하여 김문환(2005: 22-23)은 풀뿌리 자치사상에 입각하여 지역과 인간을 진정으로 인간적으로 만들고자 할 때 사회교육자가 염두에 두어야 할 사항을 다음과 같이 제시하고 있다.

① 시야가 좁은 전문가가 되지 말 것
② 사회교육직원은 지방자치의 이념, 지방자치단체의 행 · 재정 구성 등을 종합적 · 과학적으로 파악하여 제 것으로 삼을 것. 그때에만 주민의 요구에 제대로 응할 수 있다.
③ 몸과 마음을 바쳐 사업의 기획과 주민활동 원조에 폭넓고 깊이 있게 임할 것
④ 스스로도 주민 중 하나로서 행동할 것

또한 사회교육자는 뜨거운 가슴, 차가운 머리, 빠른 손발을 가진 교육실천가로서 사회교육적 가치관과 태도, 인간에 대한 사랑과 교육현장에 대한 이해, 전문성을 두루 갖춘 인물이어야 한다. 이는 곧 이상적인 사회교육지도자가 갖추어야 할 요건인 것이다.

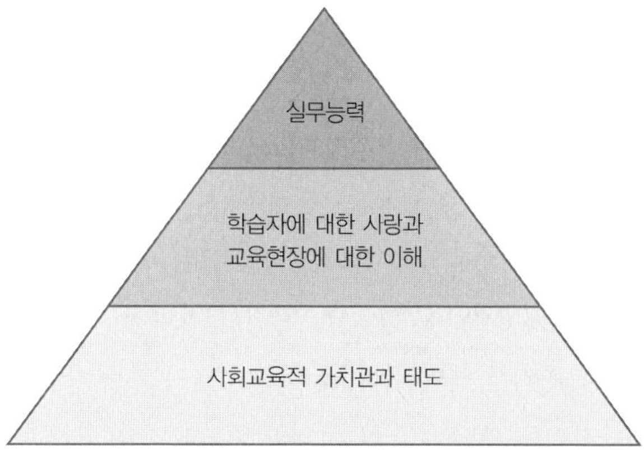

[그림 10-1] 이상적인 사회교육지도자의 요건

2) 선비의 모습 속에 나타난 사회교육자의 역할과 자세

앞에서 다룬 것과는 다른 각도에서 사회교육지도자의 역할과 활동을 중심으로 필요한 요소들을 살펴본다면 사회교육자는 스스로 끊임없이 학습하고 연구하는 평생학습인, 열정과 전문성을 갖춘 교육전문가, 그리고 교육을 통해 더불어 사는 사회를 만들어 가는 사회운동가로서의 역할을 수행해야 한다.

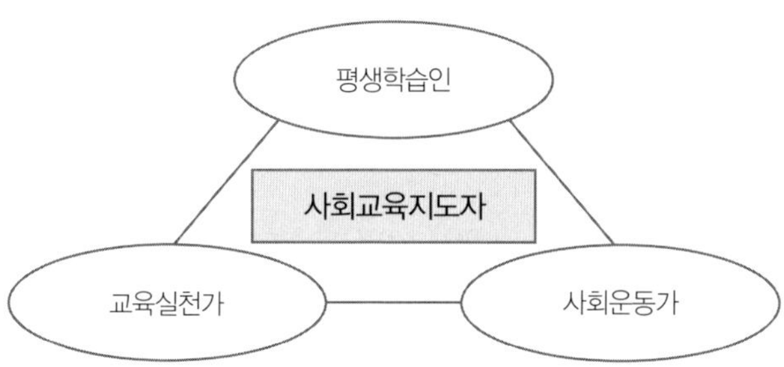

[그림 10-2] 사회교육지도자의 역할

이러한 사회교육자의 역할과 자세를 우리나라의 역사 속에 나타난 선비의 모습에서 찾아볼 수 있다.

먼저, 사회교육자는 연구하는 평생학습인으로서 선비의 학습태도를 갖추어야 한다. 이를 잘 드러내는 표현으로 '격물치지(格物致知)'와 '경경위사(經經緯史)'를 들 수 있다. 격물치지란 '格物', 즉 사물의 이치를 알기 위하여 관찰하고 실험하는 단계를 통해 '致知', 즉 '완전한 지식에 이름'을 말한다. 그러기 위해서는 궁리(窮理)를 해야 한다. 궁리란 격물에서 치지에 이르는 과정을 의미한다. 이는 진리를 깨닫기 위한 치열한 학습과정을 의미한다. 또한 경경위사란 경전의 진리를 영원히 불변하는 것으로 전제하여 날줄로 인식하고, 시대에 따라 그 양상이 변화하는 역사를 씨줄로 인식함으로써 인간사를 파악하는 것을 의미한다. 이는 보편적인 원칙에 입각하되 시대적인 상황에도 민감하게 반응해야 함을 의미한다.

둘째, 사회교육자는 교육실천가로서 선비의 교육적 금기를 유념해야 한다. 그러기 위해 '교언영색(巧言令色)'과 '곡학아세(曲學阿世)'에 주의해야 한다. 교언영색이란 배운 것을 행동으로 옮기지 못하고 교묘한 말과 좋은 얼굴색을 지어 남을 속이고 자신을 속이는 것이다. 또한 곡학아세는 자기가 배운 것을 올바르게 펴지 못하고 그것을 굽혀 가면서 세속에 아부하여 출세하려는 태도나 행동을 의미한다. 사회교육자는 교육실천가로서 안으로 먼저 자신을 돌아보고 밖으로 남에게 정직한 자세를 취해야 한다. 즉, 외유내강(外柔內剛)의 자세를 취해야 하는 것이다.

이와 관련하여 조선시대의 선비인 남명 조식(南冥 曺植, 1501~1572)은 다음과 같은 경구를 강조하였다.

> 내명자경 외단자의(內明者敬 外斷者義)
>
> -안으로 마음을 밝히는 것은 경(敬)이요, 밖으로 행동을 결단하는 것은 의(義)다.

그는 참된 선비에게 필요한 것으로 '경(敬)' 과 '의(義)' 를 강조한다. 여기서 '경' 은 내적 수양과 관련되고 '의' 는 외적 실천과 관련된다. 그는 선비의 자세로서 자기 자신에 대한 엄밀한 성찰과 아울러 올바르고 정직하게 행동할 것을 강조하고 있다(손영식, 조남호, 2002: 71). 이 말은 당시 성리학이 당대 현실을 직시하고 개혁하려는 의지는 가지지 않은 채 이론에만 몰두하던 폐해를 지적하면서 내적 수양과 실천의 중요성을 결연하게 표현한 것이다.

남명 조식(南冥 曺植, 1501~1572))

· 이황과 더불어 영남 사림의 지도자

· 선비의 덕목으로 경(敬)과 의(義)를 강조함

셋째, 사회교육자는 사회운동가로서 선비와 같은 사회의식을 갖추어야 한다. '억강부약(抑强扶弱)' 과 같이 강한 자에게 저항하고 약한 자를 도와주는 자세나 '극기복례(克己復禮)' 와 같이 이기심과 욕망을 이겨 내고 예로 돌아가서 모든 사람이 공존하고 공생하려는 정신을 갖추어야 한다. 일찍이 다산 정약용(茶山 丁若鏞, 1762~1836)은 「견여탄(肩輿歎)」이라는 시에서 다음과 같이 탄식한 바 있다.

> 인지좌여락 불식견여고(人知坐輿樂 不識肩輿苦)
> –사람들 아는 것은 가마 타는 즐거움뿐 가마 메는 괴로움은 모르고 있네.

이러한 선비의 정신은 사회교육 차원에서 학습자, 특히 소외된 학습자에 대한 특별한 배려와 사회정의 실현에 대한 의지와 중요성을 깨우쳐 준다.

3) 현대사회에서 사회교육자의 역할과 과제

일반적으로 평생교육사의 역할은 프로그램의 개발, 기관의 운영과 같은 것들이 주종을 이루고 있다. 그러나 사회교육의 관점에서 사회교육자의 역할은 보다 생활현장 지향적으로 바뀌게 된다. 즉, 이전까지의 프로그램 개발이나 강의, 기관경영에서 벗어나 주민주도적 학습활동 촉진, 생활현장에서 구성된 학습동아리의 조직 및 관리, 사회문제 해결을 위한 토론모임 구성 및 운영, 사회교육 사업의 조정, 사회교육관련 조직 간의 네트워크 구성 및 운영, 사회지도자 리더십 향상 등의 역할이 중시된다. 이와 같이 사회교육자의 역할과 과제는 보다 확대되고 있으며 전문성도 더욱 많이 요구되고 있다. 사회교육자가 수행해야 할 역할과 과제들을 종합적으로 제시하면 다음과 같다.

〈표 10-1〉 사회교육자의 역할과 과제

역할	세부 과제
사회구성원을 위한 교육 프로그램 개발 및 운영	· 사회구성원의 교육요구 파악 및 프로그램 제공 · 자치역량 강화를 위한 교육 프로그램 개발 및 운영 · 공동체의 역사, 문화, 문제 등에 관한 지식의 발굴과 전수
구성원의 학습활동 지원	· 학습을 위한 정보 제공 및 학습상담 · 구성원 주도의 학습공동체 조직 및 운영 지원
사회문제 해결을 위한 지원	· 문제해결기법 워크숍 실시 · 소속된 조직이나 사회전반의 문제해결 토론을 위한 학습동아리 조직 및 운영 · 사회문제 논의와 연구를 위한 포럼 프로그램 구축
사회교육조직 네트워크 형성	· 사회교육 관련 조직 간 협의회 구성 · 지역 및 조직 내 각종 학습동아리의 연계
조직과 지역발전을 위한 학습성과의 활용 촉진	· 학습 성과의 발표, 전시, 봉사활동 기회 주선

2. 사회변화를 위한 사회교육의 실천원리

1) 사회교육의 일반 원리

사회교육자는 누구나 자신의 실천활동의 지침이 되는 원리를 가져야 한다. 이는 개인적으로 매우 다양할 수 있으나 많은 연구자와 실천가들에 의해 사회교육자가 지향해야 할 공통적인 원리들이 제시되기도 하였다. 예를 들면, 비판이론의 관점에서 사회교육을 연구했던 브룩필드(S. D. Brookfield)는 다음과 같이 사회교육의 다섯 가지 실천원리를 제시한다(Brookfield, 1986).

① 참여(participation): 학습자의 참여는 자발적이어야 한다. 성인은 그들 자신의 의지에 의해 학습에 참여한다.
② 상호존중(mutual respect): 성공적인 실천은 참여자들 사이에 서로에 대한 자아가치를 존중함으로써 이루어진다.
③ 협력(collaboration): 촉진은 협력적이다.
④ 프락시스(praxis): 프락시스는 효과적인 촉진의 중심에 서 있다. 학습자와 촉진자는 활동, 활동에 대한 성찰, 활동에 대한 협력적 분석, 그리고 새로운 활동, 추가적인 성찰, 그리고 협력적 분석 등의 계속적인 과정에 관여한다.
⑤ 비판적 성찰(critical reflection): 촉진은 성인에게 내재된 비판적 성찰의 정신을 조성한다.
⑥ 자기주도성(self-direction): 촉진의 목적은 자기주도적이고 세력화하는 (empowering) 성인을 양육하는 것이다.

또한 갤브레이스(M. W. Galbraith)는 사회교육자의 실천원리 10가지를 다음과 같이 제시하였다(Galbraith, 1991).

① 적절한 철학을 통해 교육적 만남을 안내해야 한다.
② 성인학습자의 가변성과 다양성을 이해하는 것이 성공적인 실천의 핵심이다.
③ 학습을 위해 돕고자 하는 심리적인 분위기가 조성되어야 한다.
④ 교수자의 측면에서 학습에 대한 저항을 일으키는 물리적 · 사회적 · 심리적 행동이나 행위를 줄이는 것이 중요하다.
⑤ 학습자들이 분석하고 질문하며 사고와 행동의 대안적 방법을 개발할 기회를 가질 수 있도록 도전적인 교수 · 학습 상호작용이 발생해야 한다.
⑥ 비판적 사고와 성찰을 고양시킬 수 있도록 프락시스(praxis)가 권장되어야 한다.
⑦ 교육실천을 수행하기 위한 근거와 비전이 명확해야 한다.
⑧ 진실함과 신뢰성이 교육적 만남의 핵심적 요소가 되어야 한다.
⑨ 학습자들이 어떻게 학습을 경험하는지에 대해 관심을 갖는 것이 중요하다.
⑩ 자율성, 세력화(empowerment), 자기주도를 고무하기 위한 노력의 과정에서 독립성이 견지되어야 한다.

이러한 실천원리들에 의하면 사회교육자는 자기 자신과 학습자에 대해 이해해야 한다. 그리고 학습에 적합한 분위기, 새로운 아이디어와 기술 및 해결책을 탐구할 수 있는 맥락적 환경, 그리고 비판적 성찰을 위한 포럼을 제공해야 한다. 또 다른 중요한 점은 학습자가 자신의 관점을 전환하고 패러다임을 변환시키며, 세상을 해석하는 방식을 대체할 수 있도록 도와야 한다는 것이다.

여기에서는 앞에서 다룬 사회교육의 일반적 원리들이 사회변화의 지향이라는 사회교육의 실천적 맥락에서 특별히 어떻게 적용되어야 할지를 구체적으로 살펴보고자 한다.

2) 학습자의 현실 이해와 주체성 존중

사회교육자가 사회변화를 지향하는 사회교육의 현장에서 염두에 두어야 할 가장 기본적인 것은 학습자를 존중하는 것이다. 이는 여러 사회교육자들에게서 공통적으로 강조되고 있다. 호튼과 프레이리는 사회변혁을 위한 사회교육에 있어 진정으로 중요한 것은 방법론이나 기법이 아니라 다음의 세 가지 원리라고 하였다. 첫째, 민중을 사랑하는 것, 둘째, 스스로 학습하고 행동하고 자신의 삶을 만들어 나가는 민중의 능력을 존중하는 것, 셋째, 민중의 경험을 높이 평가하는 것이다(Freire & Horton, 2006: 225). 특히 호튼은 다음과 같이 고대 중국의 사상가인 노자(老子)의 시를 인용하여 학습자로서의 민중의 주체성을 존중해야 함을 강조하고 있다(Freire & Horton, 2006: 305)

> 민중에게 가서 민중에게 배우라
> 민중과 함께 살고, 민중을 사랑하라
> 민중이 알고 있는 것에서 출발하고
> 민중이 가지고 있는 것으로 만들어라
> 그러나 최고의 지도자는
> 모든 일이 끝나고 모든 것이 이루어졌을 때
> '우리 힘으로 이 일을 해냈다' 고
> 민중 스스로 말하게 할 수 있는 자일지니

우리나라의 대표적인 민중교육 운동가 중의 한 사람인 허병섭도 '민중을 섬기는 교육' 을 강조하면서 다음과 같이 말하고 있다.

> 민중교육의 대전제는 '민중교육이란 민중을 가르치려는 사람이 민중을 배우는 과정 속에서 민중을 성장하도록 돕는 과정이다' 라는 사실이다. 민중의 삶에서 우러나오는 모든 것(그것이 열망, 꿈, 행태, 속성 등 어떤 것이든지)을 교과서로 보아야 한다(한완상, 허병섭 외, 1983: 225).

그는 교육자가 민중을 제대로 이해하기 위해 하는 학습을 '민중학습법' 이라고 지칭하였다. 이는 개인학습법과 집단학습법, 민중사회학습법으로 나뉜다. 먼저, 개인학습법이란 민중 개개인과의 직접적인 만남을 통해 혹은 그가 생활한 흔적을 통하여 그를 배우는 것이다. 즉, 그의 생육사와 사회경제적 현실, 그의 감정, 생각, 의식, 가치관, 생활습관, 꿈, 열망 등을 찾아내는 것이다. 따라서 그 개인의 삶을 역사화하고 논리화하고 세계화할 수 있도록 돕는 방법을 찾아내는 것이 중요하다. 한편, 집단학습법이란 집단이며 공동체로서의 민중을 이해하고 그 집단 역동성을 찾아 이해하는 것이다. 그 집단의 역동성은 그들의 감정, 생각, 가치관, 열망, 꿈에서 생겨난다. 다음으로, 민중사회학습법이란 민중에게 미치는 사회적 · 경제적 · 정치적 영향을 찾아보는 일이다. 사회교육의 관점에서 볼 때 지식인이 민중의 언어와 삶을 배워도 민중에 의해서 검증을 받아야 한다. 이 검증을 받는 과정이 바로 민중과의 대화이며 토론이다. 이 대화와 토론, 혹은 문제제기, 실천(praxis)을 통해 민중은 자기들이 가진 논리를 발견한다. 이 발견이 생기고 난 다음에야 민중은 지식인을, 지식인은 민중을 만나서 비판하고 공동유대를 갖게 된다는 것이다(한완상, 허병섭 외, 1983: 225-226).

이런 맥락에서 허병섭은 민중교육의 차원에서 교육자에게 필요한 강령을 제시하였다. 그 중에서 학습자들의 실제생활을 이해해야 함을 강조한 강령들을 정리하면 다음과 같다(한완상, 허병섭 외, 1983: 212-214).

- 우리는 우리가 사랑하는 주민을 알아야 한다.

- 우리는 우리가 사랑하는 주민이 살고 있는 현장을 알아야 한다.
- 우리는 지역의 문화를 알아야 한다.
- 우리는 지역주민의 인간관계의 활력을 알아야 한다.
- 우리는 그 지역의 주민들을 통해서 자기의 모습을 정직하게 파악하여야 한다.
- 우리는 이 땅의 백성들을 사랑하기 위하여 사랑의 기술을 익혀야 한다.
- 우리는 주민이 역사의 어떤 시점에 놓여 있고, 세계의 어느 지점에 서 있는지를 알아야 한다.

여기에서는 사회교육자가 학습자 중심적인 입장에서 학습자의 현실과 요구를 정확하게 알고 도와주기 위하여 노력해야 할 것을 강조하고 있다.

이와 관련하여 프레이리의 교육방법 중 가장 두드러진 특징은 교육의 내용, 즉 대화의 매개물로서 다루어지는 내용들이 학습자들의 구체적인 현실에서 선정되고 학습자들의 주체적인 참여를 통하여 학습된다는 것이다. 이러한 특징은 생성어와 편찬물에서 가장 두드러지게 나타난다. 생성어는 읽고 쓰기 교육에 들어가기 전에 사전 조사를 통하여 '언어세계(linguistic universe)'로부터 골라낸 3음절로 된 낱말을 가리킨다. 그 예로는 'Favela(빈민지구)' 등을 들 수 있다. 그리고 편찬물이란 빈민지구 주민들의 생활과 관련된 주요 상황들을 상징화하여 제시하는 그림, 슬라이드, 포스터 등을 말한다. 이러한 생성어와 편찬물은 이미 주어진 것이 아니라 학습자들의 실제 생활 속에 직접 관련되며 학습자들의 창조력이 반영되어 제작될 수 있다는 데 의의가 있다(Freire, 1978: 72-82).

이러한 원리는 학습행위의 하나인 독서의 경우에도 적용된다. 프레이리는 학습행위로서의 독서가 제대로 이루어지기 위해서는 학습자의 주체성과 비판적 태도가 중요하다고 보았다.

독자로서의 학생은 학습행위의 주체로서 설정되어야 한다. 진정한 학습은 저자의 연구내용을 학습을 통해 분석한다. 진정한 학습은 어떤 지식의 사회역사적 배경을 이해해야만 한다. 학습은 재발견, 재창조, 재저술의 과정이며 객체가 아닌 주체의 행위다. 이렇게 볼 때 연구자(학습자)는 항상 그 책에 대하여 비판적 태도를 유지해야 하기 때문에 자신을 그 책과 분리시킬 수 없는 것이다 (Freire, 1986: 31).

이와 같이 학습자를 존중하고 주체성을 인정하는 것은 사회교육 실천을 위한 가장 중요한 원리 중의 하나다.

3) 이론과 실천의 통합을 통한 사회변화의 추구

교육에서 이론과 실천은 긴밀히 연결되어야 한다는 일반적인 합의에도 불구하고 실제로는 커다란 괴리가 있어 문제가 되고 있다. 모든 교육이 이론과 실천의 괴리 극복을 강조해야 하지만 사회교육의 경우 이론과 실천의 통합은 인식론적인 차원에서만 중요한 것이 아니라 사회의 변화와 연결된다는 점에서 의미가 있다. 즉, 사회교육에서 이론과 실천의 통합은 곧 개인의 성장과 사회변화의 동시적 추구라는 의미를 갖는다.

이러한 원리는 사회교육자라고 할 수 있는 여러 선구자들에 의해 지속적이고 핵심적으로 강조되어 왔다. 일찍이 페스탈로치는 사회에 의해 만들어진 인간은 사회 속에서 사회를 개조해 나갈 수 있는 인간으로 길러져야 한다고 주장하였다. 사회에서 불행에 시달리는 평민 한 사람, 한 사람에게 그들의 불행의 원천을 막을 수 있는 확실한 인식능력을 가르치기 위한 술(術)의 탐구, 그것이야말로 그의 생애에 걸친 과제가 되었다(梅根悟, 1988: 42). 페스탈로치는 이러한 교육을 통해 평민들이 자신들의 상황을 인식하고 실천을 통해 그것을 스스로 구제할 수 있다고 주장했던 것이다.

이는 프레이리의 '프락시스(praxis)' 개념과도 맥을 같이한다. 교육은 참여자들로 하여금 지식을 실천에 옮기도록 돕는 것이다. 즉, 반성적 사고와 행동의 조화를 의미한다. 프레이리에 의하면 인식행위는 행동으로부터 성찰로, 행동에 대한 성찰로부터 새로운 행동으로 이어져가는 변증법적 운동이다. 종전에 몰랐던 것을 알기 위하여 학습자는 진정한 객관화 작업에 임해야만 하며 그렇게 함으로써 '행동, 대상 전체' 에 대해 또는 현실에의 적응양식들에 대해 성찰할 수 있게 된다.

이러한 이론과 실천의 통합은 동양에서도 매우 중요한 원리 중의 하나였다. 이를 잘 나타내는 경구로 '백문이불여일견/백견이불여일각/백각이불여일행(百聞而不如一見 百見而不如一覺 百覺而不如一行)' 을 들 수 있다. 이는 '백 번 듣는 것은 한 번 보는 것만 못하고, 백 번 보는 것은 한 번 깨닫는 것만 못하며, 한 번 깨닫는 것은 한 번 행하는 것만 못하다' 라는 의미로서 궁극적으로 실천의 중요성을 강조하는 것이다. 이러한 이론과 실천의 통합은 더 나아가 개인의 성장과 사회변화는 통합적으로 추구되어야 한다는 경구와 연결된다. '수기치인(修己治人)' 은 '스스로 수양하고 세상에 영향력을 미침' 을 의미하며 '수신제가치국평천하(修身齊家治國平天下)' 는 사회구조의 개혁을 궁극적인 목적으로 두되 그것의 실현을 위해서는 먼저 각 개인이 변하고 가정이 변해야 함을 의미한다. 그러나 이는 개인의 성장과 사회변혁이 시간적인 순서를 따라 진행되어야 한다는 의미는 아니다. 즉, 수신, 제가, 치국, 평천하가 각각 별개의 것이므로 그것을 하나하나씩 완성한 후에 다음 단계로 올라가야 한다는 것이 아니라, 논리적인 순서, 즉 제가는 수신을 전제로 하며, 치국평천하는 제가를 전제로 한다는 것을 의미한다. 다른 각도에서 말한다면, 자기가 수신한 만큼 동시에 제가를 할 수 있으며, 제가를 이룬 만큼 치국평천하를 할 수 있다는 것이다(정호경, 1992: 115). 즉, 치국평천하를 항상 염두에 둔 상태에서 그것을 실현하기 위해 먼저 수신제가의 수준에서 실천한다는 것이며, 결과적으로는 수신제가와 치국평천하를 동시에 실천하고 있는 것이다. 이런 의미에서 '수신제가치국평천하'에 대한 사회교육적 해석은 결과적으로 수신의 차원에만 머물렀던 전통적인 유교나 서구의 인문주의적 해석과는 차이가 있는 것이다.

이와 같이 사회교육에 입각한 실천방법은 이론과 실천의 결합을 전제로 한다. 이는 곧 개인의 교육적 성장과 사회변화를 연결하는 원리이기도 하다. 따라서 사회교육자는 이론과 실천의 결합이 학습자의 개인적인 학습이나 인격성숙을 뛰어넘어 사회개혁으로 연결될 수 있도록 노력해야 한다.

4) 공동체적 학습과 세력화의 강화

사회교육 차원에서 개인의 학습이 사회변화로 연결될 수 있도록 하기 위한 방법 중의 하나는 학습 자체가 공동체적으로 이루어지게 하는 것이다. 이러한 공동체적 학습을 통해 학습자는 단순한 동료학습자의 차원을 넘어 사회변화를 함께 추구하는 동료실천가로 발전하게 된다.

허병섭은 교육이란 가르쳐서 육성하는 어떤 노력에 의해서 발생하는 것이 아니라 사람과 사람이 만나는 곳에서, 혹은 사람이 자연 혹은 사건과 만나는 곳에서 항상 일어나는 것이라고 하였다. 즉, 교육은 사람들 사이의 만남을 통해 생성되어 가는 과정이라는 것이다(한완상, 허병섭 외, 1983: 208). 한편, 프레이리는 대화에서 소비되는 시간들을 낭비라고 보지 않으며, 행동과 반성이 변증법적으로 합일된 시간은 창조적 시간이라고 주장한다. 이들은 이러한 만남과 대화를 통해 학습자들이 존중받고 서로 협력하는 공동체적 학습을 강조했던 것이다.

일반적으로 다른 학습자들과의 상호작용은 직접적으로 학습활동의 효율성을 향상시킨다. 특히 학습자들 사이의 원만한 사회적 상호작용은 성인들의 행동, 특히 태도를 변화시키는 데 강력한 영향력을 발휘할 수 있다. 따라서 학습자들이 집단 속에서 여러 가지 상호작용을 가질 수 있도록 하기 위한 방법이 연구되고 있다. 여러 연구결과들에 의하면 대체적으로 사회교육의 대상자들은 개인적으로 이루어지는 학습의 방법보다 다른 사람들과 어울려서 함께 배우는 집단적인 학습의 방법이나 형태를 더 원하는 경향을 보인다. 성인학습자들의 경우 혼자서 학습하거나 수동적인 학습을 하는 것보다 학습자들 간의 또는 학습자와 교수자 간의 직접적인 상호작용을 통한 학습을 할 때 학습의 성과가 높아지게 된다.

또한 공동체적 학습은 궁극적으로 세력화(empowerment)를 가져온다. 세력화는 참여를 초월하는 개념이다. 이것은 학습자들이 자신의 환경을 현실적으로 이해하고 환경을 구성하는 요인들을 성찰하며 효과적으로 상황을 개선하는 일에 참여할 수 있음을 의미한다. 다시 말해, 세력화는 독립적으로 존립하고 진보적으로 생각하며 변화를 체계적으로 계획하고 시행하며 결과를 합리적으로 수용할 수 있는 능력인 것이다. 그런 점에서 세력화를 위한 사회교육자의 과제는 학습자들로 하여금 정신적 · 물리적으로 의존하는 데에서 벗어날 수 있도록 돕는 것이다.

이와 같이 사회교육자는 학습자들이 공동체적 학습을 활발하게 할 수 있도록 배려하고 궁극적으로는 세력화가 이루어질 수 있도록 최선을 다해야 할 것이다.

3. 사회교육 실천을 위한 기본적인 방법과 기법

사회교육자의 실천을 위해서는 다양한 방법과 기법들이 활용될 수 있다. 일반적으로 방법(methods)이란 사람들이 교육활동 가운데 조직되는 방식, 즉 학습자와 교육활동을 제공하는 주체 간의 관계 형성의 방식을 의미하며 기법(techniques)이란 일단 방법이 결정된 후 학습을 촉진시키기 위해 활용되는 다양한 과정들을 의미한다(Galbrath, 1991). 양질의 학습이 이루어지게 하려면 형태와 기법을 올바르게 선택하는 것이 매우 중요하다. 사회교육자의 개인적인 경험만으로는 전문적인 사회교육자가 되지 못한다. 자신이 경험했던 것을 이론화하거나 기존의 이론에 비추어 깊게 반성할 수 있어야 한다. 이러한 방식을 통해 전문적 사회교육자는 교수활동에서 경험과 이론을 창조적으로 결합시키는 사뭇 예술가와 같은 존재가 된다(Elias & Merriam, 1994: 9). 여기에서는 사회교육자가 숙지하고 있어야 할 기본적인 실천방법과 기법들에 대해 살펴보고자 한다.

1) 토론

전통적으로 토론은 사회교육 역사상 일반적인 교육방법으로 사용되어 왔으며 그 가치가 너무나도 큰 것으로 인식되고 있다. 사회교육의 역사에서 토론을 활용한 전통적인 사례로는 프레이리식 문화서클(Freirean culture circle), 준토(the Junto), 하이랜더 평민학교(Highlander Folk School), 스웨덴의 스터디 서클(study circles), 미국의 그레이트 북(the American Great Book), 영국의 노동자교육협회(the British Workers Education Association), 덴마크 평민대학(folk high school) 등을 들 수 있다.

일반적으로 토론은 민주적인 연합을 가능하게 하고 학습자의 참여를 전제로 한다. 교수자와 학습자 모두가 동등한 위치를 차지하는 것이다. 그런 의미에서 토론은 학습자를 가장 존중하는 방법이기도 하다.

토론의 유형으로는 특별한 문제의 특성을 이해하고 대안적 해결방안을 찾기 위한 문제해결 토론, 강의 또는 지정된 독서를 통해 개념을 파악하기 위한 개념탐구 토론, 바람직한 태도가 학습자에게 형성될 수 있도록 하기 위한 태도변화 토론 등을 들 수 있다(Galbrath, 1991). 아울러 사회교육에서 토론이 활용될 경우의 장점이나 효과를 정리하면 다음과 같다.

• 학습자로 하여금 문제, 주제 등에 관하여 다양한 관점들을 접하게 한다.

- 학습자로 하여금 자신의 가치, 신념 그리고 행동을 밑받침하는 가정을 외적으로 드러내도록 돕는다.
- 학습자로 하여금 관점획득(perspective taking)을 하도록 한다. 즉, 세상을 다른 사람들이 보는 것처럼 볼 수 있도록 도와준다.
- 학습자에게 문제, 주제 등에 있어서 복잡성과 애매성의 요소를 소개한다.

이런 맥락에서 볼 때 토론은 사회교육의 현장에서 학습자가 자신이 살고 있는 사회현실을 보다 잘 이해하고 자신이 갖고 있는 가치관이나 신념의 정당성에 대해 되돌아보며, 문제해결을 위한 대안적인 사고와 행동방식을 탐색하도록 돕기 위한 유용한 방법이다.

사회교육 현장에서 토론을 촉진하기 위해서는 사회교육자의 전문성이 요구된다. 그중에서 사회교육자가 가장 주의해야 할 점은 토론의 의의를 충분히 살리는 것이라고 할 수 있다. 이와 관련하여 갤브레이스는 토론의 촉진은 필수적으로 균형의 문제라고 하였다. 그 내용을 구체적으로 살펴보면 다음과 같다.

- 적극적으로 참여하려는 구성원의 공헌을 수용하는 것과 침묵하는 구성원에게 발표 기회를 주는 것 사이의 균형
- 비판적 분석을 위해 노력하는 구성원들을 돕고 칭찬하는 것과 지적으로 태만한 사람들에게 대안을 고려하도록 자극하는 것 사이의 균형
- 모든 구성원들의 참여가 존중받는다는 것을 확신시키는 것과 인종적 우월감이나 편협성은 수용될 수 없음을 분명히 하는 것 사이의 균형
- 촉진자가 자신의 의견을 솔직하고 개방적으로 표현하는 것과 참여자들에게 드러내지 않고 사적으로 유지하는 것 사이의 균형
- 토론의 주제와 학습자 생활환경 및 관심사와의 연계성을 강조하는 것과 학습자로 하여금 이전에 그와 밀접한 관련이 없기 때문에 다루지 않았던 아이디어를 고려하고 관점들을 탐구해 보도록 촉진하는 것 사이의 균형

- 학습자의 즉감적 요구(felt need)를 충족시키는 것과 학습자가 초기에 거부했던 활동에 참여하도록 권유하는 것 사이의 균형
- 학습의 즐거움에 의해 생기는 생동감 있는 학습자의 감정과 비판적 사고나 자기검증과정에서 발생하는 불안이나 고통 사이의 균형

이와 같이 토론이 효과적으로 사용되기 위해서는 학습자와 토론을 이끌어 가는 모두에게 용기와 많은 노력이 필요하다. 토론의 리더 역할은 사회교육자가 직접 맡을 수도 있고 학습자 중에서 선정될 수도 있다. 어떤 경우이든 토론이 활성화되기 위해서는 가능한 한 학습자와 토론을 이끌어 가는 리더 사이의 구분이 없어져야 한다. 즉, 양자 사이에 개방성, 신뢰, 확신 등이 필요하다. 또한 참여자들은 자신의 신념과 가치가 형성되어 온 문화적 맥락을 비판적으로 검증하고 그 보편적 타당성에 대해 검토해야 한다. 즉, 참여자들은 토론에 참여하면서 당연하다고 생각했던 자신의 상식과 습관적인 행동을 검증해야 하는 것이다. 또한 토론은 명쾌한 의사소통을 필요로 한다. 그러기 위해 참여자들은 다른 사람들의 말을 주의 깊게 듣고 사려 깊게 반응해야 하며, 자신의 생각도 명쾌하게 제시해야 한다. 효과적인 토론을 위해 이러한 조건들이 충족될 수 있도록 지원하는 것이 사회교육자에게 필요한 능력이다.

2) 협동탐구와 참여연구

사회교육을 위한 참여와 협력의 원리는 구체적으로 '협동탐구'와 '참여연구'의 형태로 구현된다. 협동탐구란 사회교육자들과 학습자들이 연구문제, 탐구방법, 자료해석에 대해 함께 의사결정을 내리고 같은 경험을 통하여 공유 의미를 창출하는 것이다. 이와 같은 협동탐구를 통한 사회교육의 본질은 참여자들이 연구의 주체이자, 연구원이며 학습자라는 것이다(Stein, 2002: 30).

이러한 협동탐구는 사회교육 및 지역사회개발에서 전통적으로 중요한 방법

으로 여겨 왔던 참여연구(participatory research)와 맥을 같이한다. 지역사회에서 이루어지는 사회교육의 경우 실천을 통해 문제를 정의하고 연구하며, 문제에 대한 자료를 해석하면서 그 문제에 대해 협동하는 참여연구법을 강조해 왔다(박덕병, 2002: 53).

일반적으로 참여연구는 협동적 조사, 분석, 활동이라는 상호 관련된 세 과정들로 구성되며, 사람들은 대화를 통해 이 모든 과정에 함께 참여한다. 이를 보다 구체적으로 살펴보면 다음과 같다.

① 연구대상 주민들에 의한 문제제기
② 문제해결을 위한 실천가와 연구자 사이의 합의
③ 연구진행 분업을 위한 소집단의 구성
④ 연구계획서의 작성
⑤ 자료의 수집
⑥ 자료의 분석
⑦ 문제해결을 위한 협의
⑧ 개발계획서의 작성
⑨ 개발계획의 수행
⑩ 학습정리

이러한 단계를 거치는 동안 가장 중요한 원칙은 지역주민들이 당면하고 있는 문제를 연구소재로 삼으며, 그들이 직접 문제해결을 위한 연구에 공동으로 참여해야 한다는 것이다. 즉, 지역의 주민들은 단순한 연구대상이나 연구의 수단이 아니라 연구의 공동주체인 것이다. 이를 위해 집단토의, 공공회합, 연구분과위원회의 조직, 지역사회세미나, 자유기술식 조사, 견학, 교육야영(educational camps) 등의 다양한 방법들이 활용될 수 있다(박덕병, 2002: 63-65).

참여연구는 그동안의 지역연구들이 외부전문가의 관점에서 이루어짐으로써 지역주민들이 소외되고 결과적으로 지역사회에 유의미한 변화를 가져오지 못했다는 반성에 기초한다. 그러나 참여연구는 일반 주민들이 그들의 현실을 분석하고 비판적으로 검증하며, 지배집단의 계속되는 지배를 거부할 수 있는 능력을 회복할 수 있도록 하기 위해, 그들과 함께 그들의 이익과 관련된 지식을 산출하는 것을 목적으로 한다. 즉, 참여연구는 사회교육의 '공식적' 지식체계로부터 배제되어 온 대안적 지식체계를 회복하려는 노력 중의 하나다.

그러나 참여연구는 이러한 의의에도 불구하고 그동안 제도화와 정부주도적인 사회교육의 토양에서 그 꽃을 제대로 피우지 못하였다. 그러나 최근 시민사회의 도래는 이러한 참여연구의 의의를 다시 활성화시킬 수 있는 좋은 토대가 되고 있다(박성정, 2005). 사회교육의 관점에서 참여연구는 지역사회개발 차원만이 아니라 시민사회, 직장, 단체 등 학습자의 모든 삶의 영역에서 문제해결을 위한 교육방법으로 활용될 수 있다. 참여연구를 적용함으로써 사회교육은 정형화된 틀에 의한 형식적 교육에 머물지 않고 학습자의 구체적인 삶 속에서 문제를 함께 해결해 가는 데 도움이 될 수 있는 것이다. 그런 점에서 사회교육자는 참여연구를 중요한 교육방법으로 활용하기 위해 노력해야 한다.

제 11 장

학습공동체의 성격과 구현원리

최근 학습공동체의 기본 개념과 의의, 성격에 대하여 많은 연구가 이루어지고 있다. 사회교육의 기본적인 목적은 곧 학습공동체를 확장시켜 나가는 것이다. 학습공동체는 평생학습사회가 필요로 하는 효과적인 학습형태임과 동시에 현대사회에서 원자화되어 가는 인간들이 갖고 있는 공동체에 대한 원초적인 희구를 충족시켜 준다. 또한 사회적으로 볼 때 학습공동체는 개인과 사회가 만나는 교차로이며, 학습을 통한 사회변화의 엔진이라고 볼 수 있다. 이와 같이 학습공동체는 사회교육의 관점에서 매우 큰 의미를 갖는다.

그런데 '학습공동체'의 개념은 시대의 흐름에 맞추어 의미가 변화 · 확장되는 경향을 보이고 있다. 즉, 학습동아리 수준의 작은 학습집단에서부터 학습을 지향하는 지역학습공동체에 이르기까지 학습공동체 개념의 적용 범위가 매우 광범위하고 다차원적인 양상을 나타내고 있는 실정이다.

또한 학습공동체는 그 가치만큼이나 현실적으로 구현되기 어려운 측면을 가지고 있다. 현대사회에서 학습공동체를 지향하는 여러 학습단위들은 현실적으로는 여러 가지 미흡한 점을 드러낼 수밖에 없고 여러 가지 제약요인을 갖기 마련이다. 완벽한 학습공동체가 되기 위해서는 필연적으로 여러 가지 제약요인들의 도전을 극복해야 한다. 따라서 우리 사회를 사회교육이 지향하는 포괄적인 학습공동체로 변화시키기 위해서는 우리의 현실 세계 속에서 학습공동체의 구현을 제약하는 요소들이 무엇이며 이를 어떻게 극복할 것인가에 대한 관심을 기울여야 한다.

이런 맥락에서 이 장에서는 먼저 학습공동체 개념의 다양성을 학습공동체의 기본 특성을 공유하는 다차원적 구조 안에서 재정립하고자 한다. 또한 각 차원별로 학습공동체의 구현에 위협이 되는 요인들을 살펴보고, 그 대응원리를 검토함으로써 사회교육을 통해 우리 사회를 학습공동체로 변화시키기 위한 시사점을 얻고자 한다.

1. 학습공동체의 일반적 성격

1) 학습공동체의 개념과 요건

학습공동체는 일반적으로 '학습'과 '공동체'의 의미가 결합된 의미로 이해된다. 이러한 학습공동체의 개념을 보다 잘 이해하기 위해서 먼저 인간의 집단을 유형화해 보고자 한다. 인간집단을 그 집단 내에서 차지하는 '학습의 비중'과 그 집단의 '인간관계의 성격'이라는 두 가지 기준을 적용하면 다음과 같이 4가지 형태로 분류할 수 있다.

[그림 11-1] 인간집단의 한 유형으로서의 학습공동체

위에 나타난 바와 같이 학습공동체는 다양한 인간집단 중에서도 학습을 주목적으로 하는 공동체라고 할 수 있다. 공동체의 개념은 매우 정의하기 어려운 개념이지만 일반적으로 지역 또는 특정 집단에 대한 소속감과 공동의 목적을 가진 정신적 공동체를 지향하는 집단이나 조직체를 말한다. 공동체(community)를 구성하는 요인으로는 사람(people), 구역(area) 또는 영역(territory), 사회적 상호작용(social interaction), 공통의 소속감(the idea of common attachment) 등을 들 수 있다(이순형 편역, 1989: 284). 진정한 의미의 공동체는 형식적

인 사회적 관계 외에 이 형식적 관계를 엮어 줄 수 있는 차원, 곧 개인적 친교, 정서적 심오함, 도덕적 헌신, 사회적 응집력, 시간적 영속성 등을 총괄하는 단위다(송재룡, 2001: 112). 그런 의미에서 학습공동체는 인간적인 긴밀성과 교제를 기초로 배움이라는 목적을 추구하는 공동체다. 따라서 학습공동체는 단지 개인의 학습성취만을 위한 계약적인 관계를 중시하는 사회계약적 성격의 학습집단과는 차이가 있다. 그런 의미에서 전통적인 학교는 비교적 최근까지 가장 대표적인 학습공동체의 역할을 해 왔다고 볼 수 있다.

한편 학습공동체는 학습을 '주목적'으로 하는 공동체라는 점에서 일반 공동체와도 차이가 있다. 물론 일반 공동체에서도 일반적인 사회활동뿐만 아니라 학습이 주요 과정으로 이루어진다(한숭희, 2001b: 182). 그러나 공동체가 그 존속을 위해 학습의 기능을 포함하고 있다고 해서 그 공동체가 곧 학습공동체임을 의미하는 것은 아니다. 학습이 이루어지지 않는 공동체는 없으나 모든 공동체가 학습을 주목적으로 하는 것은 아니다. 일반 공동체 내에 존재하는 학습의 기능을 중시한다고 해서 공동체 자체가 모두 학습공동체적 성격을 가지고 있다고 인식한다면 이는 '학습공동체'의 개념을 매우 혼란스럽게 만드는 결과를 가져온다. 더욱이 우리 사회에서 학습을 주목적으로 하는 공동체가 현실적으로 존재하기 때문에 이와 같은 공동체와 일반 공동체를 개념상 구별할 필요가 있다.

이런 맥락에서 학습공동체는 단지 학습이 이루어지는 공동체라기보다는 학습을 주목적으로 하는 공동체라고 정의할 수 있다. 즉, 학습공동체는 학습을 주된 목적으로 하는 특수한 공동체인 것이다. 물론 학습을 주목적으로 하는지를 어떻게 판단할지에 대해서는 모호한 측면이 있다. 그러나 적어도 학습공동체가 성립되기 위해서는 학습 자체가 그 집단의 매우 중요한 성립목적이 되어야 하고, 그 목적을 구성원들이 함께 인식하고 있어야 한다. 아울러 학습의 목적이 의도한 대로 달성되고 있는가에 대한 형식적 · 비형식적 평가가 함께 수행되어야 한다.

2) 학습공동체의 이상과 현실

일반적으로 학습공동체는 그 자체가 이상적이고 바람직한 개념으로 인식된다. 이와 같은 인식에 따르면 학습공동체는 학습과정에 대한 자유로운 선택과 참여, 그리고 합리적 소통과정을 중시함으로써 학습자의 주체성을 존중하며, 바람직한 사회변화를 위한 밑거름의 역할을 수행한다. 그러므로 학습공동체는 원형적인 사회교육이 추구하는 이상임과 동시에 사회교육의 가장 이상적인 방법으로 인식될 수 있다.

그런데 학습공동체에 대해 논의할 때 주의해야 할 것은 지향해야 할 이상적인 형태로서의 학습공동체와 현실로서의 학습공동체를 구분할 필요가 있다는 것이다. 학습공동체는 현대사회에서 매우 필요한 것으로 여겨지지만 현실로서의 학습공동체가 모두 바람직한 요건을 갖추고 있는 것은 아니기 때문이다. 기존의 집단 중심, 권위 중심 교육의 효율적인 대안으로 학습공동체가 제시될 수 있지만 모든 학습공동체가 구성원의 자유로운 선택과 참여, 합리적 의사소통을 구현하고 있는 것은 아니다. 바람직한 공동체가 있고 바람직하지 않은 공동체가 있을 수 있는 것처럼 학습공동체의 경우도 마찬가지라고 볼 수 있다. 이는 공동체를 구성하는 현실적인 요건과 이상적인 요건을 별도로 파악해야 함을 의미한다. 공동체의 개념적 요건은 구성원 간의 사회적 상호작용, 그리고 구성원 간의 유대감과 연대의식 등을 바탕으로 하는 것이라고 볼 수 있다. 그러나 공동체가 되기 위해 갖추어야 할 요건과 '좋은' 공동체가 갖추어야 할 요건이 무엇인가는 별개의 문제다. 공동체로서의 기본적인 개념요건은 갖추었지만 '좋은 공동체' 로서의 규범적인 요건을 갖추지 못할 가능성도 많기 때문이다. 이때 '좋은 공동체' 가 갖추어야 할 구체적인 요건은 그 사회의 가치를 반영한다. 현대 민주사회에서는 전통적인 공동체에 비해 개인의 자율성, 합리적인 의사결정에의 참여, 공동체 내 모든 역량의 효율적 동원 등이 이전에 비해 더욱 강조되고 있다.

학습공동체의 경우도 이상적으로 지향하는 학습공동체의 모습이 제시되고 있지만 현실적으로는 완벽하지 못할 가능성이 얼마든지 있다. 예를 들면 의사결정이 민주적으로 이루어지지 못하고 있다거나, 인간적인 유대감에 비해 학습의 효율성이 떨어지는 경우를 들 수 있다. 그리고 학습과정에 대한 자유로운 선택과 참여, 그리고 합리적 소통과정을 전제로 학습자의 주체성을 복원하는 것은 현대 시민사회에서 요구하는 이상적인 학습공동체의 요건이다. 이와 같은 이상적인 학습공동체가 이루어지기 위해서는 이를 제약하는 요소들 간의 갈등을 이겨 내야 한다. 따라서 이상적인 학습공동체를 구현하기 위해서는 현 실태로서의 학습공동체를 비판적으로 분석하고 이상적인 학습공동체의 구현을 가로막는 요소들이 무엇인가를 파악하여 극복하기 위한 끊임없는 노력이 필요하다.

2. 학습공동체 개념의 다차원적 성격

1) 학습공동체 개념의 다차원적 현황

학습공동체의 개념과 관련하여 최근 주의를 기울여야 할 것 중의 하나는 평생학습사회의 구현과 더불어 학습공동체의 범위가 점차 다차원적으로 확장되고 있다는 점이다. 전통적으로 학습공동체의 개념은 영역 면에서는 시민사회, 규모 면에서는 학습동아리 수준의 학습모임을 지칭하는 것이 일반적이었다. 정민승(1999)은 학습공동체의 사례로서 스터디 서클과 신 사회운동 조직을 들고 있다. 그러나 최근에는 이러한 영역 이외에도 다양한 분야에서 학습공동체가 언급되고 있는 실정이다. 기업의 경우 변화하는 환경에서 지식의 창출, 공유, 활용과 관련하여 학습공동체의 개념이 폭넓게 사용되고 있다(김수원, 주용국, 2004; Owenby, 2002). 이러한 입장에 의하면 학습공동체란 조직을 중심으로 나타날 수 있는 여러 가지 유형의 학습 네트워크 중 수평적 학습 네트워크라고 할 수 있다. 수평적 학습 네트워크는 평등하고 문제해결 중심적인 학습자로 구성된 공동체로서 각자의 경험을 성찰하고 연합활동을 위한 이론들을 개발하고 이를 탐구적인 방식으로 실천에 연계시킴으로써 복잡한 문제들을 해결하기 위해 노력하는 형태다. 프로젝트 기반 학습팀(project based learning team), 학습활동팀(action learning team) 등이 여기에 속한다. 이는 기업이나 단체 등과 같은 조직의 학습조직화와 관련이 있다. 다른 말로 학습조직은 조직 전체를 포괄하는 거대한 수평적 학습공동체로 간주될 수 있다.

또한 학교에서도 학습공동체라는 용어가 새롭게 부각되고 있다(Sergiovanni, 2004; 이정훈, 2003; 최성우, 2004). 전통적으로 학교는 지식과 기술을 익힘과 동시에 구성원 간의 공동체적 덕목과 윤리가 중시되어 온 학습공동체로 인식되어 왔다. 그러나 최근 점차 지식 위주, 입시 위주, 경쟁 위주의 교육이 심화되면서 학교의 공동체성이 약화되어 온 것이 사실이다. 이는 인성교육의 부재, 교육윤리의식의 피폐, 학교교육 주체들 간의 불신과 갈등 등을 일으켜 현대 학교교육 위기의 커다란 원인이 되고 있다. 이런 맥락에서 학교의 학습공동체화에 대한 논의가 꾸준히 이어 오고 있는 실정이다.

한편, 김민호(2004)는 학습공동체를 넓은 의미의 학습공동체와 좁은 의미의 학습공동체로 대별한다. 넓은 의미의 학습공동체는 '지역사회의 무형식 학습' 을 가리키고, 좁은 의미의 학습공동체는 '연속적인 학습의 길에 놓인 학습 동아리' 를 의미한다. 지역사회를 하나의 학습공동체로 파악하려는 관점은 매우 오래전부터 있어 왔다. 이와 관련하여 케렌스키(Kerensky)는 교육적 사회(educative community) 개념을 언급했다(이순형, 1989에서 재인용). 교육적 사회란 교육을 지역사회 전체의 사업으로 보는 방식을 의미한다. 이는 곧 지역사회를 학습공동체의 관점으로 파악하는 것이다. 그러나 최근 지역재생, 지역혁신, 지방분권, 주민자치 등으로 표현되는 바와 같이 지역의 중요성이 다시 부각됨에 따라 지역학습공동체에 대한 관심도 더욱 높아졌다고 볼 수 있다.

이와 같이 학습공동체의 개념이 다양하게 나타나는 까닭은 '학습공동체' 라는 용어 자체의 모호성과도 관련된다. 한국에서의 '학습공동체' 라는 개념에는 비교적 지역성이 약하게 반영되는 것이 일반적이다. 그러나 '학습공동체'의 영어식 표현이라고 할 수 있는 'learning community' 의 'community' 가 한국어의 '공동체' 와 '지역사회' 모두를 의미한다고 볼 때 필연적으로 학습공동체의 의미는 다차원적 성격을 가질 소지를 가지고 있다. 더욱이 우리말의 경우 '공동체' 의 개념이 일상적으로 소집단만이 아니라 조직, 지역사회, 심지어는 민족, 국가, 전 세계적인 범위까지 널리 적용된다는 점을 감안할 때 '학습공동체' 개념의 영역 확대는 필연적이라고 볼 수 있다.

2) 학습공동체 개념의 3차원

이와 같이 다양한 영역과 다양한 차원에서 학습공동체가 언급되고 있다. 이러한 경향은 학습과 관련된 인간집단의 외연 확대와 맥을 같이한다. 현 단계까지 확대되어 온 학습공동체의 개념을 정리하면 그 규모나 범위에 따라 개인들의 자발적인 모임을 통해 구성된 소집단 차원, 구성원이 속해 일하는 조직 차원, 그리고 사람들이 거주하며 생활하고 있는 지역사회 차원으로 대별할 수 있다. 이러한 맥락에서 학습공동체의 다차원성을 정리하면 다음과 같다.

첫째, 소집단 차원의 학습공동체인 학습동아리(learning circle)다. 학습동아리는 학습자들이 자발적으로 학습을 위하여 결성한 집단, 혹은 학습하고자 하는 주제가 동일한 사람들이 모여 구성한 소규모의 집단이다(이지혜 외, 2001; 오혁진, 2003). 학습동아리는 이른바 평생학습의 시대, 학습자 주도의 시대에 매우 중요한 수단으로 점차 그 중요성이 부각되고 있다. 이러한 학습동아리에는 각종 스터디 모임, 동호회, 연구회, 토론회 등이 포함된다. 역사적으로는 스웨덴의 스터디 서클, 미국의 준토, 일본의 자주집단 활동 등이 대표적인 예라고 할 수 있다.

둘째, 조직 차원의 학습공동체인 학습조직(learning organization)이다. 최근에는 일터로서의 조직을 학습공동체의 관점에서 인식하는 경향도 높아짐에 따라 학습조직이라는 용어가 일반화되고 있다. 이러한 학습조직의 개념이 기업을 중심으로 언급되어 온 것이 사실이지만 이는 기업의 차원을 넘어 학교와 사회교육기관, 그리고 사회단체와 같은 모든 일반 조직에도 적용될 수 있다. 즉, 학습을 통해 조직의 발전을 도모함과 동시에 공동체적인 인간관계를 추구하는 모든 조직이 곧 학습조직, 즉 조직 차원의 학습공동체라고 할 수 있는 것이다.

셋째, 지역사회 차원의 학습공동체인 지역학습공동체(local learning community)다. 최근 이러한 지역학습공동체를 구현하기 위한 가장 대표적인 정책의 하나로 추진되고 있는 것이 바로 '평생학습도시' 사업이라고 할 수 있다.

이와 같이 현 단계에서 학습공동체는 소집단, 조직, 지역사회의 3차원에서 각각 학습동아리, 학습조직, 지역학습공동체의 양상으로 나타나고 있다고 볼 수 있다. 이상의 내용을 그림으로 표현하면 다음과 같다.

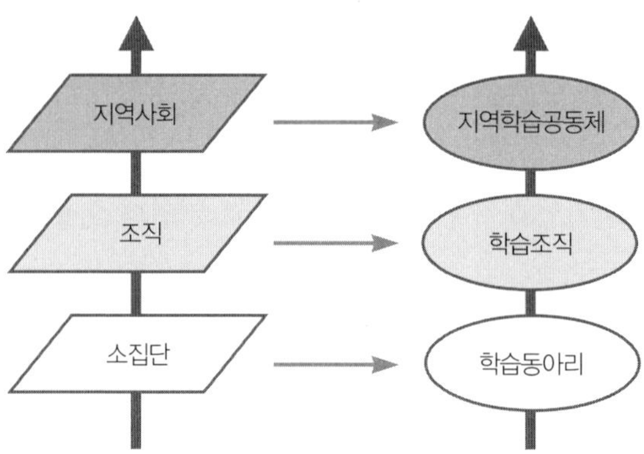

[그림 11-2] 학습공동체의 3차원

이와 같이 소집단 차원에서 시작된 학습공동체의 개념이 현 단계에서는 지역사회 차원까지 확대되었다고 볼 수 있다. 또한 앞으로의 전개과정에 따라 학습공동체의 개념이 국가와 세계 전체까지 확장될 가능성도 열려 있다고 볼 수 있다.

3) 학습공동체 개념의 다차원적 확장의 근거

이와 같이 학습공동체 개념은 매우 다양한 분야에서 다각적인 방식으로 사용되고 있음을 알 수 있다. 앞에서 제시한 바와 같이 학습공동체를 동질성과 다차원적인 구조를 가진 개념으로 수용하기 위해서는 논리적으로 해결해야 할 과제가 있다. 이는 학습공동체를 다차원적으로 확장시켜 나가는 것에 대한 논리적인 타당성과 관련된다. 그리고 그 핵심은 학습공동체로 이해될 수 있는 여러 차원의 학습집단들이 '학습을 목적으로 하는 공동체' 로서의 학습공동체의 기본 속성을 가지고 있는가와 직결된다.

교육학 분야에서 학습공동체와 관련된 논의를 살펴보면 학습공동체를 주로 학습동아리로 대표되는 소규모의 학습집단으로 보는 관점이 지배적인 가운데 기업의 학습조직을 학습공동체로 볼 것인가에 대한 대조적 입장이 나타나고 있다. 학습공동체와 학습조직을 대립적인 것으로 파악하는 입장에 의하면 학습공동체는 주로 시민사회와 관련되어 학습자의 자율성과 자립성이 강조되는 반면, 학습조직은 기업과 관련되어 궁극적으로 기업의 효율성을 추구하기 위한 수단으로 활용된다는 점에서 학습공동체와는 성격이 다른 것으로 인식될 수도 있다. 그럼에도 불구하고 학습공동체를 주로 시민사회와 관련된 자립적 · 자율적인 학습동아리 차원 중심으로 파악하는 것에는 다음과 같은 점에서 문제가 있다.

첫째, 학습공동체를 소집단 차원의 학습동아리 수준으로만 인식한다면 우리 사회를 바람직한 학습공동체로 변화시켜 나가고자 하는 사회교육의 이념이 매우 제한적으로만 의미를 갖게 된다. 학습동아리는 특별한 내용에 관심을 가진 개인들로 구성된 소규모의 집단이다. 학습동아리의 구성원들은 일단 특정한 일터나 조직의 일원으로서 학습하고 있는 것이 아니라 그러한 맥락의 규제와 통제에서 벗어나 자유로운 개인의 자격으로 학습동아리에 참여한다. 그러나 학습공동체의 관점에서 이러한 학습동아리에 대해서만 관심을 가진다면 사람들이 일하는 현장으로서의 일터, 공동의 목적을 위해 구성한 결사체, 살아가는 현장으로서의 지역사회 등은 학습공동체에 대한 일차적인 관심에서 그만큼 멀어지게 된다. 학습동아리 자체도 개인 차원의 학습을 넘어 소규모의 학습집단 구성을 통해 학습공동체를 만들어 나가기 위한 하나의 시도라고 볼 수 있다. 이렇게 학습공동체를 만들어 나가려는 움직임은 작은 집단의 차원을 넘어 우리 사회 전체로 파급되고 있다. 즉, 공동체를 추구하는 인간의 기본 속성과 학습의 중요성이 더욱 커지는 평생학습사회의 도래로 인해 학습공동체의 범위와 차원은 날로 확장되고 있다. 이전에 이미 우리 사회에 학습하는 개인의 수준을 넘어 학습하는 소집단이 형성되어 온 것처럼, 최근에는 학습하는 조직, 더 나아가 학습하는 지역사회가 구현되는 단계에 이르게 되었다. 따라서 그동안 작은 학습집단의 차원, 즉 학습동아리 차원에서 학습공동체를 구현하고 논의했던 것에서 더 나아가 이제는 여러 유형의 일반조직과 지역사회에서도 학습공동체 논의를 활발하게 시도해야 할 필요가 있는 것이다.

둘째, 학습공동체를 학습동아리 수준에서만 이해한다면 학습동아리는 학습공동체적인 성격을 가지고 있는 바람직한 것이고, 그 이외의 학습조직이나 평생학습도시 등은 학습공동체와 대비되는 바람직하지 못한 학습집단이라는 관점이 부각될 수 있다. 왜냐하면 학습공동체로서의 학습동아리는 학습자들의 자발적인 참여와 자율성이 보장되는 반면, 학습조직이나 평생학습도시의 경우는 조직이나 지역사회의 목적이 개인의 학습목적보다 상위에 놓이는 것으로 인식될 수 있기 때문이다.

그러나 학습동아리가 학습공동체의 본질에 비추어 학습조직이나 평생학습도시와 근본적인 차이점을 가지고 있는가에 대해서는 의문의 여지가 있다. 일반적으로 학습동아리는 자발적인 학습동기를 가진 '자유인' 들로 구성되어 있다고 볼 수 있다. 그런 점에서 조직이나 지역사회 자체의 발전을 추구해야 하고 조직 내에 필연적으로 위계관계를 가질 수밖에 없는 학습조직이나 지역학습공동체에 비해 이상적인 학습공동체를 구현할 가능성은 충분히 있다. 그러나 학습동아리도 하나의 집단인 이상 구성원들은 집단의 통제를 직간접적으로 받을 수밖에 없다. 또한 앞에서 학습공동체 개념의 이상과 현실에서 살펴보았듯이 학습동아리의 경우도 마찬가지로 바람직하지 못한 개인의 욕구와 집단 내의 권력관계 등에 의해 학습의 순수성과 학습자 구성원들의 자율성이 왜곡될 소지가 있다. 모든 집단 내에는 일종의 권력관계가 형성되며 학습자들은 내재적인 학습의 동기 이외에도 다양한 동기를 가지고 학습동아리에 참여하기 때문이다. 이러한 권력관계와 동기들은 결정적인 순간에 학습동아리의 학습목적, 내용, 방법의 결정에 영향을 미치게 되며, 때로는 심각한 대립, 갈등, 반목, 강요와 굴복 등의 양상을 드러내게 한다. 이는 학습공동체가 지향하는 바와는 거리가 멀다.

이와 같은 권력관계와 동기의 다양성은 학습조직이나 평생학습도시 등과 같이 고유의 사회적 기능을 가진 조직체인 경우에는 더욱 첨예하게 나타날 가능성이 크다. 그러나 학습조직이나 평생학습도시의 경우도 각 구성원들이 진정한 의미의 학습공동체를 구현하는 것이 모두가 더불어 살 수 있는 길이라는 인식하에 상호 협력할 가능성이 있음을 전적으로 배제할 수 없다. 그런 의미에서 학습동아리는 그 자체로 학습공동체이고, 학습조직과 평생학습도시는 원천적으로 학습공동체와 성격이 다르다고 인식할 필요는 없다. 결국 중요한 것은 학습동아리이든, 학습조직이든, 평생학습도시이든 모두 현실적으로 완전하지는 않지만 기본적으로 학습을 목적으로 하는 공동체라고 하는 기본 특성을 가지고 있다는 것이다. 따라서 이들을 전혀 별개의 것으로 파악할 것이 아니라 모두 학습공동체의 개념으로 포섭함으로써 삶의 전 영역에서 학습공동체가 실현될 수 있도록 하기 위한 체계적인 연구와 실천 노력이 필요하다. 그와 동시에 각 차원에서 바람직한 학습공동체의 구현을 방해하는 현실적인 요소들을 정확하게 인식하여 이를 극복하기 위한 노력을 기울여야 한다.

3. 학습공동체의 구현원리와 발전 과제

1) 각 차원별 학습공동체의 제약요인

앞에서 살펴보았듯이 학습공동체는 현대사회에서 다차원적으로 구현되고 있다. 그리고 본질적으로 각 차원별 학습공동체의 속성은 동일하다고 볼 수 있다. 그러나 현실적으로 각 차원의 학습공동체는 왜곡될 소지를 가지고 있다. 왜냐하면 앞서 살펴보았듯이 학습공동체는 끊임없이 지향해 나가야 할 이상이며, 현실적으로는 이를 위협하고 왜곡시키는 제약요인들의 도전을 받기 때문이다. 그리고 그 구체적인 제약요인들은 학습공동체의 각 차원별로 맥락에 따라 다르게 나타날 수밖에 없다. 따라서 각 차원의 학습공동체들이 가질 수 있는 현실적인 제약요인들이 무엇인지를 살펴보고 이를 해결하기 위한 노력이 필요하다. 이런 맥락에서 관련 선행연구들의 검토를 통해 각 차원별로 작용할 수 있는 제약요인들을 구체적으로 살펴보면 다음과 같다.

첫째, 소집단 차원 학습공동체로서의 학습동아리에 대한 도전이다. 바람직한 학습공동체를 구현하는 데 있어 학습동아리의 가장 일반적인 제약요인은 학습동아리 구성원 간의 계약적인 관계와 학습동아리 구성원 사이의 불평등한 관계라고 할 수 있다. 먼저, 학습동아리가 선택적 공동체(community of choice)로 머물러 있을 때 학습동아리는 진정한 의미의 학습공동체로 발전할 수 없다. 이른바 현대사회의 일반적인 공동체 형태라고 할 수 있는 선택적 공동체는 구성원들이 사회적 계약관계로 구성되어 있으며 간단한 통보만 하고서도 그 공동체를 떠날 수 있다(Drucker, 2001: 165). 선택적 공동체로서의 학습동아리는 구성원들이 자신들의 학습목적을 위해 임의로 가입했다가 도움이 되지 않는다고 생각할 때 임의로 탈퇴하며 남에 대한 최소한의 예의를 지키는 것으로 구성원의 의무를 다하게 된다. 그러나 학습동아리가 진정한 의미의 학습공동체가 되기 위해서는 개인의 이익을 우선시하는 선택적 공동체를 초월하여 각 구성원들이 공동의 목적에 대한 강한 신념과 유대감을 갖고 상호의존하는 공동체성을 강화해야 한다.

또한 학습동아리 구성원 사이의 지적 · 사회적 지위의 차이로 인해 학습동아리 내의 위상이 달라질 수 있다. 학습동아리가 운영되기 위해서는 리더와 구성원 모두에게 상당한 정도의 지적 · 인성적 훈련이 요구된다. 이에 따라 학습동아리가 갖고 있는 중요한 의의가 자발성, 개방성, 평등성임에도 불구하고 실제 학습동아리 내에서 구성원의 위상과 역할 및 참여기회가 평등하지 않을 가능성이 많다. 즉, 학습동아리들이 바람직한 학습공동체를 지향하고 있음에도 불구하고 실제로는 구성원 간의 갈등과 이해부족 등으로 부정적인 점이 함께 나타날 수 있음을 부인하기 어렵다.

둘째, 조직 차원 학습공동체로서의 학습조직에 대한 도전이다. 앞에서 살펴본 바와 같이 조직 차원의 학습공동체 중에서 가장 많이 논의된 것이 바로 학습조직이라고 할 수 있다. 많은 기업들이 전 업무현장을 거대한 학습공동체로 전환시키는 학습조직 개념에 매료되어 있는 실정이다. 그럼에도 불구하고 학습조직에 대해서는 비판적인 목소리도 높다. 그 논지의 기본은 학습조직이 기업을 위한 도구적 학습집단으로 인식되며, 조직 내의 권력에 의해 학습조직의 원리가 왜곡될 수 있다는 것이다(정민승, 1999: 107-108; Owenby, 2002). 이와 같이 학습을 목적으로 하는 조직은 순수하게 학습을 통한 조직원들의 성장을 주목적으로 하여 운영될 수도 있는 반면에, 조직원들의 학습활동이 그 조직의 발전을 위한 수단으로 활용될 수도 있다. 이 경우 학습이 조직의 구성원들에게 강요될 수도 있다. 이른바 '평생학습의 향유' 가 아닌 '평생학습의 강요' 가 모든 조직에서 이루어질 수 있으며, 이에 따라 공동체성이 약화될 소지가 있는 것이다. 따라서 이 점에 대한 각별한 경계가 필요하다.

셋째, 지역사회 차원 학습공동체로서의 평생학습도시에 대한 도전이다. 최근 평생학습도시는 정부와 지방자치단체의 관심 속에 빠른 속도로 확산되고 있다. 주민들을 위한 평생학습의 기회를 제공하고 평생학습의 결과를 모든 지역 주민들과 공유하고자 한다는 점에서 평생학습도시가 갖는 지역학습공동체로서의 의미는 매우 크다. 그러나 모든 종류의 제도화가 그렇듯이 평생학습도시 사업도 국가와 지자체가 행 · 재정적인 수단을 통해 주민들의 삶의 현장에 개입하는 과정에서 지역주민들의 참여가 수반되지 않거나 왜곡되는 현상이 나타날 수 있다(김득영, 2004: 49). 즉, 지역공동체 실현과 소외계층을 위한 학습의 기회 제공을 우선으로 하는 지역학습공동체 운동의 전통이 국가와 지자체의 정치적 · 경제적 필요성에 의해 왜곡될 소지가 있는 것이다. 평생학습도시가 인간에 대한 배려와 사랑, 구성원 간의 강한 유대감과 응집성을 기반으로 하지 못할 때 행정가는 학습을 단지 지역의 경제발전을 위한 수단이나 정치적인 이익을 얻으려는 수단으로 활용할 소지가 크다. 또한 소외계층에게도 학습의 기회를 제공함으로써 개인적 성장은 물론 지역사회 차원의 사회통합을 통해 공동체를 구현하려는 전통은 사라지고 지역의 기득권층이 지자체에서 제공하는 학습의 기회와 성과를 우선적으로 차지하는 불평등의 심화가 일어날 수 있다.

이상의 내용을 바탕으로 각 차원별 학습공동체에 대한 제약요인을 정리하면 다음과 같다.

〈표 11-1〉 각 차원별 학습공동체에 대한 제약요인

차원	학습공동체의 양상	학습공동체에 대한 제약요인
소집단	학습동아리	구성원 간의 계약적 관계 집단 내 불평등성
조직	학습조직	조직(기업)의 효율성 우선주의 조직 내 권력관계, 학습의 강요
지역사회	지역학습공동체	정치적 · 경제적 목적 우선주의 지역 내 권력관계, 학습기회의 불평등

2) 학습공동체의 다차원적 구현을 위한 사회교육자의 과제

이상에서 살펴본 바와 같이 각 차원의 학습공동체들은 각각의 제약요인들을 갖고 있다. 그러나 그 공통점은 학습공동체를 통해 '학습'과 '공동체'를 동시에 추구하는 것이 아니라 학습을 위해 공동체를 수단으로 활용하거나 공동체를 위한다는 명목으로 학습을 사유화하는 것이라고 볼 수 있다. 이와 같은 현상이 나타나는 이유는 각 차원의 학습공동체가 학습의 필요성 때문에 만들어지긴 했으나 아직 바람직한 공동체로 성숙하지 못한 까닭이다. 이렇게 공동체성이 충분히 성숙하지 못한 채 학습을 통해 이득만을 경쟁적으로 추구하려는 과정에서 필연적으로 권력문제가 개입한다. 즉, 학습동아리이든 학습조직이든 평생학습도시이든 모두 공동체성이 충분히 성숙되지 못할 때 구성원 간의 첨예한 이해대립이 발생하며, 그 과정에서 권력이 개입되어 이익을 우선적으로 확보하고자 하는 왜곡 현상이 나타난다. 그리고 그 필연적인 결과는 학습기회의 불평등, 학습활동의 폐쇄성과 경직성, 구성원 간의 갈등으로 인한 학습의 생산성 저하와 공동체성의 파괴다.

이런 점에서 볼 때 학습공동체는 저절로 생성되는 것이 아니라 학습공동체를 왜곡하는 요인들과의 끊임없는 갈등을 통해 이루어진다고 볼 수 있다. 어떤 경우나 마찬가지로 각 차원별 학습공동체의 확산과정은 학습의 기회를 보편적으로 제공하고 이를 통해 공동체성을 향상하려는 측과 학습공동체를 개인의 이익을 위해 사유화하려는 이들 사이에서 일어나는 갈등의 역사라고 할 수 있다. 따라서 우리 사회에서 학습공동체를 제대로 구현하기 위해서는 각 차원별로 제약요인들을 경계하며 학습공동체의 가치를 지켜 내기 위한 사회교육자의 노력이 필요하다. 이를 위한 사회교육자의 기본 과제를 보다 자세히 살펴보면 다음과 같다.

첫째, 사회교육자는 각 차원의 학습공동체가 학습을 목적으로 하는 공동체라는 본질에 충실하도록 노력해야 한다. 앞에서 살펴본 바와 같이 학습동아리 · 학습조직 · 평생학습도시는 모두 사회교육의 입장에서 바람직한 학습공동체로 발전시켜야 할 대상들이다. 각각의 특징은 다르지만 공통점은 역시 학습을 목적으로 하는 공동체라는 점이다. 따라서 공동체 안에서 우연히 학습이 이루어지는 것에 머무르는 것이 아니라 학습을 주요한 목적으로 표방해야 한다. 그와 동시에 그 집단구성원들이 계약적인 차원을 넘어 다른 구성원에 대한 존중과 배려, 봉사의 정신으로 결집된 공동체적 관계를 형성할 수 있도록 해야 한다. 각 차원별 학습공동체의 성패는 학습의 추구와 공동체의 구현이라는 이 두 가지 조건이 얼마나 잘 충족되느냐에 달려 있다. 이러한 조건들의 충족을 위해서는 두 가지 경로가 가능하다. 하나는 이미 공동체적 성격을 가진 소집단, 조직, 지역사회가 점차 필요를 위해 학습을 주요 활동으로 강화하는 것이고, 다른 하나는 이미 학습의 필요를 위해 구성된 소집단, 조직, 지역사회가 장기적인 상호작용을 통해 공동체성을 강화하는 것이다. 그러나 이 두 가지 경로는 서로 상승작용을 일으키기도 한다. 즉, 학습경험을 통해 공동체성이 강화되기도 하고 공동체성이 강화됨에 따라 학습이 보다 원활하게 이루어지기도 하는 것이다. 따라서 사회교육자들은 각 차원의 학습공동체가 각각 학습과 공동체성 모두를 중시하면서 서로 상승작용을 일으킬 수 있도록 하기 위한 구체적인 장치들을 만들어 가야 한다.

둘째, 소집단, 조직, 지역사회 내부의 사회교육자들이 현명한 판단력을 가지고 각 차원의 학습공동체의 제약요인들에 대해 적극적으로 대응하는 것이다. 학습동아리 내의 리더는 동아리 내로 침투해 들어올 수 있는 개인의 이기주의적 태도를 경계해야 한다. 또한 학습조직의 경우 기업의 교육자, 훈련자, 컨설턴트들은 공식적인 역할 이외에 건강한 학습조직을 위해 학습조직 내에 숨겨진 권력관계를 들추어내고 과잉통제를 제거하기 위해 노력해야 한다(Owenby, 2002: 58-59). 즉, 조직 내에서 순수한 학습공동체로서의 학습조직이 구현될 수 있는 사회적 공간을 확보하고 지켜 내기 위한 안목과 신념이 필요한 것이다. 평생학습도시를 비롯한 지역학습공동체의 경우도 사회교육자들은 학습공동체의 성격이 지역 권력자들의 의도에 의해 왜곡되지 않도록 유의해야 한다.

셋째, 사회교육자들은 각 차원의 학습공동체들이 수평적 · 수직적으로 서로 연대하고 통합될 수 있도록 노력해야 한다. 우리 사회를 거대한 학습공동체로 변화시키는 효율적인 방법은 학습동아리, 학습조직, 지역학습공동체들이 개별적 · 산발적으로 운영되는 것이 아니라 각 차원별로 서로 수평적으로 연대하고 같은 지역이나 조직 내에서 서로 수직적으로 통합되도록 하는 것이다. 즉, 하나의 학습동아리가 다른 학습동아리들과, 하나의 학습조직이 다른 학습조직들과, 하나의 지역학습공동체가 다른 지역학습공동체와 수평적으로 연대함과 동시에 같은 지역학습공동체 내의 학습조직 및 학습동아리, 그리고 같은 학습조직 내의 학습동아리들도 수직적으로 연계함으로써 지역사회 내부 전체를 통합된 지역학습공동체로 변화시키는 데 기여해야 한다. 따라서 사회교육자들은 우리 사회를 포괄적으로 학습공동체로 변화시킨다는 큰 그림 속에서 자신이 속한 곳부터 학습공동체로 변화시켜 나감과 동시에 학습공동체에 대한 포괄적인 안목을 가지고 다른 영역과 다른 차원의 학습공동체와도 연계하여 함께 협력하는 자세가 필요한 것이다.

3) 학습공동체의 발전 과제

이상에서 살펴본 바와 같이 학습공동체는 인간 사회의 여러 차원에서 구현된다. 각 개인의 목적과 학습의 만남인 학습동아리, 조직의 경영과 학습의 만남인 학습조직, 행정과 학습의 만남인 평생학습도시가 바로 각 차원별 학습공동체의 여러 모습들이라고 할 수 있다. 이상과 같은 학습공동체의 다차원적 성격은 각 차원별로 구현해야 할 학습공동체의 성격이 본질적으로 동일하며 이를 위해 각 차원의 학습공동체들이 유기적인 관계 속에서 협응해야 한다는 시사점을 제공한다. 또한 각 차원별 학습공동체에 대한 제약요인의 파악은 우리 사회를 포괄적 · 체계적인 학습공동체로 변화시키는 데 필요한 근본적이고 구체적인 대응 전략을 마련하는 데 기여한다.

각 차원의 학습공동체들은 복잡다단한 현실 세계 속에서 여러 가지 도전을 받고 있다. 이러한 다차원적 학습공동체들이 학습을 통한 개인의 성장과 공동체적 유대관계를 발전시키지 못할 때 학습공동체는 단지 소집단, 조직, 지역사회 권력자의 통제수단으로 전락할 위험이 커진다. 각 차원별로 학습공동체를 왜곡하는 제약요인들의 구체적인 모습은 다르지만 공통적으로 학습과정이 특정인이나 집단에 의해 통제되며, 그들의 사적인 이익을 위한 수단으로 전용된다는 점에서 공통점을 가지고 있다.

현대사회에서 각 차원의 학습공동체가 올바르게 구현되도록 하기 위해서는 각 차원별로 지나친 낙관과 비관을 지양하고 이러한 제약요인들에 대한 끊임없는 경계와 각성, 그리고 극복을 위해 적극적으로 참여하고 노력해야 한다. 학습공동체는 평생학습사회의 순류를 타고 우리 사회 속에서 저절로 구현되는 것이 아니라 우리 사회의 각 차원에서 이러한 제약요인들을 극복하고 수평적 · 수직적으로 서로 연대하려는 노력을 통해 구현된다. 이런 의미에서 현실 세계의 여러 가지 어렵고 교묘한 제약 속에서 학습공동체를 확장시켜 나가고자 하는 사회교육자들은 '비둘기처럼 순전하고, 뱀처럼 지혜로워야' 할 것이다. 아울러 앞으로 각 차원의 학습공동체들이 어떠한 구체적인 요인들로 인해 도전받으며 그 양상이 어떠한지, 그리고 그러한 제약요인들을 극복하기 위한 구체적인 방안이 무엇인가에 대한 실증적 · 실천적 연구들이 요구된다.

제12장

사회교육 실천을 위한 학습동아리의 활용

요즘 우리나라에도 학습동아리 활동이 요원의 불길처럼 번져 가고 있다. 여러 분야의 사회교육기관이나 사회단체에서 학습자나 회원들을 대상으로 학습동아리를 운영하는 것이 점차 일반화되고 있는 실정이다. 학습동아리는 이른바 평생학습의 시대, 학습자 주도의 시대에 매우 중요한 수단으로 점차 그 중요성이 부각되고 있다. 학습동아리는 사회교육 차원에서도 매우 큰 의미를 갖는다. 학습동아리는 학습자의 개인적인 성장과 사회의 변화를 추구하기 위한 학습공동체 중 가장 기초에 해당되는 단위이기 때문이다.

그러나 이러한 의의에도 불구하고 사회교육 차원에서 학습동아리에 대한 진지한 학문적 접근은 아직 미흡한 실정이다. 지금까지 사회교육학 분야에서 학습동아리에 관한 논의는 주로 학습동아리의 성격과 사례를 소개하고 학습동아리 활용의 당위성을 주장하는 것을 중심으로 이루어졌다. 그러나 이제 학습동아리에 대한 학문적인 관심이 높아지면서 보다 객관적인 접근이 요구된다. '과연 학습동아리란 무엇인가?' '학습동아리의 개념과 본질은 무엇인가?' '사회교육 차원에서 학습동아리가 가지고 있는 의미는 무엇이며 해결해야 할 문제점은 무엇인가?' 에 대한 진지한 접근이 필요하다. 다시 말해 그동안 당위성 차원에서 주로 언급해 왔던 학습동아리의 의의에 대해 이제 사회교육학 차원에서 보다 객관적이고 비판적인 관점에서 분석해 볼 필요가 있는 것이다. 이를 위해 우선적으로 살펴봐야 할 점은 '학습동아리' 와 '학습공동체' 의 관계다. '학습동아리' 가 그 자체로 '학습공동체' 인가에 대해서는 의문의 여지가 있기 때문이다.

이런 맥락에서 이 장에서는 점차 우리 주변에서 확산되어 가기 시작하는 학습동아리의 성격을 규정하고 그 의의와 한계를 살펴봄으로써 학습동아리가 진정으로 사회교육 차원에서 학습공동체로서의 기능을 다하기 위한 조건과 방법이 무엇인가를 살펴보고자 한다.

1. 학습동아리의 개념과 의의

1) 스터디 서클과 학습동아리의 관계

여기서는 먼저 학습동아리의 개념부터 다시 검토해 보고자 한다. 학습동아리 개념을 살펴볼 때 필수적으로 다루어야 할 유관 용어로서 '스터디 서클(study circle)'을 들 수 있다. 현재 한국에서는 스터디 서클과 '학습동아리'가 동일한 개념으로 사용되는 경우가 많다. 본래 스터디 서클은 스웨덴에서 비롯되어 그 후 여러 나라에 퍼져 나간 특정한 형태의 학습모임을 말한다. 그런데 이 용어가 우리나라에 소개되는 과정에서 학습동아리라는 용어로 번역된 것이다. 그러한 예들을 살펴보면 다음과 같다.

> '학습동아리'는 스웨덴의 대표적인 성인교육 형태로 북구를 중심으로 유럽, 미국, 탄자니아 등 아프리카 국가를 비롯해 세계 각지 평생교육에 많은 영향을 미쳤다. 학습동아리를 정의하자면 '친구나 동료들이 함께 모여 미리 정한 주제나 문제 영역에 대하여 공동이 계획된 학습을 하는 모임'이라고 할 수 있다(이지혜, 1994: 249).

> 스웨덴의 학습동아리(study circle)의 경우 11개의 협회에서 매년 약 300만 명이 참여하는 35만 개의 스터디 서클을 조직 · 관리하고 있음(교육인적자원부, 2002: 22).

인용문에 나타난 바와 같이 위에서 언급된 학습동아리라는 용어는 모두 스터디 서클을 의미한다. 이와 같이 스터디 서클을 학습동아리로 번역하여 사용하는 배경에는 우리나라 대학에서 학생들이 기존의 '서클(circle)'이라는 용어를 '동아리' 로 바꿔 사용해 왔던 것과 맥을 같이한다. 이는 결국 '서클' 이 우리나라 상황에서 '동아리' 로 자연스럽게 번역될 수 있음을 의미한다. 여기에 '공부' 나 '연구' 등을 의미하는 '스터디(study)' 가 평생학습을 강조하는 시대적 맥락에 맞추어 '학습' 으로 번역됨으로써 '스터디 서클' 이 자연스럽게 '학습동아리' 로 번역되었다고 볼 수 있다.

이유야 어떻든 스웨덴에서 비롯된 스터디 서클은 우리나라에서 학습동아리 개념이 생성되고 널리 보급되는 데 결정적인 영향을 미쳤음에 틀림없다. 그러나 과연 '스터디 서클' 을 곧 '학습동아리' 로 번역할 수 있는가에 대해서는 조심스런 접근이 필요하다. 특정 용어의 올바른 번역을 위해서는 이러한 용어들이 사용되는 역사적 · 사회적 맥락을 충분히 고려할 필요가 있다. 이러한 관점에서 볼 때 현실적으로 북유럽 및 미국에서 사용되는 용어인 스터디 서클과 최근 우리나라에서 일반적으로 쓰이고 있는 학습동아리 사이에는 다소간의 개념적 차이가 있다. 이를 구체적으로 살펴보면 다음과 같다.

본래 스웨덴을 비롯하여 미국 등지에서 사용되고 있는 스터디 서클이라는 용어는 민주적 · 협동적인 방식으로 사회적 또는 정치적 이슈를 해결하기 위하여 5~15명의 사람들이 4~5회 정도 모여 토론하는 모임을 말한다(Oliver, 1987). 그리고 의도적, 주제 중심적, 한시적, 공공적 성격이 매우 강하다. 이러한 특성을 가진 스터디 서클은 스웨덴에서 비약적으로 발전하여 다른 나라에 파급되었지만 그 원형은 이미 오래전부터 여러 나라에서 존재해 왔다고 볼 수 있다. 특히 미국의 경우는 19세기 '셔토쿼 운동' 과정에서 스터디 서클이라는 용어가 처음으로 사용되었다. 당시의 미국인들은 대중강연을 들은 후 공적 이슈를 토론하고 학습하기 위해 '가정 스터디 서클(home study circle)' 에 참여하였다. 세기가 바뀔 무렵에는 사회적 · 경제적 · 정치적 이슈를 집단으로 토론하기 위한 스터디 서클이 전국적으로 15,000개에 이르렀던 것으로 보인다(Oliver, 1987: 1).

이러한 역사적 전통을 가진 스터디 서클은 스웨덴에 건너가 현대적 의미에서 스웨덴 사회교육제도의 기반으로 자리를 잡게 되었다. 미국의 경우 스터디 서클이 주로 민간 차원에서 퍼져 나간 반면 스웨덴의 경우 국가적인 차원에서 스터디 서클을 지원했다는 점에서 차이가 있다. 스웨덴의 경우 스터디 서클은 19세기 후반부터 민주주의를 일상생활 속에서 구현하는 주요 수단으로 기능했다. 즉, 사회단체들이 효율적인 시민운동의 전개를 위해 스터디 서클을 조직하여 운영하였던 것이다. 그 후 정부가 이러한 사회단체 소속의 스터디 서클을 국가적인 차원에서 지원하게 됨에 따라 스웨덴은 가히 스터디 서클의 천국이자 이를 대표하는 나라가 된 것이다. 특히 1963년에는 스웨덴 정부가 '스터디 서클 민주주의'를 국가적으로 선언함으로써 스터디 서클은 국민들의 일상생활 속에 깊이 침투되었다. 그 후 스터디 서클이 발전함에 따라 사회운동적 성격이 다소 약해지고 보다 교양 중심, 전문성 중심의 다양한 스터디 서클이 늘어나고 있지만 기본 메커니즘과 성격은 국가 및 사회단체 중심의 토론이라고 할 수 있다. 따라서 스터디 서클은 보다 특수한 성격을 가진 역사적 산물로 인식되는 것이 바람직하다.

이러한 스터디 서클은 다시 이웃 나라들은 물론 멀리 아프리카에까지 파급되어 나갔다. 특히, 미국에서는 제2차 세계대전 이후 다시 스웨덴으로부터 스터디 서클의 영향을 되받게 되어 여러 가지 성격의 스터디 서클이 구성되었다. 외교문제에 대한 토론을 주로 하는 스터디 서클인 'Great Decision'이 조직되었으며, 케터링 재단(Kettering Foundation)의 후원을 받고 'Domestic Policy Association'이 주관하는 'National Issues Forum'이 구성되었다(Gastil & Dillard, 1999). 이러한 모임들은 국가적인 차원의 문제에 대해 면대면 시민포럼을 증진시키기 위하여 구성되었다. 특히 1989년에는 탑스필드 재단(Topsfield Foundation)에 의해 SCRC(Study Circle Resource Center)가 구성되었다. 이 기구의 목적은 국민들이 지역사회에서 정기적으로 만나 중요한 정치적 · 사회적 문제들에 대해 민주적인 토론을 할 수 있도록 지원하기 위한 것이다. 이 기구를 떠받치고 있는 신념은 강한 민주주의를 위해서는 자신의 표현과 신념, 경험을 공유할 수 있는 참여과정이 필요하다는 것이다.

이러한 사례들을 종합해 볼 때 스터디 서클은 공적인 문제와 관련된 학습을 하기 위한 작은 집단으로서 자발성을 특징으로 하며, 그 방법은 주로 토론에 의존한다. 즉, 스터디 서클은 시민들이 공적인 문제, 즉 정치적 · 사회적 · 경제적 이슈를 토론하기 위한 모임이었던 것이다. 그런 의미에서 스터디 서클은 사회변화와 사회문제 해결을 지향하는 사회교육의 가장 전형적인 학습형태이자 교육방법이라고 할 수 있다. 우리가 일상생활 속에서 사용하는 학습동아리의 개념에는 '학습'과 '동아리'의 복합적 성격을 포함할 수밖에 없음을 고려할 때 스웨덴과 미국을 중심으로 확산되고 있는 스터디 서클은 우리가 일반적으로 인식하고 있는 학습동아리 개념과 일치한다고 보기는 어렵다. 토론도 넓은 의미에 학습에 포함된다고 볼 수 있으나 우리가 일상생활에서 쓰는 학습의 의미를 모두 포함하는 것은 아니다. 우리가 일상생활에서 쓰는 '학습'이라는 용어는 비의도적 · 비한시적 · 개인적인 것도 포함하는 넓은 의미의 것이기 때문이다. 따라서 '스터디 서클(study circle)'을 '학습동아리'로 번역하기보다는 '토론학습동아리'나 그대로 '스터디 서클'이라고 번역하는 것이 사회교육의 맥락에서 보다 바람직할 것이다.

2) 학습동아리의 의미와 성격

그렇다면 우리나라에서 일반적으로 사용되고 있는 '학습동아리'의 개념은 무엇인가? 우리나라에서 최근에 일반적으로 쓰이고 있는 학습동아리 개념은 앞에서 언급된 스터디 서클보다는 훨씬 넓은 의미를 포함한다. 즉, 여기서 말하는 '학습'은 단순한 '토론'보다는 모든 유형의 인식작용과 관련된 광범위한 용어라고 볼 수 있다. 한편 동아리의 개념은 이러한 학습이 개인적인 차원에서 이루어지는 것이 아니라 타인들과 더불어 이루어짐을 반영한다. 동아리의 의미에 대해 좀 더 살펴보면 다음과 같다. 다음의 인용문은 대학에서 일반적으로 사용되는 동아리의 의미를 표현한 글이다.

> 국어사전에 의하면 '동아리'란 '(주로 대학생끼리) 같은 뜻이나 목적을 가진 모임'을 말한다. 좀 더 구체적으로 말하자면 동아리는 '같은 목적으로 하나의 패를 이룬 무리'라는 뜻의 순우리말로서 공통된 관심사를 가진 이들이 집단을 구성하여 지속적인 활동을 하는 자주적 집단이다. 특히 대학이라는 공간에서 동아리는 '닭장' 같은 교실에서 주입식 교육을 받아 온 학생들에게 '대학문화'라고 특징지어지는 세계로 들어가는 중요한 수단이다. 이곳에서 학생들은 주어진 길을 가는 것이 아니라 스스로 선택한 길을 더불어 함께 만들어 가는 법에 대해 배우게 된다(http://cc.knue.ac.kr/~knuenewsi/1aus-3.htm).

> 학습동아리는 학습자들이 자발적으로 학습을 위하여 결성한 집단 혹은, 학습하고자 하는 주제가 동일한 사람들이 모여 자기들끼리 학습조직을 운영하는 모임이다. 그리고 학습동아리는 학습자의 자발성, 학습자 중심, 민주적 풍토, 솔직함 등을 포함하고 참여자는 구성원, 리더, 학습 자료와의 상호작용을 통해서 학습한다. 학습동아리의 참여자들은 스스로 배우며 서로 가르치며 배운다. 그들은 각자 자신의 생각과 경험을 공유함으로써 서로를 가르치는 것이다(홍숙희, 2001: 10-11).

특히 정지웅은 학습동아리의 영어식 표현과 아울러 그 유형 및 우리말의 어원 등에 대해 다음과 같이 언급한다.

> 학습동아리란 말은 영어로 'learning circle'로 과거에 학습모임, 연구회, 스터디 그룹, 학생학회, 학습서클 등으로 불리던, 주로 학습을 목적으로 하고 당면문제를 해결하고자 하는 소규모 자생적 집단이다. '동아리'란 말을 처음 쓰게 된 것은 정확하지는 않으나 1980년대 후반에 서울대학교의 한 학생단체가

> 종래의 '서클' 이란 용어를 대신하여 우리말로 '동아리' 로 쓰면서부터였는데 이제는 학자들까지도 회(會)나 어떤 외래어보다 많이 쓰는 보편적인 용어가 되기에 이르렀다(정지웅, 2001: 9).

여기에서는 학습동아리를 '스터디 서클(study circle)' 이 아닌 'learning circle' 에 해당되는 용어로 본다는 점에서 특이하다. 현재 영미권에서는 일반적인 학습모임을 지칭하는 용어로 'learning circle' 이라는 용어도 쓰이고 있다. 한편 호주의 경우에는 'learning circle' 이라는 용어가 스웨덴이나 미국에서 사용되는 '스터디 서클' 을 지칭한다. 이런 점에서 볼 때 영미권의 경우도 'learning circle' 의 개념이 우리나라의 학습동아리만큼 정형화된 의미를 가진 것으로 보기는 어렵다. 그러나 확실한 것은 영미권에서 'learning circle' 이라는 용어가 어떤 의미로 쓰이고 있는가와 상관없이 우리나라에서 사용되고 있는 학습동아리의 의미는 이미 스터디 서클의 개념적 범위를 훨씬 넘어선다는 것이다. 즉, 우리나라의 학습동아리 개념에는 스터디 서클에 포함된 공적 이슈에 대한 토론이 핵심적인 요소라고 보기 어렵다.

이러한 모든 점을 고려해 볼 때 학습동아리의 개념에 대해 다음과 같이 정리할 수 있다. 일반적으로 학습동아리는 소수의 학습자들이 자발적으로 구성하여 참여하는 소집단을 의미한다. 또한 학습동아리에는 교사가 없는 대신에 학습의 초점이 참여자들에 의해 선택된 방향에서 벗어나지 않고 지속적으로 나아가게 하는 조력자가 있다. 그리고 구성원들 사이의 의사소통관계는 이른바 순환적 의사소통의 형태를 취하게 된다. 전통적인 학교교육이 일반적으로 교수자에서 학습자로의 수직적인 의사소통 관계를 가지고 있었다면 일반적인 사회교육기관은 학습자들의 요구를 중시하고 그들의 참여를 적극적으로 보장한다는 점에서 '수평적 의사소통' 의 형태를 취하고 있다고 볼 수 있다. 그런데 학습동아리는 여기서 더 나아가 학습자들이 상황에 따라 교수자와 학습자의 역할을 바꾸어 수행하는 의사소통의 형태를 취하게 된다. 이것을 가리켜

'순환적 의사소통' 이라고 할 수 있다.

우리나라에서 일반적으로 사용되고 있는 학습동아리란 이러한 성격을 가진 학습모임의 총체라고 볼 수 있다. 즉, 스웨덴의 '스터디 서클' 은 물론이고 우리나라에서 그동안 일상용어로 사용되어 왔던 '스터디 그룹' '독서모임' '소그룹' '작은 모임' '분임조' '연구모임' 등이 포함된다고 볼 수 있다. 이러한 모임들의 구체적인 성격은 다소 다르지만 학습자가 단순히 교육기관의 수강생이 아닌 주도적인 학습참여자로 인식된다는 점과 학습자 사이의 목적의식이 공유되고 인간적인 관계가 중시되고 있다는 점에서 학습동아리에 포함된다고 볼 수 있다.

〈표 12-1〉 스터디 서클과 학습동아리의 비교

구분	스터디 서클	학습동아리
대응어	민주토론모임, 스터디 서클	learning circle 등
성격	민주적 · 공익적 성격이 강함 학습동아리의 한 형태	자발적 · 주기적 · 형식적인 학습 집단
대표적인 사례	스웨덴의 '스터디 서클', 미국의 National Issues Forums 등	각종 스터디 그룹, 소모임, 토론회, 연구회 등

3) 학습동아리의 의의와 활용 방안

앞에서 학습동아리의 개념에 대해 살펴보았다. 이러한 학습동아리는 사회교육의 차원에서 매우 큰 의의를 가지고 있다. 그동안 학습동아리의 의의는 주로 학습자 개인의 차원에서 인식되어 왔다. 그러나 학습동아리의 유용성이 더욱 크게 인식됨에 따라 그 지평도 넓어지고 있다. 즉, 학습동아리의 유용성은 개인학습의 차원, 조직운영의 차원, 그리고 지역사회 더 나아가 국가적 차원에서도 살펴볼 수 있다. 이를 구체적으로 살펴보면 다음과 같다.

첫째, 학습동아리는 학습자 개인의 차원에서 볼 때 자기발전을 이룰 수 있는 매우 효율적인 학습수단이자 현대인의 요구에 맞는 최적의 공동체라고 할 수 있다. 이러한 학습동아리의 이점은 지식의 습득, 소속감의 충족, 사회봉사의 실천 등의 성과로 나타난다. 평생학습이 절실히 요구되는 현대인들은 공식적인 교육만으로는 필요한 지식을 충분히 획득하기 어렵다. 그리고 모든 지식을 자기주도학습을 통해서 얻을 수도 없다. 이러한 측면에서 학습동아리는 개인학습자로 하여금 그들이 필요로 하는 지식과 경험을 효율적으로 습득할 수 있도록 하는 좋은 계기가 된다. 즉, 학습자들은 학습동아리 활동을 통해 짧은 시간 내에 타인이 가진 지식과 경험을 나누며 아이디어를 구할 수 있다. 학습동아리 안에서 모든 참가자들은 동등한 참여기회를 가지며 다양한 관점에 대하여 심각하게 고려하기 때문에 모든 구성원들의 독특한 경험과 지혜를 활용할 수 있는 것이다. 뿐만 아니라 학습동아리의 구성원들은 날로 원자화되는 현대사회 속에서 느낄 수 있는 소외감을 학습동아리 참여를 통해 극복할 수 있다. 더 나아가 학습동아리 구성원들은 학습동아리 활동을 통해 타인과 사회를 위한 봉사의 기회를 얻을 수도 있다. 이런 점들이 모두 종합적으로 작용함으로써 학습자들은 학습동아리 활동을 통해 자기발전을 할 수 있는 좋은 기회를 얻게 되는 것이다.

둘째, 조직의 차원에서 볼 때에도 학습동아리는 매우 큰 의의가 있다. 학습동아리를 구성 · 운영하는 조직의 입장에서 볼 때 학습동아리는 그 구성원 개인뿐만 아니라 그 조직에도 커다란 이득을 제공한다. 이는 사회교육기관은 물론 기업을 비롯한 일반 조직의 경우가 모두 포함된다. 먼저 사회교육기관의 차원에서 사회교육기관과 학습동아리의 연계는 상호학습과 민주적인 운영을 통해 학습자의 학습능률 향상과 민주적 가치의 내면화라는 교육기관의 목적 실현에 이바지할 수 있다. 또한 사회교육기관은 공통관심을 가진 사람들이 자발적으로 학습동아리를 만들어 운영할 수 있도록 지원하는 것만으로 프로그램의 다양성을 확보할 수 있다. 또한 교육기관에 소속된 학습동아리의 구성원들은 기관의 사명 수행에 밑거름이 되는 적극적인 후원자 및 자원봉사자 조직으로 자연스럽게 발전할 수 있다는 점에서도 매우 유익하다. 이러한 학습동아리의 유용성은 교육기관뿐만 아니라 기업을 비롯한 일반조직의 경우에도 마찬가지로 적용된다. 일반 조직의 경우 조직구성원들의 학습동아리 참여는 그 조직을 학습조직으로 변화시켜 나갈 수 있는 지름길이 될 수 있다. 조직의 구성원들이 학습동아리에 참여하여 새로 지식을 얻고 서로 경험을 공유하게 될 때 그 조직은 직접적 · 간접적으로 학습조직의 혜택을 누리게 될 것이다.

셋째, 지역사회 및 국가적인 차원에서 볼 때 학습동아리는 지역사회 문제 해결 및 국가적 통합을 위한 효과적인 수단이 될 수 있다. 이 점이 사회교육 차원에서 특별히 큰 의미를 갖는다. 앞에서 언급했듯이 스웨덴이나 미국 등에서는 스터디 서클을 활용하여 지역사회나 국가적인 문제를 토론하는 프로그램들이 활발하게 이루어지고 있는 실정이다. 과거 대부분의 학습동아리는 단일 조직 내에서 발생했으나 최근에는 지역사회에 대한 관심과 참여의 증대로 인해 범지역사회 학습동아리 토론 프로그램(community-wide study circle program)이 요구되고 있다(Barrett, 2001). 범지역사회 학습동아리 토론 프로그램은 여러 학습동아리가 참가하는 대규모의 광범위한 토론 프로그램이다. 이 프로그램의 조직 모델은 다양하지만 기본적으로 공동의 목적을 위한 지역사회 기구들 간의 광범위한 협동, 즉 중요한 문제에 대한 열린 토론의 장에 지역사회의 모든 부문의 시민들이 참가한다는 점에서 공통점을 갖는다. 사회교육기관을 비롯한 지역사회의 여러 조직들이 서로 협력하여 토론을 위한 한시적인 학습동아리 토론 시스템을 구축하는 것이다. 범지역사회, 특히 공적 문제에 대한 토론을 중시하는 스터디 서클의 전통은 단위 학습동아리가 이런 차원으로 발전하는 데 좋은 모델이 된다. 이는 학습동아리가 보다 거시적인 차원에서 학습공동체를 만드는 수단으로 활용될 수 있음을 의미한다. 이런 과정에서 사회교육자의 역할이 매우 중요하다. 이를 의식화와 조직화의 관점에서 표현하면 학습동아리, 특히 스터디 서클은 의식화와 조직화를 적절하게 통합할 수 있는 최선의 형태라고 할 수 있다. 이를 그림으로 표현하면 다음과 같다.

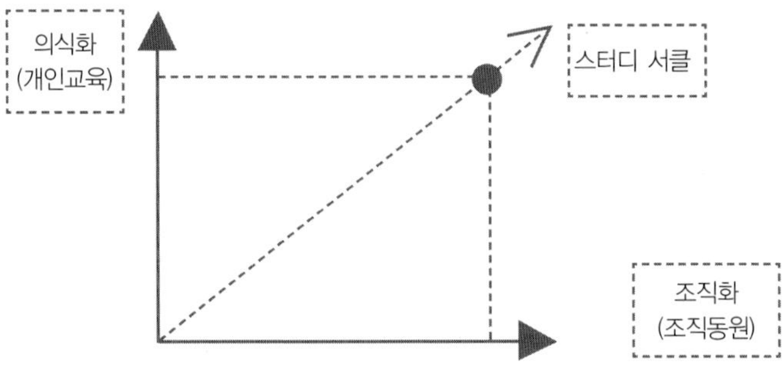

[그림 12-1] 의식화 · 조직화의 관점에서 본 스터디 서클의 의의

지금까지 학습동아리의 의의를 개인적 차원, 조직적 차원, 지역사회 및 국가적 차원에서 살펴보았다. 이를 종합해 볼 때 학습동아리는 현대사회에서 그 중요성이 점차 커지고 있다. 특히 학습동아리는 사회변화를 지향하는 원형적 사회교육의 차원에서 매우 유용한 학습형태라고 할 수 있다. 그러므로 사회문제 해결을 위한 유용한 토론 및 연구 모임으로서의 학습동아리는 곧 과거부터 존재해 온 스터디 서클의 모습을 재현한 것이라 할 수 있다. 이는 곧 사회교육의 원형을 회복하는 것과도 같은 의미를 갖는다. 즉, 사회교육의 원형 회복은 학습동아리가 역사상의 스터디 서클의 성격을 회복하는 것과도 맥을 같이한다. 따라서 학습동아리를 사회교육 차원에서 더욱 발전시키기 위한 노력이 필요하다.

2. 학습동아리 운영의 문제점과 학습공동체적 한계

1) 학습동아리 운영상의 문제점

앞에서 학습동아리의 기본 성격과 의의에 대해 살펴보았다. 이러한 기본 성격과 의의를 고려해 볼 때 학습동아리는 가히 이 시대의 가장 이상적인 학습 형태이자 조직매체라고 할 수 있을 것이다. 그러나 이러한 의의만을 염두에 둔 채 학습동아리를 무비판적으로 조직하고 운영하고자 하는 것에는 신중한 검토가 필요하다. 왜냐하면 그것이 갖는 의미가 큰 만큼 학습동아리를 구성하고 운영하기 위한 조건은 매우 까다로운 편이기 때문이다. 일반적으로 학습동아리는 평등과 민주주의의 원리, 구성원의 경험 공유와 능력 발휘의 원리, 협업 교우의 원리, 자유로운 목표 설정의 원리, 지속성과 계획성의 원리, 주체적 참여의 원리 등에 의해 움직이는 것으로 인식된다(Oliver, 1987: 23-24). 그러나 이것은 학습동아리의 이상적인 모습이고 실제로는 성숙도 면에서 많은 차이가 있기 마련이다. 학습동아리는 처음부터 완벽한 모습의 조직이라 할 수 없으며 상당히 성숙한 수준에 오른 후에도 처음에 의도하지 않았던 부정적인 면이 드러날 수도 있는 것이다. 이런 점들을 보다 자세히 살펴보면 다음과 같다.

먼저 학습동아리가 활성화되기 위해서는 각 구성원이 학습의 열의나 지적인 태도 면에서 상당한 정도로 검증된 사람이어야 한다. 인격적인 면에서도 조직에 잘 적응하고 협력할 수 있는 인성이 요구된다. 학습자들의 구체적인 목적이 서로 달라 갈등을 일으킬 수 있을 뿐만 아니라 학습의 정도도 상이하기 때문이다. 그러므로 이러한 점을 극복할 수 있는 지적 · 인격적인 조건이 갖추어져 있어야 한다. 이와 관련된 학습동아리 연구의 내용을 살펴보면 다음과 같다.

> 학습동아리가 활성화되기 위해서는 학습욕구, 학습동아리에 대한 애착, 다른 구성원들에 대한 이해와 배려와 같은 구성원의 자질이 상당히 중요하다. 이는 단순히 학습동아리뿐만 아니라 모든 집단이 활발하게 운영되기 위한 필수조건인 동시에 집단이 추구해야 할 목표이기도 하다(이지혜 외, 2001: 170-171).

둘째, 이러한 기본 자질을 갖추기 위해 별도의 선수학습이 필요한 경우가 많다. 이와 관련된 내용을 보면 다음과 같다.

> 구성원의 자질을 확보하기 위해서는 일정정도의 훈련 프로그램이 필요하다는 점이다. 좋은 가정만들기의 구성원들은 대화기법이라든가 부모역할훈련 과정을 이수한 사람들이다. 따라서 이들은 인간관계를 어떻게 맺고 유지해야 하는가에 대해 어느 정도 이해를 하고 있는 상태다. 이미 어느 정도 훈련된 사람들은 집단에서 자신이 해야 할 일에 대한 명확한 이해를 할 수 있으며 집단에서의 인간관계가 어떻게 구성되는가에 대해서도 이해하고 있다(이지혜 외, 2001: 171).

이를 통해 볼 때 학습동아리는 일반적으로 선수학습을 통해 상당한 정도 자율적인 학습능력을 갖춘 사람들로 구성·운영될 수밖에 없다. 이러한 능력을 갖추지 못한 학습자들은 학습동아리에 참여하여 지속적으로 활동하기가 사실상 어려운 것이다.

셋째, 원론적으로는 학습동아리의 모든 구성원들이 똑같은 리더로서의 역할을 수행할 수 있지만 현실적으로 학습동아리를 성공적으로 운영하기 위해서는 상당한 정도의 전문성을 갖춘 리더가 필요하다. 물론 그 리더는 반드시 학습할 내용의 전문가일 필요는 없다. 그러나 그 리더는 모임을 잘 이끌어 나갈 수 있는 회의진행법, 토론운영법, 집단의사결정법 등 '사람 다루는 법' 에

능숙해야 한다. 일반적으로 소집단 내에서 광범위한 요구와 능력을 조절하는 것은 매우 어려운 작업이다. 이는 역설적으로 이러한 사람 다루는 법에 의해 잘 통제되지 않는 사람은 그 학습동아리에서 수용될 수 없음을 의미한다.

앞에서 언급된 모든 요인들을 종합해 볼 때 학습동아리는 그리 쉽게 형성될 수 있는 조직이 아니다. 학습동아리가 구성되어 운영되고 있다는 것 자체는 이미 상당한 정도의 수준을 반영한다. 학습동아리가 운영되기 위해서는 리더와 구성원 모두에게 상당한 정도의 지적·인성적 훈련이 요구된다. 그런데 이러한 학습동아리의 요건이 까다로울수록 학습동아리가 점차 특별한 사람만의 학습모임이 될 수 있다. 즉, 뜻이 맞는 사람들끼리 만나 학습동아리를 만들기도 쉽지 않지만 이미 만들어진 모임에 새로운 구성원이 참여하는 것은 현실적으로 더 어려워지게 되는 것이다. 물론 명목상으로는 모든 사람들에게 개방되어 있다고 하더라도 현실적으로 학습동아리 참여에 필요한 지적·인성적·정서적 요건으로 인해 현실적으로는 참여가 그리 쉽지 않은 것이다. 또한 점차 학습동아리가 체계를 갖추고 학습내용이 진전됨에 따라 구성원들에게 요구되는 능력이나 요건이 강화될 수 있다. 따라서 학습동아리에 새롭게 참여할 수 있는 기회가 원천적으로 제한될 소지가 있는 것이다. 이에 따라 학습동아리가 갖고 있는 의의 중의 하나가 융통성과 개방성임에도 불구하고 실제적으로는 이미 상당한 정도의 폐쇄성도 동시에 가지고 있다고 볼 수 있다.

2) 학습공동체로서의 학습동아리의 의의와 한계

앞에서 학습동아리 운영과정에서 발생할 수 있는 문제점들에 대해 살펴보았다. 이러한 문제와 관련하여 좀 더 깊이 생각해 볼 수 있는 문제 중의 하나는 과연 학습동아리가 교육 분야에서 논의되고 있는 학습공동체의 기능을 제대로 수행할 수 있는가라는 점이다.

최근 '학습공동체'라는 용어는 교육 분야에서 추구해야 할 일종의 이상적인 조직을 나타내는 것으로 언급되고 있다. 공동체에 대한 논의는 교육의 역사상 중요한 위치를 차지하고 있다. 역사상 위대한 교육자들은 교육을 통해 공동체를 실현하고자 하는 이상을 품어 왔으며, 이를 위해 일부 교육자들은 교육의 장 자체를 공동체로 만들기 위한 노력도 기울여 왔다. 특히 사회교육의 경우는 교육의 목적, 내용, 방법의 모든 측면에서 공동체를 강조해 왔다. 그런데 학습자 중심의 관점에서 학습자의 주체적인 참여와 상호작용을 강조하는 '학습공동체' 를 논의하기 시작한 것은 비교적 최근의 일이다. 즉, 이전까지의 공동체 논의가 학습의 결과로서의 공동체를 실현하는 데 주로 관심이 있었다면 최근의 학습공동체 논의는 학습의 과정 자체가 공동체의 원리에 의해 구현되어야 함을 강조한다. 이러한 양상은 전통적인 학교교육은 물론 사회교육의 분야에서도 마찬가지다. 그런 의미에서 학습공동체 논의는 교육 분야에서 공동체 논의의 새로운 지평을 열어가고 있다고 볼 수 있다.

그런데 학습동아리는 일반적으로 학습공동체의 전형으로 인식된다(이지혜, 1994; 정민승, 1999). 이지혜(1994: 249)는 학습공동체를 외현적 속성을 중심으로 '학습자들이 자발적으로 학습을 위하여 결성한 집단 혹은 모임' 이라고 규정한다. 그리고 그는 학습공동체의 유형을 ① 스웨덴의 스터디 서클과 같이 국가가 지원하는 학습공동체, ② 생협 운동에서의 학습공동체와 같이 사회운동 조직의 지원을 받는 학습공동체, ③ 컴퓨터 동호회 등과 같은 학습자에 의한, 학습자를 위한 학습자 공동체, ④ 기업의 학습조직과 같이 생산공동체와 학습공동체의 통합형의 4가지로 분류한다. 또한 정민승(1999)은 학습공동체의 사례로서 스터디 서클과 신 사회운동 조직을 든다. 앞에서 언급된 모든 학습집단들이 광의의 학습동아리의 유형들이라고 볼 때 학습동아리는 거의 학습공동체와 같은 의미로 사용되고 있다고 볼 수 있다.

그러나 학습동아리를 학습공동체와 일치하는 것으로 받아들이는 것이 타당한가에 대해 의심의 여지가 있다. 학습동아리의 대표격이라고 할 수 있는 스웨덴의 스터디 서클은 매우 의도적이고 한시적인 모임이기 때문에 이를 곧바로 학습공동체라고 말하기에는 무리가 따른다. 앞에서 살펴보았듯이 적어도 스터디 서클의 경우 일상적인 의미의 공동체라기보다는 특정한 목적을 위한 토론모임이라고 볼 수 있다. 스터디 서클의 구성원들은 특정한 문제나 주제에 대한 관심을 가지고 모였기 때문에 그 문제가 해결되거나 토론의 결말에 이르게 되면 그 모임을 떠나는 것이 자연스럽다. 또한 그 모임에서 원하는 바를 얻을 수가 없다면 언제든지 중도에 탈퇴하는 것이 자연스럽다. 이것이 곧 스터디 서클의 운영원리 중의 하나인 개방성과 융통성인 것이다. 이러한 성격은 모든 유형의 학습동아리와 대동소이하다고 볼 수 있다. 이런 맥락에서 스터디 서클은 이른바 '선택적 공동체' 의 관점에서 살펴볼 필요가 있다. 선택적 공동체의 의미와 성격을 살펴보면 다음과 같다.

> 미래의 많은 공동체는 전혀 다른 특성을 갖게 될 것이다. 미래의 공동체는 선택적 공동체(community of choice)일 것이다. 선택적 공동체의 구성원은 개인적으로 비용이 매우 적게 드는 간단한 통보만 하고서도 그 공동체를 떠날 수 있다. 그들은 어떤 공동체의 구성원이 될 것인가 선택할 수 있다. 결코 강요당하지 않는다. 선택적 공동체에서 세력 균형점은 상당히 다르다. 공동체는 이제 구성원이 자신의 가치를 공동체에 증명해야 하는 만큼, 또는 그 이상으로 공동체의 가치를 그 구성원에게 증명해 보여야 한다(Drucker et al., 2001: 165).

이런 맥락에서 볼 때 학습동아리는 이 시대의 가장 대표적인 선택적 공동체의 하나라고 볼 수 있다. 이러한 공동체의 모습은 사실상 서로의 이익을 위해 잠시 협력하는 '합리적 이기주의 집단' 의 모습이기도 하다. 이것이 그나마 현대 시민사회를 지탱하는 원리가 될 수 있을지 몰라도 이것이 곧 가장 이상적인 상태에서의 공동체 원리라고 보기는 어렵다. 더욱이 이렇게 서로의 이익을 극대화하기 위해 오히려 상대방의 이익을 존중하는 식의 합리적인 계약관계는 인간이 본질적으로 추구하는 '공동체' 의 성격과는 거리가 멀다. 우리가 일상생활 속에서 궁극적으로 지향하는 공동체는 '자기의 소유를 다 팔아서' 유무상통하며, 때로 자신이 희생을 치르더라도 타인과 조직의 안녕을 바라는 모임이다. 즉, 전통적인 지배와 복종 관계에 기초한 조직도 아니고 자유로운 거래와 구매행위에 기초한 조직도 아니라 보답을 바라지 않고 베풀며 도와주는 관계에 기초한 조직인 것이다(Drucker et al., 2001: 188-189). 이러한 공동체의 경우는 누구든 그 공동체에 가장 많이 기여한 자에게 높은 지위가 부여된다. 즉, '가지는 것' 이 아니라 '주는 것' 으로 지위가 획득되는 것이다. 이는 전통적으로 교육의 분야에서는 더욱 그러하다. 이와 관련하여 교육철학자인 팔머(P. Palmer)는 교육부문에서 기존의 합리적 교환관계에 기초한 공동체 논의의 한계를 다음과 같이 지적한다.

> 교육에서의 공동체의 토의에 흔히 등장하는 이미지 중의 하나는 시민적 공동체(civic community)다. 시민적 공동체의 관심은 친밀감이 아니다. 그것의 관심은 서로에 대해 결코 깊이 알지 않지만 흩어지면 안 되기 때문에 뭉치는 법을 배워야 하는 낯선 사람들 사이의 관계에 대한 것이다. 그러한 공동체가 추구하는 바는 타협하는 법을 배우는 것이며 그러한 공동체 내의 관계를 위한 규범은 관용과 공적 예의(civility)다. 물론 공적 예의는 좋은 것이고 가치 있는 것이다. 그렇다면 그것은 교육의 목적에 가장 잘 부합하는 공동체인가? 나는 그렇지 않다고 생각한다. 앎, 가르침, 배움에 어느 정도 공적 예의가 요구되긴 하지만 그렇다고 공적 예의가 교육의 궁극적 규범이 된다면 교육은 왜곡되고 말 것이다(Palmer, 2000: 184).

이런 맥락에서 볼 때 진정한 의미의 학습공동체는 현대의 많은 학습동아리처럼 상대방에게 서로 피해를 주지 않으면서 효율적인 학습을 하기 위한 규칙과 예절을 지켜 가며 자신의 이득을 추구하는 것에 머무르는 집단이 아니다. 진정한 의미의 학습공동체는 여기서 더 나아가 구성원을 한 인격으로 있는 그대로 인정하고, 때로 다른 구성원이 자신의 학습에 도움이 안 되고 오히려 방해가 된다고 할지라도 수용하고 같이 성장하기 위해 도와주고 이끌고 나가는 조직이다. 그런 의미에서 진정한 의미의 학습공동체는 동문수학하며 서로 인격적인 교감으로 교유하는 동양적 전통에 더 가깝다고 볼 수 있다. 따라서 공동체의 조건을 어느 수준에서 파악할 것인가가 문제가 되기는 하지만 학습동아리는 그 자체로 이상적인 학습공동체라기보다는 이상적인 학습공동체가 될 수 있는 가능태로 봐야 할 것이다. 현대의 평생학습사회에서는 현실적인 필요에 의해 학습동아리가 활성화되고 있다. 그러나 사회교육자들은 학습동아리가 단순히 선택적 공동체의 수준을 넘어 진정한 의미의 학습공동체가 될 수 있도록 노력해야 한다.

3. 학습공동체 구현을 위한 학습동아리의 요건과 발전 과제

1) 이상적인 학습공동체 구현을 위한 학습동아리의 요건

앞에서 학습동아리가 가지고 있는 운영상의 문제점과 학습공동체로서의 한계를 살펴보았다. 여기서는 학습동아리가 이러한 문제점을 극복하고 진정한 의미의 학습공동체를 구현하기 위한 요건에 대해 논의해 보고자 한다.

먼저, 학습동아리가 바람직한 학습공동체가 되기 위해서는 지식을 추구한다는 점에서 치열함이 있어야 한다. 이는 지식 추구의 궁극적 목적이 진리 자체의 추구이든 아니면 문제해결을 위한 방편을 찾는 것이든 마찬가지다. 이것은 때로 고통스런 작업이 될 수도 있다. 그런 점에서 학습동아리는 엄밀한 진리를 추구하기 위해 애쓰는 학자들의 모임과 본질상 차이가 없다고 볼 수 있다.

둘째, 학습동아리가 진정한 의미의 학습공동체가 되기 위해서는 진리를 추구하는 목적 이외에 인간적인 긴밀성과 교제가 뒷받침되는 공동체가 되어야 한다. 학습동아리가 진리 그 자체만을 추구하는 학자들의 모임과 다른 점은 그 속에 강한 공동체적 덕목이 있어야 한다는 것이다. 저명한 사회학자인 니스벳(Robert A. Nisbet)에 의하면 공동체란 단순히 특정의 관습을 공유하면서 상호의존관계에 있는 일단의 사람들이 모여 함께 토의하고 의사결정에 참여하는 단위가 아니다. 그런 단위는 단지 다수의 인간들이 모여 만들어진 집합체에 지나지 않는다. 진정한 의미의 공동체는 이런 형식적 관계 외에 이 형식적 관계를 엮어 줄 수 있는 차원, 곧 개인적 친교, 정서적 심오함, 도덕적 헌신, 사회적 응집력, 시간적 영속성 등을 총괄하는 단위다(송재룡, 2001: 112에서 재인용). 따라서 학습동아리가 진정한 의미의 학습공동체가 되기 위해서는 이러한 인간적 유대감이 기본이 되어야 한다. 이러한 인간적 유대감은 보다 엄격한 지적 추구를 위해서도 도움이 된다. 이와 관련하여 팔머는 다음과 같이 말하고 있다.

> 교육개혁에 대한 토의는 종종 '엄격한' 지적 덕목들을 강조하는 사람들과 부드러운 정서적 덕목들을 강조하는 사람들로 양극화되곤 한다. 이는 간단한 사실 하나를 간과하고 있기에 아무런 열매를 맺지 못하는 논쟁이다. 교실에서 지적인 엄격함을 실천하기 위해서는 반드시 신뢰와 용납의 분위기가 필요하다는 사실이 바로 그것이다. 지적인 엄격함은 정직한 반론 제기, 상대의 생각을 수긍할 줄 아는 자세에 달려 있는데 이런 것들은 공동체의 '부드러운' 가치들이 부족할 때는 생겨날 수 없다. 공동체적 덕목이 결여되어 있을 때 지적 엄격성은 지적 '경직'이 되기 싶다(Palmer, 2000: 189).

즉, 인간적인 유대는 공동체의 기본 요건임과 동시에 학습공동체의 학습효과를 증진시키는 데 있어서도 핵심적인 요건인 것이다. 그러므로 학습동아리가 진정한 학습공동체로 성숙하지 못할 때 구성원 간의 유대가 약해지는 것은 물론 궁극적으로 학습의 효과도 떨어지게 된다.

셋째, 학습동아리가 진정한 의미의 학습공동체가 되기 위해서는 학습활동을 통해 자연스럽게 구성원들은 물론 사회에 이바지하기 위한 봉사가 수반되어야 한다. 즉, 개인의 자아실현을 위한 학습동아리에서 사회봉사를 위한 학습동아리로 발전해야 하는 것이다. 이는 교육의 속성상 자기가 학습한 바를 남들과 공유하려는 경향과 관련된다. 단지 그 공유의 범위가 학습동아리 내부 구성원들뿐만 아니라 일반 사회에까지 확장되는 것이다. 예를 들어 축구를 좋아해서 모인 사람들이 점차 축구를 통한 사회봉사에 눈을 뜨는 것, 산이 좋아 함께 모인 사람들이 환경보호 활동에 나서는 것 등이다. 이러한 예는 처음부터 사회적 의식이 생기지 않더라도 학습동아리에서의 상호작용을 통해 사회적 의식이 성장하게 됨을 보여 준다. 이는 학습동아리가 사회적 가치와 개인의 학습욕구를 통합시키기 위한 가장 적절한 방법이라는 사실을 시사한다.

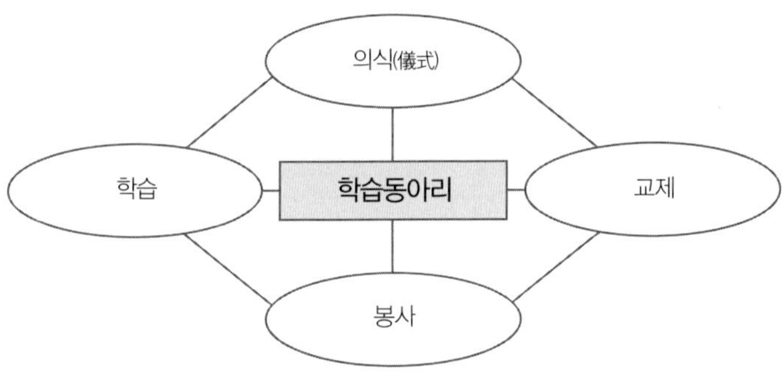

[그림 12-2] 학습공동체로서의 학습동아리의 구성 요소

이런 맥락에서 학습동아리가 학습공동체로서 갖추어야 할 요건들을 제시하면 다음과 같다.

첫째, 의식(儀式)이다. 이는 조직의 모집단, 목표, 가치에 대한 재인식을 하기 위해 실시된다. 사명선언문 낭독, 구호제창, 선서, 조직 노래 부르기, 집단적 명상의 시간 등 공동으로 조직의 목적을 재인식하는 공식적인 활동을 말한다.

둘째, 학습이다. 이는 진리를 추구하는 공동체의 구성원으로서의 엄밀한 지적 탐구자의 역할을 수행하는 것이다.

셋째, 교제다. 이는 구성원 간의 서로 긴밀한 유대관계를 유지하는 것이다.

넷째, 봉사다. 이는 공동체가 가지고 있는 역량을 사회를 위해 발휘하는 것을 말한다. 이는 곧 개인의 자아실현을 초월한 공동체의 자아실현을 의미한다.

모든 공동체가 이러한 요소들을 갖추어야 하지만 학습동아리의 경우는 특히 학습 요소가 강조되는 공동체라고 할 수 있다. 그러나 나머지 요소들도 모두 중요하다. 나머지 요소가 결여될 때 학습동아리는 단순한 학습집단은 될 수 있을지 몰라도 진정한 의미의 학습공동체가 될 수는 없는 것이다.

2) 학습동아리의 발전 과제

최근 들어 학습동아리가 각광을 받고 있다. 학습동아리는 분명 평생학습사회에 매우 유용한 학습형태다. 즉, '교육의 시대'에서 '학습의 시대'로, 또는 '교육주의' 시대에서 '학습주의' 시대로의 변화 양상을 가장 잘 반영하는 형태라고 볼 수 있다. 더 나아가 학습동아리는 정보사회에서 간과되기 쉬운 공동체적 학습의 가치를 부각시켰다는 점에서도 의의가 있다. 즉, 정보사회에서 원자화되어 가는 학습자들로 하여금 인간 본연의 욕구인 소속감을 느낄 수 있게 해 주는 기제로 작용할 수 있다는 것이다. 그런 의미에서 학습동아리는 평생학습사회에서 학습의 효율성이라는 교육적 가치는 물론 공동체 구현이라는 사회적인 가치도 구현할 수 있는 매우 유익한 학습형태다. 이는 사회교육 차원에서 매우 큰 의미를 갖는다. 그러나 학습동아리가 갖는 긍정적인 면만이 너무 지나치게 부각될 때 자칫 학습동아리가 가질 수 있는 한계에 대해서는 인식하지 못하는 우를 범하게 된다. 이것은 학습동아리의 가치를 극대화하는 데도 장애가 된다.

학습동아리의 한계를 분석하는 데 있어 우선적으로 인식해야 할 점은 학습동아리 자체가 곧 완전한 의미의 학습공동체는 아니라는 점이다. 우리 사회에서 학습동아리는 현실적으로 여러 가지 문제점을 가지고 있는 것 또한 사실이다. 중요한 것은 학습동아리가 진정한 의미의 학습공동체가 될 수 있도록 끊임없이 노력해야 한다는 것이다. 학습동아리가 진정한 의미의 학습공동체가 되기 위해서는 학습의 효율성뿐만 아니라 공동체성도 동시에 추구해야 한다. 공동체란 '좋아하는' 사람뿐만 아니라 싫어하는 사람과도 같이 지낼 수 있는 것을 말한다. 학습공동체는 같이 학습하기 싫어하는 사람과도 더불어 학습하는 조직을 말한다. 학습을 싫어하는 사람, 성격적으로 결함이 있는 구성원까지도 모두 보듬어 서로 성장을 도와 가며 조직의 성장과 더불어 개인적인 성장도 같이 구현해 가는 것, 그것이 진정한 의미의 학습공동체인 것이다. 단지 개인적으로 필요한 지식의 습득만을 목적으로 참여하고 그 기준으로만 모임을 평가하는 것이 아니라 지식 외적인 면에서도 만족을 얻고 도움을 주는 그런 집단인 것이다. 말하자면 단순히 '학습동아리'인 줄 알고 쉽게 들어와 언제든지 필요한 때 떠나려고 했지만 점차 인간관계가 성숙해짐에 따라 떠날 필요성을 느끼지 못하는 그런 모임인 것이다. 따라서 학습동아리가 진정으로 학습공동체가 되기 위해서는 단지 학습의 효율성을 제고하기 위한 형식적 · 계약적 성격을 초월하여 무형식적이고 인간관계 중심적인 공동체의 성격을 회복하려는 노력이 필요하다. 그럴 때 학습동아리는 진정한 의미의 학습공동체를 추구하는 사회교육의 유용한 실천방법이 될 수 있다.

참고문헌

가나안복민연구소 편(1997). 가나안복민운동. 경기: 가나안 농군학교.

강대기(2001). 현대사회에서 공동체는 가능한가. 서울: 아카넷.

강대중(2009). 평생교육법의 한계와 재구조화 방향 탐색. 평생학습사회, 5(2), 1-20.

강선보(2005). 그룬트비의 성인교육사상. 한국교육학연구, 11(1), 25-52. 한국교육학회.

강순원(1997). 대학평가와 대학사회교육원 활동의 상관성. 사회교육학연구, 3(2), 129-149. 한국사회교육학회.

고영상(2010). 한국 평생교육법제 변화 과정과 주요 쟁점. 평생교육 · HRD 연구, 6(3), 1-27. 숭실대학교.

공은배 외(2001). 평생교육 종합발전계획 수립연구. 한국교육개발원.

교육개혁위원회(1996). 열린 학습사회를 위한 사회교육 개혁방안. 제10차 공청회자료.

교육개혁위원회(1997). 삶의 질 향상을 위한 평생학습법의 기본방향과 시안. 1-4차 대통령보고 교육개혁방안 평생학습법 입법시안자료.

교육과학기술부, 한국교육개발원(2009). 교육통계연보.

교육부(1997). 평생교육백서.

교육부(1998a). 평생학습법 제정(안). 1998. 6. 교육부 자료.

교육부(1998b). 평생학습법(제정안) 입법예고. 1998. 8. 31. 교육부 자료.

교육부(1998c). 평생교육백서.

교육인적자원부(2002). 평생학습진흥종합계획, 교육부 자료.

교육인적자원부(2005). '05 평생학습도시 선정 · 지원계획.

권두승(1991). 한국 사회교육의 변천에 관한 사회학적 분석. 고려대학교 대학원 박사학위논문.

권두승(1998). 사회교육법규론. 서울: 교육과학사.

권립(1994). 소래 김중건 선생의 농사관에 대하여. 개혁의 이론과 독립운동. 순국선열 소래김중건선생기념사업회.

권이종(1995). 사회교육개론. 서울: 교육과학사.

김교신(2001). 김교신 전집 1. 인생론. 서울: 부키.

김기석(1987). 문화재생산이론. 서울: 교육과학사.

김기석(2005). 남강 이승훈. 경기: 한국학술정보.

김도수(2010). 한국 사회교육의 기저. 서울: 학이시습.

김동위(1995). 우리나라 성인교육의 역사적 특징과 실천. 교육연구, 13, 1-34. 상명여자대학교.

김동춘 외(2000). NGO란 무엇인가. 서울: 아르케.

김득영(2004). 일본 농촌지역 평생학습도시 사업의 전개. 학습공동체 형성을 위한 지역사회의 기능 활성화. 한국평생교육총연합회 춘계연차대회자료집.

김문환(2005). 지역사회형성과 사회교육. 평생교육과 심포니사회 그리고 평생교육 네트워크 구축. 평생학습심포지움 및 평생교육관계관 직무연수 자료집. 한국교육개발원.

김민호(2004). 학습공동체를 통한 지역혁신. 지역학습력 향상, 평생교육이 해법이다. 2004년 제3차 평생교육포럼 자료집. 한국교육개발원 평생교육센터.

김복실(2002). 안창호의 교육사상과 이상촌건설운동에 관한 연구. 강원대학교 대학원 석사학위논문.

김성수(2005). 함석헌 평전. 서울: 삼인.

김수원, 주용국(2004). 기업의 학습공동체 구축을 위한 국내 사례 분석. 기업교육연구, 6(1), 5-39. 한국기업교육학회.

김승주(1999). 성인학습의 관점에서 본 학습조직론 분석. 평생교육연구, 5(1), 77-97. 서울대학교 교육연구소.

김승한(1987). 평생교육의 제도화론. 서울: 한국방송통신대학.

김승한(1988). 산업사회와 노동교육: 사회교육의 관점에서. 사회교육연구, 13(1). 서울: 한국사회교육협회.

김승한(1990). 현대사회교육의 동향과 그 궁극적 지표. 사회교육연구, 15, 41-56. 서울: 한국사회교육협회.

김승한(1991). 사회교육법 제정논의 30년. 평생교육과 사회교육. 서울: 교육과학사.

김신일(1993). 식민통치하의 도산의 교육운동. 도산사상연구회 편. 변혁기의 개혁운동과 도산사상. 서울: 연구사.

김신일(1995). 학습권 개념 내용과 교육학의 새 연구과제. 평생교육연구, 1(1), 19-32. 서울대학교 교육연구소.

김신일(2000). 평생학습사회 실현의 방향과 과제, 21세기 평생학습사회 도래와 새로운 학습체제 구상. 2000년도 평생교육정책세미나 자료집. 한국교육개발원 평생교육센터.

김신일(2003). 교육사회학. 서울: 교육과학사.

김신일 외(2003). 평생학습지원체제 구축 방안 연구. 한국교육개발원

김신일, 김승한, 이종만(1990). 평생교육 실현을 위한 사회교육 관련법령 정비에 관한 연구. 한국사회교육협회.

김신일, 박부권 외(2005). 학습사회의 교육학. 서울: 학지사.

김영석(2000). 국민계몽과 국가발전을 이끈 덴마크의 성인교육. 이옥분 외. 유럽성인교육과 한국평생교육. 전북: 국립대학평생교육사.

김영식(2002). 평생학습사회로 가는 길, 평생학습도시 만들기로부터. 패러다임의 대전환 학습도시로 가는 길. 제1차 평생학습도시 연찬회 자료집. 한국교육개발원.

김영정(2004). RIS 구축과 지역혁신협의체. 제1회 대한민국지역혁신박람회 연합학술대회논문집. 국가균형발전위원회. 21-39.

김용기(1970). 이렇게 살 때가 아닌가. 서울: 창조사.

김용기(1975). 참 살 길 여기 있다. 서울: 창조사.

김용기(1978). 그분의 말씀을 따라. 서울: 창조사.

김용기(1987). 나의 한길 60년. 서울: 규장문화사.

김용기(1998). 가나안으로 가는 길. 서울: 규장.

김용일(2002). 교육의 미래: 시장화에서 민주화로. 서울: 문음사.

김용학(1991). 기든스의 사회사상: 구조와 행위의 통합. 한국논단, 18(1), 138-144. 한국논단.

김은산(1996). 교육개혁 성공적 실시 학교들에 관한 연구. 교육연구, 13(1), 39-63. 홍익대학교 교육연구소.

김정환(1986). 페스탈로치의 생애와 사상. 서울: 박영사.

김정환(1995). 인간화 교육 어떻게 할 것인가. 서울: 내일을 여는 책.

김조년(2004). 일가 김용기 선생의 친환경적 사상과 환경운동. 제5회 일가사상세미나 자

료집. 서울: 일가기념사업재단.

김종서 외(1987). 평생교육원론. 서울: 교육과학사.

김종서 외(2000). 평생교육개론. 서울: 교육과학사.

김종서 편(2001). 한국 문해교육 연구. 서울: 교육과학사.

김종일(1985). 일가 김용기의 사상적 배경. 가나안 편지, 12(2). 가나안농군학교.

김지용 편저(2003). 소래 김중건 선생 전기. 서울: 명문당.

김지자(2002). 사회운동가로서의 일가선생. 제3회 일가사상세미나 자료집. 서울: 일가기념사업재단.

김진규(1996). 향약의 사회교육적 의의. 사회교육학연구, 2(1), 145-173. 한국사회교육학회.

김창엽(2006). 시민사회 분화기의 '참여연대' 시민교육연구. 중앙대학교 대학원 박사학위논문.

김호기(2001). 한국의 시민사회, 현실과 유토피아 사이에서. 서울: 아르케.

나인호(2011). 개념사란 무엇인가. 서울: 역사비평사.

노일경(2000). 한국사회교육학의 성립과정과 이념적 지향성에 관한 연구. 서울대학교 대학원 석사학위논문.

망원한국사연구실(1996). 한국근대민중운동사. 서울: 돌베개.

박노열(1992). 사회교육학 개론. 서울: 형설출판사.

박덕병(2002). 지역사회개발과 사회교육의 연구방법으로서 참여연구법. 정지웅 편. 지역사회개발과 사회교육. 서울: 교육과학사.

박성정(1999). 사회교육에 관한 학제적 연구의 한계. 사회교육학연구, 5(1), 205-222. 한국사회교육학회.

박성정(2001). 평생교육의 관점에서 본 인적자원개발체제에 관한 연구. 지역공동체 형성을 위한 평생교육의 과제. 2001년도 한국평생교육학회 추계학술대회 발표자료집.

박성정(2005). 학습주의적 성인교육방법 사례: 참여연구. 김신일, 박부권 편. 학습사회의 교육학. 서울: 학지사.

박진환(2001). 일가 선생의 삶과 사상에 있어서의 농촌개발: 가나안농군학교와 새마을교육을 중심으로. 제2회 일가사상세미나자료집. 일가기념사업재단.

박호근(2000). 평생교육법 제정과정에서 나타난 정치 형태에 관한 연구: 정부안 제정과정을 중심으로. 교육학연구, 38(2), 169-192. 한국교육학회.

방기중(1999). 배민수의 농촌운동과 기독교 사상. 서울: 연세대학교 출판부.

방기중(2000). 복음주의와 기독교 농촌운동. 서울: 연세대학교 출판부.

배민수(1999). 배민수 자서전(박노원 역). 서울: 연세대학교 출판부.

백승종(2002). 그 나라의 역사와 말. 서울: 궁리출판사.

변종임 외(2006). 각국의 평생교육정책. 서울: 교육과학사.

성경륭(2004). 국가균형발전과 지역의 학습력. 2004년 제3차 평생교육포럼자료집. 한국교육개발원 평생교육센터.

손영식, 조남호(2002). 남명 조식의 철학사상연구. 서울: 서울대학교출판부.

손준종(2001). 평생교육 담론의 세계적 수렴 현상에 대한 비판적 논의. 평생교육학연구, 7(2), 177-199. 한국평생교육학회.

송재룡(2001). 포스트모던시대와 공동체주의. 서울: 철학과 현실사.

안상두(1975). 발해 농장 시절의 백산. 나라사랑, 19, 133-137. 서울: 외솔회.

안상만(1975). 조국광복에 투신한 민족 지도자. 나라사랑, 19, 117-132. 서울: 외솔회.

안상헌(1999). 한국 평생교육체제의 사회적 기능. 사회교육학연구, 5(1), 245-269. 한국사회교육학회.

안철암(2005). 배민수의 농촌 교육사상 연구: N. F. S. Grundtvig의 영향을 중심으로. 연세대학교 대학원 석사학위논문.

양병찬(1994). 영국의 근대화와 대학확장(1). 사회교육학연구, 4(2). 한국교육학회 사회교육연구회.

엄혜순(1993). 1920~30년대 한국기독교 농촌운동에 관한 일고찰. 숙명여자대학교 대학원 석사학위논문.

오세택(1989). 一家 金容基의 生涯와 思想 硏究. 고신대학교 대학원 석사학위논문.

오혁진(2003). 학습동아리의 개념과 성격에 관한 재고찰. 동의논집, 38, 113-127. 부산: 동의대학교.

오혁진(2005). 학습공동체의 다차원적 성격과 구현 원리에 관한 연구. 평생교육학연구, 11(1), 23-41. 한국평생교육학회.

오혁진(2006a). 지역공동체와 평생교육. 서울: 집문당.

오혁진(2006b). 지역공동체 평생교육의 개념과 성격에 관한 고찰. 평생교육학연구, 12(1), 53-80. 한국평생교육학회.

오혁진(2007). 일제하 이상촌 운동에 나타난 평생학습도시의 실천원리. 평생교육학연구, 13(2), 23-47. 한국평생교육학회.

오혁진(2008a). 일가 김용기의 지역공동체 평생교육 사상에 관한 연구. 평생교육학연구, 14(1), 33-56. 한국평생교육학회.

오혁진(2008b). 그룬트비히 교육사상에 기초한 한국 사회교육의 전개과정과 의의. 평생교육학연구, 14(4), 1-28. 한국평생교육학회.

오혁진(2009). 개념 정의 분석을 통한 평생교육학과 사회교육학의 학문적 정체성 탐색. 평생교육학연구, 15(4), 275-297. 한국평생교육학회.

오혁진(2010). 사회교육의 일반적 발달단계에 기초한 한국사회교육사 시대구분 연구. 평생교육학연구, 16(4), 81-105. 한국평생교육학회.

오혁진(2011). 1990년대 말 평생교육법 제정 과정 분석을 통한 평생교육 개념혼란의 기원과 논리 검토. 평생교육학연구, 17(1), 119-142. 한국평생교육학회.

유달영(1962). 새 역사를 위하여: 덴마크의 교육과 협동조합. 서울: 부민문화사.

유석춘 외 편(2003). 사회자본: 이론과 쟁점. 서울: 도서출판 그린.

유팔무, 김호기 편(1995). 시민사회와 시민운동. 서울: 한울.

윤복남(1990). 지역사회와 문해교육진흥. 대구: 영남사회교육협회.

윤복남(1990). 평생교육이념과 한국문해교육의 과제. 지역사회와 한국문해교육진흥. 영남사회교육협회 제3회 학술세미나 자료집.

윤창국(2002). 학습공동체논의의 유형과 특성에 관한 연구. 서울대학교 대학원 석사학위논문.

이근행(2004). 대안의 길, 공동체운동: 지역민주화를 위한 공동체운동의 모색. 민주연구단체협의모임 학술 심포지엄 자료집.

이달우(1988). 백산 안희제의 교육활동. 학생생활연구, 17, 21-38. 공주대학교 학생생활연구소.

이돈희(1983). 교육철학개론. 서울: 교육과학사.

이돈희(1992). 교육정의론. 서울: 고려원.

이만열(1998). 한국농민운동사의 관점에서 본 일가의 생애. 일가 김용기 선생 10주기 세미나 자료집. 서울: 일가기념사업재단.

이상오(2002). 일가운동의 과제: 일가운동의 특성과 성공요인-그 이후. 제3회 일가사상세미나 자료집. 서울: 일가기념사업재단.

이석재(1999). 일가 김용기의 농촌 이상촌 건설운동에 관한 연구. 목원대학교 대학원 석사학위논문.

이순형(1975). 도산 안창호의 이상촌 건설 운동. 제주대학교 논문집, 7(1), 161-180. 제주: 제주대학교.

이순형 편(1989). 교육적 사회론. 서울: 양서원.

이옥분(1989). NFS Grundtvig과 국민교육. 인문과학, 5, 101-123. 경북대학교 인문과학연구소.

이옥분(1991). 사회교육과 사회복지. 대구: 영남사회교육협회.

이정배(2003). 일가 김용기 장로 복민주의의 생명신학적 이해. 종교연구, 33, 41-69. 한국종교학회.

이정연(2003). 구한 말 통속교육 및 사회교육의 도입에 관한 연구. 평생교육학연구, 9(1), 83-115. 한국평생교육학회.

이정연(2010). 한국 사회교육의 기원과 전개. 서울: 학이시습.

이정훈(2003). 학습공동체로서의 작은 학교운동에 관한 연구분석. 초등교육연구, 16(1), 23-43. 한국초등교육학회.

이종만(2002). 평생교육의 법제화 과정 및 개정방향. 한국농업교육학회지, 34(1), 103-116.

이종만(2003). 평생교육 관련 법규의 구조와 문제점에 대한 논의. 교육법학연구, 15(1), 207-221.

이지헌, 김선구 편(1997). 개인, 공동체, 교육. 서울: 교육과학사.

이지혜(1994). 학습공동체를 통한 학습권의 실현. 사회교육연구, 19. 한국사회교육협회.

이지혜 외(2001). 성인여성의 학습동아리 활동 시범 지원방안에 관한 연구. 교육인적자원부 정책연구과제.

이진우(2004). 현대대안교육운동의 기원으로서 덴마크의 자유교육: N. F. S. Grundtvig와 Chr. M. Kold을 중심으로. 감리교 신학대학 대학원 석사학위논문.

이찬갑(1983). 산 믿음의 새 생활. 홍성: 시골문화사.

이홍우(1991). 교육의 개념. 서울: 문음사

이희수 외(2002). 지역평생학습사회의 실현방안연구. 한국교육개발원.

이희수(2004). 지역혁신체제구축을 위한 평생학습의 발전전략. 지역학습력 향상, 평생교육이 해법이다. 2004년 제3차 평생교육포럼자료집. 한국교육개발원 평생교육센터.

인주승 편(1992). 상록수와 최용신의 생애. 서울: 홍익재.

일가기념사업재단(2002a). 일가강좌 개설을 위한 그룹 스터디 토론 자료집 제1권.

일가기념사업재단(2002b). 일가강좌 개설을 위한 그룹 스터디 토론 자료집 제2권.

일가기념사업재단(2003). 일가강좌 개설을 위한 그룹 스터디 토론 자료집 제3권.

일가회 편(1988). 가나안의 편지(영인 합본 제1집). 서울: 규장문화사.

일가회 편(1990). 가나안의 편지(영인 합본 제2집). 서울: 규장문화사.

임영철(1993). 역사로 본 한국민족정신교육. 경기도: 가나안문화사.

장상호(1993). 교육학 탐구영역의 재개념화. 서울: 서울대학교 교육연구소.

장상호(1997). 학문과 교육(상). 서울: 서울대학교 출판부.

전영신(1993). 상허와 그룬트비 사상의 비교연구를 통한 상허사상 구현방안에 관한 연구. 상허사상, 4(1). 상허문화재단.

정민승(1997). '학습공동체' 개념 구안을 위한 시론. 평생교육연구, 3(1). 서울대학교 사범대학 교육연구소.

정민승(1999). 학습집단의 두 경향. 평생교육연구, 5(1). 서울대학교 사범대학 교육연구소.

정병호(2000). 한국사회의 공동체 교육현장에 대한 인류학적 연구. 민족과 문화, 9(1), 407-432. 한양대학교 민족학연구.

정우현(1988). 노동교육의 사회교육적 의의. 사회교육연구, 13. 서울: 한국사회교육협회.

정지웅(1997). 사회교육의 개념과 사회교육학의 과제 탐구. 사회교육학연구, 3(2), 1-18. 한국사회교육학회.

정지웅(2001). 지역주민자치와 성인학습동아리. 한국지역사회교육협의회 제19차 평생교육심포지움 자료집. 한국지역사회교육협의회.

정지웅, 김지자(1986). 사회교육학개론. 서울: 서울대학교 출판부.

정해진(2004). 대안교육의 사상적 기반으로서의 그룬트비 교육사상과 실천. 고려대학교 대학원 석사학위논문.

정호경(1992). 생활공동체 운동. 크리스찬 아카데미 편. 공동체 신학의 모색. 서울: 전망사.

조동걸(1983). 일제하 한국농민운동사. 서울: 한길사.

조승수(2004). 신자유주의 지방분권 아닌 민주적 지역자치로. 진보정치, 제194호. 민주노동당.

조희연(2010). 진보정치가 가야 할 방향은. 이정우 외. 노무현이 꿈꾼 나라(pp. 63-79). 서울:

동녘.

주진호(2005). 그람시를 통해 본 지식인과 교육. 교육연구, 19, 45-72. 공주대학교 교육연구소.

진인권(1974). 한국사회교육의 연구. 서울: 한광교육출판사.

차갑부(2002). 성인교육사회학. 서울: 양서원.

천성호(2009). 한국야학운동사. 서울: 학이시습.

청와대(2005). 미국사회의 불평등 심화, 불평등을 완화하는 교육정책. 청와대 정책소식지, 제23호.

최상호(2004). 지방시대 지역사회개발론. 서울: 박영사.

최성우(2004). 대학에서의 학습공동체 활성화방안탐구. *Andragogy Today*, 7(2), 71-91.

최운실 외(1992). 한국 사회교육의 과거 · 현재 · 미래 탐구. 서울: 한국교육개발원.

최운실(2006). 평생교육법 제정 및 개정 논의의 정책적 함의 분석. 교육정치학연구, 13(2), 55-74.

최정웅(1980). 사회개조를 중심으로 한 페스탈로치의 교육사상. 연구논문집, 22(1), 621-758. 대구효성가톨릭대학교.

최태호(1994). 김소래의 반일사상과 반일활동에 대하여. 개혁의 이론과 독립운동: 소래 김중건의 철학과 사상에 대한 연구 논총. 순국선열 소래김중건선생기념사업회.

풀무학교 편(2007). 풀무청소년특강 1. 홍성: 그물코.

한국교육학회 사회교육연구회 편(1991). 사회교육학 서설. 서울: 교육과학사.

한국도시연구소 편(2003). 도시공동체론. 서울: 한울아카데미.

한국사회교육협회 외(1998). 평생학습법 제정시안 공청회 자료집.

한국청년연합회, 시민의 신문 편(2005). 도시 속 희망공동체 11곳. 서울: 시금치.

한규무(1997). 일제하 한국기독교 농촌운동: 1925~1937. 서울: 한국기독교역사연구소.

한규무(1998). 복민운동의 등장과 영향. 일가 김용기 선생 10주기 세미나 자료집. 일가기념사업재단.

한숭희(1998). 성인교육의 비판적 담론과 한국사회교육연구. 사회교육학연구, 4(2), 23-50. 한국사회교육학회.

한숭희(2001a). 민중교육의 형성과 전개. 서울: 교육과학사.

한숭희(2001b). 평생학습과 학습생태계. 서울: 학지사.

한숭희(2004). 평생교육론. 서울: 학지사.

한숭희(2005). 포스트모던시대의 평생교육학. 서울: 집문당.

한숭희(2006). 평생교육론: 평생학습사회의 교육학. 서울: 학지사.

한숭희(2009). 화성에서 온 사회교육, 금성에서 온 평생교육. 평생학습사회, 5(1), 1-18. 한국방송통신대학교 원격교육연구소.

한완상, 허병섭 외(1983). 한국민중교육론: 그 이념과 실천전략. 서울: 학민사.

한준상(1999). 호모 에루디티오. 서울: 학지사.

한준상(2000). *Lifelong Education*. 서울: 학지사.

한준상(2001). 학습학. 서울: 학지사.

허정무(1999). 일본의 성인교육 전개과정과 성인교육학의 발전. *Andragogy Today, 2*(3). 1-29.

허준(2006). 부안 핵폐기장 유치 반대운동에 나타난 공동체학습 과정의 특징. 평생교육학연구, 12(4), 203-223. 한국평생교육학회.

홍숙희(2001). 학습동아리 활성화 방안에 관한 연구. 연세대학교 대학원 석사학위논문.

홍순명(2002). 더불어 사는 평민을 기르는 풀무학교 이야기. 인천: 내일을여는책.

황종건 외(1966). 한국의 사회교육. 서울: 중앙교육연구소.

황종건(1994). 사회교육의 이념과 실제. 서울: 명지대학교 사회교육대학원.

황종건(2001). 사회교육자로서의 김용기. 평생교육연구, 7(1), 1-18. 서울대학교 교육연구소.

황주석(1993). YMCA를 통한 소공동체운동의 교훈. 나라정책연구회 편. 한국사회운동의 혁신을 위하여. 서울: 백산서당.

황주석(2007). 마을이 보인다 사람이 보인다. 서울: 그물코.

홍사단출판부(1984). 도산 안창호. 서울: 홍사단출판부.

柳 久雄(1985). 교육사상사: 생활 · 노동 · 교육(임상희 역). 서울: 백산서당.

梅根悟(1988). 근대교육사상 비판(심임섭 역). 서울: 남녘.

梅根悟(1990). 세계교육사(김정환, 심성보 역). 서울: 풀빛.

福留强(2003). 평생학습마을만들기론(김득영 역). 대전: 대전지역평생교육정보센터.

松田武雄(2010). 제2차 세계대전 이전의 사회교육 생성. 小林文人 외 공편. 일본의 사회교육 · 평생학습(pp. 43-57). 서울: 학지사.

小川利夫(1993). 일본에 있어서의 사회교육의 회고와 전망. 사회교육연구, 18(1). 한국사회교육협회.

長尾十三二 외(1985). 신교육운동사(송일지 역). 서울: 한마당.

Abrams, P. (1986). 역사사회학(신용하 외 역). 서울: 문학과지성사.

Allen, E. L. (unknown). *Bishop Grundtvig: a prophet of the North*. London: James Clarke.

Apple, M. et al. (Eds.). (2011). 비판적 교육학과 공교육의 미래(정영애 외 역). 서울: 원미사.

Barrett, M. H. (2001). *Organizing community-wide dialogue for action and change: a step-by-step guide*. SCRC.

Bourdieu, P. (2003). 사회자본 이론과 쟁점(유석춘, 장미혜, 정병은, 배영 역). 서울: 그린.

Brookfield, S. D. (1986). *Understanding and Facilitation adult learning*. San Francisco Jossey-Bass.

Brookfield, S. D. (2009). 성인학습을 위한 비판이론(기영화 외 역). 서울: 학지사.

Cervero, R. M., Wilson, A. L. (2001). *Power in practice: adult education and the struggle for knowledge and power in society*. San Francisco: Jossey-Bass.

Chomsky, N. (2001). 실패한 교육과 거짓말(강주헌 역). 서울: 아침이슬.

Christie, M. F. (1995). Schools for life: Grundtvig's philosophy of adult education. *Australian Journal of Adult and Community Education, 35*(3), 187-192.

Collins, J. (1984). Grundvig and the modern Danish folk high school. *Australian Journal of Adult Education, 24*(1), 18-24.

Dewey, J. (1949). *The school and society*. The University of Chicago Press.

Dewey, J. (2007). 민주주의와 교육(이홍우 역). 서울: 교육과학사.

Drennon, C. (2002). Negotiating power and politics in practitioner inquiry communities. *New Direction for Adult and Continuing Education, 95*, 61-71. San Francisco: Jossey-Bass.

Drucker, P. et al. (2001). 미래의 공동체(이재규 역). 서울: 21세기북스.

Elias, J. L., & Merriam, S. (1994). *Philosophical foundations of adult education*. Florida: Krieger Publishers.

Foucault, M. P. (2003). 감시와 처벌(오생근 역). 서울: 나남.

Freire, P. (1978). 교육과 의식화(채광석 역). 서울: 중원문화.

Freire, P. (1986). 실천교육학(김쾌상 역). 서울: 일월서각.

Freire, P. (2002). 희망의 교육학(교육문화연구회 역). 서울: 아침이슬.

Freire, P. (2007). 자유의 교육학(사람대사람 역). 서울: 아침이슬.

Freire, P. (2009). 페다고지(남경태 역). 서울: 그린비.

Freire, P., & Horton, M. (2006). 우리가 걸어가면 길이 됩니다(프락시스 역). 서울: 아침이슬.

Galbraith. M. W. (Ed.). (1991). *Adult learning method: a guide for effective instruction.* Florida: Krieger Publishing Company.

Gastil, J., & Dillard, J. P. (1999). The aims, methods, and effects of deliberative civic education through the National Issues Forums. *Communication Education.*

Giddens, A. (1982). *Profiles and Critiques in social theory.* Berkeley and Los Angeles: University of California Press.

Gramsci, A. (2005). 그람시의 옥중수고 1(이상훈 역). 서울: 거름.

Gramsci, A. (2006). 그람시의 옥중수고 2(이상훈 역). 서울: 거름.

Hagston, J. (2000). Folk high schools: an important part of adult education in Sweden. ED 442 955.

Ironside, D. J. (1989). Concepts and definitions. *Lifelong Education for Adult.* New York: Pergamon Press.

Jarvis, P. (Ed.). (1993). *Adult education and the state.* N.Y.: Routledge.

Jarvis P. (Ed.). (2011). 20세기 성인교육철학(강선보 외 역). 서울: 동문사.

Jarvis, P. (1995). 신사회교육학론: 성인 · 계속교육의 사회학(임용수 역). 서울: 문음사.

Kelly, T. (1992). *A history of adult education in Great Britain.* University of Liverpool.

Kingsnorth, P. (2004). 세계화와 싸운다(김정아 역). 서울: 창비.

Komisar, B. P. (1961). The logic of slogans. *Language and Concepts in Education* (pp. 195-215). Chicago: Rand McNally and Company.

Kulich, J. (2002). *Grundtvig's educational ideas in Central and Eastern Europe and the Baltic states.* Copenhagen: Forlaget Vartov.

Lindeman, E. C. (1961). *The meaning of adult education.* Montreal: Harvest House.

Long, H. B. (1991). *Early innovators in adult education.* London: New Fetter Lane.

Longworth, N. (1999). Making lifelong learning work: learning cities for a learning century. London: Kogan Page.

Lovett, T. (1991). Community adult education. In S. Westwood and J. E. Thomas (Eds.), *Radical agendas?: the politics of adult education*. Leicester: NIACE.

Mayo, P. (1999). *Gramsci, Freire and adult education*. London: Zed Books Ltd.

Merriam, S. B., & Caffarella, R. S. (1994). *Learning in adulthood*. San Francisco: Jossey-Bass Publishers.

Nicholas, R. et al. (2000). 소그룹 운동과 교회성장(신재구 역). 서울: IVP.

Niebuhr, R. (1992). 도덕적 인간과 비도덕적 사회(이한우 역). 서울: 문예출판사.

Norberg-Hodge, H., & ISEC. (2004). 허울뿐인 세계화(이민아 역). 서울: 도서출판 따님.

Oliver, L. P. (1987). *Study circles*. Maryland: Seven Locks Press.

Orr, D. W. (2009). 학교를 잃은 사회, 사회를 잊은 교육(이한음 역). 서울: 현실문화.

Owenby, P. H. (2002). Organizational learning communities and the dark side of the learning organization. In D. S. Stein (Ed.), *Adult learning in community. New Direction for Adult and Continuing Education* 95. San Francisco: Jossey-Bass.

Palmer, P. (2000). 가르침과 배움의 영성(이종태 역). 서울: IVP.

Putnam, R. G. (2000). 사회적 자본과 민주주의(안청시 외 역). 서울: 박영사.

Reischmann, J. (1999). Adult education in Germany: roots, status, mainstreams, changes. *Andragogy Today, 2*(3), 1-29.

Roberson, D. N. (2002). *The seeds of social change from Denmark*. EADU 9200.

Røedam, T. (1980). *The Danish folk high schools*. Copenhagen: Det Danske Selskab.

Salamon, L. M. (2000). NPO란 무엇인가(이형진 역). 서울: 아르케.

Scheffler, I. (1960). *The language of education*. Springfield: Charles C. Thomas.

Schuster. K. M. (2003). Implementation of an idea: Johannes Klockars, Swedish-Finn practitioner of N. F. S. Grundtvig's theories of adult education. *American Educational History* 30, 135-142.

Sergiovanni, T. J. (2004). 학교공동체만들기(주철안 역). 서울: 에듀케어.

Stanley G., & Jaya, G. (1993). *Community empowerment*. Illinois: NIU.

Stein, D. S. (2002). Creating local knowledge through learning community: a case study.

In D. S. Stein (Ed.), *Adult learning in community. New Direction for Adult and Continuing Education* 95. San Francisco: Jossey-Bass.

Stubblefield, H. W. (1988). *Towards a history of adult education in America: the search for a unifying principle*. Croom Helm.

Thaning, K. (1972). *N. F. S. Grundtvig*. Det Danske Selkskab.

Thomson, J. L. (Ed.). (1980). *Adult education for a Change*. London: Hutchinson.

Titmus, C. (1981). *Strategies for adult education*. Milton Keynes: The Open University Press.

Toiviainen. T. (1995). A comparative study of Nordic residential folk high schools and the Highlander Folk School. *Convergence, 28*(1), 5-24. International Council of Adult Education.

Warren, C. (1989). Andragogy and N. F. S. Grundtvig: a critical link. *Adult Education Quarterly, 39*(4), 211-223.

찾아보기

인 명

내 용

저자 소개

오혁진

서울대학교 사범대학 영어교육과 졸업

서울대학교 대학원 교육학 석사

서울대학교 대학원 교육학 박사(평생교육 전공)

전 가나안 농군학교 교관

서울대학교 교육행정연수원 교관

한국교육개발원 연구원

현 동의대학교 평생교육학과 교수

부산광역시 평생학습협의회 위원

한국평생교육학회 이사

〈주요 저서〉

평생교육경영학(학지사, 2003)

학습사회의 교육학(공저, 교육과학사, 2005)

지역공동체와 평생교육(집문당, 2006)

평생교육론(공저, 한국방송통신대학교 출판부, 2009)

新 사회교육론

2012년 8월 14일 1판 1쇄 인쇄
2012년 8월 20일 1판 1쇄 발행

지은이 • 오혁진
펴낸이 • 김진환
펴낸곳 • (주) 학지사
121-837 서울특별시 마포구 서교동 352-29 마인드월드빌딩 5층
대표전화 • 02)330-5114 팩스 • 02)324-2345
등록번호 • 제313-2006-000265호

홈페이지 • http://www.hakjisa.co.kr
커뮤니티 • http://cafe.naver.com/hakjisa

ISBN 978-89-6330-909-5 93370

정가 18,000원

저자와의 협약으로 인지는 생략합니다.
파본은 구입처에서 교환해 드립니다.

이 책을 무단 전재 또는 복제 행위 시 저작권법에 따라 처벌을 받게 됩니다.

인터넷 학술논문 원문 서비스 뉴논문 www.newnonmun.com